JIAOSHI ZHUANYE FAZHAN

教师专业发展

陈文心　彭正文　主　编

北京师范大学出版集团
BEIJING NORMAL UNIVERSITY PUBLISHING GROUP
北京师范大学出版社

图书在版编目(CIP)数据

教师专业发展 / 陈文心,彭正文主编. —北京:北京师范大学出版社,2019.1(2022.7 重印)

ISBN 978-7-303-17453-9

Ⅰ.①教… Ⅱ.①陈… Ⅲ.①师资培养—研究 Ⅳ.G451.2

中国版本图书馆 CIP 数据核字(2016)第 030134 号

营　销　中　心　电　话　　010－58807651
北师大出版社高等教育分社微信公众号　　新外大街拾玖号

出版发行:北京师范大学出版社　　www.bnup.com
　　　　　北京市西城区新街口外大街 12－3 号
　　　　　邮政编码:100088
印　　刷:天津旭非印刷有限公司
经　　销:全国新华书店
开　　本:730 mm×980 mm　1/16
印　　张:19.75
字　　数:340 千字
版　　次:2019 年 1 月第 1 版
印　　次:2022 年 7 月第 4 次印刷
定　　价:39.90 元

策划编辑:周雪梅　　　　责任编辑:薛　萌　梁　霞
美术编辑:焦　丽　　　　装帧设计:焦　丽
责任校对:陈　民　　　　责任印制:马　洁

前　言

　　随着教师专业化进程的推进和我国教师管理制度改革的深化，以及教师资格认证制度的完善，教师教育课程教材改革迎来了一个全新的时代。《教师专业发展》是海南师范大学教师教育课程改革教材建设系列丛书之一，也是海南师范大学教育学学科建设系列成果之一。海南师范大学组织教师编写教师教育课程教材系列丛书，是应对海南省被列为六省（自治区、直辖市）教师资格考试改革试点工作省份之一的重大举措，并以此为契机，从内涵上提高对高素质教师的培养，为海南省基础教育输送合格的高素质师资。

　　编写《教师专业发展》一书的主旨在于，帮助职前或在职的教师了解教师专业化是当今世界教师职业发展的共同目标，认识教师职业过程是一个逐渐达到专业标准的过程，即是教师个体的内在专业品质、专业知识、专业能力、专业心理不断更新、演进和丰富的过程，唤醒教师自觉实现专业化的意识，在从教过程不断提高教师专业化水平，整体上促进海南省教师队伍专业化成长。

　　本书编写力图体现以下两个目标。第一，以新课程为导向，把新课程倡导的新理念特别是新的教育观、学生观、教师观等作为本书编写的理论导向，从而帮助师范生确立新课程所倡导的教育理念，以适应基础教育课程改革与发展的需要。第二，以《中小学和幼儿园教师资格考试标准及大纲（试行）》为依据，构建编写框架体系，从而帮助师范生了解国家对合格教师在专业素养上提出的系列标准，使师范生在职前教育中获得与时代要求相符合、具有合格专业素养的新型教师之教育思想和教育形象，为基础教育教师队伍输送高素质师资，以实现《国家中长期教育改革和发展规划纲要（2010—2020）》提出的"造就一支师德高尚、业务精湛、结构合理、充满活力的高素质专业化教师队伍"的根本任务和奋斗目标。

　　本书共分为八章。第一章由李振玉教授执笔；第二章、第三章、第五章、第七章第二节、第八章由彭正文副教授执笔；第四章由陈文心教授执笔；第六章、第七章第一节由刘宁副教授执笔。全书由陈文心、彭正文统稿。

最后，感谢北京师范大学出版社对本书给予热情的鼓励和具体的帮助。感谢北京师范大学出版社周雪梅博士为本书的付梓所付出的努力。本书在编写过程中参阅和引用了大量其他研究人员的成果，在此一并表示深深的谢意。

本书是教师教育课程改革教材建设的一种尝试，按《习近平新时代中国特色社会主义思想进课程教材工作要求实施细则》进行修订。由于编写者认识水平和专业理论水平的局限，在编写中必定存在诸多缺漏和遗憾，我们恳请同行提出宝贵的批评意见。

编　者
2015 年 8 月

目 录

第一章　教师专业化

第一节　教师专业化的内涵和特点

一、教师职业的内涵

我们日常生活中所说的"各行各业"，就是指的职业。从农民到公务员，从工人到个体小商贩，从学生到企业职员，无论从事的是何种工作，其本质都是一种职业。教师也不例外。

（一）教师职业的涵义

那么，究竟什么是职业呢？各类辞典中对职业的解释如下。

《中国大百科全书·社会学卷》：职业（Occupation）是指随着社会分工而出现的，并随着社会分工的稳定发展而构成人们赖以生存的不同的工作方式。如农业、手工业和商业，等等。

《现代汉语词典》：职业是指人们从事某种社会活动谋求个人生活的工作。

《劳动人事大辞典》对职业的解释是指个人在社会中所从事的作为主要生活来源的工作。

《中华人民共和国职业分类大典》对职业的定义是："职业，是指从业人员为获取主要生活来源所从事的社会工作类别。

职业具备以下特征：

——目的性，即职业活动以获得现金或实物等报酬为目的；

——社会性，即职业是从业人员在特定社会生活环境中所从事的一种与其他社会成员相互关联、相互服务的社会活动；

——稳定性，即职业在一定的历史时期内形成，并具有较长生命周期；

——规范性，即职业活动必须符合国家法律和社会道德规范；

——群体性，即职业具有一定的从业人数。"❶

综合上述定义，我们认为，职业是指社会分工条件下个人所从事的作为主要生活来源的工作。

现代职业对从业者的一般要求包括以下内容。

——职业知识：包括静态的知识结构即经验、价值及文字化的信息和动态的知识创造与建构过程。

——职业能力：包括基础能力和核心能力。基础能力就是一般的感知、记忆等能力；核心能力是一个人的素质结构、知识结构和专业结构的综合体现，主要包括思维能力、合作能力、创新能力、学习能力、实践能力等。

——职业品质：包括职业信念与职业道德。具备强烈的求知欲望、职业兴趣、职业责任心及对真理追求的过程表现出坚定的信心和乐观的精神。

——职业心态：拥有自知和自信、意志和胆识、宽容和忍耐、开放和追求等积极而健康的职业心态。

伴随着社会、科技、经济、文化的迅猛发展，教育对人的发展乃至对社会、国家的发展所具有的普遍而持久的基础性作用的日显突出，教育工作日益复杂性，教育的专业性、创造性更趋显著。从政府到公众，对教师的职业内涵有了更深、更全面的认识。

职业是依据人们参加社会劳动的性质与形式而划分的社会劳动集团，由于每种职业劳动性质与形式的差异及由此导致的社会地位的高低，唤起了社会学者对职业性质研究的兴趣。社会学者常常把职业划分为专门职业与普通职业。对于专门职业这一概念有两种不同的界定：一种是把专业界定为具有一定的专业知识与服务理想的职业群体；一种是把专业界定为对自身职业具有控制权的职业群体。人们往往根据这两种界定来判定某一种职业是否为专业。

教师职业属于专门职业。1966 年，联合国教科文组织在巴黎召开"关于教师地位的政府间特别会议"。会议通过的《关于教师地位的建议》明确强调："教育工作应被视为专门职业。这种职业是一种要求教员具备经过严格而持续不断的研究才能获得并维持专业知识及专门技能的公共业务。它要求对所辖学生的教育和福利具有个人的及共同的责任。"

教师是专业人员。在国际劳工组织制定的《国际标准职业分类》中，

---

❶ 国家职业分类大典和职业资格工作委员会主编：《中华人民共和国职业分类大典》，北京，中国劳动社会保障出版社，1999 年，第 9 页。

教师被列入了"专家、技术人员和有关工作者"的类别中。1986年6月21日，我国国家统计局和国家标准局颁布的《中华人民共和国国家标准职业分类与代码》中，各级各类教师被列入了"专业、技术人员"这一类别。1993年10月31日，第八届全国人民代表大会常务委员会第四次会议通过了《中华人民共和国教师法》。《教师法》第三条规定："教师是履行教育教学职责的专业人员，承担着教书育人、培养社会主义事业建设者和接班人、提高民族素质的使命。"

综上所述，我们认为，教师职业是一种专门职业，教师是履行教育教学的专业人员，根据一定的社会要求，有计划、有组织地对学生施以影响，使之成为合格的社会成员。

（二）教师职业的特点

不同职业性质的差异，使每种职业所扮演的角色，承担的职责都表现出不同的特点，教师职业主要有如下特点。

1. 教师职业对象的复杂性

教师职业的对象是活生生的人，不是无生命的物质，是正在成长中的儿童青少年。他们具有主观能动性，而且千差万别，人人不同。社会职业中没有任何职业的对象能像教师职业的这种对象有如此的复杂性。医生的对象也是人，但他针对人的疾病，而人与人之间的生理解剖是没有什么差别的。教师职业对象是人的成长，是体力和脑力的发展，是知识的获取、智慧的增长、品德的养成，而这个过程每个人是不一样的。教师要把每一个学生培养成才，如果不研究学生的成长规律，不懂得教育的规律，不掌握正确的教育方法，是很难做到的。

2. 职业角色的多样化

教师往往承担着多种角色，如："传道者、授业解惑"角色；示范者角色；管理者角色；父母与朋友角色；研究者角色……（详细论述见第四章第三节"教师观"中的"教师角色观"）

教师职业的这些角色特点，决定了教师职业的重要意义和重大责任，决定了对教师的高素质要求。

3. 教师工作方式的独特性

教师的工作方式也与其他社会职业不同。他不像其他职业那样要使用什么工具，而是要用教师自己的知识、智慧、人格魅力在和学生共同活动中去影响学生。教师对学生来说是知识的传播者，智慧的启迪者，情操的陶冶者。正是教师职业的这些特点，就要求教师做到"学为人师，行为世范"。教师要时时注意自己的行为能不能成为学生的表率，能不能对学生起积极影响。

4. 职业训练的专业化

教师的工作不仅要教书，而且要育人。要把学生培养有理想、有道德、有文化、有纪律，身心健康、全面发展的人，教师必须成功地扮演各种职业角色并保持良好的职业形象，必须接受专门的职业训练。专业训练的内容包括专业意识、专业态度、专业知识、专业技能、专业品质等。

一个未来的教师，只有通过教师职业的专业训练，取得一定的资格才能成为符合教师职业规范要求的专业成员。

（三）教师职业的社会地位

在社会中，人们由于受教育程度、家庭背景、职业、种族等因素的差异而处于不同的社会阶层，拥有不同的社会地位。其中，职业是一个人所拥有的社会地位的最重要的体现，不同的职业由于具有不同的社会功能，拥有不等量的社会地位资源，从而使各种职业之间产生了社会地位的高低差异。一般说来，决定职业社会地位高低的主要因素有职业的社会功能、职业的经济待遇、职业的社会权利和职业的专业化程度。

教师是塑造人类灵魂的工程师，肩负着培养一代社会新人，延续人类社会发展的重任。教师是人类文化的传递者，在人类文化的继承和发展中起着桥梁和纽带的作用。教师的作用如此显著，贡献如此巨大，因此，教师职业是"太阳底下最崇高的职业"，应受到整个社会的尊重，享有崇高的社会地位。

职业的从业要求是指某一职业对从业者的资格要求，包括受教育程度、道德品质、工作能力等。要求愈高，胜任者被替代的可能性愈小。教师职业作为一种专门职业，对从业者的各个方面都有着很高的要求，如许多国家和地区要求中小学教师达到大学本科毕业的教育程度。在我国，教师的资格要求是：遵守宪法和法律，热爱教育事业，具有良好的思想品德，具备国家规定的学历或经国家资格考试合格，有教育教学能力。

二、教师专业化的内涵与特点

教师专业化是当今世界教师职业发展的共同目标。认识专业、专业化、教师专业化的内涵与特征，是实现教师专业成长、促进教师职业发展的起点。

（一）专业及专业化的内涵

从社会发展史角度看，职业和专业的概念是社会分工精细化的产物。

1. 专业

专业（Profession）一词最早是从拉丁文演化而来，本意是"公开地表达自己的观点或信仰"。后来，专业概念是社会分工与职业发展到一定历史阶段，从众多职业中分化出来而形成的某种特殊职业类型。20 世纪 30 年代，社会学家卡尔·桑德斯和威尔逊等人在他们的经典研究《专业》一书中对专业概念进行了系统研究，他们认为："专业是指一群人在从事一种需要专门技术的职业，是一种需要特殊智力来培养和完成的职业，其目的在于提供专门性的服务。"❶

现在从社会学角度，一般认为，专业是指一群人经过专门教育或训练、具有较高和独特的专门知识与技术、按照一定专业标准进行专门化的处理活动，从而解决人生和社会问题，促进社会进步并获得相应报酬待遇和社会地位的专门职业。

综合桑德斯和从社会学角度关于"专业"的定义，我们可以得知，在现代社会某一专门领域的从业者成为专业人员必须具备三个条件：

第一，经过专门的教育或严格的训练；

第二，具有高度或特殊的专门知识与技术；

第三，按照一定的行规或专业标准从事专门化的工作来服务社会。

专业是职业发展高度化阶段的产物。近代社会以来，知识领域的不断分化和生产的智能化，不断催生新的职业和专业。

正是由于专业人员所具备的特殊专业标准和对社会进步所做的特殊贡献，相对于普通职业而言，专门职业从业者的特殊职业操守和专业复杂性，决定了其专业所获得的报酬较高、职业地位高于一般社会人员，并具有以下几个特点。

(1)坚定的职业信念和道德自律意识。专业人员自从接受专业教育或训练那天起，就对自己所要从事职业的社会意义有清醒的认识，以顾客为中心为公众服务的意识，自觉履行行业操守的道德自律意识并内化为自己的职业操守和道德自律的意识范畴，并具有为实现职业理想而献身的敬业精神。

(2)自主的专业发展倾向和职业归属感。专业人员面对的是十分复杂、运用高度心智的工作领域，承担着重要的社会责任，其工作既要按照严格的专业标准或程序行事，又不能完全凭经验办事，需要终身不断学习以创造性地应对复杂工作情境，通过反思和同行研讨以提高自己的专业水平，在工作实践中结成专业共同体，专业共同体引导个体的自主专业发展，并形成职业归属感。

(3)享有高度的专业权威性和专业自主权。专业人员具有很强的不可

---

❶ 台湾师范教育学会：《教育专业》，台北，师大书苑有限公司，1992 年，序。

替代性。严格的行规或专业标准，加之严格系统的专业训练，使专业人员养成较强的专业权威意识，从聘任权、解职权和处理业务的职业职责等都具有严格的规定，一般来说不受专业外因素的控制，因此从业人员具有较强的专业权威性和专业自主权。

（4）令人羡慕的职业声望和经济报酬。西方社会自中世纪大学产生以来，大学中最早设置的专业便是神学、法学和医学，相应地，最早被公认为专业的职业是牧师、律师和医生，而备受人们的尊重。时至今日，在英语世界中医生和博士均表达为"Doctor"，说明专业人员必须经过严格的教育和训练方可从业，即从业人员必须掌握扎实的专业知识和技能、具有自主自律的职业理性，各类专业也因其劳动的创造性或不可替代性而赢得社会的赞誉。

因此，能成为像医生、律师那样的专业，成了许多职业梦寐以求的发展目标。到现代社会，工程师、建筑师、会计师等职业也经努力成为社会许可的专业。可以说，专业因其重要并具创造性的劳动性质而受到关注，更因其从业人员成熟、理性、自主、自律的职业行为备受尊重。如今为公共事业服务的重要群体——教师职业也加入到像医生、律师那样的专业化运动中来了。

教师工作不仅是职业更是专业

教师专业化问题，是在教育教学工作越来越成为一种特殊的职业，需要具有专业知识和能力的人员来承担这样一种背景下提出并逐步成为国际教育界的共识，现在已经作为联合国教科文组织对于教师队伍建设的基本要求。教师职业的形象经过了三次演变：道德本位的教化形象、知识本位的教书匠形象和以人为本的专家形象。如果说过去教师的工作还只是一种职业，只要具备各门学科知识就可以担任教师的话，那么，今天仅仅具备学科知识还并不具备教师资格的全部条件，还必须具有从事教育教学工作的专业知识和能力，才算符合教师资格的要求。因此，教师专业化的基本含义就是教师工作已经不仅是一种职业，而是一种专业，要像医生、律师、工程师等一样作为专业工作者对待、要求，实行教师专业资格制度。

资料出处　谈松华：《教师工作不仅是职业更是专业》，载《中国远程教育》，2003(14)。

---

2. 专业化

20世纪50年代，西方发达国家率先提出教师专业化的概念。为准确把握概念的内涵，必须了解教师职业发展史，以便积极借鉴中西方教师职业发展中所积累的经验和智慧。

专业化，简而言之，就是指职业专业化。

在状态上，专业化可以从动态与静态两个角度加以解释。

从动态的角度来说，专业化是指一个普通职业在一定时期内，逐渐符合专业特征、成为专门职业的动态发展过程。教师专业化是一个动态的概念，系指从教人员由古代的自然衍化——近代实行专门机构培养——再到现代社会制定行规标准和聘任制度等一系列历史演化过程。在这个意义上说，教师专业化是一个教师素质不断提高、从业标准和资格认证制度不断完善、职业地位不断为社会所认可的过程。教师专业化过程也是一部教师工作由职业到专业、由经验到科学的职业发展史。

从静态的角度来讲，专业化则指一个职业的专业性质和发展状态处于什么情况和水平，指一个职业专门化的静态发展程度或结果。当一个职业从性质上看具有了专业的意义，并具有专业的某些特征，则往往会被称为"半专业"或者说该职业的实际专业化程度不够，尚须经历一个专业化过程。在当今社会，由于教师工作的复杂性导致人们对其专业化的认识与医生、律师等职业相比尚有一定的差距。因此，全面解读教师专业化的概念与特征，对促进教师队伍专业化成长有重要意义。

(二)教师专业化的内涵

教师专业化意味着教师职业不仅是一种职业，更是一种专业，它有着与普通职业截然不同的职业内涵和职业要求。

观点1：教师专业化(Teachers' Professionalization)是教师个人成为教学专业的成员，并在教学中表现出越来越成熟作用的一种职业能力发展过程。该观点突出了教师职业作为专业的个体素养。

观点2：教师专业化是指教师职业争取成为专业而持续不断努力的过程。该观点强调了教师群体的职业形象发展目标，意在唤起全社会对教师职业群体的认识要像对待律师、医生一样，承认其具有一定的从业"标准"，将其看作专业人员，并获得相应的专业地位的过程。

关于从业人员的专业化，国际上有六大标准之说：有专门知识；有较长时间的职业训练；有专门的职业道德；有自主权；有组织，如行会组织、学会组织等；要终身学习❶。

综合上述观点，我们认为教师专业化是指教师职业争取成为专业而持续不断努力的过程。它由教师个体专业化和教师职业群体专业化两方面构成。

---

❶ 劳宗康：《关于教师教育转型的认识与展望》，《柳州师专学报》，2004(12)。

1. 教师个体专业化

教师个体专业化是教师职业专业化的基础和前提条件，是教师专业化的核心内容。在教师专业生涯中，通过职前专业培养和职后专业培训，掌握广博的科学知识，习得教育专业知识技能，实行专业自主，表现专业道德，并逐步提高自身从教素养，成为一个良好的教育工作者的专业成长过程，也就是由一个"普通人"转变成"教育者"的专业发展过程❶。

这一过程是教师个体职业理想朝着"专业化"递进的过程，其内容包括教师专业的知识、能力、伦理和情意等因素。

教师个体专业化的途径，包括职前培养、入职培训和在职提高等阶段。

职前师范教育阶段是师范生进行专业准备与学习，初步形成教师职业所需要的知识与能力的关键时期，是教师个体专业化发展的起始和奠基阶段。

入职教育是指为了让新教师尽快进入角色，新教师的任职学校所采取的支持性措施。入职培训可以使新教师在思想上和业务上尽快适应教育教学工作的需要，从而缩短从一个合格的毕业生成长为一个合格教师的周期，加快教师专业成熟的速度。

在职学习是指教师在工作岗位上坚持学习、不断反思、不断创新，使自己的专业化发展得以持续不断地进行下去。在当代社会，在职提高也被称为教师专业发展学校，是教师专业发展的核心内容。

2. 教师职业群体专业化

教师职业群体专业化是指教师职业不断成熟，逐渐达到专业标准，并获得相应的专业地位的过程。它既是教师个体专业化的条件与保障，同时也最终代表着教师职业的专业化❷。

（三）教师专业化的特点

目前，关于教师专业化的研究文献主要关注的是教师群体的专业化。特别是第二次世界大战后，欧美国家高等教育发展的"黄金期"逐渐消退后，为寻求高等教育发展的新契机，西方国家的一些比较教育专家如阿特巴赫、伯顿·克拉克、欧内斯特·波伊尔等人对大学教职进行研究，进入 20 世纪 90 年代后，在卡内基教育基金会的资助下，由阿特巴赫教

---

❶ 余文森、连榕等编著：《教师专业发展》，福州，福建教育出版社，2012 年，第12 页。

❷ 余文森、连榕等编著：《教师专业发展》，福州，福建教育出版社，2012 年，第12 页。

授领衔相继开展了类似"大学教师专业化"（Academic Profession）的研究项目，研究对象涉及 14 个国家或地区，出了许多高水平研究成果❶。2008 年我国学者陈伟博士出版了《西方大学教师专业化》专著，通过考察西方大学发展史，以学术组织的视野将英、德、美大学教师的社会身份分别概括为"神圣身份模式""政治阶层模式"和"自由专业模式"，他认为尽管大学教师专业化运动的成就非凡，但"学术专业"只能算作"准专业"。❷ 相比之下，欧美国家兴起于 20 世纪 50 年代的中小学教师专业化运动，尽管研究文献众多，鉴于中小学教育的基础性、国民性、民族性等诸多复杂因素的影响，中小学幼儿园教师的专业标准就更具国情特色了。如前所述，如果大学教师的学术专业还算作"准专业"的话，那么中小学幼儿园教师的"专业化"将有很长的路要走。

但中小学教师作为重要的职业群体，自 17 世纪中叶产生师范教育以来，历经 300 余年的演进，虽然教师学历日益提高，"双专业性"越来越为社会所接受，但对其职业属性的认识长期停留在"准专业"或"半专业性"的水平上。

1966 年，联合国教科文组织倡导视教师为专门职业以来，尽管在一些国家还有一些争议，但视教师为"专门职业"的理念逐渐为人们所接受，而这种理念已经在国际社会的教师研究组织间达成共识。20 世纪 80 年代后，在欧美国家掀起了一场规模浩大的教师专业化运动，一些国家相继出台了《教师职业标准》和《教师聘任制度》等文献作为制度保障，以便促进教师群体的专业化发展。

参照专业的相关标准和国内外对教师职业群体专业化的相关研究文献，一般认为教师职业群体专业化具有如下特点。

（1）教育知识技能的体系化。即形成一套关于教育教学的专业知识技能体系，作为教师教育的内容和教师从事教育教学工作的依据。由于教育专业是一个双专业的职业，因此，作为教师职业专业化基础的知识技能体系，既包括学科专业知识技能，也包括教育专业知识技能。

（2）教师教育的专业化。即建立包括职前与职后教育在内的高水平的专业化的教师教育制度。

（3）教师资格的制度化。即实行教师资格制度。教师资格制度是国家对教师实行的特定的职业许可制度。教师资格是国家对专门从事教育教学人员的最基本的要求，是公民获得教师岗位的法定前提条件。教师资

---

❶ 陈伟：《西方大学教师专业》，北京，北京大学出版社，2008 年，序言 1。

❷ 陈伟：《西方大学教师专业》，北京，北京大学出版社，2008 年，序言 3。

格制度全面实施后，只有依法取得教师资格，持有教师资格证书者，才能在教育行政部门依法批准举办的各级各类学校和其他教育机构中从事教育教学工作。不具备教师资格者不能从事教师职业。

（4）教师活动的团体化。即通过建立社会公认的、教师信赖的教师专业团体，保证教师群体之间的学术交流，扩大教育专业知识与技能在社会中的影响力和权威性，从而更好地提升教师职业的专业地位和社会地位❶。

第二节　教师专业化的发展历程

教师职业从非专门化、经验化到专门化的职业，经历了一个漫长的发展过程。在这个漫长的分化、发展过程中，教师职业的专业性也日益显现出来，专业化成为教师职业发展的主流和方向。

一、教师职业发展的非专业化阶段

教师职业是一个古老而又常新的职业。

说它古老，是因为自从有了人类社会就有了教育，因此该职业的历史和人类社会一样古老，几乎与人类文明同时存在，可谓源远流长。只不过在人类社会早期，教育活动渗透于人们的社会生产和社会之中，"能者为师"是其特征。在漫长的原始社会里，为了生存和发展，家庭中的父母兄长，氏族部落的首领、长老，都承担起了将生产和生活经验传递给新生一代的责任。教育者既是年长的、有经验的劳动者，又是教师，即"长者为师"。他们把生产知识、生活经验，特别是风俗习惯、行为准则，有意识地传授给年青一代，于是成为最早的兼职教师。这一时期，教育还没有从生产劳动中分离出来而成为独立的社会部门和社会过程，因而不存在独立的教育机构的专门从事教育工作的专职教师。

当人类社会进入奴隶社会后，随着生产力的发展，剩余产品的出现，体力劳动与脑力劳动的分工，学校作为专门培养人才的教育机构诞生了。有了学校，便从社会诸多职业中分化出以"教职"为业的从业者——教师。然而，在学校产生之后的很长时间内，学校的教师依然是由其他职业的人士兼任。因为当时的教育是社会稀缺资源，由贵族阶层所垄断，"学在官府"的社会现实表明教育内容以统治阶层的贵族文化为核心，教学内容很少涉及百工所需的生产、生活知识与技能。中国的夏、商、西周时期的学校教育，西方的斯巴达和雅典时期的学校教育，以及古代两河流域

---

❶ 余文森，连榕等编著：《教师专业发展》，福州，福建教育出版社，2012年，第12—13页。

阿拉伯国家的学校教育，均聘请"文吏"或"武官"作为学校的教师，即教师聘任的主流是"以吏为师"，这表明此时的从教人员具有兼职特征。

在中西方奴隶社会也曾出现过私人讲学现象。孔子主张在文教政策上实行"有教无类"，开创了私人讲学的先河，使得在中国乃至世界上第一次出现了以教为业并以此谋生的专职教师职业。《论语》中记述了孔子在教育实践中创立的"不愤不启，不悱不发"的启发式教学思想，坚守"学而不厌"的治学精神，奉行"诲人不倦"的伟大教育情怀。孔子作为中国职业教师的开拓者，他所创立的上述教师职业理念和职业操守是中华民族贡献给全人类的教育智慧。

古希腊时期出现的"智者派"是西方最早的专职教师，以教授无知的人知识而生存。素有希腊"三杰"（"三贤"）之称的苏格拉底、柏拉图和亚里士多德，作为西方古代的"智者"，在其自由讲学中创立的"反诘"教学法，以及在教育实践信奉"吾爱吾师，吾更爱真理"而结成的民主、平等的师生关系，均为后世教师树立了光辉榜样而影响至今。或许"专业"（Profession）一词由拉丁文转来，其最初的含义是自由地表达思想就源于此吧。

中国秦朝以后的封建社会，私学受到抑制，官学系统长期奉行"吏师制"，但在汉代的最高学府太学里，已出现教师职级制度的雏形。如博士祭酒、五经博士、直讲、助讲等教师称谓。由于兴起于汉代的"选仕制度"和后世科举制的影响，中国封建社会的名师大儒均因举仕授学而与官府联系密切，且备受尊重；在乡里间，聚私塾开展启蒙教育的初级教员多为落魄文人，教育内容多为记问之学，不仅教学水平低，而且他们的社会地位卑微。欧洲中世纪，实行"政教合一"的社会治理方式，初级学校的教员多由神甫、牧师或有一技之长的匠人兼做教师。教育内容主要是宗教教义和简单的读、写、算的知识与技能。古代社会，中西方的教师专门化程度低，尚未出现将教师作为专门职业的行规和入职标准。

教师职业在古代自然演进过程呈现非专业化特征。

第一，专业化程度低。"以吏为师"是中西方惯例，从教人员的专业化程度低，"兼职教师"成为普遍现象。由社会发展自然形成的长者为师、典范为师，以吏为师、以僧为师，构成整个古代世界教师的基本特色。

第二，教师的养成方式是经验积累型的自然演进。由于缺乏名师辈出的社会条件和教师养成制度，教师的培养主要靠"师傅带徒弟"式的口耳相传、长期的模仿和个体化经验积累，常常将"学高为师"作为选聘教师的条件。

第三，教师讲学的内容很少涉及社会生产和生活的知识与技能。教师职业承担的主要是道德教化作用，社会给予的价值评价也主要集中在教师对于社会政治伦理和道德教化的贡献上。正如韩愈《师说》所描述的"师者，所以传道授业解惑也""道之所存，师之所存"等。这些"传道"的教师，一般不需要由专门的师资培养机构来培养。

第四，出现了影响未来世界社会文化发展，并为教师职业发展做出杰出贡献的孔子和苏格拉底等专职教育家。

第五，中国古代已总结出许多优秀教育经验，提出发人深省的教师职业命题。如孔子主张在文教政策上实行"有教无类"，在教育实践中创立的"不愤不启，不悱不发"的启发式教学思想，坚守"学而不厌"的治学精神，奉行"诲人不倦"的教师职业情怀。先秦时期的《学记》提出"记问之学不足以为人师""择师不可不慎"，要求教师要"善喻"，做反思型教师，即"君子既知教之所由兴，又知教之所由废"的职业命题。在汉代的国家最高学府——太学中已经出现了"博士祭酒""五经博士""直讲"和"助讲"等教师职级制度。这是中国古代贡献给全人类的教育智慧。

二、教师职业的初级专业化阶段

随着社会的发展和教育的制度化，特别是近代师范院校产生后，教师的职业内涵逐渐丰富，教师的社会功能日益显著，教师职业进入了专门化阶段。

(一)欧美师范教育的产生与发展

自英国发生产业革命后，西欧资本主义生产发展迅速，并不断向北美等地扩展。与此同时，资本主义生产方式要求雇员必须掌握生产所需的"读、写、算"的知识与技能，普及初等教育迫在眉睫。这样，传统的经验型教师已经不能适应产业社会的要求了。因此，探索教师的培养方式，总结教师培养的经验并上升为理论成为时代发展的必然。

伴随着资本主义的进一步发展，教育普及程度的不断提高，西方各国的学校教育发生了很大的变化。特别是教学内容、教学形式的变更，使得教学变得不再是一件容易的事了。它要求教师要具备一定的学科知识，同时还要有相当的能力以及相应的教育教学技能和方法。于是专门训练教师就成了必要，师范学校也就应运而生了。

1681年，法国基督教兄弟会神甫拉萨尔在兰斯开办"基督教学校修士学院"，以训练小学教师，这是世界上最早的师资培训学校。虽然该机构具有短训班的性质，却是世界师范教育的开端。

法国启蒙思想家、教育家卢梭，于1762年发表教育著作《爱弥儿》，主张教育要适应儿童的年龄特征，并对儿童施以得法的教育。卢梭十分重视教师的职业素养，他认为只有教师先受过良好的教育，才能够教育好学生。同时，他进一步指出："把孩子交给一个连他本身都没受过良好教育的人培养，又怎能培养得好呢?"❶卢梭的教育思想对德国教育家康德(1724—1804)、瑞士教育家裴斯泰洛齐(1746—1827)，以及后世许多教育家的教育改革主张都产生过积极影响。

1776 年，康德在哥尼斯堡大学开办教育学讲座，从此将怎样培养人的教育学说列入大学课程。康德的教育思想集中体现在其弟子们整理编撰出版的《康德论教育》一书。康德对教师职业有发人深省的认识，指出："教育一定要成为一种学业"，"教育的方法必须成为一种科学"❷。据此，他还提出为将师范学校办好，必先开办为师范生实习之用的"实验学校"的建议。康德的这些思想直接影响到赫尔巴特的教育学说和在大学中创设教育科学研究所。

1794 年 10 月，法国"临时会议"颁布法令，决定在巴黎设立师范学校以培养未来"小学教师的教师"，即毕业生被分配到各大行政区负责筹建省立师范学校，每区 3 人。1796 年该校正式成立，后因"雾月政变"的影响被关闭。1808 年，巴黎师范学校复学，其任务改为培养国立中学教师❸。法国师范教育虽然发端较早，但因为政治经济等原因，政府对初等教育的普及工作重视不足，师范教育发展缓慢。

1831 年，时任法国教育部部长的基佐(Guizot)主持制定了《大力发展初等教育和师范教育的法案》(简称《基佐法案》)，堪称法国历史上关于初等教育与师范教育的经典法案，其主要内容有三点。一是改革初等教育内容，提高小学教师资格证书水平。法案将初等教育分为两级，不同阶段安排不同课程，小学教师资格证书亦分为"初级"和"高级"，且均由国家颁发，即所有教师均需接受培训考试合格方可获得国家颁发的任教资格证书，废除教会机构颁发教师资格证书的惯例。二是每省建立一所男子师范学校。法案规定每省建立一所师范学校，要求年满 16 周岁，持有地方颁发的品行优良证明，通过学业考核合格者，且必须承诺在小学工作满 10 年，方可入读师范学校。三是建立小学教师最低工资制度和教师退休互助金制度，规定了小学教师解聘的严格手续❹。《基佐法案》的颁布使法国师范教育进入了一个新阶段，师范学校纷纷涌现，仅法案颁布

---

❶ 卢梭著，李平沤译：《爱弥儿》，北京，人民教育出版社，1985 年，第 23 页。

❷ 瞿菊农编译：《康德论教育》，上海，商务印书馆，1930 年，第 10 页。

❸ 张瑞璠、王承绪主编：《中外教育比较史纲》(近代卷)，济南，山东教育出版社，1997 年，第 704 页。

❹ 祝怀新：《封闭与开放：教师教育政策研究》，杭州，浙江教育出版社，2007 年，第 6 页。

当年就新设 30 所师范学校，1838 年发展到 76 所。该法对法国教育体系的形成影响深远。

法国早期的师范学校和教师制度为欧美树立了典范。此后，为普鲁士和美国等许多国家所效仿。

英国是世界上第一个进行工业革命的国家，但在 18 世纪以前其教育渗透着浓厚的宗教性，对教育管理和师范教育不甚重视。但新技术在生产中的广泛运用，就必须使劳动者掌握一定的文化知识。在这一背景下，1699 年国会建立了"基督教知识促进会"（SPCK），目的是帮助那些没有经济能力供养孩子在贵族学校读书的父母们，将孩子送到教区的"教义问答"慈善学校，学习宗教教义和简单的读、写、算知识。但这些教师属教会委派的神职人员，未经专门培训。1781 年，慈善家罗伯特·雷克斯（Robert Raikes）出资为工人子弟创办一所利用星期日授课的学校，亦称"主日学校"（Sunday School）。该校在星期日将工人子弟组织起来，类似前述"教义问答"学校一样，对其进行宗教教义和简单的读、写、算知识的教育。由于这类学校既满足了工人子弟文化知识学习的愿望，又有利于社会安定，不久在英国社会走红，到 1795 年，这类学习已发展到 1012 所。此外，也建立了大批慈善学校和一些私立学校。如此学校规模的扩张，催生出英国别具特色的"导生制"和"见习生制"师资培养模式。

导生制产生于 18 世纪末、19 世纪初，是由英国教士安德鲁·贝尔（Dr. Andrew Bell，1753—1832）和约瑟夫·兰卡斯特（Joseph Lancaster，1778—1838）创立的，史称"贝尔—兰卡斯特制"。这种师资培养模式，是教师在 12 岁左右的学生中选择成绩优异者充当"导生"，每天早晨由教师利用两小时先教导生学习初步的读、写、算知识和宗教教义，同时进行教学方法的训练，培训时间为三个月，待他们学成后代行教师职责，将所学得的知识和宗教教义再转教给其他学生。如此，一名教师就可以在导生帮助下教育上百名学生。导生制适应了当时英国社会教师短缺，大量贫民子女接受初等教育的社会现实需要。此法后来也为美、法、意和瑞士等国所借鉴。

见习生制，是英国 19 世纪 30 年代，世俗政权与教会争夺教育领导权斗争的结果。1835 年，英国政府试图用 1 万英镑创办 4 所师范学校，以推动初等教育和师范教育的发展。但由于教会势力的坚决反对而作罢。后来，政府改用"公助私立"的办法介入师范学校的兴办工作。1840 年，枢密院教育委员会主席詹姆士·凯－沙特尔沃思在伦敦郊外创办英国第一所师范学校——巴特西教师训练学院（Battesea College for Teachers），该校以裴斯泰洛齐的经验为基础，以普鲁士师范学校为蓝本，结合英国的国情而创办的实验性师范学校。到 1850 年，类似的教师训练学院发展到 30 所，对英国师范教育的发展产生了积极影响。由于教师训练学院发展缓慢，加上导生制所培养的师资质量低下，1846 年詹姆士·凯—沙特尔沃思在总结导生制和荷兰教师培养制度的基础上创立了见习生制。其具体做法是：选出学业、品德、健康等方面符合条件的至少 13 岁的小学生，让他们一边学习，一边跟随经严格挑选出来的主任教师学习，每周五天每天至少一个半小时，学习期限为五年，且每年必须接受皇家督学的考核，枢密院教育委员会发给他们一定的报酬。学习期满后可任小学助理教员，也可通过考试获得"女王奖学金"后进入师范学校继续深造❶。见习生制培养的师资克服了导生制的不足，进而在英国得到迅速推广。1874 年，利物浦学校委员会建立了见习教师中心（The Pupilteacher Center），为 13～18 岁接受过学徒训练的师范生提供接近中等教育的训练。这种将师范生的教育水平提高与专业实践结合起来的做法，后来为英国许多大城市的学校委员会所接受❷。

美国在殖民地时期和独立后的最初年代，教育发展缓慢。从 19 世纪 20 年代起，东部经济发展较快的州纷纷兴起公立学校运动。1825 年，伊利诺伊州率先制定《教育法》，提出公民的智力是社会财富和国家力量的观点。当时流行的口号是"受教育应是每个公民的权利"❸。此后，各州纷纷效仿，由法律规定依靠地方税收来兴办公立学校。1843 年，马萨诸塞州教育委员会秘书霍勒斯·曼（Horace Mann，1796—1859），曾为推进州的公共教育事业，走访英国、苏格兰、爱尔兰、荷兰、德国、比利时和法国等地，把自己用五个月时间研究欧洲先进教育的心得公开发表，这就是著名的"第七年报"。由于他积极倡导并身体力行地推动公立学校运动，并建立了卓越功勋，后来人们将他誉为"美国公立学校之父"。他对普鲁士师范教育的考察印象深刻，强调教师职业对社会发展的重要意义。他指出："教师职业在公众的心目中具有很高的地位，任何一个人都不能因为找不到其他的工作而最后去尝试一下教育工作。"❹

1823 年，美国教士赛缪尔·赫尔（Samuel H. Hall）创立了私立中等

❶ 祝怀新：《封闭与开放：教师教育政策研究》，杭州，浙江教育出版社，2007 年，第 10 页。

❷ 王承绪：《英国教育史》，长春，吉林教育出版社，2000 年，第 288 页。

❸ 王天一、夏之莲、朱美玉：《外国教育史》，北京，北京师范大学出版社，1993 年，第 224 页。

❹ 祝怀新：《封闭与开放：教师教育政策研究》，杭州，浙江教育出版社，2007 年，第 3 页。

教师训练班(亦称师范班)，并为师范生实习还附设了小学，这是美国师范教育的肇端。1825 年，马萨诸塞州议员詹姆斯·卡特(James Gordon Carter，1795—1849)在波士顿发表文章呼吁，要建立州立师范教育体系。后来，到 1839 年，在莱克星顿市建立了美国历史上第一所州立师范学校。其后，公立师范学校在美国各州兴起，到 19 世纪末美国师范教育体系基本形成，对师范生的入学条件、修业年限和课程设置等方面都有了明确规定。截至 1899 年，全美共有师范学校 331 所，其中公立 166 所，私立 165 所❶。进入 20 世纪，美国逐步取消中等师范教育，所有教师均由大学培养，并逐步建立起教师资格制度和聘任制度。

总之，18 世纪中期乃至整个 19 世纪，师范教育在西方国家盛行起来，与此同时，师范教育制度由西方传播到东方的日本和中国等后发国家。到 20 世纪中叶，发达国家的教师培养机构基本完成了由师范院校到升格为大学的飞跃，教师培养由封闭式向开放式过渡。

在对教师进行专门的师范教育训练的同时，一些西方国家开始探索实施教师资格证书制度，以维护教师行业的质量和社会地位。法国是最早实施教师资格制度的国家。在 19 世纪初期，法兰西第一帝国就实施了初等教育教师考核和证书制度。之后，其他欧美国家纷纷效仿，并且，实施对象从初等教育的教师逐渐扩展到其他教育层次的教师，获得教师资格的标准也越来越严格。但是，必须指出的是，这一时期的教师资格标准主要还是体现在对学历的要求上，特别是对高中及以上层次的教师而言。

(二)中国师范教育的产生与发展

中国民间历来具有尊师重教的传统。有所谓"天、地、君、亲、师"之说，"师者，所以传道授业解惑也"。但中国古代社会的师道和教师作用，在近代激荡的社会变革中，已经失去了应有的效用。鸦片战争后，作为中国社会救亡图存运动的一环，兴办师范学校以培养师资，已成为"新民"教育的必然选择。

"废科举，兴学校"，拉开了中国近代教育的序幕。在晚清探索救亡图存道路的众多开明知识分子中，梁启超是近代中国最早主张创立师范学校的第一人。1896 年，他在《变法通议》中提出："欲革旧习，兴智学，必以立师范学堂为第一义。"他强调师范学堂对开启民智的作用，认为师范学校乃"群学之基"。此后，清政府部分采纳维新派人士的教育改革建

---

❶ 祝怀新：《封闭与开放：教师教育政策研究》，杭州，浙江教育出版社，2007 年，第 4 页。

议，实行废科举，倡新学的文教政策，中国的师范教育在兴办新式学堂的运动中徐徐拉开了序幕。

1897 年，盛宣怀在上海创办南洋公学，内设师范学院培养教员，这是中国近代最早的官办师资培养机构，标志中国师范教育的开端。1902年，清政府将京师大学堂中的师范斋更名为"师范馆"，并正式招生，成为中国高等师范教育的起点。在中国兴办师范教育的过程中，晚清重臣张之洞、张百熙等发挥了重要作用。1903 年，张百熙、荣庆、张之洞在《学务纲要》中强调"造就小学之师范生，尤为办学堂者入手第一义"。

我国实业家、教育家张謇对师范教育有独特的认识。他说："小学是教育之母，师范又是小学之母"，故立学校，尤须从师范始。他曾多次建议地方当局办师范学校而无果。1903 年，身体力行，在通州创办通州师范学校，此乃我国私立师范教育的肇起。该校设 4 年本科、2 年简易科和 1 年讲习科，课程设置主要有国文、修身、教育、伦理、算术、理化、史地、博物、图画、手工、体操等。后来，他还在南通等地创办或资助师范学校多所。为中国早期师范教育的发展作出了重要贡献。

从 1904 年开始，中国的师范教育开始制度化建设。按照是年颁布的《奏定学堂章程》的规定，师范学堂分"初级"和"优级"两类。初级以培养小学教师为务，招收高小毕业生，分简易科和完全科，主要课程有修身、讲经读经、国文、理化、史地、习字等。优级师范学堂主要培养初级师范学堂、中学堂的教员和管理人员，招收初级师范、中学堂毕业生，分公共科、分类科和加习科。公共科主要学习人伦道德、中国文学、辨学、算学、外语等课程。分类科即学完公共科后分 4 科，第一科为学习中国文学、外国语；第二科学习历史、地理；第三科学习算学、物理学和化学；第四科学习植物、动物、矿物和生理。加习科即在学完分类科后，再学习人伦道德、教育学、教育制度、教育政令、美学、实验心理学、学校卫生、儿童研究、教育演习等课程。❶ 该《章程》是我国确立师范教育体系的标志，为早期师范教育的发展提供了法律依据，其影响深远。到 1910 年，清政府设立的各类师范机构计有 415 所，学生达28 572 人。❷

1912 年"中华民国"成立，师范教育逐步走上体系化发展之路。同年9 月和 12 月，国民政府教育部颁布《师范学校令》和《师范学校规程》，主

---

❶ 张瑞璠，王承绪主编：《中外教育比较史纲》（近代卷），济南，山东教育出版社，1997 年，第 737 页。

❷ 陈景磐编：《中国近代教育史》，北京，人们教育出版社，1979 年，第 185 页。

要内容有：明确师范教育的设置原则，加强师范教育管理；倡导女子师范教育；重视教师职前培养和职后培训工作；探讨师范教育发展的规律。如《师范学校令》第二条规定，师范学校为省立，高等师范学校为国立，从此明确了各级师范的行政隶属关系，便于管理和监督。1913 年 6 月，教育总长范源濂提出将全国划分为六大师范区的构想，即直隶区、东三省区、湖北区、四川区、广东区、江苏区，每区设国立高师一所，北京另设国立女子高师一所。到 1918 年，六大区均建成高等师范学校。在兴办现代师范院校的同时，也加强了对教师教育理论的研究。1915 年，成立全国师范教育研究会，旨在探讨师范教育的规律，促进师范教育的健康发展。到 1922 年，新学制公布前，新式师范学校已发展到 275 所，学生 38 277 人，其中女生 6 724 人❶。

经过五四新文化运动的洗礼和以美国杜威为代表的实用主义教育思潮的影响，民国政府于 1922 年颁布《学校系统改革令》，按照新学制的要求，师范教育的改革主要有以下几个方面：高师改大，中师合并，试行开放式教师培养模式；增设选修科目，完善课程设置；取消师范生公费待遇。在这些改革内容中，取消师范院校的独立地位和取消师范生"公费待遇"，导致师范教育陷入低谷，师范教育质量明显下降。对此，在各界呼声下，1932 年民国政府颁布《确定教育目标与改革教育制度案》，对恢复师范教育的发展起了重要作用。该案规定"师范大学应脱离大学而单独设立"，"师范学校与师范大学概不收费；师范学校以由政府供给膳宿制服为原则"。由此，各省迅速重建师范教育，在 1928 年至 1933 年间，师范学校由 236 所猛增到 839 所，学生由 29 470 人增加到 100 840 人。❷

中国的师范教育从晚清发展到民国，其发展道路是先学日本后学美国，再加上日寇侵华的破坏，师范教育的发展可谓艰难曲折。期间，也有各省和民间进步人士对师范教育的探索。1923 年，江苏省立师范学校就分设了 5 个乡村师范分校，以促进乡村教育的普及。后来，有陶行知先生在南京郊区开办小庄师范学校，积极推动贫民识字运动和中国乡村教育的发展，对中国的乡村改造产生了积极影响。

此外，中国共产党领导和创办的师范教育值得重视。中国共产党领导的革命根据地和解放区，本着教育为革命战争服务的原则，结合各根据地和解放区的实际，也开展了新民主主义师范教育的探索。1932 年 3

❶ 陈元辉：《中国现代教育史》，北京，人民教育出版社，1979 年，第 24 页。
❷ 张瑞璠，王承绪主编：《中外教育比较史纲》（近代卷），济南，山东教育出版社，1997 年，第 744 页。

月，人民教育家徐特立在瑞金创立闽瑞师范学校，同年 10 月，又创办中央列宁师范学校。1937 年，鲁迅师范学校在延安诞生，1939 年 7 月，该校与边区中学合并，成立边区第一师范学校，之后又陆续成立了第二、第三师范学校。1944 年延安大学创设师范学院，同年颁布的《延安大学教育方针及暂行方案》颁布后，师范学院改称"教育系"，规定师范生修业两年，校内学习和校外实习比例是 60％和 40％，公共课和专业课的比重分别是 30％和 70％。❶ 1946 年，东北解放区创建培养中学教师和行政干部的东北大学，该校是今天东北师范大学的前身。1948 年 12 月，华北大学成立，也设有教育学院。

这些师范教育机构，为革命战争培养了大批干部，推动了革命根据地和解放区的教育普及工作，为中国革命作出了重大贡献，为新中国师范教育的发展积累了宝贵经验。

新中国成立后，中共中央政务院提出"民族的、科学的、大众的"文化教育方针，采取针对性措施大力发展各类教育并促进大众教育普及工作，迅速改变民国时期教育发展不平衡的状况，以适应社会主义建设对各类人才的需要。新中国成立之初，我国全面学习苏联教育模式，在对旧中国的教育体系进行了社会主义改造的同时，也积极探索和创建社会主义教育新体系。1951 年 8 月，召开第一次师范教育工作会议，提出师范教育工作的方针和师范院校发展布局构想，确立了独立发展师范教育体系的基调，并指出原普通大学中的师范学院或教育学院，逐步实现独立设置等意见❷，该会议的精神体现在 1952 年 7 月颁布的《关于高等师范学校的规定（草案）》中。1953 年 11 月，国家又下发了《关于改进和发展高等师范教育的指示》，要求综合大学、体育学院和艺术学校分担培养部分师资的任务。在这样的背景下，师范教育也是按"有计划、按比例"的原则发展。经十年左右的建设，全国基本形成了大区制师范大学、各省师范学院、地区师专和县（市）师范学校，这种独立设置的师范教育体系，以培养各类师资。

新中国的师范教育在摸索和曲折中前行，期间历经"反右""大跃进"和"文化大革命"等政治运动，其规模和质量也受到不同程度的影响和破坏。

1978 年十一届三中全会后，师范教育受到前所未有的重视，并在改

---

❶ 杨之岭，林冰，苏渭昌：《中国师范教育》，北京，北京师范大学出版社，1989年，第 194 页。

❷ 顾明远：《北京师范大学与中国教育》，《光明日报》2002 年 9 月 9 日。

革开放的大环境下重新焕发生机，发展迅速。1980 年 6 月，教育部召开了全国师范教育会议，会议总结我国近代以来师范教育的历史经验和教训，指明了下一步师范教育工作的方针和任务，明确规定三级师范各自的培养目标，即高等师范学校培养中等学校师资（主要是高中教师），师专培养初中师资，中等师范学校培养小学教师。此外，该会议还通过了关于办好"中师"的《意见》《规程》《教学计划》和《幼儿师范学校教学计划》等文件，使得中等师范教育迅速发展起来。

此时，在高师的职能方面也得到延伸和拓展，除培养普通中学师资外，也为成人教育和职业教育院校培养师资。1979 年起，还相继创设了艺术师范学院、技术师范学院等具有专科性、技术性和专门专业性的独立师范学院。1985 年发布的《中共中央关于教育体制改革的决定》指出："要建设一支足够数量的、合格而稳定的师资队伍，是实行义务教育，提高义务教育水平的根本大计。"❶到 20 世纪 80 年代末，我国师范教育体系除前述独立的师资培养机构外，也迅速发展起来了地区教育学院、县级教师进修学校等师资继续教育或培训机构，教师的职前培养和职后培训工作走上了教师教育的内涵发展之路。

1990 年《全国教育事业发展统计公报》概要地报告了本年度师范教育的发展状况，并指出各级教育部门和学校加强师资队伍建设，"注重教师政治素质和业务素质的培养，教师总量基本保持稳定"。是年，全国计有普通高等师范院校 257 所，师范类专业招生达 18.25 万人，已占高校招生的 30%。中等师范学校有 1 026 所，招生 22.73 万人，占中等专业学校招生的 31%。普通高等师范院校和中等师范学校共培养毕业了 42.46 万中小学新教师。有教育学院 265 所，教师进修学校 2 018 所，有 78 万名在职教师正在参加脱产或业余、函授系统的学习。

20 世纪 90 年代后，中国的教师教育开始按照"三个面向"的思想，走上"开放式、专业化"的发展路径。

普及教育的提倡，师范教育的兴办，使教师群体的数量大增。教师作为一个独立的专职社会群体在组织上出现并逐渐得到了强化。"官"与"师"实现了分离。教师职业中传授学科知识的意识得到了强化，对学科知识的掌握和具有教授这些知识的能力与方法，成为教师的基本条件。"师"与"学科"的关系意识加强，出现了与古代教师"传道"有所不同的"业务"意识，以及作为"专业教师"的意识。当然，这里所说的"专业"并不是

❶ 金辉：《试论民办基础教育管理与深化教育体制改革》，《民办教育动态》，2001 （6）。

指把教师职业本身作为专业，而是指教师承担课程所属的学科专业❶。

在这一阶段里，教师职业已从兼职发展成为了一个专职的工作。并且，人们已对教育教学的复杂性有了一定的认识，要求教师不仅要掌握所教学科的知识，同时还应了解如何教会学生学习，于是教育的专业性逐渐凸显出来了。这使得教师的专门培养及资格控制均有了必要，教师职业开始迈向专业化的历程。但是由于受历史条件的限制，以及教育理论发展水平的制约，人们对教师职业内在价值和劳动本质尚缺乏深入思考和发现，教师的职业自我意识还未觉醒。"智者为师""学者为师"是这一时期占主流的教师职业观。教师职业的专业化发展仍处于较低水平。

三、教师职业的专业发展阶段

20世纪中叶以后，教师职业的专业化开始往纵深方向发展。特别是现代大学介入教师培养后，教师职业呈现专业化发展阶段。

第二次世界大战结束后，科学技术在生产生活中的运用越发广泛，民众对教育的普及和追求高质量的呼声高涨，再加上出现美、苏两大世界政治格局的军事、科技和教育的长期竞争，发达国家传统的、封闭式师范教育面临着挑战。在这样的背景下，西方发达国家的美、英、德等国率先对师范院校进行改革，或将其合并到综合大学，或将师范院校直接扩充为大学的文理学院，以拓宽师范生的知识面，提高其专业知识水平，让师范教育体系以外的高等教育机构顺应时势地介入到师资培养任务中来。于是，师资培养模式由封闭走向开放，师资来源由单一走向多元。

美国是较早实行中小学师资培养大学化的国家之一。早在1898年，纽约师范学院率先并入哥伦比亚大学，至今该校仍然是美国高等师范教育和教育科学研究的中心。从20世纪40年代起，美国掀起了师范院校升格运动，但师范院校在升格后更加重视师资培养质量是受苏联"卫星冲击"的影响，到60年代，美国独立的高等师范学院基本完成它的历史使命，绝大多数师范学院已经演变成综合大学的教育学院。到1970年，全国专门培养教师的院校仅剩16所❷。从此，美国的师资培养基本形成了以大学为主体的、非定向的教师教育体制。

英国师范教育的转型始于20世纪70年代，主要措施是以改组和整顿师范教育机构为中心，使单科性地方教育学院隶属于多科性的"高等教

❶ 叶澜、白益民等：《教师角色与教师发展新探》，北京，教育科学出版社，2001年，第6—7页。

❷ 苏真：《比较师范教育》，北京师范大学出版社，1991年，第27页。

育学院"，从此独立建制的师范院校在英国渐趋消失，师资培养和培训以一种"专业"的地位，并配以成体系的课程形式出现在英国高等教育系统中。英国师范教育转型后，其社会适应性更强了，当师资社会需求增大时，大学会尽快作出反应，以扩大师资培养规模；当师资的社会需求缩小时，便调整师资培养规模。这种综合化、弹性化的师资培养机制有利于国家公共教育资源的合理配置，以避免因师资培养过剩所造成的浪费现象。

战后日本，在美国占领军当局的监督下，对战前的军国主义教育体制进行了彻底的改造，在《教育基本法》框架下，引进了美国"六三三四"学校教育体系。按照《学校教育法》关于一府（都、道）县设立一所国立大学的原则，所有师范类院校要么升格为大学，要么并入大学成为培养教师的系（科），允许一般大学设教育系科培养师资，即所有教师均由大学包括短期大学来培养，提高了师资培养的学历层次。日本教师教育经战后 20 余年的探索，政府于 20 世纪 70 年代提出"新构想大学"的改革建议。在这一政策背景下，日本在 70 年代相继在鸣门、上越等地创立了专门培养高水平中小学师资的教育大学，以应对"高学历"社会对师资的需求。到 1990 年，日本各类高校中设有培养师资系科的机构共有 1 186个，其中大学有 408 所，短期大学有 410 所，设有培养研究生水平师资的机构有 225 个，大学专科水平的高校 71 所，为政府指定的专门培养师资的机构 72 个❶。

20 世纪 80 年代，法国的师资模式主要有两类：由普通大学第一阶段毕业的大学生，再到师范院校学习两年，毕业后经教师资格考试合格，可以到中学任教；直接招收高中毕业生，在高等院校毕业，经教师资格考试合格，可任小学教师。进入 90 年代后，法国所有的师范院校为设在综合大学里的"教师培训学院"所代替。从此，法国师资培养也走上了大学化的道路。

第二次世界大战后，师资培养大学化是发达国家教师教育改革的共同趋势。事实上，一些国家师资培养大学化并非独立的师资培养机构就一个也不存在了，像美、日等国还有少量的师范院校存在，但师资的学历层次提高了，师资培养的质量意识更加得到了强化。总体上说，师资培养模式更加开放了，师资来源更加多样化了。

---

❶ 韩清林：《积极推动师范教育转型，构建开放式教师教育体系》，《教师教育研究》，2003(3)。

第三节 中外教师专业化发展现状与趋向

一、外国教师专业化发展现状与趋向

20 世纪 50 年代以来，科学技术日新月异，人类知识总量剧增，人们对教育服务的需求日益广泛。与此同时，社会对教师职业的理想形象期望更高，在这样的时代背景下欧美发达国家率先掀起了一场以怎样培养高素质中小学教师为核心的教师专业化运动。

1966 年，国际劳工组织提出应将教师职业被视为一种专业。此后，西方发达国家的教师专业化运动迅猛展开，并积累了许多经验和教训。

20 世纪 80 年代以来，各国的教师教育改革如火如荼地展开，在这场正在持续的教师专业化过程中，各国根据自己的国情和民族文化传统，对本国教师教育体系、教师培养模式、教师资格和聘任制度等进行全方位的改革。

1996 年，联合国教科文组织召开的第 45 届国际教育大会以《加强变化世界中教师的作用》为题，再一次明确指出专业化——作为一种改善教师地位和工作条件的策略，提高教师质量和保障教师的权利与经济报酬引起国际社会的广泛关注。

(一)德国教师专业化

德国不仅是世界上开展教师教育较早的国家，也是今日教师教育制度较为完备、教师教育质量高的国家。早在 20 世纪 60 年代，德国基础教育阶段的师资学历就达到大学水平。随着终身教育理念日益为大众所接受，社会对教师水平的期望亦日益提高，德国传统的封闭式高等师范院校师资培养模式，也迅速转向开放式综合大学师资培养模式，并形成了教师职前培养与职后培训一体化的独特教师教育发展体制。

1. 以专业化为导向的中小学教师职前教育

在德国，教师已被公认为必须具有专业知识方能胜任的专门性职业。所以准备当教师的大学生在大学里要学习有关专业知识、教育基本理论，大学毕业后还要到专门的教师培训机构接受两年的专业训练，才能获得教师资格。

(1)在大学接受学术性教育阶段

该阶段接受大学学术教育，旨在掌握教师所应具备的学术基础知识，包括学科专业知识和教育理论。此外还要在课程中安排短期的教育见习活动。在德国，由于各州对基础教育不同阶段师资的任职要求不尽统一，所以对想当教师的大学生的学术教育修业年限要求也长短不等。具体来说，拟任初等学校(1～4 年级)和第一阶段中等教育(5～10 年级)教师的大学生，其修业年限为 3～4 年；拟担任第二阶段中等教育(11～13 年级)教师的大学生，其修业年限为 4～6 年。一般而言，按第二阶段中等教育师资要求培养出来的教师，可以在任何类型的中学任教。德国中学的主要类型有主体学校和实科中学，这两类学校属于第一阶段中等教育；完全中学，实施第一、二阶段学术性中等教育；中等职业教育机构，属于第二中等教育。

大学学术教育结束后，须参加第一次国家考试。考试合格的大学生，可以取得实习教师资格，然后转入教师培训机构接受教育专业能力培训。

(2)在教师培训机构接受教育专业培训阶段

前述，参加第一次国家考试合格的大学生进入教师培训机构。德国的教师培训机构统称"研修班"(Studien Seminar)，在这里大学生主要学习相关理论和进行教育实践，旨在养成其教师应具备的教育能力。同样，该阶段各州的修业年限也不统一。最短为 16 个月，最长两年半，一般为一年半。

该阶段的课程安排大致如下。第一年为试教阶段，由见习开始，4 周后在指导教师指导下试教，通常上午见习或试教，下午在研修班研讨。第二学期或第二年可以独立承担一个教学班的教学工作。期间，大学生们要参加 10 余次各类考试，如黑森州的各类考试多达 18 次；第二年下半年他们要专心准备第二次国家考试，考试合格方可成为正式教师。

在整个培训阶段实行"双导师制"，即每个大学生(也叫实习教师)都配备学科导师和实践导师。所谓第二次国家考试是全面考核实习教师将理论知识运用于实际教育情境的能力。考试内容包括：上两节公开课，由评委和考核委员对其教学表现打分；4 小时内写一篇教育文章；参加主辅修专业和政治法则的 3 次口试。考试合格后，方可在自己挑选的学校被聘为教师资格❶。

2. 中小学教师的在职专业化发展

德国特别重视在职教师的继续教育工作。1970 年 6 月，联邦政府颁布《1970 年教育报告》，强调今后 10 年逐步加强教师继续教育工作，使教师职后培训向制度化、科学化的方向发展。

2001 年，联邦政府颁布《教师论坛建议书》。建议指出，师资专业素质的提升是教育改革的关键，要加强教育学科、专门学科，以及教育理论与教育实践经验的有机结合，该建议表明德国的师资培养三个阶段是

---

❶ 祝怀新：《封闭与开放：教师教育政策研究》，杭州，浙江教育出版社，2007 年，第 144 页。

连续的统一体，教师专业化发展指向非常明确。

目前，德国教师在职专业化发展主要有两种形式。一是在职进修提高。不脱岗，利用业余时间进修培训。主要目的是拓展知识面、学习任教学科和教育理论的最新成果，认识不断变化的社会教师所应担当的角色等。参与这类进修的教师，还能得到政府的差旅费补贴，但这种进修与晋级无关。二是留职带薪深造。目的是获得其他种类或更高一级的教师资格证书，该类进修与变换教育工作种类或晋升有关❶。

（二）法国教师专业化

诚如第二节所述，法国是世界上师范教育历史最悠久的国家之一。尽管正式师范学校诞生以前及其后的较长历史时期，法国的教师聘任权掌握在教会手中，但在 13 世纪时就有官方文献关于教师任职资格的规定❷。继 1681 年最早创办初等教育师资讲习所后，1762 年出现了以考试招聘的方式选拔优秀生中学毕业生担任教师，而 1794 年创立的巴黎师范学校，对师资、学生的入学条件和修业年限均有详细的规定，此为制度化师范教育的起步阶段。1833 年的《基佐法案》是近代法国师范教育体系建立的重要法律保障。19 世纪中叶，法国已经形成了 4 种类型的中学教师资格证书制度，在中小学教师培养模式上长期实行"双轨制"，即法国教师培养和培训的各机构与部门间互不联系、条块分割。师范学校培养小学教师，地区教育中心培养普通中学教师，全国师范实训学校培养职业中学教师，而中小学教师的培训也分别由不同机构承担，这种局面一直持续到 20 世纪 80 年代。

20 世纪 80 年代，由于政治经济等原因，法国教师的社会地位有所下降，而社会对教师质量的期望却越来越高，一时间曾出现过教师聘任"危机"。因此，法国教师教育的现代转型起始于 20 世纪 80 年代末，主要表现在教师教育制度的三次重大改革。

1. 实行中小学幼儿园师资"3＋1"一体化培养模式

1989 年 7 月，法国颁布《教育方向指导法》，依该法第 17 条的规定建立基础教育师资培养与培训一体化的新机构——教师教育大学院❸。这

❶ 祝怀新：《封闭与开放：教师教育政策研究》，杭州，浙江教育出版社，2007 年，第 145—146 页。

❷ 顾明远、梁忠义：《世界教育大系》，长春，吉林教育出版社，1998 年，第 10 页。

❸ 在法国高等教育体系中，有一类学校被称为"大学校"，是法国高等教育中学术水平最高的机构，这里将专门培养教师而独立设置的高等教育机构称作"大学院"，意在强调其学术性和师资培养质量。

是法国专门化的大学层次的教师教育机构，它将中、小、幼师资的培养统一到大学三年本科，加上两年的专业教育层次。这种师资培养机构和学历层次的重大调整，使法国历史上长期存在的"双轨制"师范教育终于寿终正寝了。有学者评价法国这种教师教育改革举措是教师教育体系的"根本性重构"和最大亮点❶。

该模式有三个特点：第一，在职能上由教师教育大学院取代师范学校、教育中心和师范实训学校而为师资职前培养和职后培训一体化；第二，作为毕业后从事包括幼儿园教师在内的所有基础教育师资的生源质量得到了保证，即他们的学历起点一样高，修业年限一样长，毕业文凭相同；第三，学制最后一年是以"带薪实习"的方式接受入职教育。带薪实习既是大学理论学习的延伸，又是教师在职教育的前奏，这种理论联系实际的教师培训方式有利于提高教师的教育能力。在法国"实习教师"是国家准公务员，带薪实习和准公务员的社会地位，有利于激发他们的教师职业认同感和自豪感。

2. 延长教育年限提升培养质量，使基础教育师资达到教育硕士水平

从 2010 年 9 月起，法国开始培养授予硕士学位的基础教育师资，实行"3＋2＋1"培养模式。其具体培养过程是：三年的大学本科课程＋两年的硕士课程(具备必要的教学能力、参与实习、完成独立的研究论文、准备教师资格考试)＋一年的带薪实习(以实习教师身份履行教师职责)❷。

3. 严格执行教师资格制度，突出教师职业的专业性

法国政府为加强教师教育的学术性，使基础教育师资有广博的知识基础和较强的教育实践能力，于 2005 年将教师教育大学院并入综合大学，使其成为大学的一个专业学院，实现真正意义上的教师教育大学化。法国一向实行中小学教师由国家聘任的制度，教师教育的课程标准也由国家统一制定，坚持统一而严格的教师资格证书制度。法国教师资格考试的淘汰率非常高，仅以 2005 年为例，在有 70 000 名教师候选人参加的教师资格考试中，只有 12 000 名获得教师资格证书，通过率只有 20%❸。

（三）日本教师专业化

20 世纪 90 年代，日本高等教育已经进入"普及化"阶段，与此同时

❶ 陈永明：《"3＋2"——法国教师教育新模式》，《外国中小学教育》，2007(4)：5—12。

❷ 苟顺明、陈时见：《法国教师教育改革的主要措施与基本经验》，《教育研究》，2013(2)：93。

❸ 谌启标：《法国教师教育大学化的传统与变革》，《集美大学学报》，2008(2)：9。

日本经济持续走低，而社会又陷于"少子化"和"老龄化"的双重压力。在这样的背景下，日本高等教育改革频繁，期望通过大学改革促进经济重振。作为高等教育改革的重要一环，教师教育改革也提到政府的议事议程，1997年《面向新时代的师资培养改革方案》等一系列咨询报告出台，拉开了面向21世纪的教师教育改革序幕。

日本教师专业化改革区别于欧美国家的最大不同是点是，教师职前培养和职后培训直接指向"硕士化"。

1. 教师继续教育专业化

1998年6月，日本教育职员养成委员会研究生教育分会提出，要"尽可能多地为在职教师提供接受硕士研究生水平教育的机会"。同年10月，教育职员养成委员会发表第二次报告，公布了实施硕士课程来推进在职教师的进修计划，并指出教师在解决实际教育问题的过程中形成的实践性知识是教师专业化发展的重要途径，即培养"具有业务专长和丰富个性的教师"❶是日本教师教育当下的发展目标。

主要措施有：第一，利用现有具有培养教育学硕士学位能力的教师教育研究生院，扩大招收在职教师的比例，缩短在职教师读研年限，在职教师攻读教育硕士学位最短一年即可毕业；第二，研究生院应该为在职教师攻读教育硕士学位提供学习上的便利，可采用休息日面授上课、也可以利用广播电视、E—mail等方式指导；第三，在职教师的硕士课程尽可能突出实践性，在理论导师之外，还在中小学选择专家型教师担任其实践导师，以便其提高解决教育现场实际教育问题的能力。

2004年，日本改革学位制度，设置法定的专业学位，允许在大学中独立设置"教职研究生院"，到2008年已有19所大学设置以培养教育硕士为目的的"教职研究生院"，旨在培养学者型基础教育师资，大量招在职中小学教师，本年度共招生766人❷。

2. 教师职前职后教育一体化

1999年，日本教育职员养成委员会发表中小学教师《职前培养、入职、职后培养一体化》的第三次审议报告，规定了教师的专业素质和能力标准，使教师教育体系更加完善，推进了日本教师专业化发展。

日本的教师在职进修主要有三种形式：第一种是校外进修，以满足

❶ 朱宁波，张志宏：《日本教师专业发展特征的嬗变》，《辽宁师范大学大学学报》，2004(3)。

❷ 李振玉，李志永：《日本构建具有国际魅力研究生院的改革探索》，《中国高教研究》，2013(1)。

教师学历提高和个性化需求为目的；第二种是校内进修，倡导教师之间的研讨和合作精神；第三种是自修，鼓励教师自主业务学习，特别是对新入职教师学校和政府主管部门还给予奖励。

此后，日本政府开始倡导"大学与地方教育委员会"的合作计划，该计划将教师教育的范围从单一的"职前培养"到综合的"职前教育""试用期培养"和"在职教育及培训"。❶ 大学与地方教委的合作有效地促进了日本教师专业化水平的提高。

3. 改革教师资格证书制度，建立教师退出机制

日本也是世界上较为完备地建立并严格实行教师资格证书制度的国家。1949 年，日本就公布了《教育公务员特例法》，该法规定持有大学学士等资格且修满规定的教职课程学分者，授予终身教师资格证书。当时规定教师资格终身制，一是为吸引优秀人才终身从事教师职业；二是体现日本尊师重教的传统。几十年来，日本的教师资格制度为稳定教师队伍，保持基础教育的质量起到了应有的作用。但随着时间的推移，教师队伍中也出现了个别教师不思进取的现象，这不利于基础教育质量的提高。

进入 21 世纪以来，日本文部科学省曾多次召开专题会议，研讨教师资格制度改革问题。2005 年 10 月，日本导入新的教师资格制度，该制度有两个核心点：一是有志于从事教师职业的大学生，在修满规定的教职课程学分后，各大学教职课程委员会有权依据国家的教职标准给予认定，如果认定不合格将不再授予教师资格证书；二是对已经取得教师资格证书者，今后每 10 年必须有义务接受一定的课程学习，然后由地方教育委员会对其进行考核认定，如果没能在知识和教育能力等方面取得进步，其资格证书将作废。这表明日本已经建立了教师退出机制，以此保证教师队伍的高质量。

二、中国教师专业化发展的现状及趋向

为保障教师权益和促进教师教育的发展，中国政府于 1993 年立法，1994 年开始实施的《中华人民共和国教师法》中明确规定：教师是履行教育教学职责的专业人员。这是新中国成立以来，国家以法律形式对国际社会关于教师职业是一种专业的最早回应。

---

❶ 祝怀新：《封闭与开放：教师教育政策研究》，杭州，浙江教育出版社，2007 年，第 160 页。

（一）20 世纪 90 年代的教师教育改革

1. 教师教育体制改革

进入 90 年代后，我国的教师专业化开始在教育政策和制度安排上渐次展开。1993 年，中共中央国务院颁布《中国教育改革与发展规划纲要》中指出："师范教育是培养中小学教师的工作母机，各级政府要努力增加投入，大力办好师范教育。"同年 3 月，教育部在《关于师范院校布局结构调整的几点意见》中指出，在坚持独立设置师范院校为主体的格局下，进一步拓宽中小学教师来源渠道，鼓励一批高水平综合大学参与培养中小学教师，使中小学师资来源多样化，优化师资队伍结构。该《意见》对我国师范教育的层次结构调整提出了目标："从城市向农村、从沿海向内地逐步推进，由三级师范（高师本科、高师专科、中等师范）向二级师范（高师本科、高师专科）过渡。到 2010 年左右，新补充的小学、初中教师分别基本达到专科和本科学历。"❶1998 年颁布的《面向 21 世纪教育振兴行动计划》进而指出，"经济发达地区高中专任教师和校长中获硕士学位者应达到一定比例"。在这样的政策背景下，发达地区的师范学校陆续停办，或合并或升格，一些师专升格为本科，一些师范学院升格为师范大学或并入综合大学，我国原有的三级师范体制开始向二级师范过渡。

2. 在职教师培训制度改革

90 年代，国家为优化基础教育师资队伍，相继出台了一系列政策、法规，用以引导和加快在职中小学教师的培训工作。概括起来说，重点工作是三件事。

一是完成中小学教师的学历补偿工作，使其学历符合国家规定的任教学校的学历要求；二是做好中小学骨干教师的继续教育工作，使其自身素质和教育能力有明显提高；三是国家学位办增设"教育硕士"专业学位，主要培养面向基础教育及其管理工作需要的高层次人才，该项工作1997 年正式启动。招生对象是大学本科毕业、具有 3 年以上教学经历的基础教育专任教师和管理人员。

这期间，在职教师培训出现了多元化、多样化和多渠道的新格局。有函授、远程教育、自学三结合的培训；有优秀专家参与的高层次骨干教师培训；有选派优秀骨干教师到大学学习硕士研究生课程的培训；还

---

❶ 教育部：《关于师范院校布局结构调整的几点意见》，教育部文件教师[1999] 1 号，1999 年 3 月 16 日。

有各种形式的培训班、研修班等❶。

3. 试行教师资格证制度

我国自 1994 年实施《教师法》后，相继颁布了《教师资格条例》(1995年)，从 1998 年开始我国在六省(市、区)的部分地区试行教师资格证书制度。《条例》规定师范院校毕业的教育专业人员，经地方政府教育主管部门核准，颁发教师资格证书；其他院校或机构毕业的符合中小学教师学历要求的人员，必须参加地方政府教育主管部门组织的教育理论考试，考试合格者，授予教师资格证书。持有教师资格证书方可依据工作需要聘任相应的教师工作岗位。

(二)新世纪以来的教师教育政策与发展趋势

1. 教师教育一体化政策

2002 年，党的十六大提出了全面建设小康社会的战略目标，提出构建较为完善的国民教育体系和学习型社会，现代化建设的新任务，客观上要求加快我国的教师教育一体化改革进程。同年，教育部师范司在《关于推进教师教育体制创新，从教师培养培训分离向教师教育一体化转变》中指出："教师教育体制改革的重点是推进教师教育一体化，教师教育一体化的关键是教师教育机构的一体化。"❷这些政策文献的颁布，使教师教育一体化的内涵更加清晰，下一步改革的任务愈发明确。因此要逐步做到教师职前培养、入职教育和在职培训的有机衔接，在终身学习理念的指导下，促进教师教育的一体化。❸

《国家中长期教育改革和发展规划纲要(2010－2020)》明确提出建设高素质专业化教师队伍的要求，指出"教育大计，教师为本。有好的教师，才有好的教育。保障教师地位，维护教师权益，提高教师待遇，使教师成为受人尊重的职业。严格教师资质，提升教师素质，努力造就一支师德高尚、业务精湛、结构合理、充满活力的高素质专业化教师队伍"。关于提高教师素质的具体措施是，"通过研修培训、学术交流、项目资助等方式，培养教育教学骨干、'双师型'教师、学术带头人和校长，造就一批教学名师和学科领军人才"。

---

❶ 祝怀新：《封闭与开放：教师教育政策研究》，杭州，浙江教育出版社，2007 年，第 309 页。

❷ 袁贵仁：《为全面建设小康社会准备高质量专业化的教师》，《中国高等教育》，2003(20)。

❸ 祝怀新：《封闭与开放：教师教育政策研究》，杭州，浙江教育出版社，2007 年，第 310 页。

2. 深化教师管理制度改革，完善教师资格认证制度

从 2001 年全面实施教师资格制度以来，到 2004 年 12 月，26 个省（市、区）共认证各类教师资格约 510 多万人，过半省（市、区）的教师资格认定工作已转入正常化。

诚如《国家中长期教育改革和发展规划纲要》指出的："严格实施教师准入制度，严把教师入口关。""建立教师资格证书定期登记制度。省级教育行政部门统一组织中小学教师资格考试和资格认定，县级教育行政部门会同人力资源社会保障等部门按职责分工依法履行中小学教师招聘录用、职务（职称）评聘、流动调配等职能。"在总结教师队伍管理和资格认定工作经验的基础上，为保证师资培养质量和聘任质量，2011 年教育部颁布《中小学幼儿园教师标准（试行）》。同年，在浙江和湖北两省实行教师资格国家考试制度试点工作，2012 年该项工作已扩展到 11 省（市、区），这是教师资队伍高素质得以保障的重要改革举措。教师管理"省考、县聘、校用"的人事管理制度正在形成。

为保障教师权益，增强中小学教师的工作积极性和职业自豪感，《纲要》还规定："逐步实行城乡统一的中小学编制标准，对农村边远地区实行倾斜政策。制定高等学校、幼儿园教师编制标准。建立统一的中小学教师职务（职称）系列，在中小学设置正高级教师职务（职称）。"

进入新世纪以来，我国在师范生招生和培养制度方面进行了许多有益的探索。以北京师范大学为代表的师范教育机构，为培养高素质基础教育师资，开始探索"4＋2"培养模式，国家也在北师大、华东师大和东北师大等教育部直属师范大学尝试实行"师范生免费制度"。各省、市、自治区也联系本省教师队伍专业化发展的实际，制定教师教育发展规划、积极投身教师教育改革实践，如浙江省的师范院校在师资职前和职后培养一体化改革实践中，将"教育科学学院"等二级学院的称谓改成"教师教育学院"，并在教师专业化发展的进程中努力探索师资培养新模式。

今后，中国基础教育师资学历的发展方向将是"新三级师范"——"大学本科、教育硕士和教育博士"。

我国的教师队伍不断发展壮大，整体素质日益提高，以满足人民群众对享受高质量教育的需要。截至 2013 年教师节前夕，全国各类教师已接近 1 500 万。

总之，20 世纪 90 年代以来国家对教师教育的投入逐年增加，教师教育改革政策措施频出，师资队伍管理工作不断走上规范化和法制化的道路，教师社会地位和待遇不断提高，中国的教师职业前程美好。

>>> **本章参考文献**

[1] 国家职业分类大典和职业资格工作委员会 . 中华人民共和国职业分类大典[Z]. 北京：中国劳动社会保障出版社，1999.

[2] 台湾师范教育学会 . 教育专业[M]. 台湾：师大书苑有限公司，1992.

[3] 余文森，连榕，等 . 教师专业发展[M]. 福州：福建教育出版社，2012.

[4] 陈伟 . 西方大学教师专业[M]. 北京：北京大学出版社，2008.

[5] 卢梭，著，李平沤，译 . 爱弥儿 [M]. 北京：人民教育出版社，1985.

[6] 瞿菊农 . 康德论教[M]. 上海：商务印书馆，1930.

[7] 张瑞璠，王承绪 . 中外教育比较史纲(近代卷)[M]. 济南：山东教育出版社，1997.

[8] 祝怀新 . 封闭与开放：教师教育政策研究[M]. 杭州：浙江教育出版社，2007.

[9] 王承绪 . 英国教育史[M]. 长春：吉林教育出版社，2000.

[10] 王天一，夏之莲，朱美玉.《外国教育史》[M]. 北京：北京师范大学出版社，1993.

[11] 陈景磐 . 中国近代教育史[M]. 北京：人们教育出版社，1979.

[12] 陈元辉 . 中国现代教育史 [M]. 北京：人民教育出版社，1979.

[13] 杨之岭，林冰，苏渭昌 . 中国师范教育[M]. 北京师范大学出版社，1989.

[14] 叶澜，白益民，等 . 教师角色与教师发展新探[M]. 北京：教育科学出版社，2001.

[15] 苏真 . 比较师范教育[M]. 北京：北京师范大学出版社，1991.

[16] 苟顺明，陈时见 . 法国教师教育改革的主要措施与基本经验[J]. 教育研究，2013(2).

[17] 李振玉，李志永 . 日本构建具有国际魅力研究生院的改革探索[J]. 中国高教研究，2013(1).

第二章　教师专业品德

专业的核心标准之一是专业人员应具有较强的服务理念和较高的职业伦理。教育是百年树人的大计，教师对于学生、学校、家庭、社会、国家、民族，以及世界与人类，均具有神圣庄严的职责。"教学首先是一种道德的和伦理的专业，新的专业精神需要重申以此作为指导原则"；"在新的教学道德规范中，专业化和专业精神将围绕对教学和学生学习的道德定义而达到统一"。❶

教师的专业特性首先是以道德要求为基础的。所谓道德，是指社会为了协调和控制社会生活而向其成员提出的一系列行为准则的总和。道德是人类社会最古老的一种社会意识和社会规范，是人类掌握世界的特殊方式，是人类完善发展自身的活动。

道德可以分为社会公共道德（社会公德）、个体品德（私德）和职业道德三种类型。道德是社会道德规范、职业道德规范和个体道德品质的统一体。

品德，亦称品行、品格、德性、道德品质，是指道德在个体身上表现出来的稳固心理特征。道德通过社会舆论、教育、榜样示范等手段，逐步转化为个体内在的道德意识，并在行动中表现出稳定的特点或倾向，这时，我们说外在的道德已经内化为个体的品德。

品德是一个多侧面、多形态、多水平、多序列的动态开放性系统。一般认为，品德是由道德认识、道德情感、道德意志和道德行为四个要素组成的一个有机整体。（1）道德认识。道德认识也称道德观念，是指人对道德规范及其执行意义的认识。其中包括对道德概念、原则的理解，

---

❶ 联合国教科文组织国际教育局编：《教育展望》，第 114 期（中文版 2001 年第 2 期），第 44 页。

道德观的形成，以及运用这些观念去分析道德现象，判断他人的是非善恶等。道德认识是品德形成的基础，儿童的道德成熟过程主要就是道德认识的发展过程，儿童道德上成熟的标志，就在于他能否作出正确的道德判断和推理，从而形成自己的道德原则的能力。(2)道德情感。道德情感是运用一定的道德标准评价自己和别人言行时产生的一种内心体验。当一个人的思想意图和行为举止符合一定的道德标准时，就会感到道德上的满足，从而产生积极的情绪体验。反之，则会产生消极的情绪体验。道德情感是品德结构中的重要组成部分，缺乏道德情感常常是造成知行脱节，言行不一的主要原因。因此，苏联教育家苏霍姆林斯基(1961)说："没有情感的道德就变成了干枯的、苍白的语句，这语句只能培养伪君子。"❶(3)道德意志。道德意志是在道德行为过程中表现出来的意志努力。道德认识转化为行为必然会遇到一些困难和障碍，道德意志是人们行为过程中所表现出来的如何选择、克服困难等努力。道德意志主要反映在道德行为的自觉性、果断性、坚持性和自制力上。道德意志的过程一般经历下决心、树信心、立恒心三个阶段。(4)道德行为。道德行为是人在道德认识与道德情感推动下产生的涉及道德意义的行为。道德行为是品德的外部表现形态，也是道德教育的最终目的。

品德结构中知、情、意、行这四种成分是相互联系、协调发展的。道德认识是基础，是产生道德情感和道德行为的依据，决定了道德行为的方向。道德情感是道德行为的动力系统，道德意志是道德行为的保障。道德行为是品德的重要标志，道德行为既是道德认识、道德情感和道德意志的外在表现，同时，道德行为又可以巩固、发展道德认识和道德情感，促进道德意志的锻炼。品德结构是德育工作"晓之以理、动之以情、导之以行、持之以恒"的心理依据。忽略任何成分，都会造成品德培养的缺陷。

教师品德是教师专业发展的基本要求和规范，是教师最起码及必备的专业准则。

第一节　教师专业品德规范

教师是人类灵魂的工程师，是青少年学生成长的引路人。教师的个体品德素质和职业道德水平直接关系到中小学德育工作状况和亿万青少年的健康成长，关系到国家的前途命运和民族的未来。加强中小学教师

---

❶　转引自卢家楣，魏庆安，李其维：《心理学——基础理论及其教育应用》，上海，上海人民出版社，1998 年，第 421 页。

专业品德规范建设，提高教师的师德素养，对于确保党的事业后继有人和社会主义事业兴旺发达，全面建设小康社会，构建社会主义和谐社会，实现中华民族伟大复兴，具有十分重要的意义。

每个社会为了自身的生存和发展，必然要制定一系列的行为准则以规范人们的行为。当一个人按照社会公认的准则去行动时，他的行为就是合乎道德的，就会被人们所赞许，为社会所肯定。反之，就会受人们所谴责，为社会所否定。个体行为在得到社会舆论赞许时，会感到愉悦和心安理得，在得到社会舆论谴责时，会产生不安和内疚等内心体验。道德是依靠社会舆论和个体内心驱使而起作用的，是社会道德规范、职业道德规范和个体道德品质的统一体。

一、教师专业品德规范的含义

专业品德规范是特殊的职业道德规范，是指专业人员在职业活动中必须遵循的、具有本专业特征的道德准则和规范的总和。它以专业分工为基础，同实践专业活动紧密联系在一起。从事专业活动的人们，由于有着共同的劳动方式，经受着共同的专业训练，因而往往具有共同的专业兴趣、爱好、习惯和心理传统，结成某些特殊关系，产生特殊的行为模式和道德要求。如专门意义上的"救死扶伤"的道德就只适用于医生；"诲人不倦""教书育人""为人师表"的规范主要适用于教育工作者。

教师专业品德规范是指教师在从事教育劳动过程中必须遵循的道德准则和规范的总和，是教师个体品德在教师专业发展的体现，是教师在专业发展中的职业道德规范。

当前用以规范中小学教师行为的专业品德规范，是 2008 年 9 月 1 日由教育部和中国教科文卫体工会全国委员会联合颁发的《中小学教师职业道德规范》及 2009 年 8 月 22 日教育部颁布的《中小学班主任工作条例》。

二、《中小学教师职业道德规范》

《中小学教师职业道德规范》是在我国社会经济和教育发展进入新的历史阶段的重要背景下修订的。

(一)《中小学教师职业道德规范》的修订情况

改革开放以来，教师职业道德建设受到重视，我国于 1984 年、1991 年、1997 年先后三次颁布和修订《中小学教师职业道德规范》。为进一步加强教师队伍建设，全面提高中小学教师队伍的师德素质和专业水平，在广泛征求意见的基础上，对 1997 年国家教委和全国教育工会联合印发的《中小学教师职业道德规范》进行了修订。

1984 年 10 月，教育部和全国教育工会联合颁发第一个《中小学教师职业道德要求(试行草案)》，共有六条，包括政治思想方面的要求、教育思想方面的要求、业务学习的要求、对待学生的要求、遵纪守法的要求和行为举止的要求。这六条要求的具体内容分类不是十分严密。

1991 年 8 月，原国家教委和全国教育工会联合公布了修订的《中小学教师职业道德规范》，也是六条，也包括政治思想方面的要求、教育思想方面的要求、业务学习的要求、对待学生的要求、遵纪守法的要求和行为举止的要求。六条要求中的具体内容比 1984 年的《中小学教师职业道德要求》分类要清晰许多。

1997 年 8 月，原国家教委和全国教育工会联合公布了修订的《中小学教师职业道德规范》，有八条。这八条的关键词是：依法执教、爱岗敬业、热爱学生、严谨治学、团结协作、尊重家长、廉洁从教、为人师表。

2008 年 5 月，教育部师范教育司、《中国教育报》和《中国教师报》联合举办"教师职业精神"征文和大讨论活动，促进了对教师职业道德规范的思考。2008 年 6 月《中小学教师职业道德规范（征求意见稿）》向社会公布，广泛征求社会各界的意见。

2008 年 9 月 1 日，由教育部和中国教科文卫体工会全国委员会联合颁发了新修订的《中小学教师职业道德规范》，最终公布的文本有六条，关键词是：爱国守法、爱岗敬业、关爱学生、教书育人、为人师表、终身学习。

（二）《中小学教师职业道德规范》的主要内容

中小学教师职业道德规范（2008 年修订）

一、爱国守法。热爱祖国，热爱人民，拥护中国共产党领导，拥护社会主义。全面贯彻国家教育方针，自觉遵守教育法律法规，依法履行教师职责权利。不得有违背党和国家方针政策的言行。

二、爱岗敬业。忠诚于人民教育事业，志存高远，勤恳敬业，甘为人梯，乐于奉献。对工作高度负责，认真备课上课，认真批改作业，认真辅导学生。不得敷衍塞责。

三、关爱学生。关心爱护全体学生，尊重学生人格，平等公正对待学生。对学生严慈相济，做学生良师益友。保护学生安全，关心学生健康，维护学生权益。不讽刺、挖苦、歧视学生，不体罚或变相体罚学生。

四、教书育人。遵循教育规律，实施素质教育。循循善诱，诲人不倦，因材施教。培养学生良好品行，激发学生创新精神，促进学生全面发展。不以分数作为评价学生的唯一标准。

五、为人师表。坚守高尚情操，知荣明耻，严于律己，以身作则。衣着得体，语言规范，举止文明。关心集体，团结协作，尊重同事，尊重家长。作风正派，廉洁奉公。自觉抵制有偿家教，不利用职务之便谋取私利。

六、终身学习。崇尚科学精神，树立终身学习理念，拓宽知识视野，更新知识结构。潜心钻研业务，勇于探索创新，不断提高专业素养和教育教学水平。

(三)《中小学教师职业道德规范(2008 年修订)》的解读

长期以来，广大教师教书育人，敬业奉献，赢得了全社会的尊重，教师队伍中不断涌现出一批又一批可歌可泣的模范人物，表现了崇高的师德精神。在新形势下修订并重新印发《中小学教师职业道德规范》(以下简称《规范》)，对于激励和引导广大教师向全国教育系统的模范教师学习，树立崇高的职业理想，自觉规范思想行为和职业行为，做让人民满意的教师，具有重要的现实意义。

《规范》的基本内容继承了我国的优秀师德传统，并充分反映了新形势下经济、社会和教育发展对中小学教师应有的道德品质和职业行为的基本要求。《规范》对教师的职业道德起指导作用，是调节教师与学生、教师与学校、教师与国家、教师与社会相互关系的基本行为准则。《规范》不是对教师的全部道德行为和教育教学工作的要求，不能取代学校的其他各项规章制度。《规范》的许多内容是《中华人民共和国教师法》相关条文的具体化，各地教育行政部门和学校在学习贯彻时应注意和教育法规的学习结合进行。

新《中小学教师职业道德规范(2008 年修订)》的六条规定，体现了教师职业特点对师德的本质要求和时代特征，"爱"与"责任"是贯穿其中的核心和灵魂。

1."爱国守法"——教师职业的基本要求

公民基本道德规范也要求公民爱国守法，《规范》要求教师爱国守法，必定赋予了新的意义：一是强调爱国守法是崇高的道德品质，教师要带头践行；二是教师的爱国守法必须渗透进自我实践、引领学生、形成风尚三层意义。

(1)热爱祖国。热爱祖国是每个公民，也是每个教师的神圣职责和义务。教师的热爱祖国，应从关心祖国的文化、前途、命运，强烈的民族自尊心、自信心、捍卫祖国尊严、祖国和平统一，热爱人民、报效人民、关爱学生三个方面身体力行，鞠躬尽瘁。教师的热爱祖国，更重要的是要引领学生产生对祖国的认同感、对自己是中国人的认同感、对祖国发展进步的认同感、对祖国多民族的认同感、对祖国和平共处五项原则的认同感、对自己能为祖国作贡献的认同感。只有这样，教师才能真正做到热爱祖国、热爱人民、拥护中国共产党、拥护社会主义。

(2)遵纪守法。建设社会主义法治国家，是我国现代化建设的重要目标。要实现这一目标，需要每个社会成员知法守法，用法律来规范自己的行为，不做法律禁止的事情。教师的遵纪守法，应从增强法律意识、学习法律知识，模范遵守法律法规规章制度、维护法律尊严，依法进行教育教学活动三个方面履行教师义务，行使教师权利。教师的遵纪守法，更应该从认真对学生进行法制教育上体现出来。对学生进行法制教育，既可以组织专门的、有针对性的讲座、宣传活动，也可以在学科教学活动中渗透法制教育，使学生处处受到法的教育、熏陶，从而促进学生人生观、世界观、价值观、道德观的形成，使学生能把遵纪守法当成合乎道德的内在的、自觉的、自主的行为。只有这样，教师才能在教育教学过程中，做到全面贯彻国家教育方针，自觉遵守法纪法规，依法履行教师职责权利，才能使自己的言行不违背党和国家的方针政策。实际上，教师的遵纪守法，也是热爱祖国的具体表现。

2.“爱岗敬业”——教师职业的本质要求

爱岗敬业是教师职业道德规范的基本内容，是教师责任感的具体体现，也是教师履行教师职责的客观要求。没有责任就办不好教育，没有感情就做不好教育工作。教师应始终牢记自己的神圣职责，志存高远，把个人的成长进步同社会主义伟大事业、同祖国的繁荣富强紧密联系在一起，并在深刻的社会变革和丰富的教育实践中履行自己的光荣职责。

(1)爱岗。教师爱岗的主要表现有：一是把自己当成学校、班级不可或缺的一分子，充分体现教师的主人翁意识；二是把自己的教师工作视为生命存在的表现形式，充分体现教师工作的生命意义；三是以乐观向上、积极主动的情绪对待自己的工作，充分体现教师工作的幸福体验。

(2)敬业。教师的敬业是和爱岗紧密联系在一起的，爱岗是敬业的前提，敬业是爱岗的表达。单从教师敬业的动力来看，教师的敬业分为两个层次。一是带有个人利益色彩的敬业。教师的职业注定是安于平凡、淡泊名利的。如果把教师职业只看作谋生的手段，那么，这样的敬业最多只能是较低层次的敬业。二是真正认识教师职业的社会意义的敬业，这才是高层次的敬业。这样的敬业才能使教师实现乐业、勤业和精业。

(3)爱岗敬业的修炼。作为教师，要做到爱岗敬业，就必须进行以下七个方面的修炼：一是树立正确的人生价值观和职业理想，培养热爱人民教育事业的高尚情感；二是树立正确的职业观和职业思想，忠于人民教育事业；三是努力培养尽职尽责、忠于职守的良好职业品质；四是形成认真负责的工作态度，不对工作敷衍塞责；五是培养刻苦钻研、精益求精的精神；六是具有创新精神，敢于冒险，勇于探索，做研究型教师；七是积淀底蕴，增强勇气，敢于同一切危害教育事业的行为进行坚决斗争。

教师的爱岗敬业，实际上是教师奉献精神的体现，教师的敬业是奉献的基础，教师的奉献是敬业的升华。

3."关爱学生"——师德的灵魂

关爱学生是教师有效开展教育教学活动的基础和条件。关爱学生，既是教师的义务，也是教师的权利，还是《中华人民共和国教师法》对教师提出的基本要求。

亲其师，信其道。没有爱，就没有教育。教师必须关心爱护全体学生，尊重学生人格，平等公正对待学生。对学生严慈相济，做学生良师益友。保护学生安全，关心学生健康，维护学生权益。

（1）尊重学生人格，平等公正对待学生。教师在教师职务活动中，不应使学生处于尴尬或受贬低的处境中；不应基于种族、肤色、宗派、性别、原国籍、家庭状况、政治或宗教信仰、社会或文化背景等，不公正地不让学生参加某项活动、剥夺学生获取某项好处、让学生获得优待。作为教师，关爱学生的实质，就是必须努力帮助每一个学生实现其潜能，使之能成为一名有价值、有能力的社会成员。

（2）严慈相济，做学生的良师益友。教师对学生的关爱，不应该是无原则的、唯唯诺诺的关爱，而应该是严而有度、爱而不宠，使教师在关爱学生的过程中做到严而有理、严而有恒、严而有方。比方说，教师在开展教师职务活动时，不应该无理阻止或限制学生的独立行为，不应该故意隐瞒或歪曲有关学生进步的主题内容。

（3）保护学生安全，维护学生权益，促进学生全面、主动、健康发展。学生是受教育者，法律赋予受教育者的各种权益，教师必须帮助学生加以维护、提供保障。维护、保障学生合法权益是教师的义务和责任。一方面，当学生的学习、健康及安全受到危害时，教师应为保护学生做出恰当的努力。另一方面，教师不应排斥学生的个性发展，而是"解放学生的双眼，让学生会看；解放学生的头脑，让学生会想；解放学生的嘴巴，让学生会说；解放学生的双手，让学生会做"。再一方面，教师在尊重学生自由发展的同时，还要对学生因材施教，从而促进全体学生的全面、主动、健康发展。

4."教书育人"——教师的天职

《中华人民共和国教师法》规定："教师是履行教育教学的专业人员，

承担教学育人、培养社会主义事业接班人、提高民族素质的使命。"由此看来，教书育人是法律赋予教师的神圣使命，是教师从事教师职业活动的基本职责。从这个意义上看，教师不仅是知识的传递者，而且是道德的引导者，心灵世界的开拓者，情感、信念、意志的塑造者。这就是说，教师既要做"经师"，更要做"人师"，真正做到静心教书，潜心育人。

（1）遵循教育规律，实施素质教育。首先，教师要懂得教育是有规律的。儿童的年龄特征是教师开展教育教学活动的基本依据，所有的教育教学活动只有满足儿童年龄特征的要求，才能有效促进儿童的身心发展。其次，教师的教育教学活动必须遵循教育规律。时代的不断发展，客观现实的不断变化，以及教育对象的个性差异，带来了教育教学工作的复杂性，必然导致教师要不断探索教育规律、改进教学方法、调整教育策略。最后，教师要转变传统教育观念中阻碍学生创造力发展的观念，树立学生为主体、培养现代人、创新教育的观念，激发学生创新精神，促进学生全面发展。不以分数作为评价学生的唯一标准。

教师只有从这三个方面理解教育规律，并恰当地把合目的性与合规律性统一起来，才能实现真正意义上的素质教育，从而显现教师职业活动的成效。

（2）循循善诱，诲人不倦，因材施教。每一个人的存在，是世界上独一无二的，绝对没有完全一样的人。学生也是这样，在一个班级、一所学校，甚至整个社会，也没有完全一样的学生。这就是说，人的个性差异是自然形成的，教育不应消除人的个性差异，而应使人的个性差异更有意义、更有特点。

基于这一事实，教师一方面要意识到教育的对象是人，人是有能动性的；另一方面要意识到由于人的能动性，导致人的思想与行为具有个性特色。由于学生是生理和心理都处于快速成长期的人，在这一时期内，影响学生成长的因素很多。因此，在这一过程中，一方面教师不应该无理阻止学生接触各种不同的观点，使学生认识社会的复杂性，表现出教师的亲和力；另一方面教师要深刻分析这些观点，表现出教师的聪慧和睿智，从而培养学生的判断力；再一方面教师必须善于抓住契机，综合运用教育学、心理学、哲学等原理，洞察学生年龄特征和心理结构，设计教育策略，开展职业活动，充分彰显教师循循善诱的教育智慧。

也是基于这一事实，才有"十年树木，百年树人"的说法。种树容易树人难，而教师从事的又恰恰是树人的职业。学生的人生观、价值观、世界观的形成，需要经历一个漫长而艰辛的过程。在这一过程中，不是所有的教育活动都能产生良好的效果。因此，教师必须具备真知灼见和坚定信念，既要付出艰苦卓绝的努力，又要思考科学而人性的方式方法，从而展现教师诲人不倦的毅力和精神。

确认人的个性，并不排除人的共性。一般说来，人总是不满足于自己的现实，渴望把现实变成自己理想的现实。这种"渴望"，的确能激发起学生要求理解、认识和发展的欲望；这种"渴望"，也能成为学生向往生活、崇敬生命的强大驱动力。教师的职业活动，就是要着力开发学生的这种驱动力。对于个体学生而言，其成长过程具有完整性和连续性，教育不应使学生存在教育缺陷。教师的职业活动在注重学生认知过程的同时，还要注意培养学生的情感、态度、价值观，使整个职业活动既是学生学会认知的过程，也是学生陶冶情操的过程，更是学生人格的建构过程。所有这些，实际上就是因材施教的具体内涵。

5."为人师表"——教师职业的内在要求

教师职业不仅具有专业性，而且具有特殊性。因此，教师必须在职业生涯中既要加强专业修炼，又要不断塑造自身的高尚人格和优良品质。为人师表，是教师职业的特殊性对教师提出的特殊要求，也是教师处理职业劳动与自身人格塑造之间关系的准则。一是教师通过展示自己的道德风貌，使学生能分清善与恶、美与丑、文明与粗野、高尚与卑劣，提高学生道德认识水平，有效形成学生的道德意识；二是教师通过自身行为给学生树立榜样，对学生的行为加以示范和引导，使学生的行为符合道德规范；三是教师通过自己的道德情操来调节师生关系，创造和谐、融洽、轻松的氛围，使学生能体验师生交流的道德愉悦；四是教师通过自己的道德信念来影响学生，帮助学生克服癖好、矫正行为、修养习惯，使学生养成良好的人生品格。

教师要做到为人师表，必须修炼教师人格，因为"教师人格就是教育工作的一切"。教师要从以下几个方面修炼教师人格。

(1)坚守高尚情操，做到知荣明耻，严于律己，以身作则。众所周知，好的社会风气可以陶冶、滋养人们的道德情操，给人以积极向上的精神状态，对经济社会的健康发展有巨大的促进作用。好的社会风气的发源地在教育。因为好的社会风气是人们道德情操具体表现出来的，参与社会活动的人们的前身是学生，学生的情操的形成受教师的影响。

教师高尚的情操可以从以下三个方面影响学生。一方面，教师在职业活动中，能自觉地遵守社会道德规范，并能深刻理解社会道德规范的时代意义，通过教师对道德现象判断、评价的体验来影响学生，使学生产生积极向上的政治道德感、人际关系道德感和个人行为道德感。另一方面，教师在职业活动中，要敢于摒弃偏见和迷信，通过自己积极的情绪来影响学生，使学生产生求知的欲望、认知的兴趣、成功的快乐。再一方面，教师在职业活动中要充分肯定自己的工作、欣赏自己的职业、倾心自己的学生，用愉悦的情感影响学生，使学生从教师的行为中接受着情感的熏染和启迪，从而形成积极向上的精神状态，产生对生活、对生命、对学习的美好憧憬。

教师在培养学生高尚情操的同时，还要树立社会主义荣辱观，并身体力行，做学生的表率，使学生知荣辱、明是非、辨美丑。要使社会主义荣辱观进学校、进课堂，必须要强化教师的社会主义荣辱观。首先，教师要深刻理解以"八荣八耻"为核心的社会主义荣辱观，并把深刻理解以"八荣八耻"为核心的社会主义荣辱观与《规范》的学习和实践有机结合，全面领会社会主义荣辱观的深刻内涵。其次，教师在职业活动中要知行统一、言传身教，践行社会主义荣辱观，不做语言上的巨人、行动中的矮子。

教师是学生认识社会、认识问题、认识人与人之间关系的一面镜子，也是学生道德品质成长的最直观、最生动的榜样。因此，教师必须坚守高尚情操，知荣明耻，严于律己，以身作则，在各个方面率先垂范，做学生的榜样，以自己的人格魅力和学识魅力教育影响学生；教师必须注重自我修养，陶冶情操，做到时时刻刻以自己的人格影响人，以自己的品德感化人，以自己的言行引导人，使教师的事业心和责任感在职业活动中得到充分体现。

(2)注重细节修养，做到衣着得体，语言规范，举止文明。教育无小事，细节定成败。普通生活中的细节，在教师职业活动中却具有十分重要的作用。典雅端庄、整洁朴实的着装，能够体现出教师的职业特点与职业美，容易引发学生的敬爱之情；规范优雅、声情并茂的语言，能沁透学生心扉，激发学生情感，使学生产生心灵的感悟；谦恭和蔼、彬彬有礼的举止，能让学生接受礼仪的熏陶，使学生形成良好的行为习惯。

(3)关心集体，团结协作，尊重同事，尊重家长。教师的职业活动不是个人的独立行为，教育的高质量是由团队精神打造的。教师个人只有把自己融入到教师团队之中，才能使个人的聪明才智得到充分的发挥。

家校沟通的桥梁和纽带是教师。教师除了要在专业精神的指导下做好学科教学和学校教育工作之外，还应该在专业精神的指导下作好家校沟通工作，要使家长充分理解学校的教育思想，全面认同学校的教育内容，做到用学校的教育价值取向来有效影响家长，使家庭教育尽可能地与学校教育保持一致。只有这样，教师才能用忠心待学校、爱心待学生、诚心待同事、热心待家长、潜心待事业的工作态度来彰显教师的职业精神。

（4）作风正派，秉公廉洁从教。教师要牢记清廉纯洁的道德意义和道德要求，做到洁身自爱，廉洁奉公。一方面，教师要充分理解廉洁、廉正、廉仆、廉耻的内涵，在职业活动中以清廉、纯洁的道德品行为学生和世人作出表率。做到不搞有偿家教，不收受学生和家长的礼金，不沾染贪、贿、赌、欲等恶习。另一方面，教师要充分认识廉洁奉公是现实社会和教育事业对教师提出的新要求，在职业活动中自觉抵制教育活动中的腐败现象。做到能深刻分析教育腐败现象的根源，以廉洁教育进校园、进课堂为平台，塑造教师人格、培育奉献精神，确保教师在职业活动中作风正派，廉洁奉公，自觉抵制有偿家教，不利用职务之便谋取私利。

6. "终身学习"——教师专业发展的不竭动力

终身学习是时代发展的要求，也是教师职业特点所决定的。时代的发展、社会的进步、科学的普及给教育的改革与发展提供了强大的动力，教育事业的改革与发展不断给教师提出新要求。现阶段教育事业的改革与发展给教师提出的要求是：第一，教师要不断更新教育观念，适应以学生为本的新观念；第二，教师要提高"将知识转化为智慧、将理论转化为方法"的能力，以适应综合性教学和实践性教学；第三，教师要提高将科学知识、教育理论和现代信息技术有机整合的能力，充分利用信息技术的发展为教育和学习提供广阔空间；第四，教师要提高理解学生和促进学生道德、学识和个性全面发展的综合水平，既要做"经师"，又要做"人师"。

教师要在从事职业活动的过程中适应这些新要求，就必须树立终身学习理念，做到不断学习、终身学习，成为学习型教师。

（1）构建学习型组织，强化教师的校本研修。校本研修是由教师个人、教师群体、专业研究人员三要素组成的既重要又实用的学习形式。教师在参与校本研修的过程中，由于专业研究人员的引领，能有效把个人反思与同伴互助有机结合起来。这样的学习型组织中的每一个成员，都是其他成员的支持者和促进者，成员与成员之间的影响是相互的，教师在这个组织中，都能为个人需求找到共同的融合点。

（2）研究专业性课题，促进教师的专业发展。教师的职业活动具有很强的专业性，教师只有主动研究专业性课题，在研究专业性课题的过程中不断增强专业能力，才能全面了解学生个性品质，做到在职业活动中有效培养学生的观察能力、记忆能力、思维能力、想象能力、解决问题的能力、实验操作的能力和信息技术的能力，使学生的气质、性格、动机、兴趣、自信、自律等非智力因素在学习活动中得到充分的发展和应用。

（3）参与专题性培训，提升教师的专业水平。班级活动的组织、教学过程的设计、教学策略的选择、教学资源的利用、教学过程的评价等都属于教师的专业活动，这些教师的专业活动都能直接反映着教师的专业水平。要使教师所有的专业活动都能取得令师生满意的效果，教师必须要创新教育观念、创新工作方法、创新活动内容。教师参与专题性培训，能获得专业理论支持和实践样本借鉴，拓宽学习平台，有利于形成持续学习习惯，使教师成为自己专业发展的主人。

总之，读书学习是教师安身立命之本。教师只有崇尚科学精神，树立终身学习理念，拓宽知识视野，更新知识结构，潜心钻研业务，勇于探索创新，不断提高专业素养和教育教学水平，才能称得上是全社会最优秀的人才，教育事业才能真正成为全社会最受尊重的事业。

(四)《中小学教师职业道德规范》的修订原则和精神

中小学教师的职业道德素质事关国家前途命运和民族的未来。每一个人都是从青少年儿童成长起来的，人在青少年儿童时期的成长状况影响人一生的发展。换句话说，人是在青少年儿童时期塑成定型的，中小学校培养出来怎样的人，社会上就将会有怎样的人。而青少年儿童的成长又是在中小学教师的培养下成长起来的，中小学教师怎样培养，青少年儿童就怎样成长。中小学教师就成为决定国家民族未来的人。中小学教师怎样决定着国家民族的未来呢？这取决于教师自己。如果教师确立了自己对于教育事业的责任，把自己的爱奉献给学生，按照我国教育方针的要求，悉心地培养学生成长，那么社会的一代新人就会健康成长起来。能够做到这一点的教师，就是师德高尚的教师；只有师德高尚的教师，才能做到这一点。所以，也可以说教师的职业道德决定国家的前途和民族的命运。国家教育行政部门重新修订《中小学教师职业道德规范》，正是基于"教师的思想政治素质和职业道德水平直接关系到中小学德育工作状况和亿万青少年的健康成长，关系到国家的前途命运和民族的未来"这一认识。

《中小学教师职业道德规范（2008 年修订）》依据了五个原则和精神进行修订。

1. 以人为本。"以人为本"，就是"教育以育人为本，以学生为主体"，"办学以人才为本，以教师为主体"。《中小学教师职业道德规范》体现的是以学生的成长为出发点，依靠教师来促进学生的健康成长。

2. 继承与创新相结合。继承是继承"原《规范》中反映教师职业道德本质的基本要求"，创新是"充分考虑经济、社会和教育发展对师德提出的新要求"，从而"将优秀师德传统与时代要求有机结合"起来。

3. 广泛性与先进性相结合。广泛性是"面向全体教师，对教师职业道德"提出基本要求，先进性是"提出了反映社会主义核心价值体系基本内容"的要求，将基本职业道德要求同先进的职业道德要求结合起来。

4. 倡导性要求与禁行规定相结合。倡导性要求就是提倡教师做什么，禁行性规定就是规定教师不做什么。禁行性规定是从教师职业道德的阶段性特征出发，针对当前师德建设中的共性问题和突出问题，作出了若干禁行性规定，尽量体现针对性和可操作性。

5. 自律与他律相结合。教师职业道德建设重他律，贵自律。新规范倡道广大教师自觉践行师德规范，把规范要求内化为自觉行为。从他律走向自律是师德建设的最终目的。

"范跑跑""杨不管"事件：树立师德不是孤立的命题

安徽省长丰县两名学生上课时打架，导致其中一人死亡，授课教师杨某选择站在三尺讲台上充当"看客"，而不加以制止，继续上课直至下课，杨老师因此被冠以"杨不管"的称呼。目前，学校、杨老师和当事人家长达成了赔偿20.5万元的协议，杨老师承担10万元的赔偿。

"范跑跑"还没谢幕，"杨不管"便粉墨登场，两件事的核心都直指教师的为师之德、为师之责任。桃李不言，下自成蹊。谁的人生都难以离开教师的传道授业解惑，谁都希望遇上的教师学高为范、身正为师。良好的师德，是公众永远的诉求。教育部日前公布《中小学教师职业道德规范（征求意见稿）》，其中也很大程度地体现了公众对提升师德的呼吁。但"杨不管"对于学生生命的冷漠，甚至还谈不上道德范畴，连最基本的法律责任都未履行。《教师法》明确规定，教师应当制止有害于学生的行为或者其他侵犯学生合法权益的行为。教师于学生是负有特殊职业责任的群体，正如同机长、船长、乘务员于乘客。基于相同理由，民航班机上，机组人员不配备降落伞，目的就是要让机组与乘客风雨同舟。如果允许机乘人员凭借自身专业技能在危险来临时第一时间逃离，就会剩下机上的生命随飞机飘摇，那将是让人何等惶恐的局面？同样，一个教师能眼睁睁看着学生互殴致死却无动于衷，又是何等让人发凉的话题？教育，是使受教育对象社会化。根据亚当·斯密理论，孤僻、冷漠的人没有完成社会化。中小学校（通过教师）是学生社会化的最重要的渠道。当一个人接受了教师的职责，他就接受了超越普通公民的德性去寻求高尚的责任。教育不只是知识的传输，更重要的是价值观的塑造。如果一个教师连学生的生命都漠视，那么，

"生命不保，何谈教育"。

资料出处　见凤凰资讯·评论：《范跑跑、杨不管事件：树立师德不是孤立的命题》，《南方日报》2008年7月15日。

三、《中小学班主任工作条例》

班主任是我国中小学教师中的一种特殊角色，在中小学教育活动中承担着特殊的任务，发挥着特殊的作用。

(一)《中小学班主任工作条例》的产生背景及修订情况

中华人民共和国成立以后，我国在中小学正式专门设置了班主任这一岗位。1952年，教育部颁发的《小学暂行规程(草案)》和《中学暂行规程(草案)》明确规定设班主任。对班主任工作，国家教育行政部门一直高度重视，但是，20世纪80年代之前，国家教育行政部门都没有正式出台过有关班主任工作的文件。1988年原国家教委颁发了《小学德育纲要(试行)》和《中学德育大纲(试行)》。同时，颁发了《小学班主任工作暂行规定(试行)》和《中学班主任工作暂行规定》。两个班主任工作文件的正式出台，反映了国家教育行政部门对中小学班主任工作的高度重视。2006年教育部印发《关于进一步加强中小学班主任工作的意见》，特别强调班主任是教师队伍的重要组成部分，是中小学思想道德教育骨干。

2009年8月12日，教育部印发了《中小学班主任工作条例》，引起广泛关注和热议。这是一个没有用"试行"字样关于中小学班主任工作的正式文件。

(二)《中小学班主任工作条例》的主要内容

颁布《中小学班主任工作条例条例》，旨在让班主任明白其地位、职责、任务、待遇、权利，在新时期更好地从事班主任工作，教好书、育好人，培养祖国建设人才，实现自己的人生价值。

中小学班主任工作条例(2009年修订)
第一章　总则

第一条【立法宗旨】为进一步推进未成年人思想道德建设，加强中小学班主任工作，充分发挥班主任在教育学生中的重要作用，制定本规定。

第二条【班主任概念】班主任是中小学日常思想道德教育和学生管理工作的主要实施者，是中小学生健康成长的引领者，班主任要努力成为中小学生的人生导师。班主任是中小学的重要岗位，从事班主任工作是中小学教师的重要职责。教师担任班主任期间应将班主任工作作为主业。

第三条【班主任队伍建设】加强班主任队伍建设是坚持育人为本、德育为先的重要体现。政府有关部门和学校应为班主任开展工作创造有利条件，保障其享有的待遇与权利。

第二章　配备与选聘

第四条【配备】中小学每个班级应当配备一名班主任。

第五条【选聘】班主任由学校从班级任课教师中选聘。聘期由学校确定，担任一个班级的班主任时间一般应连续1学年以上。

第六条【岗前培训】教师初次担任班主任应接受岗前培训，符合选聘条件后学校方可聘用。

第七条【任职条件】选聘班主任应当在教师任职条件的基础上突出考查以下条件：

（一）作风正派，心理健康，为人师表；

（二）热爱学生，善于与学生、学生家长及其他任课教师沟通；

（三）爱岗敬业，具有较强的教育引导和组织管理能力。

第三章　职责与任务

第八条【职责】全面了解班级内每一个学生，深入分析学生思想、心理、学习、生活状况。关心爱护全体学生，平等对待每一个学生，尊重学生人格。采取多种方式与学生沟通，有针对性地进行思想道德教育，促进学生德智体美全面发展。

第九条【职责】认真做好班级的日常管理工作，维护班级良好秩序，培养学生的规则意识、责任意识和集体荣誉感，营造民主和谐、团结互助、健康向上的集体氛围。指导班委会和团队工作。

第十条【任务】组织、指导开展班会、团队会（日）、文体娱乐、社会实践、春（秋）游等形式多样的班级活动，注重调动学生的积极性和主动性，并做好安全防护工作。

第十一条【任务】组织做好学生的综合素质评价工作，指导学生认真记载成长记录，实事求是地评定学生操行，向学校提出奖惩建议。

第十二条【任务】经常与任课教师和其他教职员工沟通，主动与学生家长、学生所在社区联系，努力形成教育合力。

第四章　待遇与权利

第十三条【骨干作用】学校在教育管理工作中应充分发挥班主任的骨干作用，注重听取班主任意见。

第十四条【工作量】班主任工作量按当地教师标准课时工作量的一半计入教师基本工作量。各地要合理安排班主任的课时工作量，确保班主任做好班级管理工作。

第十五条【津贴】班主任津贴纳入绩效工资管理。在绩效工资分配中要向班主任倾斜。对于班主任承担超课时工作量的，以超课时补贴发放班主任津贴。

第十六条【权利】班主任在日常教育教学管理中，有采取适当方式对学生进行批评教育的权利。

第五章　培养与培训

第十七条【培训规划】教育行政部门和学校应制订班主任培养培训规划，有组织地开展班主任岗位培训。

第十八条【培养机构】教师教育机构应承担班主任培训任务，教育硕士专业学位教育中应设立中小学班主任工作培养方向。

第六章　考核与奖惩

第十九条【考核与奖惩】教育行政部门建立科学的班主任工作评价体系和奖惩制度。对长期从事班主任工作或在班主任岗位上做出突出贡献的教师定期予以表彰奖励。选拔学校管理干部应优先考虑长期从事班主任工作的优秀班主任。

第二十条【考核】学校建立班主任工作档案，定期组织对班主任的考核工作。考核结果作为教师聘任、奖励和职务晋升的重要依据。对不能履行班主任职责的，应调离班主任岗位。

第七章　附则

第二十一条【补充说明】各地可根据本规定，结合当地实际情况，制定中小学班主任工作的具体实施办法。

第二十二条【实施时间】本规定自发布之日起施行。

(三)《中小学班主任工作条例》的解读

《中小学班主任工作条例》(以下简称《条例》)共七章二十二条。第一章"总则"；第二章"配备与选聘"；第三章"职责与任务"；第四章"待遇与权利"；第五章"培养与培训"；第六章"考核与奖惩"；第七章"附则"。

1. 总则

"总则"有三个要点。(1)说明了制定《条例》的目的：推进未成年人思想道德建设，加强班主任工作，发挥班主任教育学生的重要作用。(2)规定了班主任角色的性质与地位：班主任是"日常思想道德教育和学生管理工作的主要实施者""中小学生健康成长的引领者"和"中小学生的人生导师"。班主任工作是学校中的"重要岗位"，是教师的"重要职责"，应作为"主业"来看待。(3)班主任队伍建设的意义："坚持育人为本、德育为先的重要体现"。

2. 配备与选聘

第二章规定了每个班级配备一名班主任,规定了聘任的对象(任课教师中选聘)、聘期和聘任的条件。在聘任条件中,特别强调了班主任的职业道德条件,包括"作风正派""热爱学生"和"爱岗敬业"。

3. 职责与任务

第三章规定的班主任的职责与任务有五个方面。(1)面向班级中的每一个学生开展教育工作。要针对学生的"思想、心理、学习、生活"各个方面开展教育工作,关心爱护全体学生,并有"针对性地进行思想道德教育,促进学生德智体美全面发展"。(2)做好班级日常管理工作,进行班集体建设。(3)开展班级活动。包括:组织、指导开展班会、团队会(日)、文体娱乐、社会实践等各种班级活动等。(4)进行学生综合素质评价工作。(5)与任课教师等及家长和社区沟通,形成教育合力。

4. 待遇与权利

第四章明确要提高班主任的经济待遇,保证班主任教育学生的权利,使班主任有更多的热情和更大的空间来做班主任工作。

5. 培养与培训

第五章规定了教育行政部门和学校对班主任培养培训的职责和教师教育机构在培养培训中的任务。

6. 考核与奖惩

第六章规定了班主任工作评价体系和奖惩制度的建立及奖励办法,也规定了班主任的考核工作。

7. 附则

第七章规定了地方可依据《条例》制定具体实施办法和《规定》的施行时间。

(四)《中小学班主任工作条例》的精神及亮点

《中小学班主任工作条例》是全国中小学班主任工作的指导性文件。《条例》的精神特别体现在"总则"和"职责与任务"中,有四大亮点。

1. 明确了班主任工作量,使班主任教师有更多的时间来做班主任工作

一直以来,班主任教师既要承担与其他学科教师一样的教学任务,还要负责繁重的班主任工作,使得班主任教师工作负担过重。《条例》要求:"班主任工作量按当地教师标准课时工作量的一半计入教师基本工作量。各地要合理安排班主任的课时工作量,确保班主任做好班级管理工作。"明确了班主任教师应当把授课和做班主任工作都作为主业,要拿出一半的时间来做班主任工作,来关心每个学生的思想道德状况、身心健

康状况及其他各方面的发展状况

2. 提高了班主任经济待遇，使班主任有更多的热情来做班主任工作

长期以来，广大中小学班主任教师辛勤工作在育人第一线，而享受的班主任津贴一直是按照 1979 年教育部、财政部、国家劳动总局颁布的《关于普通中学和小学班主任津贴试行办法》（教计字［1979］489 号）规定的标准。津贴标准低，已经远不适应现代经济社会发展的要求。自 2009 年起，国家实施义务教育学校绩效工资制度。根据国务院办公厅转发的《人力资源社会保障部财政部教育部关于义务教育学校实施绩效工资的指导意见》，这次出台的《条例》第十五条要求将"班主任津贴纳入绩效工资管理。在绩效工资分配中要向班主任倾斜。对于班主任承担超课时工作量的，以超课时补贴发放班主任津贴"。

3. 保证了班主任教育学生的权利，使班主任有更多的空间来做班主任工作

在强调尊重学生、维护学生权利的今天，一些地方和学校也出现了教师特别是班主任教师不敢管学生、不敢批评教育学生、放任学生的现象。新出台的《条例》第十六条明确规定："班主任在日常教育教学管理中，有采取适当方式对学生进行批评教育的权利。"保证和维护了班主任教育学生的合法权利，使班主任在教育学生过程中，在坚持正面教育为主的同时，不再缩手缩脚，可以适当采取批评等方式教育和管理学生。

4. 强调了班主任在学校中的重要地位，使班主任有更多的信心来做班主任工作

中小学班主任在中小学生思想道德建设和全面健康成长方面，承担着特殊的任务，发挥着特殊的作用，是学校中重要的具有专门性的工作岗位。《条例》从中小学班主任的职业发展、职务晋升、参与学校管理、待遇保障、表彰奖励等多个方面强调了班主任在学校教育中的重要地位，充分体现了对班主任工作的尊重和认可，对广大班主任教师是一个极大的鼓舞和激励；对于稳定班主任队伍、促进班主任专业成长，鼓励广大班主任能长期、深入、细致地开展班主任工作有着积极的意义。

（五）《中小学班主任工作条例》对班主任的行为规范要求

1. 班主任的道德规范

对班主任道德规范的要求，主要体现在《条例》提出的班主任的主要聘任条件中。(1)作风正派。这是要求班主任对自己的一言一行都要以道德规范来约束。(2)心理健康。这是要求班主任能够正确地调适对自己、对他人、对工作的关系，内心处在一种"悦纳"的状态。(3)为人师表。这是要求班主任成为学生做人的楷模。(4)热爱学生。热爱学生，不只是思

想上的认识，而且包括情感上的投入，是从内心里对学生的关爱。（5）善于与学生、学生家长及其他任课教师沟通。做班主任要同各个方面的人交往，有学生、学生家长和其他任课教师，班主任要积极与他们交往，并取得相互之间的理解，从而达到教育的目标。

2. 班主任的工作规范

对班主任的工作规范要求，主要体现在《条例》对班主任"职责"的规定中。

（1）爱岗敬业。这里的爱岗敬业，是爱"班主任"之岗，敬"班主任"之业。（2）具有较强的教育引导与组织管理能力。班主任要善于做学生教育引导工作，还要能够正确地对班级进行组织管理。（3）深入地做好班上每一个学生的工作。要求班主任"全面了解班级内每一个学生，深入分析学生思想、心理、学习、生活状况"。（4）关心爱护全体学生。要求班主任"平等地对待每一个学生，尊重学生的人格"。（5）开展班级德育工作要求班主任"采取多种方式与学生沟通，有针对性地进行思想道德教育，促进学生德智体美全面发展"。

（六）贯彻落实《中小学班主任工作条例》应做好的工作

1. 组织班主任培训。要将中小学班主任培训纳入教师教育计划，有组织地开展岗前和岗位培训，定期交流班主任工作经验，组织班主任进行社会考察，提高班主任的政治素质、业务素质、心理素质和工作及研究能力。教师教育机构要承担班主任的培训任务，教育硕士学位教育中应设立中小学班主任工作培养方向，并优先招收在职优秀班主任。

2. 合理安排班主任工作量。要合理安排班主任教师的课时工作量，保障班主任教师有时间和精力开展班主任工作。要在义务教育学校绩效工资分配中，把教师是否担任班主任、班主任工作开展得如何作为重要衡量指标。对于班主任教师超课时工作量，要发放超课时补贴。

3. 完善班主任的奖励制度。将优秀班主任的表彰奖励纳入教师、教育工作者的表彰奖励体系之中，定期表彰优秀班主任。应积极发展优秀班主任加入党组织，优秀班主任应列入学校党政后备干部培养范围。要鼓励广大中小学校普遍重视和加强班主任队伍建设，充分发挥班主任在学校教育工作中的重要作用，使班主任成为广大教师踊跃担当的光荣而重要的岗位。

4. 把班主任工作作为学校教育的重要工作来抓。要制定切实可行的办法加强班主任工作，认真做好班主任的选聘工作，应从思想道德素质和业务水平较高、身心健康、乐于奉献的优秀教师中选聘班主任。要建立科学的班主任工作评价体系，规范管理，鼓励支持班主任开展工作。

学校应建立班主任工作档案，定期考核班主任工作。对不能履行班主任职责的，应调离班主任岗位。

四、教师专业品德规范的意义

教师专业品德规范在教师的教育活动中，并不直接作为需要通过话语传递给学生的东西。但是，教师专业品德规范是教师职业活动中不可或缺的素养，是教师完成教育任务的保障，也是教育事业成败的重要因素。

1. 教师专业品德规范是中小学教师职业素质的灵魂

教师职业作为一种专业，就不单单是个人的事，而是社会性的事业。社会性的事业关系到社会的利益，关系到他人的利益，也关系到教师个人的利益。职业道德的存在，是因为职业的功能在于服务社会、服务他人，在服务社会、服务他人的过程中，职业者个人也得到服务的回馈。要保证这种功能的实现，必须以职业道德为保障。教师职业的价值在于它能够满足促进人的发展的要求。为在教育活动中促进人的发展提供保障，就是教师职业道德的作用。教师职业道德的价值与教育活动的价值是统一的。

既然教师职业道德价值与教师职业价值是统一的，那么没有建立职业道德价值观的教师，就是没有方向的教师。没有教师职业道德素养的人，就是没有职业灵魂的教师。

教师虽然不会直接把自己关于专业品德认识的东西教给学生，但是教师怎样教，却受到自己专业品德素养的制约。"百年大计，教育为根本；教育发展，教师是关键；教师素质，师德最重要。"

中国有一句令人深思的口号，就是"振兴民族的希望在教育，振兴教育的希望在教师"。实际上，我们不妨进一步认为："提高教师素养的希望在师德的养成。"因此，我们认为，在中小学教师的专业素质中教师专业品德是中小学教师专业素质的灵魂。

2. 教师专业品德规范是学校教育目标实现的保障

教师专业品德规范作为调整教育活动的规范体系，根本的目的指向是教育活动的目的。在学校教育活动中，教师专业品德规范体系的指向就是中小学教育目标。

教育活动的根本出发点是人，学校教育的根本出发点是学生。我国的教育目的在于人的发展，学校教育目标在于中小学生的发展。中小学教育活动，作为一种社会事业，是许多参与到这一活动中的人们的共同事业。人们在一起活动，要达到一定的目标，就要协调人们的行动。教师专业品德规范把教师的行动规范到教育目的的要求上，中小学教师专业品德规范就是把中小学教师的行动规范到中小学教育目标要求上。这样教育目的的实现，中小学教育目标的实现才有保障。

3. 教师专业品德规范是学生全面发展的条件

教师专业品德规范把教师的行为规范到促进人的发展上，把学校教师的行为规范到促进学生的发展上。人的发展是全面的发展，学生的发展也是全面的发展，教师专业品德规范要求教师的行为要指向学生的全面发展，这就为中小学生的全面发展提供了条件。

教育工作的特点是教育主体与教育手段的同一性——即教师既是教育主体又是教育手段，教师一举手一投足都会影响学生的成长。教师职业道德作为学生全面发展的条件，还因为教师专业品质就是学生直接学习的内容，是直接促进学生品德发展的资源。教师专业品德规范对教育对象的影响主要有两个方面。一是教师专业品德影响学生的道德人格。具有良好师德的教师所表现出来的敬业精神和生活热情会感染学生，有利于形成他们的学习和生活的积极态度。中小学教师以自己的专业品德行不言之教，反之则不利于学生积极的人生态度的形成。二是教师对学生的热爱、期望等会形成较好的心理氛围，有利于学生良好的学习动机的形成和心智成长。心理学中非常著名的皮格马利翁效应就是一个很好的例证。

第二节　教师专业品德行为

《中小学教师职业道德规范（2008 年修订）》是成文的正式规范，对中小学教师提出了基本的专业品德要求。对这些基本专业品德要求，教师仅仅在思想上认识是不够的，必须以这些基本专业品德要求为指导，将规范要求转化实际的专业行为。这里的教师专业行为，不是指教师在职业活动中任意采取的行为，而是教师专业品德规范所规定的职业行为，或是教师专业品德规范所要求的行为。

教师专业品德规范的职业行为，是以"应当"或"不应当"来规定教师在职业活动中采取的行为，是教师专业品德规范所倡导的行为；教师职业活动中不应当采取的行为，是教师职业道德所禁止的行为。教师专业品德所规范的职业行为，是教师在职业活动中可以直接采取的。譬如在"爱岗敬业"中要求教师"认真备课上课，认真批改作业，认真辅导学生"，这些规定就是对职业行为的规定。

教师职业道德来源于教师职业实践，教师的职业实践又不断丰富教师职业道德的内涵和促进教师职业道德的发展。教师在职业实践中，遵循职业行为规范，在教育教学、社会沟通交流过程中践行教师职业道德。

一、教师专业品德行为规范

《中小学教师职业道德规范》规定了教师的基本职业行为：爱国守法、爱岗敬业、关爱学生、教书育人、为人师表、终身学习。中小学教师在中小学教育活动中，应自觉遵守上述规范并落实到在思想、教学、人际关系和仪表行为等方面。

(一)教师的思想行为规范

1. 热爱社会主义祖国，拥护中国共产党的领导，认真学习和宣传马列主义、毛泽东思想，热爱教育事业。

2. 执行教育方针，遵循教育规律，尽职尽责，教书育人。

3. 正直诚实，作风正派，为人师表，遵纪守法。

4. 树立正确的人生观和价值观，发扬无私奉献精神，不做有损国格、人格的事。

5. 积极参加政治学习和宣传活动，做社会主义精神文明的建设者和传播者。

(二)教师的教学行为规范

1. 要有端正的教学态度，严肃认真地对待教学工作中的每一项内容。

2. 钻研业务，熟悉教材，认真备课；要善于激发学生的求知欲，组织好课堂教学，创造生动活泼的课堂气氛，尽量避免对学生进行灌输性教学。

3. 精心编排练习，认真批改作业，及时纠正错误。定时做好教学质量检查工作，及时补缺补漏。

4. 按时上课下课，不迟到、不缺课、不拖堂。

5. 上课语言文明、清晰流畅，表达准确简洁；板书整洁规范，内容简练精确。

6. 既要严格要求学生，又要尊重学生，对待学生要一视同仁。热情、耐心地回答学生提问。不能讽刺、挖苦学生。

7. 教学计划应符合教学进度的要求，不能随意删增内容、加堂或缺课，不能占用学生的自习课或复习考试时间，增加学生的学习负担。

(三)教师的人际行为规范

1. 教师与学生之间要做到：热爱学生，关心学生，尊重学生；严格要求，耐心教导，循循善诱，不偏不袒；不以师生关系谋取私利。

2. 教师之间要做到：互相尊重，切忌嫉妒；相互学习，取长补短；平等相待，不亢不卑；乐于助人，关心同事。

3. 教师与领导之间要做到：体谅领导，服从安排；顾全大局，遵守纪律；互相理解，互相支持；秉公办事，团结一致。

4. 教师与家长之间要做到：尊重家长，理解家长；经常家访，互通情况；密切配合，教育学生。

(四)教师仪表行为规范

1. 衣着整洁，朴实大方，服饰要符合职业特点，体现教师为人师表的好形象。

2. 举止稳重大方、潇洒自然、彬彬有礼。切忌轻浮粗俗、拘谨呆板。

老师，我想对你说

　　不久前的一个星期一，我照例批阅着学生的周记。突然，陆春的一篇作文《老师，我想对你说》闯入了我的眼帘。文中写道："今天上午第三节是数学课。铃声响过了好长时间，数学老师才晃着身子，穿着拖鞋，姗姗来迟。他大摇大摆地走进教室。也许是感冒或者其他原因，他干咳了几声，随后将一大口痰吐在了讲台旁，紧接着习惯性地把手往鼻子里抠了几下，并打开旁边饮水机的水龙头，将手洗了洗。如此行为既不雅观，也不文明，更不卫生，还让人觉得恶心……"

　　资料出处　周丽妲：《综合素质(小学)》，武汉，华中师范大学出版社，2012年，第100页。

二、教师专业品德行为的社会表现

　　中小学教育活动是在人际交往中进行的。与教师发生人际交往的对象有学生、学生家长、同事和学校的教育管理者。教师与学生、教师与学生家长、教师与教师、教师与教育管理者的关系是学校中最基本的人际关系，这些关系处理的好坏，可以说直接决定了一个学校兴衰。

　　因此，中小学教师应当能够依据《规范》所要求的职业行为，处理好教师与学生、教师与学生家长、教师与同事，以及教师与学校教育管理者的关系。

(一)教师专业品德行为与学生关系处理

　　师生关系可以说是教师最主要的人际关系，在师生交往中，教师的态度、方式等无一不体现了教师的师德素养。

　　要处理好教师与学生的关系，正确理解《规范》所提出的处理师生关系的职业行为，必须正确理解教师与学生关系的性质。在教育活动中，学生虽然是教师"教"的对象，但是从教师职业道德要求看，学生也是教师承担"责任"和"义务"的对象。教师对学生所承担的责任和义务，从根本上说就是教师对学生健康成长的责任和义务。因此，在教师与学生的关系上，学生是教师工作的出发点和归属。凡是符合学生健康成长要求的做法，就体现了教师的责任和义务；凡是不符合学生健康成长的做法，就是违背教师责任和义务的。《规范》在对教师与学生关系上提出的职业行为要求，就是从学生健康成长出发的。

在新时期，对教师在师生交往中的师德素养有着明确的要求，要求教师为了学生健康全面地发展，爱护、尊重学生，把学生当做独立、自主的个体，建立民主、平等的师生关系；保证教育公正、公平地对每一个学生；明确认识学生是发展中的个体，体谅、宽容学生的缺点；同时又要严格要求学生，在不伤害学生身心健康的前提下慎重使用惩戒，对于体罚一定要杜绝使用。

1. 师生平等

现代教育观是以学生为主体的教育，教师面对的是一个个鲜活的、思想性格各异的学生。在整个教育过程中，师生之间是平等对话、互教互学的过程，教师不再是高高在上的权威，学生也不再是被动接受知识的容器，而是师生共同学习的"学习共同体"。学生的思维是由教师去发现、呵护、开发、点燃的火把。教学过程也不再是按照教师单方思维设计并运作的"流水线"和"圈套"，而是变成一种动态的、变化的、发展的，并不断完善的富有师生个性的创作过程。

长期以来，师生的地位一直是不平等的。在提倡重建师生关系的今天，教师仍然自觉不自觉地将自己放在说教者的位置上，希望学生理解教师的"良苦用心"，最终能接受教师的观点。又有多少时候，我们能够认真倾听学生的话呢？有过教育教学经验的人都知道，自己难免会有错怪甚至冤枉学生的时候。其中一个重要原因，就是我们听不进学生的解释，不能以平等对话者的身份和学生交流。所谓"兼听则明，偏听则暗"，听不进学生的话，教师了解的信息必然是不全面的。如此之下，教育还能有效吗？

师生之间的平等对话，需要教师能真正尊重学生、热爱学生，有一颗真诚而宽容的心。唯有如此，教育的目标才可能真正实现。

建立平等的师生关系对教师的要求包括以下内容。

(1)更新教育观念

首先，教师要更新教学观。学生不是"知识的容器"，知识和技能只有通过学生自己的探究和发现，最后才能真正内化为学生自己的东西，从而促进学生的发展。学生不仅通过学习活动学到一定的知识，更重要的是掌握一定的学习方法，培养学习和解决问题的能力，为其终身学习准备相应的知识和技能。所以，在教学中，教师是作为引导者、合作者和协助者的身份存在的，师生只能是一种平等、对话、交流的关系。

其次，教师还要更新知识观。教师要重新认识知识对学生的价值，现代社会知识不再被作为一种目的，重要的是让学生在学习活动中得到全面发展，除了知识之外，更要重视学生在学习中的体验和情感。知识不再是永恒不变的真理，学生对知识的鉴赏力、判断力和批判力显得更加重要，学生在一定知识的基础上，利用自身的经验和体验不断创新知识，从而获得思想的解放和全面自由的发展。

最后，教师还要正确确立"平等者中的首席"观念。师生之间只有价值的平等而没有地位高低之分，教师是"平等者中的首席"。并且在民主平等的师生关系氛围中"教师的作用没有被抛弃，而是得以重新建构，从外在于学生情境转向情境共存。教师是内在情境的领导者，而不是外在的专制者"。

(2)热爱尊重学生，确立民主观念，强化师生平等意识

只有确立民主观念和师生平等意识，教师才能更自觉、更主动地走近学生，进入学生的精神世界，了解学生的情感体验、价值观和精神需求；才有可能用学生最需要的理解、爱、合作、尊严、友谊来调整学生的种种需要、生活学习态度和行为选择。这样就会使学生摆脱因教师的外在影响而产生的疏远感和心理上的压抑感，缩短师生之间的心理和情感距离，消除淡化学生面对教师时产生的畏惧心理。摆脱了学习过程中情感、精神上的空虚、压力和厌倦，就会认同教师讲述的道理，形成道德自觉。在行为选择过程中就会自觉地注意自我反省、自我调控和自我完善，追求更高尚的需求，发展更健全、更完善的人格。因此，教师必须树立和强化师生平等意识，去关心、理解、尊重学生，去把握、研究、思考、教育学生，从而获得理想的教育教学效果。

(3)重视学生独立性、能动性和主体性的发挥

建立平等、民主的师生关系，教师必须充分重视学生的独立性、能动性和主体性的发挥，使学生积极主动地参与教育教学的各个环节，增强学生自我教育和自我管理、自我完善的能力。这就要求教师从根本上转变教育教学方法，改变"我说你听""我教你学"的传统教育模式，充分强化教育对象的主体地位、自主意识。只有这样，学生才会信任、亲近、热爱教师，教师的教育才能得到学生的认同和接受，使教育工作更具有针对性和亲和力，获得良好的教育效果。发挥学生的主体性和能动性，会使学生从对教师的迷信盲从的状态下解放出来，个性得到充分张扬，从而给学生创造力的提高、想象力的丰富、智力的发展提供更广阔、自由的空间。这样，教师的教育教学不再是一种强制性的行为，而是学生

用来发展智慧、完善自我品行的过程。

2. 公平对待每一个学生

素质教育的理念强调，每一个学生都是独立、平等的个体，教育中具有同样的权利和义务，教师应该相信每一个学生都能进步，并促进每一个学生在其原有基础上获得最大的提高。因此，在素质教育理念下，公正就成为教师必备的职业道德，具体表现就是公平对待每一个学生。

> ### 学生座位怎么排
>
> 在一个教室里听课，从视觉、听觉效果来说，总有一些"黄金座位"。一般来说，"黄金座位"是在中间的前排。
>
> 最近，某市不少学生家长向记者反映，孩子在小学时一直是座位轮换，可现在的中学凭"关系"排位的现象十分普遍。
>
> 今年考入某中学读初一的庞越（化名）身高1.65米，班主任把他排在了第9排，也就是最后一排。庞越的父亲对此颇有怨言。他说：因为没有实施轮换制，座位分配权就在老师手里，这样，出现了一些"人情座位"，有钱有势的父母就往学校领导、班主任身上"砸钱"。
>
> 卖人情座位，有损公平，那么按成绩排是不是就公平呢？
>
> 一名初三学生发来邮件说："按成绩排座位是非常不合理的一件事。以往班上每次考完试，就按考分从前到后排座位，我几乎每次因成绩优异都排在前面，可越是这样，每次考试的心理压力就越大，总想着不能多丢一分，不然就可能到后排去了。我记得有次考试失利后，座位忽然跌到了中间位置，那段日子，坐在那个座位上，感觉就是恨不得自己是透明的，惧怕任何一丝他人的目光。"
>
> 学习好的有压力，而对成绩排名靠后的，则起不到激励作用。几位在老师眼里属"差生"的同学来电说："课堂上一抬头便见前方人头攒动……这般望去，心中又怎会不生出几分自卑？为什么要用'鞭子'抽我们呢，我们不是陀螺呀！"
>
> 资料出处　中公教育教师资格考试研究院：《国家教师资格考试专用教材·综合素质（中学）》，北京，世界图书出版社，2012年，第104—105页。

按成绩排座位为升学有望的"尖子生"提供了更为有利的竞争环境，却人为地拉大了学生个体之间的学习差距，这样达不到整体提高班级学习质量的要求，显然有违"教育过程中的公正待遇"的原则。而且，教师以分取人的态度，还会给学习成绩差的学生造成心理伤害。

《中华人民共和国教育法》明确规定："公民不分民族、种族、性别、职业、财产状况、宗教信仰等，依法享有平等的受教育机会。"受教育者有"参加教育教学计划安排的各种活动，使用教育教学设施、设备、图书资料"等权利。"教育公平是社会公平的起点和核心环节，也是以人为本的本质要求。"如果对待所有学生不公平，本质上就是造成了学生接受教育的不平等，在强调素质教育和依法执教的今天，公平对待每个学生已成为教师的职业责任。在学生的心中，教师往往是公正、无私、善良、正义的代表，对教师有非常美好的期待。这一美好的期待决定着教师在与他们的交往中做到公正办事，他们就会感觉到公正的美好和必要，从而奠定他们在未来社会生活中努力追求道德公正的心理基础。如果学生在学校生活中不能感受到应有的公正存在，那么学生将很难建立公正的信念，最终会不利于社会公正的实现。所以，教师能否实践公正，关系到一个社会公正的实现及其程度。平等对待每一个学生，建构教学过程公平的措施。

（1）一视同仁，正视差异

作为教师，要在教育活动中对学生持民主与尊重的态度，对不同出身、性别、智力、相貌、年龄、个性及关系密切程度不同的学生能够做到一视同仁、同等对待，对每一个学生都要关心、爱护，不偏见、不偏袒，不以个人的私利和好恶作标准。

当然，一视同仁不能被机械地理解和施行，要从学生的实际状况出发，正视学生的差异，针对其不同特点而采取不同的教育方法和措施。

（2）体谅和宽容

前面说师生平等，并不是要时时处处把学生看作像教师一样的成人，许多方面学生作为未成年人，和成人是不一样的，他们正处于一个成长的时期。教师需要设身处地地从学生角度考虑他们的感受和行为，要体谅学生，同时对于学生身上发生的一些不尽如人意的事情，要予以宽容。宽容学生是教育本质的要求，是帮助学生改正缺点的前提。中小学生年龄特点的一个很重要的方面就是对道德评价标准往往掌握不准，分辨是非的能力较差，坚强的意志品格尚未形成。在某些方面可以说就是"无知"，这也是其缺点形成的主要原因。因此不可避免地要犯错，最重要的是帮助他们改正，很多时候人不犯错误就根本意识不到错误的存在，对犯错误的学生，宽容是教师爱的体现，是了解学生必备的心理素质。教师宽容本身就是教育，是构建良好师生关系的重要条件。

（3）给学生提供多样的发展机会

美国心理学家加德纳的多元智能理论认为，每个个体都具有自己独特的智能结构形式，即都具有自己的智能强项和弱项。这种差异并不表现为好坏、高低、贵贱之间的差异，而是多样化的表现。每一个学生都有其自身独特的价值，在教育教学中应该承认差异、适应差异、追求多样性，这样才能够使学生有机会获得适合其特点的教育。因此，公平对待学生就要给他们发展的机会。当然，给予学生发展机会要兼顾每个学生的特点，尽可能地提供适合其发展的机会。

总之，公平公正永远是人类社会所追求的，更是新时期对教师职业道德的重要要求。作为教师更要注重公平公正在教育教学中的具体体现，要时时刻刻提醒自己平等待人，公平公正。

3. 慎用惩戒，拒绝体罚

现实中惩戒和体罚常常被人混为一谈，这也是人们反对惩戒的主要原因。其实，我们在此所说的惩戒和体罚是明显不同的，惩戒是以不损害学生的身心健康为前提的，体罚则必然对学生的身心健康造成伤害。教育中的惩戒是从关心爱护学生出发，为了学生的健康发展，在尊重学生人格和不伤害其身心健康的基础上，依据有关规定对学生实行的一种否定性评价或强制性纠正措施，目的在于使学生认识到自己的过失并改正。在教育教学中，由于体罚是不科学、不民主的有害的惩戒儿童的教育方法，所以我们坚决反对体罚、慎用惩戒。

特殊的审判

1987年1月，美国的某个审判室里挤满了人。因伪造母亲签名冒领1600元而被判了两年徒刑的19岁的青年泰龙·维尔本，站在啜泣不止的母亲面前，背起诗来："假如我被悬于高峻的山崖，我知道谁的爱仍会伴我飞向天涯。啊，妈妈，我的妈妈。假如我被打入地狱，身首异处，我知道谁还会不断祈祷为我祝福。啊，妈妈，我的妈妈。"严肃的审判室，一时充满了感人的气氛。原来，当地律师事务所考虑到维尔本悔改态度良好，建议缓期执行，但法官肯尼斯·罗尔在采纳这一建议时规定了这么一条：维尔本必须把吉卜林的名诗《我的妈妈》当众背诵一遍。罗尔法官为什么采取这种背诗的处罚方式？他说："让年轻人知道，他的行为是多么叫母亲伤心，同时也让母亲明白，儿子已认识了自己的过错。"

资料出处 中公教育教师资格考试研究院：《国家教师资格考试专用教材·综合素质（中学）》，北京，世界图书出版社，2012年，第108—109页。

教育中的惩戒是在必要时采取的必要手段，是合理存在的。在现实的教育中还有一定的现实意义。

（1）惩戒是教育不可或缺的组成部分。目前，学校普遍提倡"赏识"教育、"激励"教育,这是新时期学生观、教育观发生的重大变化,是我国教育可喜的进步。但是,提倡"激励"并不是就要忽视或抛弃惩戒,反之更应该重视惩戒和赏识或激励的综合运用。因为奖励(激励、赏识)和惩戒一起才能构成完整的教育方法和评价体系。奖励与惩罚是一个问题的两个方面——我们用奖励来增加某一行为的发生频率,而用惩罚来减少某一行为发生的可能性和倾向性。只有激励而没有惩戒的教育是不完整的,学生需要知道自己成长过程中的不足和缺陷并加以改正,适当的惩戒便是一个有效的途径,这也是真正爱护学生、尊重学生的表现。

(2)惩戒强化了学生对规则和秩序的认识,使其更好地适应社会。学生在学校的一个很重要的学习目标便是掌握社会生活的各种规则,如果学生违反了某种规则而没有得到应有的惩罚,会使他逐渐无视规则的存在。长大以后不仅人际交往出现问题,难以适应社会,而且会走上犯罪的道路。

(3)惩罚能让学生体验到挫折与失败,提高心理素质。现代学习方式的突出特征是体验性,体验使学习进入生命领域,学习过程同时也是身心和人格健全与发展的过程。惩戒正是学生成长过程中身心发展必不可少的一种体验,没有批评和惩戒的人生是没有的,不能正确对待批评和惩戒的人生是不健全的。教育惩戒既是教师管理的需要,也是学生自身发展的需要。特别是由于我国现行计划生育制度和传统教养观念,出现了许多"小皇帝",由于家庭环境的影响,很少体会到失败和挫折。但是人生不可避免要遇到各种问题,许多问题是需要个人独自面对和解决的,父母和老师都不可能随时随地完全地帮助学生,因此需要学生正视失败和提高抗挫折能力。

(4)接受惩戒也是学生正常的心理需求。虽说一般情况下,惩戒带给学生的是痛苦的感觉。但许多时候,学生犯了错误,其内心会产生很强的愧疚感,根据解决冲突的"趋利避害"原则,使他们期待适当的惩罚以解脱不安,这时如果一味地对学生宽容,反而是一种不负责任的表现。

(5)惩戒是教师的一项正当权利。我国现行教育法规授予学校和教师以惩戒权。《中小学德育工作规程》第二十七条规定:"中小学校应当严肃校纪。对严重违犯学校纪律、屡教不改的学生应当根据其犯错误的程度给予批评教育或者纪律处分。"《中学班主任工作暂行规定》第三条第七款规定中学班主任的职责是:"做好本班学生思想品德评定和有关奖惩的工作。"因此学校和班主任必须依法搞好惩戒工作。

惩罚的"收获"

美国教育家玛莉曾在一篇文章中满怀深情地谈到了她的老师乔丹对她的一次惩罚。

玛莉上中学二年级的时候，是个爱说爱笑的孩子。一天，正上英语课，玛莉和同学滔滔不绝地说起话来。严厉的乔丹老师发现后，以严肃的口吻对玛莉说："下课后来见我。"

玛莉忐忑不安地去乔丹老师那儿，准备接受最为严厉的惩罚。出人意料，乔丹老师的态度却很温和，只是语气非常坚定地说："我要罚你写一篇1000字的文章，讨论教育及其对经济的影响。"3天后，玛莉按时把写好的文章交了上去，乔丹老师仔细看后，把文章退回，要求玛莉重写。如此6次，直到乔丹老师对文章露出了满意的笑容。后来，这篇经过反复改写的文章，被乔丹老师推荐上去，参加了全市的征文比赛。3个月后，乔丹老师高兴地在全班宣布了玛莉征文得奖的消息。这是玛莉平生第一次得奖，也是她平生受益最深的一次惩罚。事实上，玛莉不仅在这次惩罚后，迅速改正了错误，而且由此迷恋上了写作和教育。

资料出处 中公教育教师资格考试研究院：《国家教师资格考试专用教材·综合素质（中学）》，北京，世界图书出版社，2012年，第109页。

因为惩戒会给学生带来痛苦的感觉，必须注意使学生身心避免受到伤害，要恰当地使用惩戒，使惩戒具有积极的教育意义，教师必须坚持如下原则。

（1）以尊重为前提，维护其自尊心。惩戒的目的在于使违纪学生产生羞愧感，重建其对纪律规范的虔诚尊重之情感，故惩戒必须建立在对学生尊重的基础之上。要站在学生的角度上分析考虑，找到学生犯错的真实原因，对症下药。使学生能心悦诚服地接受，怀着对教师的尊敬和对自己负责的态度改正错误。教师千万不能把惩戒当作对学生人格的羞辱、对不当行为的恶意报复，那样就进入体罚的违法行列了。

（2）公平对待每一个学生。公平对待每一个学生至关重要，本身就是一种强有力的教育力量。惩戒本是教育学生的，如果不公正的话，就失去其教育作用，反而会使学生产生强烈的逆反或抵触情绪。教师不能以自己的喜好，对"喜欢"的学生纵容袒护，对"不喜欢"的学生处罚得厉害，应该公平、民主、一视同仁。

（3）以事论事。就是"一次只解决一个问题"，不能在采取惩戒时总是与以往学生所受的惩罚联系起来。这样做实际上是对学生人格的不尊重，也是对学生一种暗示，使他认为自己就是"无药可救的坏坯子"。

（4）因人而异，方法灵活。人有千差万别，学生性格各异，一种惩戒对一个学生有效，对另一个学生很可能无效。所以，惩戒的选择与惩戒的强度应该充分考虑学生的人格差异。如让一个不会唱歌的孩子在课堂上表演可能是一种惩罚，而对喜欢唱歌、喜欢表现自己的孩子可能是一种积极的正强化。对外向、大大咧咧的学生应该重罚，而对内向、喜欢反省的学生应选择比较轻的惩罚，这就要求教师在惩戒实施前对学生有充分的了解，采取适当的惩戒措施。

总之，惩戒是为了学生更好地成长与发展，从这个基点上出发，采取最适当的措施，是我们在教育中所要注意的。在实际教育教学中，要根据具体的情况采取相应的方式。

我们要慎重使用惩戒，不仅因为惩戒本身是一种消极的教育手段，还有一个很重要的原因就是许多教师和家长打着惩戒的旗号，对学生进行体罚。前面已经讲过体罚和惩戒的本质区别在于体罚伤害了学生的身心健康，我国多部法律明文规定禁止体罚，但是禁而不止，在教育教学中依然存在。因此我们要了解体罚及其危害，从而在实际中杜绝体罚，这也是新时期对教师职业道德的基本要求。

体罚的危害

台湾著名女作家三毛的自杀猝死，令世人震惊。然而，更令人难以置信的是，据心理学家分析，三毛之死与其上学期间所受到的惩罚有关。三毛小时候作文成绩优异，而数学成绩欠佳。初中一年级时，因没有做出一道代数题，老师就把她叫到台前说："有一个同学喜欢吃鸭蛋，今天老师再让她吃两个。"随即饱蘸墨汁在三毛眼睛周围画了两个大黑圈，然后叫她转身让全班同学看一看。下课后，老师又勒令她在校园里绕一圈，让她在全校同学面前受了羞辱。从此，三毛精神受到严重挫伤，出现严重的心理障碍。以至于一想到上学就昏厥，甚至因为不能适应学校生活，内心焦虑与日俱增而自杀。虽因及早发现而被劝止，但她从此患上了"自闭症"，她再也不肯上学校，怕接触所有的人，并在自己的闺房外加上铁窗和锁。这种自闭生活长达7年之久。最后，她在自己的创作巅峰之时自杀身亡。那个代数老师的一瓶墨汁和一枝笔，造成三毛的悲剧性性格并改变了她一生的命运。

资料出处　中公教育教师资格考试研究院：《国家教师资格考试专用教材·综合素质（中学）》，北京，世界图书出版社，2012年，第112页。

（二）教师专业品德行为与家长关系处理

学生是教师工作的出发点，因而教师对学生负有责任和义务。然而学生是家长送到学校来接受教师教育的，在这个意义上家长便也是教师责任与义务的对象。家长作为孩子的第一任教师，对孩子的成长也负有责任，并且是影响孩子成长的重要因素。从家长是一种教育力量看，家长也是教师工作的合作伙伴。教师作为未来人才的引领者，更需要较高的自觉意识维护人与人之间的平等观念。尊重学生，尊重家长。

那么，怎样处理好教师与家长的关系呢？

1. 教师与家长应建立平等的关系

教师和家长都是以教育好学生，促进学生身心的全面发展为共同目标的，学生应当是教师给予平等看待、给予尊重的对象，学生的家长当然也应当与教师处于平等的关系上，也应当得到教师的尊重。只有建立彼此信任、相互支持的平等关系，才有平等沟通的可能；只有平等双方才不会落入误区，形成扯皮、推诿、渎职等状态，齐心合力教育好学生。

2. 教师与家长要有良好的沟通习惯

（1）教师的工作需要家长支持。教师要得到家长的切实而有效地支持，就必须得到家长的理解。因此，教师要积极主动地与家长建立联系，通过家访、家长会、联系手册、电话、通信、网络等多种形式，与家长互通情况，共同商讨、协调教育方法、步骤。

（2）教师要树立服务意识，尊重家长，不要伤害家长的感情，要全面、客观地介绍孩子在校学习、生活的情况，热情、耐心地与家长进行沟通，要虚心地听取家长的批评和建议，经常向家长征求意见。

（3）要及时地通报学生的思想、学习、生活的动态，特别是出现异常情况或突发事件时，要第一时间与家长沟通，及时分析原因，商讨对策，共同实施最有效的教育方法。

（4）由于家长对自己的孩子了如指掌，家长不仅熟悉他的思想品德、学习状况，而且熟悉他的性格、爱好，了解他的愿望与要求。如果教师能经常和家长进行沟通，就有利于掌握学生的情况，使教育在家长的配合下做到有的放矢，达到事半功倍的效果。

（5）对于教师批评学生，有时过火或出现不当，家长切不可当着孩子的面挑剔，甚至指责教师。家长应与教师当面交谈，要充分理解做教师的，都是真心诚意希望自己教的学生成才，盼望孩子积极向上、天天进步，这种心情是绝对不用怀疑的。只有给教师充分的理解与信任，才会同心协力地把孩子培养好。

3. 换位思考

家长偏爱自己的孩子是人之常情，作为教师，首先应该对这点给予充分理解。我们知道，教师评价学生至少有两个大"参照物"：一是自己过去曾经教过的学生；二是现在面对的所有的教育对象(一个班甚至几个班学生)。家长评价孩子至多是两个小"参照物"：一是自己或家人的过去；二是孩子的同伴。由此，某个孩子在教师心目中的位置和他(她)在家长心目中的位置肯定有差距，有时，这种差距还非常大。但这种差距并不是不能缩小的。教师和家长如果能换位思考，"将心比心"，就能够使他们之间的认识趋于一致，从而达到教育效果的最优化。

总之，家长与教师的关系只能是平等互助的、齐心协力的朋友关系，只有双方同心协力并且方法得当，关系才会融洽，才会出现"1＋1＞2"的教育效果。

(三)教师专业品德行为与同事关系处理

教师之间的人际关系是在共同完成学校工作任务的环境中建立的，因此，教师之间人际关系对于搞好学校的工作具有重要的意义。

教师的教育工作，不是个人行为，而是集体行为。在教师个人在集体中开展教育活动，集体的教育活动又通过每一位教师的劳动得以实现。这就是教师与同事在教师职业活动中的关系。教师的工作离不开教师集体，教师集体也离不开每一位教师。

1. 时常给予同事微笑和赞美

每个人都喜欢得到别人的赞赏。赞美别人并不难，然而在实际生活中做起来，却又很难因为在人们的心中经常存在着这样的观念："赞美别人等于否定自己"，这个不是公式的公式，顽固地储存在我们的意识之中。所以当人不愿意承认和赞美别人时，不是道德出问题了，而是心理出了问题。我们的教师往往善于说理教导别人，而忽略对他人的称赞。我们都知道，当自己受到别人的夸奖时，除了自己有成就感外，还会感到别人对自己的尊重、尊敬和关怀，这样也乐意与他接近。因此，在与同事交往的过程中，不要吝啬自己张"口"之劳的赞美，它不仅带给同事快乐，也能让同事更愿意与你交往，教师的微笑和赞美成为和谐人际关系的润滑剂。

2. 学会调控自己的情绪

教师在教师集体中开展工作，但是大家所做的工作有差异，分工有不同。由于工作任务及性质上的差异，教师集体中也会产生矛盾与冲突。教师要学会调控情绪，使个人的喜怒哀乐表现适宜。要随时了解自己不愉快的情绪，学会找出合理疏导情绪的方法，不要把自己的消极情绪迁怒于同事和他人。

3. 应积极主动地交往

教师在集体中工作，教师集体共同工作从而实现一定的教育目的。教师与同事的协作就是十分必要的。协作需要教师与同事搞好团结，相互理解、相互支持。教师在工作中，应经常帮助同事做一些实际性工作，如：某位老师有事情，可主动表示愿意提供帮助从心理上对同事进行关心，同事碰上不幸，亦应及时疏导心理的不快。要避免清高自傲、孤芳自赏，不与人合作，缺乏团队精神。帮助别人就等于帮助自己，这样才能让自己拥有和谐的同事关系和良好的工作环境。

(四)教师专业品德行为与领导关系处理

教师在学校组织中工作，组织的运作是在管理中实现的。有组织，就有组织的管理；有组织的管理，就有组织管理者。教师在教育组织中开展自己的职业活动，教师也必然要在一定教育管理者的管理之下开展职业活动。从管理的角度看，教师与教育管理者是管理与被管理的关系。

但是，这种管理与被管理的关系，并不意味着地位的差异或不平等的地位。教师在学校教育活动的主体地位，不因教师被管理者的地位而有所改变。管理与被管理，只是分工的不同。教师与教育管理者的关系，是组织中承担不同任务的人们之间的关系。

作为教师，在与学校管理者，特别是学校领导的交往中既要适应领导的需要，也能影响领导并能反映出自己的需要。

1. 了解、尊重领导

为了建立良好的上下级关系，领导要了解教师的需要，教师也应了解领导的需要，领导需要主要有以下几个方面。

(1)尊重的需要。每个人都希望受到别人的尊重，当领导的这种需要更为突出，所以教师应尊重领导根据自己的管理职责开展活动。教师只有尊重领导、相信领导、听从领导指挥，方能得到领导的支持。

(2)成就的需要。凡是有事业心的领导都希望在工作上有更大的成绩，办事水平有新的提高。教师要让领导满意，就要做好本职工作，在提高教育、教学质量上走在前面。在班级管理、教育科研、教学改革等方面为领导出谋划策，引起领导重视。教师如果在省、市、区级的优秀课获奖；在各级刊物发表优秀论文，也一定会受到领导的重视。

(3)交往的需要。领导也是普通人，也需要朋友和友谊。教师要主动接近领导，与领导平等相处，在正常的交往中发现共同的志趣爱好、共同的理想价值观、相似或互补的性格特征，普通教师完全可以与领导成为朋友。

2. 服从、支持领导

领导根据组织运作的需要，在自己被赋予的管理权限中开展教育管理活动。教师在教育管理者的协调下开展活动，也是为了实现学校组织的目标。领导的管理目标与教师的职业活动目标是一致的。领导与教师只是职务上的差异，人格上是完全平等的。

教师要支持领导的工作，服从领导的正确决定，不要公开表示对领导的不满。俗话说："忠言逆耳利于行，良药苦口利于病。"领导和教师都应该知道，如果能达到沟通的目的，忠言不逆耳、良药不苦口岂不更好吗？对领导的工作成绩给予肯定，有什么意见和建议应单独找领导谈，而不要当众让领导下不来台。

3. 沟通、关心领导

作为教师要想争取领导支持，就要爱岗敬业、积极进取，努力工作，做出成绩，这是领导支持的基础。

平时要多与领导沟通，主动争取领导的支持。对领导一时没有给予支持的事情，教师要有耐心，等待时机并去争取，而不要主动表示不满，背后议论，这样会造成误会，影响上下级的关系和团结，争取领导支持也就困难了。

领导不仅需要教师政治上的信任，工作上的支持，还需要生活上的关心。因为领导也是普通人，也需要亲情、友情、同事的关爱之情。领导有困难时，教师要积极主动给予帮助。

第三节　教师专业品德修养

无论从事何种职业，明智的人总是把职业道德视为发展事业的动力。学校都是育人的场所，既担负着教育学生长知识的任务，又担负着教育学生修德行的任务。人们常说教师是塑造人类灵魂的工程师。为人师，一言一行都会对别人，特别是学生产生深远的影响。人们总是把教师当做一面镜子，当做做人的典范。作为人民教师，应该具有高尚的专业品德，尤为重视专业品德修养。

一、教师专业品德修养的意义

教师职业作为一种专业，在人类社会发展中起着桥梁和纽带作用，承担着推动社会历史向前发展的艰巨任务，人类历史思想文化的传播、下一代的培养，以及社会所需的各种人才的造就都离不开教师的艰辛劳作。

（一）完成教师使命的需要

教师专业品德对社会发展的影响很大，不仅深刻地作用于学生的心灵，塑造学生的品质，而且通过学生反作用于家庭和社会。教师的专业品德影响精神文明建设，实际上师德是社会道德的重要组成部分，以身示范，成为"社会的良心"，带动社会道德水平的提升。

师德既影响学生的成长，又影响学生今后的生活道路。在日常的教学实践活动中，教师不仅进行着教书劳动，而且承担着育人的重要功能。与其他劳动不同的是，这种劳动的对象是活生生的，并且受着千变万化客观环境和个体主观因素的影响，由此决定了这种劳动具有创造性、示范性、复杂性和周期长等特点，从而也决定社会对教师的素质要求的高标准和全面性。作为一名合格教师，必须具备一定的思想政治素质、科学文化素质和实践能力素质等，同时，还必须具备教师职业道德素质。而教师的职业道德素质在诸素质中，具有特殊的地位和重要作用。

师德不仅是对教师个人行为的规范要求，而且是教育学生的重要手段，起着"以身立教"的作用。作为教师，劳动的对象是尚未成熟的儿童和青少年。他们的可塑性很强，有思想、有感情、有意志、有个性，而不是无生命、无思想活动的自然物。因此，教师要在各方面起到表率作用，起到"以身立教"的作用。教师的表率性对学生的影响并不是机械的、呆板的，而是生动的、潜移默化的。教师劳动的"产品"应具有高质量，既要求每个学生在德、智、体、美、劳诸方面得到全面发展，又要注意因材施教，更好地发展各类学生的个性。而且，教师的劳动产品不同于工业产品，既不能生产"次品""废品"，更不能生产"危险品"。因此，加强教师专业品德修养和教育，对于把青少年培养成为有理想、有道德、有文化、有纪律的社会主义新人，具有特别重要的意义。

教师专业品德素质水平对于学生自身素质的养成也起着至关重要的作用。教师教育教学过程顺利实施，主要靠其自身内在的魅力对学生进行直接教育、引导和感染。教师的魅力来源于对学生的博大爱心、对事业的无限忠诚，来源于渊博的学识、教书育人的能力和从不满足的奋进精神。教师以自身高尚的人格去影响、教育学生的感化过程，是其他方式所无法代替的，其作用是难以估量的。教师的人格魅力，其实质是师德的魅力，是由学识魅力和对学生的爱与责任组成的。教师的学识魅力，要靠钻研本学科相关专业知识，提高教学水平来达到。

爱与责任是师德的灵魂。好的教师对待学生就如同对待自己一样，要设身处地地为学生着想，最终做到师生同心，情感和谐，使学生顺利地完成学业。

(二)应对时代挑战的要求

师德永远是不断发展的、不断创新的。在社会主义现代化建设新的历史时期，师德体现了教师个人、教师群体与社会主义事业利益的一致性，具有鲜明的时代特征和新的内涵。《国家中长期教育改革和发展规划纲要(2010—2020年)》中指出："严格教师资质，提升教师素质，努力造就一支师德高尚、业务精湛、结构合理、充满活力的高素质专业化教师队伍。""加强师德建设。加强教师职业理想和职业道德教育，增强广大教师教书育人的责任感和使命感。教师要关爱学生，严谨笃学，淡泊名利，自尊自律，以人格魅力和学识魅力教育感染学生，做学生健康成长的指导者和引路人。将师德表现作为教师考核、聘任(聘用)和评价的首要内容。采取综合措施，建立长效机制，形成良好学术道德和学术风气，克服学术浮躁，查处学术不端行为。"

由于中小学教师专业品德作为整个社会生活道德的重要组成部分，它介入了与人们利益密切相关的经济生活、政治生活、法律生活等重要的社会公共生活领域，对社会生活的稳定和谐发展又有着直接而密切的关系。随着我国社会主义市场经济的逐步深入，社会生活领域的进一步开放，素质教育的实施，人们活动与交往的范围又逐步扩大，广大教师会更多地参与到社会公共生活领域中去。因此，加强中小学教师职业道德建设，对于人们社会生活的正常发展，对于社会的和谐社会起到了重要作用。

教师是知识的重要传播者，要成为合格教育者，必须终身学习，更新知识，拓宽视野；必须崇尚科学，创新知识，勇攀高峰，不断提高教学质量和教书育人本领。陶行知先生曾这样勉励师生："千教万教教人求真，千学万学学做真人。"这种因师生日常相处而对学生灵魂所显示出来的无形的"感动"和"震撼"作用，比课堂上所运用的语言教育力量更富有魅力，更具有实效。

二、教师专业品德修养的内容

教师专业品德修养的要求概括起来是十六个字，即政治坚定、业务精通、遵纪守法、为人师表。

政治坚定，就是要求教师要讲政治。毛泽东曾经指出："没有正确的政治观点，就等于没有灵魂。"作为青少年学生"灵魂的工程师"的人民教师，就应树立正确的政治观点，坚持正确的政治方向，热爱教育，忠诚于党的教育事业。

业务精通，既要求教师在专业知识上纵横驰骋，又要求教师与新知识紧密相连，做到善于化旧纳新，新旧融合。从某种意义上，精通业务是教师专业品德的核心内容。教师的职责是教书育人，提高业务修养应该成为教师胜任现代条件下的教育教学任务的自觉要求。离开了具体任务，师德便失去了载体；没有较高的业务水平，敬业会落入"心有余而力不足"的窘境。作为一名有造诣的教师，在专业知识上应该向纵、横两个维度拓展和延伸，要劳而不厌、博观厚积。在这个知识爆炸的年代，那种抱着一点点专业知识就夜郎自大的教师，早已不适应新形势的要求，知识的陈旧、不合时宜与新时代的要求相去甚远。作为教师，对新知识的占有，对新信息的洞察，更应比同时代的人领先一步。

遵纪守法，要求教师应做遵纪守法的模范。教师是精神文明的建设者和传播者，教师在遵纪守法方面应成为学生的表率。教师只有增强法制意识，才能正确履行教师的权利和义务，才能自觉运用法律维护教师的自身权益，才能切实推进全面依法治教。

为人师表，要求教师在方方面面应成为学生的榜样。学生具有向师性特征，且自身具有很大的可塑性。因此，每个教师必须在思想、道德、政治、教学、语言、仪表、人际关系等方面，自觉地遵循国家和社会对教师提出的各种准则和规范，不断地追求新知识，提高教学能力和教学水平，全心全意为人民服务，要以自己规范的言行作为表率，让自身行为成为"无声的命令"，从而使自己无愧于"人类灵魂的工程师"的崇高称号。

三、教师专业品德修养的基本原则

在教师个体专业品德修养过程中，每一位教师要实现自身道德品质从无到有、从低到高的转变，就必须注意把握和坚持下述基本原则。

1. 坚持知行统一

知即对教师道德的认识及其在这一基础上所形成的观念等。这是师德修养的前提。行即行为，也就是教师把职业道德的理论认识付诸行动，这是师德修养的目的。

在教师专业品德修养中，知和行是统一的。一个教师如果缺乏必要的道德知识，连起码的道德善恶是非也分不清，不知道哪些言行与自身职业相符合，哪些言行与自身职业相违背，是不可能形成正确师德观念的。而学习了师德理论也并不能说明他具备了某种道德品质，如果只学不用、只说不做或者言行不一，说得冠冕堂皇也只能是徒有其名，培养高尚的师德品行只是一句空话。

坚持知行统一的原则，就是要把学习道德理论、提高道德认识同自己的行动统一起来，使理论与实践相结合。教师的师德观念不是自发产生的。教师只有掌握了科学的世界观、人生观、教育学、心理学、文学、伦理学、美学知识和教师职业道德的基本常识、基本原理，懂得了什么是善，什么是恶，什么是美，什么是丑，什么是高尚的行为，什么是卑劣的行为，什么是人民教师应当具备的职业道德品质，为什么应当具备这些道德品质等，才能提高对师德的认识，形成师德观念，为师德修养提供科学的理论指导。因此，教师首先要不断学习道德理论，从而不断激发出道德情感，增强自身的道德意志和信念，为形成道德品质打下基础。

实践证明，教师关于道德修养的理论越正确、越全面、越深刻，按照道德原则和规范去行动的自觉性才会越强。同时教师又要努力去实践道德理论，用道德去规范自己的行动。事实上，教师的道德风貌、道德水平的高低主要是由他们的行为和事业表现出来的。因此，每一教师在师德修养过程中更要注重品德实践，注重行，自觉培养道德行为习惯，真正成为道德的高尚者。总之，只有坚持知和行的统一，才能真正提高师德修养。

2. 坚持自律和他律的结合

所谓自律，是指自我控制，是教师依靠发自内心的信念对自己教育行为的选择和调节。所谓他律，就是指外部凭借奖惩及各种制度规范等手段对行为进行的调节和控制。

自律和他律的关系，实质上就是内因和外因的关系。在师德修养中，教师自身的内因——内心信念是起决定作用的因素。一个教师只有真正懂得了师德要求的重要性，只有发自内心地对人民教师道德义务的真诚信服和具有强烈的责任感，才会在教育实践恪守人民教师的道德要求，并会由于自己在教育活动中履行了某种道德义务而感到一种精神上的愉悦和满足，形成一种信念和意志，在今后的教育工作中勇于坚持这种行为。有了内在的师德信念，教师一旦发现自己的行为不合乎师德要求，即使没有受到别人的指责和舆论的批评，也会受到自己"良心"的责备，感到羞愧不安，促使对自己的行为进行自我批评，从而尽力避免在今后再发生类似的事，纠正错误的行为。

因此，内心信念—自律是师德修养的内在基础，是任何其他力量都不能代替的。尽管师德修养的内心信念是从教师内心发生的道德观念、道德情感和道德意志的统一体，但是这种内心信念不是自发形成的。而是教师在长期的教育实践中，在专业品德修养中有效地运用外部力量——他律形式，强化教师的道德意识、督促其坚持道德行为也是必不可少的。总之，教师职业道德的修养既要用外在因素进行自我约束，又必须发挥主观能动性，做到自律和他律的结合。

四、教师专业品德修养的途径和方法

加强教师专业品德修养，其过程实质上是一个多种因素、多种矛盾相互交织、相互作用的运动过程，需要多种途径、多种方法，多管齐下，需要主管部门、学校及教师这三方面主体的共同参与互动。

主管部门以制度建设为切入点和突破口，树立以人为本的原则，创新师德管理模式。在中小学教师的师德建设中，应以人本管理的理论为指导，针对中小学教师的思想特点，创新师德管理模式，以达到师德建设的最高效益；通过外部的刺激、灌输和影响，把激励的内容转化为个人的思想和自觉行为。

学校作为沟通主管部门与教师的中介，在师德建设中起着承上启下的作用。要加强师德培养与教育教学的结合，学校要从四方面入手，加强师德建设。首先，要注重将师德建设与教育教学实践相结合；其次，注重师德分层培养；再次，改进师德培训方法；最后，构建师德监督网络。

教师个体要加强理论修养，加强内省，勇于实践。

要建设一支高素质的教师队伍，关键在于抓好教师内在素质的提高，以此来加强教师的专业品德修养。教师专业品德修养是教师通过接受道德教育，进行道德修养所达到的教师道德觉悟程度及所形成的道德品质状况和情操的水平。一方面，教师要接受职业道德教育；另一方面，教师要不断地进行专业品德修养，把外在的职业道德要求内化为自己对教育的信念与信仰，使自己不仅达到基本的职业道德境界，还能不断提升至完美的境界。因此，作为教育者，教师是否具有自我修养的自觉性和能力，自觉地加强专业品德修养是十分重要的。

教师专业品德修养，在历史上有各式各样的方法。历史上的伦理学家指出过许多具体的条目。例如，儒家学派先提出的"内省""自讼""格讼""格物""致知""正心""诚意""躬行践履"等。在社会主义条件下，人民教师专业品德修养方法尽管因人而异，但一般来说，教师加强专业品德修养的方法概括起来就是：勤学、慎独、内省、兼听、自律。只有加强理论学习，注意内省，慎独，与教育实践相结合，虚心向他人学习，坚持不懈努力等；只有共同运用这些修养方法，教师专业品德修养才能富有成效。

（一）勤学

作为一名人民教师，要加强专业品德修养，第一要勤学，不但要学政治、文化，而且要学教育学、心理学、法律。要不断用学习来充实自己，以适应新形势教育的需要。

人们从事改造客观世界的活动需要知识，这就必须学习。同样，人们改造主观世界，提高自己的道德水平，也需要学习。加强理论学习，是教师专业品德修养的必要方法。教师道德理论是提高教师专业品德修养的指导思想，掌握了它才能辨别善恶是非，才能在自己思想领域里战胜那些错误的、落后的道德观念。只有在道德修养中以教师道德的先进典型作为自己思想行为的楷模，鼓励自己，在思想意识中凝聚着教师道德原则和规范，常以崇高的道德品质作为自己行为的目标，才能使自己的道德修养不会迷失方向，才能使自己成为一个有较高教师道德修养的人民教师。

首先，教师要认真学习理论，树立正确的世界观和人生观。不学习理论就不可能科学地、全面地、深刻地认识社会，认识人与人之间的正确关系，因而也就不可能形成正确科学的人生观和世界观。从根本上说，一个教师高度的社会主义师德觉悟，正是以正确科学的世界观、人生观和革命理想为指导的。只有确立这样的科学的世界观、人生观，才能坚定不移地热爱社会主义祖国，热爱和献身人民教育事业，自觉地把个人生命意义、价值与人民教育事业紧紧地联系在一起，把教育和培养好学生，为教育事业作贡献，看作人生最大的幸福和快乐，才能矢志教育，义无反顾，以坚忍不拔的精神，战胜前进道路上的一切困难，为人民教育事业而努力奋斗。

其次，教师应在理论学习中深刻理解教师道德规范和要求，明辨道德是非，提高遵守师德规范和要求的自觉性。教师道德的规范和要求，则是社会道德在教师职业活动中的具体体现。它作为伦理的一个分支，从社会主义教育事业的根本利益出发，批判地继承了古今中外一切优良的师德传统，正确地回答了教师个人与他人、与集体、与国家之间的利益关系，具体地向教师表明应该做什么，不应该做什么，什么是善的，什么是恶的，以保障教育事业的根本利益。要将师德要求转化为教师个人的内心信念，需要教师有一个自觉学习、接受教育的过程。我们有的教师违背师德要求，常常不是有意的，而是对遵守师德规范和要求的必要性、重要性缺乏了解和认识引起的，因而，教师学习和掌握社会主义师德的基本知识是非常重要的。

最后，还应当学习教育科学理论和科学文化知识，掌握教书育人的本领。教师学习教育科学理论，掌握教育规律，按教育规律办事，才能更好地完成教书育人的职责，这本身是教师职业道德规范的一个要求。同时通过学习教育理论，教师能进一步明确自己在教育教学中的主导地位，对学生的身心发展起重要作用，这就更能使教育进一步严格要求自己加强专业品德修养。教师还应学习丰富的科学文化知识，只有广泛地学习有关自然科学和社会科学知识，才能使教师从各种关系和联系中来认识和改造世界的任务，认识社会和人生。只有这样，才能真正做到在教书过程中育人。

(二)慎独和内省

"内省""慎独"，也是教师专业品德修养的重要方法。要注意在理论学习过程中进行"内省"和"慎独"。

1. 内省

内省，即指自觉地进行思想约束，内心时时反省检查自己的言行。通过自己不断地反省，回顾和总结工作中的得失，"择其善者而从之，其不善者而改之"。内省是靠自觉性来约束的，不自觉或自觉性不高就难以真正进行内在的自我反省。以儒家的"吾日三省吾身"为典型的"内省""克制"，主要意义在于强调了道德修养的自觉性和严格性。

首先，内省要求教师不断地提高思想道德认识，让职业道德观念真正地进入头脑，增强意识。因为具有高尚道德水平的教师，其人格的影响、道德力量的感化，必将涉及学生，对学生的成长产生深刻的影响。

其次，内省要求教师有针对性地剖析自己，加深自我认识，找出自身存在的不足，并进行积极的改进，目的是冶炼理想人格，达到自我完善。

最后，内省还有助于教师培养良好的个性品德。内省的过程，是教师不断调节心理活动，避免身心出现不平衡现象，从而使个性逐步完善的过程。教师在剖析自己的过程中，认识自己，认识社会，有利于自己在执教中获得更多的职业欣慰。正是这样，才使相当一批教育人才热衷于教育事业，例如徐特立88岁还帮助审阅人民出版社新编语文课本并提出修改意见；郑晓沧古稀之年单身住在学校，为学生讲课；段力佩77岁还担任育才小学校长，并开展一系列教育教学改革，这说明正是内省促进了教师个性的健康发展。

2. 慎独

慎独，指的是在别人看不见、听不到的时候，在闲居独处的情况下，更要小心，谨慎，严格要求自己，使自己的言论和行为符合道德要求。

慎独既是一种道德修养的方法，又是一种道德修养中应达到的境界。中国历代思想家都十分重视研究慎独。《礼记·中庸》里就写道："道也者，不可须臾离也，可离非道也。是故君子，慎其独也。"这就是说道德准则是人们一刻也不能离开的，假如能够离开的话，那就不是道德准则了。

首先，慎独作为一种道德修养方法，它倡导的是人们要严格要求自己，坚持在"隐"和"微"处狠下工夫，因为最隐蔽的东西最能看出人的品质，最微小的事情最能显出人的灵魂。就这层意义而言，没有慎独就没有道德修养。教师的工作独立性很强，除了课堂教学外，大部分工作如备课、批改作业等，都是需要独立完成的。在这种情况下，就非常需要有慎独的工夫。

其次，慎独作为道德修养应该达到的境界，更应值得高度重视。因为教师加强道德修养的目的，就是要把自己培养成具有高尚师德的人。慎独，就是不计较个人得失，以坦荡、无私的心境干好自己的教育教学工作。所以说，慎独是教师对自己道德动机和行为的一种自我控制，是教师道德达到一定高度的表现。提高教师师德修养的慎独法，就是倡导从我做起，从小事做起，努力按照师德规范严格要求自己，使师德品质日臻完善，这必将对于造就青年学生的良好道德品质、推动整个社会的道德建设，具有重大的意义和作用。

（三）交流与学习

师德修养不是教师个人脱离社会的、孤立的闭门修养，而是在教育实践中人与人相互交往相互影响的社会性活动，因此要正确处理好个人与领导、教师、家长的关系，要广泛听取各方面的意见、建议和批评，要克服"文人相轻"、互不服气的不良风气。

教师品德修养也是社会道德进步的重要组成部分。在社会生活中总是蕴藏和涌现着美好的思想品质和道德风尚，教师作为精神文明的传播者，同时也应该成为良好道德情操、思想风貌的效法者和学习者，因此，"见贤思齐"，虚心向他人学习，自觉与他人交流就是师德修养的一个好方法。

孔子也曾说过：三人行必有我师……这都说明教师要加强师德修养，将自己的师德水准不断提高，就要有从师的美德，善于发现别人的长处，虚心学习别人的优点，哪怕是很小的长处也要学，只有这样才能积小善为大善，积小能为大能。

虚心学习他人，首先要注意从教育家那里汲取思想营养。比如，在发展我国人民教育事业中有一大批革命教育家如徐特立、陶行知、吴玉章等，为我们人民教师留下了宝贵的精神财富。他们有热爱党、热爱祖国、热爱人民、热爱教育事业的高尚情感，有热爱学生、教育育人、钻研知识的可贵品格，有无私无畏、勇于创造的革命精神，向我们展现了人民教师的理想人格，只有主动了解他们的事迹，学习他们的优秀品质，才能升华自己的师德境界。虚心学习他人，也要学习优秀教师的榜样，在我国社会主义教育事业中成长起来了一大批优秀教师，如我们所熟悉的于漪、魏书生等。他们的教育实践和先进事迹，生动地体现新时代教师道德的崭新特点，是教师职业道德理论的具体化，同样是十分宝贵的精神财富。学习他们的先进思想和感人事迹，既能帮助我们提高师德认识，又能诱导和激发我们的师德情感。虚心学习他人，还要向教育对象——学生学习。古人讲："师不必贤于弟子，弟子不必不如师。"诚然，在教育中教师占着主导的地位，但也不应忘记学生童心的纯真，学生执著地追求美德和高尚的情操，在许多方面是值得教师学习的。教师要善于发现学生身上闪光的品质，诚心诚意地向学生学习，在师生互学互勉中汲取精神营养，完善师德品质。

在师德修养过程中，还要注意学习和汲取社会生活中一切有用的养料。社会生活是一座道德宝库，蕴藏着丰富的宝藏，每时每刻都有闪光的思想和行为。例如，各行各业在为社会主义现代化建设的艰苦创业中所涌现出来的许许多多的新人、新事、新风尚，都是反映了时代特征的新道德的精华，不仅为各行各业职业道德的升华提供了营养，也给师德提供了借鉴和营养，我们在师德修养中只要细心观察，虚心学习，就能够受到激励，找出差距，用好的道德风尚充实自己，就会使师德更加芬芳。总之，善于向别人学习的人，才是发展潜力最大的人，才是最有发展前途的人。在师德修养中善于虚心学习他人、自觉与他人交流，才有可能成为师德修养高的教师。

总之，师德修养是一个循序渐进、逐步提高的过程，既要有崇高的师德理想作为个人修养的目标，又要从自身实际出发，有切实可行的具体要求；从现实实践中的具体问题入手，不懈努力，一定能形成自我个人的教学风格；不断学习，才能不断革新自我，多点交流才能取长补短，丰富自我价值。

（四）实践与体验

人的道德修养不能脱离改造社会、改造世界的客观实践。与教育实践活动相结合，按照教师道德的规范和要求，不断进行自我教育和自我改造，是教师专业品德修养的根本方法。教育实践不仅是教师进行师德修养的现实基础，同时，也是检验师德修养的唯一标准。

教育实践也是教师专业品德修养的目的和归宿。教师道德修养的目的，在于形成良好的师德素质，提高教育实践能力。教师不仅要通过理论学习来分清是非善恶，更重要的是要求身体力行，把这些认识用以指导自己的行动，培养自己良好的品行。就像我国近代著名的教育家蔡元培先生指出的：道德不是记熟几句格言就了事的，要重在实行。

教育实践是正确师德观念的认识来源，只有在教育实践活动中，才能正确认识教育活动中的各种利益和道德关系，才能培养好自己的师德品质。教育实践还是不断进行教师专业品德修养的动力。教师道德品质修养不是一蹴而就的，而是要在教育实践中不断认识，不断提高，不断完善。

作为一名人民教师，要自觉加强师德修养，只有不断完善自身、发展自身，用人民教师的道德规范来衡量自己、约束自己，真正做到处处以身作则、事事为人师表，以自己较完善的人格和高尚的行为去影响学生，促进学生良好人格和行为的形成，才能不辜负党和人民的重托，努力培养新人，为教育事业作出贡献。

>>> 本章参考文献

[1]李春秋，王引兰，主编 . 中小学教师专业品德修养[M]. 北京：北京师范大学出版社，2012.

[2]檀传宝 . 教师伦理学专题——教育伦理学范畴研究[M]. 北京：北京师范大学出版社，2010.

[3]丁洪涛 . 教师的职业内涵与专业发展引论[M]. 北京：中国轻工业出版社，2011.

[4]中公教育教师资格考试研究院 . 国家教师资格考试专用教材·综合素质（中学）[M]. 北京：世界图书出版社，2012.

[5]李学农 . 综合素质[M]. 北京：高等教育出版社，2011.

[6]周丽妲 . 综合素质（小学）[M]. 武汉：华中师范大学出版社，2012.

第三章　教师专业理念

　　"转变教育理念"是目前教育领域内使用频率很高的词语，然而对于很多工作在教学一线的教师来说，什么是教育理念，更新什么样的教育理念，即要剔除什么样的教育理念，树立什么样的教育理念，并不是很清晰或者能够全面理解。

　　理念，一般是指看法、思想、思维活动的成果。《辞海》中是这样解释的：理念，旧哲学名词。柏拉图哲学中的"观念"通常被译为理念，康德、黑格尔等人的哲学中的观念是指理性领域内的概念，有时也译作"理念"。

　　要理解教师的教育理念，首先要弄清教育理念。王冀生教授在《现代大学的教育理念》一文分析教育理念与教育思想、教育规律的联系和区别中，给教育理念下了这样的定义："教育理念则是人们追求的教育理想，它是建立在教育规律的基础之上的。"他又补充说明："科学的教育理念是一种'远见卓识'，它能正确地反映教育的本质和时代的特征，科学地指明前进方向，当然，教育理念并不就是教育现实，实现教育理念是一个长期奋斗的过程……"❶李萍在《教育的迷茫在哪里——教育理念的反省》一文中认为："教育理念是关于教育发展的一种理想的、永恒的、精神性的范型。教育理念反映教育的本质特点，从根本上回答为什么要办教育。"❷陈桂生教授认为，教育理念则是关于"教育的应然状态"的判断，是渗透了人们对教育的价值取向或价值倾向的"好教育"观念。❸ 我们比

---

❶　王冀生：《现代大学的教育理念》，《辽宁高等教育研究》，1999(1)。

❷　李萍，钟明华：《教育的迷茫在哪里——教育理念的反省》，《上海高教研究》，1998(5)。

❸　陈桂生：《"教育学视界"辨析》，上海，华东师范大学出版社，1997年，第4—12页。

较认同陈桂生教授的观点。

教师的教育理念，是指教师在教育、教学实践中形成的，对相关教育现象，特别是对自己所教的学科、对自己的教学能力和所教学生的主观认识。它直接影响教师对教学问题的知觉、判断，进而影响教师的教学行为。其表现形态就是各种教育观点，如素质教育理念（教育观）、"以人为本"的理念（人本观）、"全面发展"的理念（发展观）、质量观，等等。教育理念存在于人们的头脑中，它可以通过各种载体，例如文字、声音及实际教学行为等物化的形式存在。教育理念对于不同的教师来说，可以是系统的、完整的，也可以是零散的、局部的。教师教育理念作为教师所具有的一种认识现象或者心理现象，具有如下几个特点。

第一，教师教育理念具有主体性、个体性。它是一种微观的理念，与平时所说的"转变教育理念"中宏观的"教育理念"有所不同。教育理念是教育主体对教育及其现象进行思维的概念或观念的形成物，是理性认识的成果。

第二，教师的教育理念具有情感性和评价性。与知识相比，一般认为理念具有明显的情感参与和主观判断。教育理念包含了教育主体关于"教育应然"的价值取向或倾向，属"好教育"的观念。

第三，教育理念不是教育现实，但源于对教育现实的思考，是教育主体对教育现实的自觉反映。例如，唱印余等（1999）在一项关于中学教师状况的调查中发现，有 96.9% 的教师认为，"应试教育"必须向"素质教育"转轨，但却有 70% 以上的教师认为，素质教育虽然重要，但很难做到，实际教育中的教育目标仍是为了升学考试。因此，理论上它们是理念载体即理念持有者对教育的清醒认识，是他们关于教育的真知灼见。教育理念之于教育实践，具有引导定向的意义。

第四，教育理念是个外延比较宽泛并能反映教育思维一类活动诸概念共性的普遍概念或上位概念，如教育思想、教育观念、教育主张、教育看法、教育认识、教育理性、教育信念、教育信条等都在理念之中，而理念本身也包含了上述诸概念的共性。此外，教育理念还以上述诸概念的外在形式表现出来以示其既有抽象性又有直观性，如教育宗旨、教育使命、教育目的、教育理想、教育目标、教育要求、教育原则，等等。

第五，教师的教育理念具有情境性。任何教师的教育理念都是相对于特定的教育教学情境而存在的。脱离了具体的教育教学情境，教师的教育理念就无从谈起。

教育是一个非常复杂的社会现象，涉及的因素很多，因而教育理念的内容也非常庞杂，但是从教育理念的内容结构上看，教育理念主要分为两部分：一部分是核心性的、决策性的教育理念，主要是指教师观、学生观、教育价值观、教育功能观等，这些理念主要指引教育的方向；另一部分是边缘性的、操作性的教育理念，如学科内容观、学科教学观、教育体制观等。

一般说来，教师的这两类理念存在一定的差距。造成这两种理念不一致的原因主要有以下四点：一是教师对新的、所倡导的教育理念的本质内涵缺乏深刻理解；二是教师可能并没有看到用所倡导的教育理念指导教育行为的必要性；三是教师可能不知道如何将所倡导的教育理念具体运用到教学实践中；四是教师可能并没有意识到自己所采用的教育理念与所倡导的教育理念之间的不一致。

要实现所倡导的教育理念与所采用的教育理念的一致化，就必须了解当前所倡导的教育理念是什么，并准确分析自己所采用的教育理念，并且在教育教学实践中找到有效的恰当的方法。

当前我国所倡导的教育理念主要包括：素质教育观，以人为本，全面发展的学生观、教师观、主体观、个性观、生态和谐观、创造观、系统观，等等。本章我们主要介绍教育观、学生观和教师观。

第一节 教育观

一般地说，教育观就是人们对教育所持有的看法。具有一定知识和经验的人，都会依据自己的知识和经验对教育活动作出自己的判断，从而形成自己的教育观。教育观的核心是"教育为了什么"，即教育目的问题。人们在一定的社会里、一定的历史时期中开展教育活动，必然要思考教育活动"是什么""为什么"，以及"怎样开展教育活动"。对上述问题的回答，就形成了影响一定社会、一定时期教育活动的教育观。

教育观同一定的社会政治、经济制度有关。在不同的社会政治、经济制度中有不同的教育观，就有不同的教育。在少数人统治多数人的社会里，教育被认为是为培养统治者服务的。这种教育就是为少数人、培养少数人的教育。在社会主义社会里，教育是为人民普遍的教育需要服务的，这种教育是人民的教育。

确立正确的教育观，需要正确认识教育的发展规律，正确认识教育活动的各种内部关系。违背教育发展规律或不能完整认识教育内部的各种关系，都会导致错误的教育观，进而导致错误的教育结果。在我国教育发展过程中，人们对教育内部各种关系的认识并不一致，甚至出现了偏颇。当人们把教育活动目的指向"考试"这个环节，就出现了所谓"应试"倾向，进而产生了"应试教育"观。

我国现阶段建立了与社会政治、经济制度相对应的教育制度，也形成了相应的教育观。

一、素质教育观

20 世纪 80 年代正式提出了"素质教育"的概念，由此引发了一场轰轰烈烈的教育改革运动。在这场教育改革浪潮中，教师教育理念的转变成为教育改革的重中之重。真正决定课程的不是写在书上的各种理念与规定，而是天天和学生接触的教师。尽管专家们花了大量的精力，认真准备了课程标准和教材，但是一到学校，在课堂上，教师便决定了一切。而教师的教育理念引导着教师的教育实践和教育行为，只有教师真正树立起正确的教育理念，包括正确的学科观，以及学科教学观、学生观、人才观、质量观等，素质教育才能真正落到实处。

（一）素质教育观的含义

素质一词表达两种不同的含义。一是指个人先天具有的解剖生理特点，包括神经系统、感觉系统和运动器官的特点，其中脑的特点尤为重要。它们通过遗传获得，故又称遗传素质，亦称禀赋。二是指公民或某种专门人才的基本品质。如国民素质、民族素质、干部素质、教师素质、作家素质等，都是个人在后天环境、教育影响下形成的。

人的后天素质发展离不开先天素质的基础，因此需要把素质的两种含义结合起来理解。那么，素质就既包括先天的生理素质，又包括在后天环境和教育影响下形成发展起来的心理素质和社会文化素质。

素质教育即指依据人的发展和社会发展的实际需要，以全面提高全体学生的基本素质为根本目的，以尊重学生主体性和主动精神，注重开发人的智慧潜能，注重形成人的健全个性为根本特征的教育。素质教育观，也就是将教育活动目的指向"素质"——人的全面素质的一种教育观。

（二）素质教育观的形成和发展

素质教育观产生于 20 世纪 80 年代，是对当时我国基础教育出现的应试倾向的一个时代回应。粉碎"四人帮"以后，结束了教育的"荒废"时期，高考制度的恢复给教育注入了生机。对"知识"的重视为培养社会急切需要的科技人才创造了条件。但是，由于传统文化观念的影响和功利倾向的抬头等，也导致了偏离我国教育方针、追求应试的教育现象。"应试教育"现象的出现，不仅背离了我国的教育方针，也不利于培养社会进步与发展所需要的人才。应试教育最主要的问题是，把教育活动的评价环节作为教育目的所在，把人的素质的某个方面作为全部，教育活动本身和教育培养对象被严重扭曲。素质教育主要是为了适应我国推进现代化，全面建设小康社会的宏伟目标进行的教育改革，是针对传统教育的弊端，特别是"应试教育"而提出来的。

1986 年 4 月，第六届全国人民代表大会第四次会议通过《中华人民共和国义务教育法》，为普及小学和中学教育，全面贯彻教育方针，逐步减弱"应试教育"的影响打下了基础。

1993 年 3 月，中共中央、国务院下发的《中国教育改革和发展纲要》指出：基础教育是提高民族素质的奠基工程，中小学要由"应试教育"转向全面提高国民素质的轨道，面向全体学生，全面提高学生的思想道德、文化科学、劳动技能和身体心理素质，促进学生生动活泼地发展。这可以视为"素质教育观"作为国家意志的一个正式表述。

1994 年 6 月，第二次全国教育工作会议在北京召开，李岚清副总理指出："基础教育必须从'应试教育'转到素质教育的轨道上来，全面贯彻教育方针，全面提高教育质量。"这是国家领导人首次在正式会议上明确提到"素质教育"概念。8 月，《中共中央关于进一步加强和改进学校德育工作的若干意见》(以下简称《意见》)颁布。《意见》指出："增强适应时代发展、社会进步，以及建立社会主义市场经济体制的新要求和迫切需要的素质教育。"这是第一次在国家层面的正式文件中使用"素质教育"概念，标志着素质教育开始成为我国教育政策一个重要而明确的指导思想。

1995 年 3 月，第八届全国人民代表大会第三次会议通过了《中华人民共和国教育法》，首次对"素质教育""素质"的概念进行了界定：素质教育包括"政治素质、道德素质的培养""科学文化素质教育""身体素质教育""心理素质教育"四个方面。

1996 年 3 月，第八届全国人民代表大会第四次会议通过的《中华人民共和国国民经济和社会发展"九五"计划和 2010 年远景目标纲要》明确指出，要改革人才培养模式，由应试教育向全面素质教育转变。这是首次用法规政策文件的方式肯定了素质教育的政策方向。

1999 年 6 月，在国家召开的第三次全国教育工作会议上，中共中央、国务院作出了《关于深化教育改革全面推进素质教育的决定》(以下简称《决定》)。《决定》的产生，系统地表述了素质教育的思想以及实施方式，标志着素质教育观已经形成了系统的思想，并成为国家推进素质教育的主导思想，成为制定我国 21 世纪教育改革发展的纲领性文件。

2001 年 6 月，教育部决定启动基础教育课程改革，并公布了《基础教育课程改革纲要(试行)》。纲要指出："为贯彻《中共中央、国务院关于深化教育改革全面推进素质教育的决定》和《国务院关于基础教育改革与发展的决定》，教育部决定，大力推进基础教育课程改革，调整和改革基础教育的课程体系。"

2006年6月29日，第十届全国人民代表大会常务委员会第二十二次会议修订的《中华人民共和国义务教育法(修订案)》明确规定："义务教育必须贯彻国家的教育方针，实施素质教育。"这是中国教育史上的大事，也是素质教育发展中的大事。新《义务教育法》将素质教育写进法律，纳入国家重要的法律体系，这表明了"素质教育"成为国家意志及实施素质教育的法定性和长远性。

(三)素质教育的目标

《中国教育改革和发展纲要》中提出中小学要由"应试教育"转向全面提高国民素质的轨道。"全面提高国民素质"是素质教育的总目标。培养符合当前社会存在和发展所需要的公民或国民，这是中小学教育的根本目标。

1. 促进学生身体的发育

基础教育处于学生个体发育的关键时期，那么任何有助于并促进身体发育顺利进行的教育，就是好的教育；相反，就是不好的教育。因此，素质教育的第一个目标，就是促进学生的身体发育。

2. 促进学生心理的成熟化

中小学阶段是个体心理逐渐成熟的阶段。到中学毕业，从身体、年龄来讲，已是一个成人了，而所谓成人就是能够独立面对社会、允许介入周围世界的主体。因此，素质教育的第二个目标是促进心理成熟化。

3. 造就平等的公民

基础教育是公民教育，而中小学教育又要求"全面提高国民素质"，因此，基础教育有必要根据现行的公民权利和义务规定，确定自己的现实目标。因此，素质教育的第三个目标就是造就平等的公民或国民。

4. 培养个体的生存能力和基本品质

基础教育结束之时是个体人生发生转折之时。个体要面对独立的选择，这种选择既是基础教育结束后个体是否趋向成熟的标志，也是基础教育在这方面是否成功的证明。因此，素质教育的第四个目标是提供个体适宜的生存能力、基本品质的训练。

5. 培养学生自我学习的习惯、爱好和能力

现代社会科学技术不仅渗透进生活领域，也渗透进娱乐领域。生存的科技含量增加，因而任何人都面临着随时学习的境遇，不再仅凭原有的知识和经验，就可顺利驾驭新的情况。因此，素质教育的第五个目标就是培养学生自我学习的习惯、爱好和能力。

6. 培养学生的法律意识

我国已开始向法制社会迈进这一事实，要求我们的基础教育培养学

生真正具有法制意识和观念。对中小学教育中的学生来说，法制意识必须从小就开始培养，使守法用法成为一种自觉的习惯行为。因此，素质教育的第六个目标就是培养学生依法规范自己行为的意识和习惯。

7. 培养学生的科学精神和态度。

现代技术的根源是科学，而科学的本质是对真理的追求，对事实的尊重。素质教育的第七个目标就是要大力培养学生的科学精神和态度。这是我们基础教育尤其要着重变革的一个方面。

(四)素质教育的特点

1. 全体性

素质教育是面向每一个受教育者、以每一个受教育者为对象的教育，它面向每一个学生，旨在促进每一个学生的发展。素质教育既不是精英教育，也不是精品教育，它是大众化的教育。它要面向每一位适龄学生，使每个学生都在他原有的基础上有所发展，都在他天赋允许的范围内充分发展。素质教育的全体性要求学校及教师关心每一位学生素质的培养和提高，不能因种族、家庭、经济、智力及教育者主观好恶等因素的影响，将一部分学生排除在素质教育之外。

坚持素质教育的全体性的主要意义在于：第一，保证使接受教育成为每一个人的权利和义务。接受教育是每一个儿童最重要、最根本的权利；第二，保证整个民族的文化素养在最低可接受水平之上，杜绝新文盲的产生，中小学教育应为提高全体人民的基本素质服务，推进国家经济发展与民主建设；第三，为贯彻社会主义"机会均等"原则，为每个人的继续发展提供最公平的前提条件。素质教育的最终目标是为未来的合格公民奠定素养基础。

2. 全面性

全面性是指素质教育既要实现功能性的目标，又要体现形成性的要求，通过实现全面发展教育，促进学生个体的最优发展。因为，素质教育应该是完善意义上的教育，它是指向全面基本素质的教育。

素质教育中的"全面发展"有两个方面的具体规定性。第一，针对个体来说，它是"一般发展""特殊发展"的统一；第二，针对班级、学校乃至整个社会群体而言，它是"共同发展"和"差别发展"的协调。全面发展既要讲共同性，又要讲个别性，它决不排斥有重点地发展个人的特殊方面，允许在一个群体中各个体之间有差别地得到发展。全面发展实际上就是"最优发展"。

3. 基础性

素质教育是一种注重打基础的教育。正因为素质是反映人的身心发展水平最基本的特征和品质，并制约着人的意识、态度和行为，所以素质培养必须从最基本的基础方面做起。应当指出，素质教育是立足于从本质的方面去影响人、培养人，注重引起人的深层变化、基本特征和品质的形成，而不是追求那些表面的、形式的变化。例如，学生的思想道德素质的培养，不能仅仅停留在学生的道德认识，而要引导学生完成从知、情、意到信、行的转化，并将其逐渐固定下来，形成品质，成为学生个人的信念和个性特征。素质教育特别注重的是基础知识、基本技能、一般能力的掌握与培养，为受教育者素质的进一步发展奠定基础。

坚持素质教育的基础性的主要意义在于：第一，一个人只有具备了良好的基本素质，才有可能实现向较高层次的素质或专业素质的迁移；第二，人类蕴含着极大的发展自由度，这就是人的可塑性，自由度越高，可塑性越强；反之亦然。第三，从教育控制论的意义上讲，教育是一种人为的、优化的控制过程，以便受教育者能按照预定目标持续发展。

4. 发展性

素质教育是发展性教育，它不仅注重受教育者现在的一般发展，重视受教育者现在的一般发展对于未来的发展价值和迁移价值，而且重视直接培养受教育者自我发展的能力，使受教育者学会学习，培养受教育者终生学习的能力和信息加工能力。从本质上说，发展性符合"变化导向教育观"的趋势，即把适应变化、学会变化作为教育的重要目标，从接受教学(教师奉送答案)向"问题解决"(教师引发思考)转变。教师在鼓励者、促进者、沟通者、帮助者和咨询者等角色中发挥作用。

5. 未来性

未来性是指素质教育立足于未来社会的需要，而不是眼前的升学目标或就业需求。一般来说，教育具有较强的惰性和保守性，它总是在努力使年轻一代学会老一代的思维、生活和工作方式，因而人们在批评现代学校教育体系的局限性或弊端的时候，往往批评它是根据"昨天"的需要而设计的。素质教育就是要改变教育的惰性和保守性，它的目标是使年轻一代适应未来发展的需要。

(五)素质教育与应试教育的区别

1. 指导思想的区别

应试教育是为了应付升学考试，是以追求升学率为目的的教育，它唯分是举，限制了不擅长考试但有能力的人进一步发展，容易出现"高分低能"现象；素质教育是为了全面提高学生的素质，也就是为了全面提高国民的素质，是一种与应试教育相对应的教育，它为广大学子继续深造提供了广泛平台。

2. 教育目的的区别

应试教育是为适应上一级学校的选择需要，以应试训练为目的的教育；素质教育则是根据社会进步和人的发展需要，使学生学会做人、学会求知、学会生活、学会健体、学会创造和学会审美的教育。

3. 教育对象的区别

应试教育面向少数人而忽视多数人，是重在"提高"的淘汰式的"英才教育"；素质教育则面向全体，是重在"普及"，促使每个学生充分发展的"通才教育"。

4. 教育内容的区别

应试教育完全围绕应试要求，考什么就教什么、学什么，轻"德"、缺"体"、少"美"、砍"劳"，是一种不完全的畸形教育；素质教育则是使受教育者在德、智、体、美、劳诸方面都得到发展的教育。

5. 课程结构的区别

应试教育是单一的学科课程，且只重视少数所谓的"主科"，轻视所谓的"副科"；而素质教育则以现代课程理论为指导，把课程分为必修课、选修课和活动课程等几个板块，把它们都纳入课表，作为正式课程平等对待。此外，素质教育十分注意开发"隐性课程"，如：环境教育、校风建设等。

6. 学生课业负担的区别

应试教育为了应付中高考，作业较繁重，较多采用"题海战术"和机械记忆，而忽视学生对知识的真正理解和掌握；而素质教育则要求着眼于学生的全面和谐发展，严格按教育教学规律办事。仅以作业为例，内容适度，形式灵活，不仅重视巩固性的书面作业，还要设计富于个性和创造性的活动作业、口头作业、行为作业，并把课外阅读纳入培养健康个性的工作之中，以利于学生的全面发展。

7. 师生关系的区别

应试教育迫使教师"选择适合教学的学生"，强调师道尊严，师生之间是一种管与被管、教与被教、灌与被灌的关系；素质教育则强调尊师爱生，师生民主平等，双向交流。要求教师尊重、理解、信任、鼓励、扶植每一个学生，教师选择使每个学生都得到应有发展的教学艺术。

8. 教育方法的区别

应试教育实行的是学生被动学习，死抠书本，脱离实际的教育；素质教育则是重视双基、发展智力、培养能力，使学生生动活泼、主动地得到发展的教育。

9. 教学途径的区别

应试教育把课堂和书本作为教学的唯一途径，不同程度地脱离社会、脱离实际；而素质教育为了培养学生适应社会、适应生活的新型素质，要求实现教育的社会化，建构学校与社会的"双向参与"机制，使得教学途径增多，教育视野广阔，有利于从狭隘的、完全同升学"指挥棒"对口的自我封闭中解脱出来，实行开放式的现代教育。

10. 评价标准的区别

应试教育以"分"为导向，以"率"为标准，以"考"为法宝，并以此来评价学校、教师和学生，实行的是僵化、死板的"一刀切"教育；素质教育则确立社会实践的评价权威，淡化分数的警告、惩戒作用，把学生的差异作为资源潜能优势，实行的是使学生个性健康、完善发展的教育。

从以上几方面的比较中可以看出，应试教育只注重应试的功利，不关心人的全面发展；不是创造适合学生的教育，而是塑造适合"教育"的学生。"应试教育"在教育对象上的局限性，在教育内容上的片面性，不利于学生的全面发展，对广大中小学生的素质提高和健康成长影响较大，必须加快落实素质教育的步伐，促进广大学生乃至整个国民素质的提高。

（六）实施素质教育的基本要求

《关于深化教育改革全面推进素质教育的决定》对于实施素质教育的表述是："全面贯彻党的教育方针，以提高国民素质为根本宗旨，以培养学生的创新精神和实践能力为重点，造就有理想、有道德、有文化、有纪律，德智体美等全面发展的社会主义事业建设者和接班人。"《决定》对素质教育的规定，是我们认识、衡量和实施素质教育的依据。素质教育有两个不可忽视的方面：一方面是个体的人全面素质发展；另一方面是全体教育对象的发展。个体的人的素质只是部分得到发展，或是教育对象中只有部分人得到发展，就不是素质教育。

1. 实施素质教育以"全面贯彻党的教育方针"为方向

教育方针是国家根据政治、经济的要求，为实现教育目的所规定的教育工作总方向。中华人民共和国成立以后，我国逐步明确了教育方针。十年"文化大革命"中教育方针被歪曲。粉碎"四人帮"以后，正确的教育方针得以重新确立。2007年中国共产党第十七次全国代表大会上所明确的教育方针是："坚持育人为本、德育为先，实施素质教育，提高教育现代化水平，培养德智体美全面发展的社会主义建设者和接班人，办好人民满意的教育。"

正确地理解党的教育方针，是正确实施素质教育的基本前提；或者说，素质教育是党的教育方针题中应有之义。

2. 实施素质教育以提高国民素质为根本宗旨

素质教育倡导人人有受教育的权利，强调在教育中每个人都得到发展，而不是只注重一部分人，更不是只注重少数人的发展。素质教育将教育目的指向国民素质提高，在这个意义上，素质教育可以理解为国民素质教育。

"国民素质"之"国民"，可有两种理解：一是与"公民"等同，泛指"具有本国国籍的人"，侧重在个体；二是特指一国之公民，在我国的素质教育概念中，国民特指中华人民共和国之公民，且侧重在集体，即作为一个集合概念。

素质教育不是对特定阶段、特定学校提出的要求，而是对各级各类学校提出的要求，是连续的全方位的教育活动。《决定》指出："实施素质教育应当贯穿于幼儿教育、中小学教育、职业教育、成人教育、高等教育等各级各类教育，应当贯穿于学校教育、家庭教育和社会教育等各个方面。在不同阶段和不同方面应当有不同的内容和重点，相互配合，全面推进。在不同地区还应体现地区特点，尤其是少数民族地区的特点。"

素质教育从纵向来看，贯穿于幼儿教育、小学教育、中学教育、高等教育等各级教育，由此可以看出素质教育是终身的。教是为了不教，不仅要让学生学会，更要让学生会学，不仅给学生知识，更要给学生打开知识大门的钥匙。在这样一个时代，我们的基础教育一定要培养学生的终身可持续发展的能力。

从横向来看，素质教育包含了普通教育、职业教育等各种类型教育。它超越了学校范围，贯穿于学校教育、家庭教育和社会教育，体现了社会主义教育的全民性。

综上所述，素质教育是以提高整个中华人民共和国所有公民素质为根本宗旨的教育。

3. 素质教育以促进学生全面发展为目的

教育目的是指培养人的质量规格标准和要求，即国家对把受教育者培养成什么样人才的总的要求。教育是培养人的活动，不同的教育观对教育所要培养出的人有不同的规格。任何一种教育活动的归属，都是一定规格的人。素质教育是指向人的素质的教育活动，但是这种通过素质教育培养出来的"有素质"的人还是有具体的标准。素质教育所要培养出来的人的标准可以理解为三个方面：第一是"有理想、有道德、有文化、有纪律"；第二是"德智体美等全面发展"；第三是"社会主义事业建设者和接班人"。只有培养出达到上述标准的人，才能够说素质教育真正得到了实施，也才真正实现了素质教育的目标。

素质教育是在全面发展教育的基础上提出的。以全面发展教育思想为指导的我国现阶段的"全面发展教育"，是素质教育的实践基础，这两种教育所要达到的教育目的和人才培养的目标在本质上是一致的。实施素质教育最终要造就有理想、有道德、有文化、有纪律，德智体美等全面发展的社会主义事业建设者和接班人，把德育、智育、体育、美育等有机地统一在教育活动的各个环节中。学校教育不仅要抓好智育；更要重视德育，还要加强体育、美育、劳动技术教育和社会实践，使诸方面的教育相互渗透、协调发展，促进学生的全面发展和健康成长。

4. 实施素质教育以培养学生的创新精神和实践能力为重点

素质教育不是仅仅一般地指向人的素质，而且反映了时代对人的素质提出的特别要求。当今时代是科技革命日新月异的时代，是知识经济的时代，知识创新成为社会进步的重要力量。我们的国家处在激烈的国际竞争中。人们常说："综合国力的竞争，说到底是人才的竞争，是民族创新能力的竞争，实际上就是人的素质的竞争。"一个国家的核心竞争力在于人的素质，特别是创新素质。所以，在人的素质培养中特别要注重培养创新精神和实践能力。

创新能力的培养是素质教育的核心，是素质教育区别于应试教育的根本所在。重视创新能力的培养也是区别现代教育与传统教育的根本之所在。作为国力竞争的基础教育，必须培养具有创新精神和能力的新一代人才，这是素质教育的时代特征。创新能力不仅是一种智力特征，更是一种人格特征，是一种精神状态。

素质教育是全面发展的教育，是从教育对所有学生的共同要求的角度来看的。但每一个学生都有其独特性，不同的认知特征、不同的欲望需求、不同的兴趣爱好、不同的价值指向、不同的创造潜能铸造了个性迥异的学生。因此，教育还要考虑到学生的个性差异，充分发展学生的个性。

创新教育不仅要承认学生的个体差异，还应鼓励学生标新立异、大胆质疑，鼓励他们靠自己的调查、探索，运用自己的知识去创造性地解决问题。在教育教学过程中，教师必须进行富有开拓性的工作，从单纯注重知识传授转为关注学生的学习方式和能力的培养，让学生自主学习、探究学习、合作学习，在课堂中激发学生的生命活力和智慧潜能，激活课堂教学。

(七)实施素质教育的途径与方法

素质教育不仅是一种教育理念，更是一种时代所要求的教育实践。《关于深化教育改革全面推进素质教育的决定》不仅提出了素质教育的基本要求，还提出了素质教育的实施途径与方法。同时，广大教育实践者和研究者，也在素质教育的实践和研究中探索实施素质教育的途径与方法。

1. 德育为先，五育并举

德、智、体、美和劳动技术教育是学校教育活动的组成方面，素质教育作为完整的人的教育，必然要包括完整的教育的各个方面。不仅如此，这些教育的各个方面，要与素质教育的理念有机结合起来。

（1）德育

《关于深化教育改革全面推进素质教育的决定》要求"各级各类学校必须更加重视德育工作"。并且，在《国家中长期教育改革和发展规划纲要（2010—2020年）》强调实施素质教育"坚持德育为先""立德树人""以马克思列宁主义、毛泽东思想和邓小平理论为指导"，同时要符合"学生成长规律"，要从学生成长规律出发"确定不同学龄阶段的德育内容和要求"；"改进德育工作的方式方法，寓德育于各学科教学之中，加强学校德育与学生生活和社会实践的联系，讲究实际效果，克服形式主义倾向"；"针对新形势下青少年成长的特点，加强学生的心理健康教育"。

（2）智育

素质教育的智育，就是要转变教育观念，改革人才培养模式，积极实行启发式和讨论式教学，激发学生独立思考和创新的意识，切实提高教学质量。要提高学生收集处理信息的能力、获取新知识的能力、分析和解决问题的能力、语言文字表达能力，以及团结协作和社会活动的能力。同时必须减轻中小学生课业负担，在沉重的课业负担中，不可能有真正素质教育意义上的智育。

（3）体育

素质教育的体育，要求树立健康第一的指导思想，切实加强体育工作，使学生掌握基本的运动技能，养成坚持锻炼身体的良好习惯；确保学生体育课程和课外体育活动时间，不准挤占体育活动时间和场所；举办多种多样的群体性体育活动，培养学生的竞争意识、合作精神和坚强毅力。

（4）美育

美育不仅能陶冶情操、提高素养，而且有助于开发智力，对于促进学生全面发展具有不可替代的作用。在美育中要增强学生的美感体验，培养学生欣赏美和创造美的能力。只有以提高学生审美素质为目标的美育，才是素质教育的美育。

（5）劳动技术教育

教育与生产劳动相结合是培养全面发展人才的重要途径。素质教育的劳动技术教育，不是纯粹劳动技能的教育，而是在培养劳动态度、劳动习惯、劳动精神的同时，培养学生的动手能力、创造能力。通过劳动与社会实践，使学生了解自然，熟悉社会。

在中小学开展素质教育，必须通过德、智、体、美、劳五育来进行。

2. 树立素质教育理念，实施课程和教学改革

要实施素质教育，就必须实施素质教育的课程。从 2001 年开始国家为推进素质教育进行了基础教育课程改革，逐步建立起的我国基础教育新课程，是实施素质教育的基本途径。

在新课改的背景下，教师必须改变传统的教育认知与观念，树立素质教育的新观念。以推进素质教育为目标，经过 10 年的基础教育课程改革，教育部于 2010 年发布了《关于深化基础教育课程改革进一步推进素质教育的意见》（以下简称《意见》）。《意见》认为，2001 年开始的基础教育课程改革，"促进了先进教育理念的传播，带动了基础教育的整体变革，为全面推进素质教育发挥了重要作用，取得了明显成效。基本建立了有中国特色的、更加符合时代要求的新课程体系"。《意见》特别强调，"基础教育课程是国家意志和核心价值观的直接体现，承载着教育思想、教育目标和教育内容，在人才培养中发挥着核心作用"。但是，为实施素质教育而进行的基础教育课程改革并未最终完成，我国的基础教育课程体系还要进一步完善。

国家要加大力度对现行基础教育进行包括教育体制、教学内容、教学途径、教学方法等方面在内的全面改革。素质教育对课堂教学的最基本要求是把教学目的的实现落实到每一堂课，乃至教学的每一个环节。现行的课堂教学不能仅仅注重对知识的理解和应用、对思维品质的培养、对一般的学习能力和特殊的学习能力的培养，还要重视对学生学习兴趣的激发、学习动机的培养、学习需要的满足、学习方法的指导、学习态度的端正，这些都要渗透到教学的目标要求中，要贯穿于课堂教学的每一堂课，乃至每一个环节。

3. 开展活动课程，重视班主任工作

在学校教育活动中，课程虽然是教育活动的基本途径或载体，但是课程不是教育活动的载体的全部。学校教育活动中的管理活动，课外、校外教育活动，特别是班主任工作，也是素质教育的重要途径。

学校正式的课程，是素质教育的重要载体，在学校的正式课程之外，还有各种各样的教育活动。有一些活动是在课外开展的，譬如课外的兴

趣活动等；有一些是在校外开展的，譬如社区服务活动等。这些活动拓展了学生素质发展的领域，也是学生全面素质发展的必要条件。在拓展了的"课程"概念中，这些活动也被纳入到课程的范畴，即所谓的"活动课程"。

素质教育活动是有组织进行的。在中小学，班级是有组织地开展素质教育活动的基层单位。中小学班主任是中学班级的组织者、教育者和管理者。中小学班级中素质教育的开展，取决于班主任的班级管理思想、管理方法和教育方法。如果中学班主任不能够以素质教育的思想开展班级组织管理工作、班级教育工作，那么即便有体现素质教育的课程，班级中的素质教育仍然会受到不利的影响。

二、终身教育观

终身教育观（Lifelong Education）是 20 世纪 60 年代形成和发展起来的一种国际性教育思想和理念。

（一）终身教育理念的历史背景

终身教育思想在古代和近代的生成、酝酿和发展为其在现代社会的演进奠定了基础。《1919 年报告书》是现代终身教育思想兴起的标志。

1965 年在联合国教科文组织主持召开的成人教育促进国际会议期间，联合国教科文组织成人教育局局长、法国的保罗·朗格朗（Parl Lengrand）以"Education Permanent"为题作了学术报告，引起与会者极大反响，后来联合国教科文组织将"Education Permanent"改为英译"Lifelong Education"，即"终身教育"。保罗·朗格朗于 1970 年写成并出版了《终身教育引论》，成为终身教育理念的积极倡导者和理论奠基者。《学会生存——教育世界的今天和明天》是终身教育思想的奠基之作。《学会生存》发表之后，终身教育的概念更为全面、清晰、具体，促使终身教育由一种思想转为各国主导的教育政策和普遍的教育实践。

在联合国教科文组织及其他有关国际机构的大力提倡、推广和普及下，终身教育已经作为一个极其重要的教育概念而在全世界广泛传播。许多国家在制定本国的教育方针、政策或是构建国民教育体系的框架时，均以终身教育的理念为依据，以终身教育提出的各项基本原则为基点，并以实现这些原则为主要目标。在当今社会，若要说到何种教育理论或是何种教育思潮最令世界震动，则无疑当数终身教育。

（二）终身教育的涵义

关于终身教育概念的讨论可谓众说纷纭，甚至迄今为止也没有统一的权威性定论。

终身教育的积极倡导者保罗·朗格朗认为："终身教育所意味的，并不是指一个具体的实体，而是泛指某种思想或原则，或者说是指某种一系列的关系与研究方法。概括而言，也即指人的一生的教育与个人及社会生活全体的教育的总和。"

终身教育研究专家 R. H. 戴维认为："终身教育应该是个人或者集团为了自身生活水平的提高，而通过每个个人的一生所经历的一种人性的、社会的、职业的过程。这是在人生的各种阶段及生活领域，以带来启发及向上为目的，并包括全部的正规的(Formal)、非正规的(Non-formal)及不正规的(Informal)学习在内的，一种综合和统一的理念。"

1972 年起就任联合国教科文组织终身教育部部长的 E. 捷尔比认为："终身教育应该是学校教育和学校毕业以后教育及训练的统合；它不仅是正规教育和非正规教育之间关系的发展，而且也是个人(包括儿童、青年、成人)通过社区生活实现其最大限度文化及教育方面的目的，而构成的以教育政策为中心的要素。"

国际发展委员会的报告《学会生存》中对终身教育作的定义："终身教育这个概念包括教育的一切方面，包括其中的每一件事情，整体大于部分的总和，世界上没有一个非终身而非割裂开来的永恒的教育部分。换而言之，终身教育并不是一个教育体系，而是建立一个体系的全面的组织所根据的原则，这个原则又是贯穿在这个体系的每个部分的发展过程之中。"

终身教育的概念也在不断发展。国际 21 世纪教育委员会在其向联合国教科文组织提交的《教育——财富蕴藏其中》的报告中，对终身教育这个概念的内涵作了进一步的揭示，终身教育固然要重视使人适应工作和职业需要的作用，然而，这决不意味着人就是经济发展的工具。除了人的工作和职业需要之外，终身教育还应该重视铸造人格、发展个性，使个人潜在的才干和能力得到充分的发展。

综上所述，终身教育是指人们在一生中都受到的各级各类教育的总和。它指开始于人的生命之初，终止于人的生命之末，包括人发展的各个阶段及各个方面的教育活动。既包括纵向的一个人从婴儿到老年期各个不同发展阶段所受到的各级各类教育，也包括横向的从学校、家庭、社会各个不同领域受到的教育，其最终目的在于维持和改善个人社会生活的质量。

(三)终身教育的特点

1. 终身性

这是终身教育最大的特征。它突破了正规学校的框架，把教育看成是个人一生中连续不断的学习过程，是人们在一生中所受到的各种培养的总和，实现了从学前期到老年期的整个教育过程的统一。既包括正规教育，又包括非正规教育。它包括了教育体系的各个阶段和各种形式。

2. 全民性

终身教育的全民性，是指接受终身教育的人包括所有的人，无论男女老幼、贫富差别、种族性别。当今社会中的每一个人，都要学会生存，而要学会生存就离不开终身教育，因为生存发展是时代的主流，会生存必须会学习，这是现代社会给每个人提出的新课题。

3. 广泛性

终身教育既包括家庭教育、学校教育，也包括社会教育。可以这么说，它包括人的各个阶段，是一切时间、一切地点、一切场合和一切方面的教育。终身教育扩大了学习天地，为整个教育事业注入了新的活力。

4. 灵活性和实用性

现代终身具有灵活性，表现在任何需要学习的人，可以随时随地接受任何形式的教育。学习的时间、地点、内容、方式均由个人决定。人们可以根据自己的特点和需要选择最适合自己的学习。

(四)终身教育理念的主要观点

1. 从胎儿到坟墓的人生全程教育

终身教育认为学习在时间上是持续人一生的活动，学习将从胎儿时起，伴随人的一生，直至个体走向坟墓的全过程。在现代社会"教育＋工作"模式被各种终身教育模式、终身学习模式所替代。

2. 超越学校围墙的教育

实施教育的渠道和方式是多元且具有弹性的。全面整合教育资源，将家庭、社会和学校教育统一起来。终身教育冲破了原有教育体系的围栏。

3. 自我导向的学习方式

所谓自我导向学习包含两个基本含义：其一，强调学习主体本人对学习负有大部分的责任；其二，学习者本人要知道如何学习，也就是要学会学习。在自我导向学习中，学习不再是社会或其他成员外部施加强制力的产物，而是学习者自主选择的活动。学习者在学习的过程中逐渐养成良好的学习态度、学习动机和方法，要能够根据自己的兴趣和发展可能性设定学习目标、学习策略，自己选择教育资源、安排学习活动，甚至自己进行学习评估。

4. 无所不包的学习内容

从促进人的全面发展的终身教育目标出发，终身教育的内容远远超过了目前人们所熟悉的教育内容体系。从学习新的科学文化知识和各种新的职业技能，到学习社会的伦理道德规范、发展学习者的身体和心理健康；从学习如何建立良好的人际和社群关系，到学习各种艺术和在生活中体现的文化；从学习如何对待工作和生活，到学习如何面对困境和死亡等，终身教育的内容可以说是无所不包的。

5. 以"完善的人"与"和谐的社会"为教育目标

从个体发展的角度看，终身教育的目的在于帮助个人不断适应社会生活的变迁和完成其社会化的过程，使每一个社会成员成为一个完善的人。而从社会发展的角度看，终身教育的目的在于完成社会的改造与发展，使社会在全体成员不断学习的基础上更加快速、有效、和谐与圆满地发展。如何谋求个体和社会健康而圆满的发展，构建学习型社会就成为终身教育的一个长远和终极理想。

（五）终身教育理念的意义

1. 终身教育使教育成为有效的、公正的、人道的事业

终身教育的发展尤其使弱势群体在其学习的条件和机会上能够得到较为充分的保证。终身教育体系的建立，使所有有学习需要的人都能够享受到应得的教育，为弱势群体走出弱势打下了良好的基础。

2. 引发和推动教育思想、观念的巨大变革

终身教育思想和实践的发展不仅在逐步实现教育的有效、公正和人道等方面产生了重大影响，而且使我们思考教育的角度和视野得到了提升和扩展，许多以前认为天经地义的观念和做法遭到质疑，从而引发和推动了世界教育思想、观念和实践的巨大变革。

3. 指导、加速教育实践体系的创新与发展

终身教育对于教育发展的推动不仅仅是理论层面的，在教育实践体系的创新和发展方面终身教育也发挥着巨大的作用。

终身教育思想和实践的发展为新教育体系的构建发挥着重要的作用。首先，终身教育思想和实践的发展为改革传统教育体系提出了强烈的要求。其次，终身教育思想和实践的发展为新教育体系的逐渐发展和完善提供了基础和条件。

终身教育与素质教育内在的一致性使终身教育的发展必将推动素质教育的发展。首先，终身教育理念的传播会使人们的教育观念发生向素质教育方向的变化，社会、家长和学生对于学校教育的期望也会发生变化。其次，终身教育实践的发展也为素质教育的发展奠定了基础。在以往的教育实践中，社会、学校、家长、学生选择应试教育的根本原因在于高等教育机会的缺乏，高等教育机会与庞大的教育需求之间的强烈反差造成了千军万马过独木桥的局面。

在终身教育中，学生是学习活动的主体，教师是学生发展的引导者和促进者，教师的作用不在于学生依附于他，而在于为学生的发展服务。传统的师生关系在终身教育的背景下要被新的师生关系所代替，引导和促进学生的自主学习成为教师的信条。

第二节　教师观

学生观是教育者对于教育活动对象的认识，而教师观则是教师的自我认识。教师观是教育观中的一部分，受教育观的制约。

教育活动主要是在师生关系中进行的，教师在教育活动中不仅要正确地认识学生，也要正确地认识自己，即要确立正确的教师观。

教师观即教师的教育观念，是教师对教师职业的特点、责任、教师的角色及科学履行职责所必须具备的基本素质等方面的认识。它直接影响着教师的知觉、判断，进而影响其教学行为。本节旨在通过对教师观的论述，使教师了解教师职责和特点，明确现代社会对教师的期望和要求，提高教师的现代意识，使教师树立正确的教师观，实现教师角色的准确定位。提高教师的素质，以便全面地履行教师的职责，成为一位符合新世纪素质要求的教师。

一、教师劳动观

任何劳动都有其自身的特点。教师劳动的特点是在长期教书育人的实践中形成和发展起来的，是由教育目的和教育对象的特殊性所决定的。认识教师劳动的特点有助于我们更深刻地理解教师的职责和作用。

教师劳动是一种特殊的劳动，主要体现在劳动工具、劳动对象、劳动产品的特殊性。教育以人为对象，教育的产品是人。学生的身心发展尚未成熟，具有多边性、发展性和很大的可塑性，而且各自具有独特的个性。教师劳动的目的是把全体学生都培养成德智体美劳各方面都得到健康发展的新人。

(一)教师劳动的特点

教师的劳动工具是教师的人格、人品、学识和智慧，从现代教师的劳动任务、劳动对象、工作方法手段以及现代教育对教师的要求来看，我们认为现代教师劳动具有以下特点。

1. 复杂性

教师劳动的复杂性主要是由教育对象、教育任务和教育影响的多样性决定的。

(1)劳动对象是复杂的。教师的劳动对象不是物而是人。学生是有道德、有感情、有主观能动性的人。他们的兴趣、爱好、性格和能力都存在着个体差异。他们生活在不同的家庭环境中，经受着不同的影响。遗传素质不同，家庭环境不同，接受教育的基础不同，这一切都决定了教师既要面对全体学生施教，又必须注意因材施教，即根据每个学生的不同特点采取不同的方法，使所有的学生都得到较好的发展。

(2)劳动目的和任务是复杂的。教师劳动的目的不是生产某种物质产品，而是要"生产"一种新人。要实现这一目的，教师既要教书，又要育人。教师既要向他们传授科学文化基础知识和基本技能，使他们具有为社会主义现代化建设服务的本领，又要提高他们的思想政治觉悟，使他们具有为社会主义现代化建设服务的本领，又要提高他们的思想政治觉悟，使他们具有高尚的思想和献身精神；既要发展他们的智力，培养能力，使他们能够根据时代的发展学会如何学习，同时又要发展他们的体力，使他们具有为国家富强而艰苦奋斗的健康体魄。

(3)劳动方式是复杂的。教师的劳动虽以个体劳动为主，但从教育的影响说，影响学生发展的因素多种多样。不仅有来自学校各方面的因素，而且也有来自家庭和社会等方面的因素。教师要想教育好学生，就必须协调好这诸多影响和学生发展因素之间的关系。

我们说教师的劳动是复杂的，是因为要做好一个好的教师，其工作是艰巨的和繁重的。但是，教师通过自己的劳动，为社会、为国家培养出无数有用的人才。无论是领袖，还是将军，无论是艺术家、科学家还是作家，或者是普普通通的劳动者，在迈出人生第一步的时候，都要受到教师的教诲和影响，是教师用心血培育了他们。所以，教师的劳动虽然复杂艰苦，但充满了骄傲，也充满了自豪，这也是被赋予"天底下最光辉的职业"之一称号的原因所在。

2. 创造性

创造性是教师劳动的中心和基础。由于教师的劳动对象是具有思想感情的，是受社会多方面因素影响的，所以千差万别。我们说教师的劳动绝不是一种日复一日、年复一年的重复劳动，而是一种创造性的劳动。所以教师在劳动的过程中充满了创造，有时甚至在不自觉中进行着创造性教育的实践。

(1)从劳动对象上看需要创造性。教师的劳动对象是人。一个班级的学生，虽然年龄相近，程度相似，具有很多共同特点。但是由于每个学生的生理条件、周围环境、个人努力程度和所受教育的具体情况不同，使得彼此的身心发展各有特点，心理面貌存在个别差异。这就要求教师在教学中必须创造性地选择不同的方法，对不同学生要区别对待，"一把钥匙开一把锁"，因材施教；对课堂上偶然出现的新情况，要善于利用教育机智，创造性地妥善处理。

（2）从劳动内容上看需要创造性。教学内容虽然已为教学大纲和教科书所规定，但怎样把这些死板、生硬的东西变成形象具体、容易为学生所接受的东西，这就需要教师在备课时，通过深入钻研教材，考虑学生特点，研究教学方法，参考先进的教学经验，进行创造性的加工和设计安排。

（3）从劳动方法上看需要创造性。教学是一门永无止境的艺术，"教学有法，但无定法"。教师在教学中具体怎样去组织教学过程，采用什么样的教学方式把教学内容传授给学生，怎样调动学生学习的积极性，唤起学生对学习的渴望，怎样培养学生优良的思想品德，怎样充分地发挥学生的爱好、兴趣和特长等，无不需要教师进行创造性的思考和实施。因此可以说，教师在教学环节中的每一个决断都是创造性思维的结果。作为教师要想教育好学生就必须因人、因事、因时、因地及创造性地设计和实施教育学生的方针和策略，并科学地预见其结果。教师既要按照统一的目标来培养学生，又要注意学生个性的发展。

3. 示范性

教师教育学生不仅依靠学识才能，而且也包括自己的心理品质、言行风范、治学态度、人生观和世界观等方面。这就是说教师要教育好学生就不仅要言传，更重要的是身教。这就决定了教师的劳动具有很强的表率性和示范性，教师是学校里最重要的师表，是最直观的最有效的模范，是学生最活生生的榜样。总之，教师的世界观、品行、生活，及对每一现象的态度都这样或那样地影响着全体学生，在学生头脑中会留下不可磨灭的印象。

教师劳动之所以具有示范性，还在于青少年学生富于模仿性。中小学生无论在知识、智力，还是在心理素质、思想品德等方面的发展，都处于不成熟期，独立性、自我教育能力较欠缺。由于教学是师生共同的活动过程，而学生的模仿性特别强。教师的言行、教师的工作态度、教师的情感、教师的意志品质，在学生面前都表现得淋漓尽致，直接影响着学生的心灵。"其身正，不令而行；其身不正，虽令不从。"所以，教师必须身体力行，以身作则，充分认识身教重于言教的意义，无论在言论行动上，还是在思想感情、立场观点方面都应成为学生的榜样。

4. 劳动的长期性和劳动成果的迟效性

通过教师的劳动要把教育对象培养成社会所需要的人，需要一个长期的过程；其今天的劳动付出，若干年后才能见到效果。"一年之计，莫如树谷；十年之计，莫如树木；终生之计，莫如树人。"这说明培养人的劳动是要经过相当长的周期的。不仅从人的整体发展看，教师劳动需要一个较长的周期。即使从某一个具体、局部的身心特点的发展变化看，某一缺点的克服等，都需要教师付出长期的大量的劳动。这也是教师劳动艰巨之所在。也正是由于教师劳动的长期性，才要求教师的活动不仅要从当前的社会需要出发，而且还应该从劳动结束时的社会需要考虑。因此，我们说教师的劳动总是指向未来的。这就决定了教师对学生的教育和培养必须反复进行、长期进行。

5. 时间的连续性和空间的广延性

正是由于教师劳动的长期性、劳动对象的复杂多变性，以及知识的变化革新，使教师的工作无时间和空间界限所言。

6. 集体性和个体性

教师劳动的过程具有个体性，而劳动结果又具有集体性。从劳动过程看，教师的备课、上课、课外辅导等都是以个体的方式进行；从劳动结果看，学生的进步并非某一个教师单独工作的结果，而是教师集体努力的结晶。教师的劳动是以个体的投入、付出而生产集体的劳动成果。学生的全面和谐发展是教师个人努力和集体劳动共同作用的结晶。

（二）教师劳动的价值

教师劳动的价值，是指教师的劳动对社会和个人所产生的直接和间接的积极作用，对教师劳动价值的认识与理解影响着教师劳动的态度和方式，也影响着社会对教师地位的认识与看法。

1. 教师劳动的社会价值

教师劳动的社会价值，从宏观上看，最突出地表现在教师对延续和发展人类社会的巨大贡献上。在任何社会，前人总要把已有的社会文明财富传递给下一代，教师就是人类文明的传递人；在任何社会，要使少数人创造的知识成为多数人的财富，就必须进行知识传播的活动，教师就是传播知识的人。所以，教师是社会发展的中介、纽带。教师的工作，联系着人类的过去、现在和未来。

从微观上看，教师的劳动关系到每一个人的发展和幸福。在现代社会，一个人的发展状况如何，前途如何，在很大程度上取决于他所受的教育，取决于教师的劳动。没有教师的劳动，年轻一代就不可能在短时间内系统有效地掌握前人积累下来的知识；他们就不易较快地在心智、个性上成熟起来，从而也就很难有他们个人的幸福和前途。而且社会越发展，科技越发达，就越需要教师的帮助；社会矛盾越尖锐，价值取向越多样化，就越需要教师的指导。

2. 教师劳动的个人价值

教师劳动的个人价值首先在于这种劳动能够创造巨大的社会价值。因为，个人价值的大小主要取决于他对社会的贡献。其次，教师劳动比一般劳动更具有自我实现的价值。教师在自己的劳动中能够充分发挥个人的才智，促进个人自身的完善和发展，满足个人较高层次的需要。教师劳动还能得到一般劳动所享受不到的乐趣。这种乐趣来自学生平日的点滴进步，来自桃李满天下，更来自学生毕业后对社会作出的贡献。难怪孟子说"君子有三乐""得天下英才而教育之"，便是其中一乐。

指出教师劳动所具有的个人价值，在某种意义上恰恰在于肯定教师必须要有春蚕的精神和蜡烛的风格，必须要有甘为人梯和甘当铺路石的品质。这是教师应有的价值观。而要做到这一点，教师自己首先应该自尊、自爱、自反、自律、自强，这样才能得到别人的认同和尊敬。

教师的劳动虽然有着巨大的社会价值和独特的个人价值，但它又确有自身的特殊性，需要我们正确认识与对待。首先，教师劳动的价值具有模糊性。学生的成长与进步是多种因素综合作用的结果。人们很难准确地指出学生的变化具体是由哪个方面的因素引起的，是遗传、家庭的影响；或是社会、教师的作用；还是个人努力的结果。正是这种模糊性，常常掩盖了教师劳动的复杂性和繁重性。其次，教师劳动的价值具有明显的滞后性。教育不是一朝一夕就能见效的。教师劳动的价值，要在学生进入社会，并为社会作出贡献之后才能最终得到体现。而一旦体现出来，教师及其劳动已成为过去，常常被人淡忘。最后，教师劳动的价值具有隐蔽性。教师劳动所创造的价值，并不是以物化的形式表现出来的，而是作为一种潜在的价值因素存在于学生身上。因此，教师劳动的价值，只有借助于学生对社会的贡献才能得到证明，而不能通过自己的劳动及时显露出来。正因为教师劳动的价值具有模糊性、滞后性和隐蔽性的特点，所以教师的价值很难为人们所了解和充分认识。教师实际社会地位的低下也就自然而然了。

国将兴，必贵师而重傅。任何一个有远见的政治家，都必须重视教育，尊重教师；任何一个国家欲在世界民族之林立于不败之地，必须重视教育，尊重教师，让教师职业真正成为太阳底下最崇高、最优越的职业。

二、教师角色观

作为未来的人民教师，不能不认识和了解自己将从事的职业，积极而有成效地扮演教师角色，使教师这一太阳底下最崇高、最优越的职业散发出更加璀璨的光芒。

（一）教师的"角色丛"

角色是指与人们的某种社会地位、身份相一致的一整套权利、义务的规范与行为模式，它是人们对具有特定身份的人的行为期望。每个人作为某一劳动集团的成员都要扮演相应的职业角色。在现实生活中，处于一定社会地位的个体通常都不只是扮演一种角色，而是要同时扮演好几种角色，这是由他的社会地位和社会关系的丰富性所决定的。

例如，一名中学教师对学校领导来说，他扮演的是一个被领导者的角色；对他的学生来说他又扮演教育者的角色；对他的家庭来说他又可能扮演父亲或母亲、丈夫或妻子等角色。这种现象就是"角色丛"。实际上，每个人都有自己的"角色丛"。仅就教师与学生的关系而言，教师就要扮演丰富多彩的多重角色。

教师劳动的特点、价值与社会地位，最终都是通过其扮演的角色及其形象来表现教师劳动的特点。要成为一名合格称职的教师，就必须正确地理解教师角色，合理地解决教师角色间的冲突与矛盾。

1. 严父慈母和益友角色

教师是儿童继父母之后所遇到的另一个社会权威——"家长代理人"。教师往往会被学生视为自己的父母或朋友。低年级的学生倾向于把教师看做父母的化身，对教师的态度类似于对父母的态度，高年级的学生则往往视教师为朋友，希望得到教师在学习、生活等多方面的关爱、帮助与指导，同时希望教师成为分担自己快乐与痛苦、幸福与忧愁的朋友。

2. 良师角色

唐代韩愈在《师说》里说："师者，所以传道、授业、解惑也"，"道之所存，师之所存也"。因而教师又承担着"传道、授业、解惑"的良师角色。

进入现代社会，虽然人们的道德观、价值观呈多元化趋势，但教师负有国家和社会赋予的传递社会传统道德、价值观念的使命。所以，教师除了社会一般道德、价值观外，更要通过自身的言论、行动将"做人之道""治学之道""为业之道"潜移默化地引导学生，并启发他们的智慧，解除他们的困惑，在短时期内掌握人类长期积累的基本的知识与技能，促进他们的个性全面发展。

教师是社会各行各业建设人才的培养者，我们需要在掌握了人类经过长期的社会实践活动所获得的知识经验和技能的基础上，对其精心加工整理，然后以特定的方式传授给年轻一代，并帮助他们解除学习中的困惑，启发他们的智慧，使他们形成自己的知识结构和技能技巧。

教师作为传授者，古今的含义也有区别，古代教师的传授，多以讲、诵、问、答为主，而现代教师作为知识的传授者，除讲求教学的科学性之外，还必须讲求教学的艺术性和创造性。

3．管理者角色

教师是教育教学活动的管理者。教师对教育教学活动的管理，主要体现在建立班级集体、制订和贯彻规章制度、维持班级纪律、组织班级活动，规范、协调人际关系，对教育教学活动进行控制、检查和评估。但教师管理的主要对象是活生生的人，是具有能动性、自主性、个性的学生。因此，要给予学生更多的责任和自主，要创造一种和谐、民主、进取的集体环境，以激发学生的主动性，使学生自觉地接受管理，加强自我管理，并积极参与民主管理。同时，要防止"放任自流"和"强迫命令"两种错误倾向。

4．"心灵培育者"角色

随着对心理健康的重视和儿童心理卫生工作的展开，人们对教师产生了"心灵培育者""心理调节者""儿童心理卫生顾问""心理咨询者"等角色期待。教师应积极适应时代、社会的要求，提高自身的心理健康水平，掌握基本的心理卫生常识，在日常的教育教学活动中渗透心理健康教育。但我们也须看到，心理疾病的诊断和治疗是一项专门技术，教师不可能承担"心理医生"的全部责任。

5．"研究者"的角色

教师工作的对象是充满生命力的和个性特点的青少年，传授的是不断变化的科学知识和人文知识。所以，这就决定了教师要以一种变化发展的态度来对待自己的工作对象、工作内容，要不断学习、不断反思、不断创新，研究自己的工作，灵活机智创造性地开展教书育人工作。教师应该积极地参与教学研究、教学实验与改革，不断地提高自身的教育理论水平和教育质量。

综上所述，教师职业角色的多样性，在一定程度上表明了教师职业的重要和责任的重大，对教师素养提出了较高的要求。要想成为一名合格的教师，我们应该正确理解这五种角色的含义和职责，并成功地扮演好这些角色，唯有做到这些，我们才能在教师的岗位上胜任，避免角色不清、角色冲突和角色失败。

(二)教师角色的冲突及其解决

由于个人在社会不同群体中所处的地位不同，往往需要同时扮演若干个角色。当这些角色对个人的期待发生矛盾、难以取得一致时，就会出现角色冲突。教师职业常见的角色冲突主要有以下几种。

1．社会"楷模"与"普通人"的角色冲突

社会期望教师"为人师表"，成为学生的表率、社会的楷模，但这种

期望对教师要求过严、过高，许多教师做不到也不愿意充当这样的角色。他们认为自己也是一个普通的、活生生的"社会人"，应当用对其他职业的同样标准来要求他们。为什么教师就不能穿着时髦？不能随意嬉笑？这种心理冲突尤其在青年教师身上经常发生并相当突出、典型，在一定程度上影响着教师的心理完善和角色扮演水平。

2. "令人羡慕"的职业与教师地位低下的实况冲突

一方面，教师头上有许多"令人羡慕"的桂冠；另一方面，教师的社会地位仍很卑微。一方面，教师被誉为"人类灵魂的工程师"；另一方面，由于分配不公，教师在经济上仍很拮据、捉襟见肘，使许多教师的心理及生活都处于极其尖锐的矛盾冲突之中。

3. 教育者与研究者的角色冲突

教师作为现代社会的一员，也有实现自我和超越自我，进行研究与创造的需要。然而，教师角色却要求他与"一群儿童"时时维持一种密切而持久的关系，这种时间与精力的全身心、较持久地投入，使许多教师产生"被抽空""被耗干"的感觉，形成教师教书育人与自身的发展及研究创新的矛盾。

4. 教师角色同家庭角色的冲突

教师职业是需要作出奉献和牺牲的职业。教师在学校紧张工作一天，下班之后往往不能放松、休息，还要伏案备课、批改作业或进行家访等。因此，教师角色常常与家庭成员角色发生矛盾和冲突。教师在为事业和学生献身的同时，可能因为自己没有尽到丈夫的责任，或没有尽到妻子的责任，或没有尽到父母、儿女的责任，而引起家庭纠纷和矛盾，使教师陷入内疚、不安和苦恼之中。

代价与自豪

方老师的丈夫在外地工作，他们有一个4岁的女儿。方老师教初三数学，同时担任一个班级的班主任。那年夏初，复习进入了白热化阶段。方老师每天早晨6点以前赶到学校，晚上10点以后才能回家。上幼儿园的孩子每天先随她到学校，等她安顿好工作后再送到幼儿园；晚上7点钟，她将孩子从幼儿园接回家，拔掉所有的电器插头，再将玩具堆放在女儿面前，然后反锁上家门到学校去辅导学生晚自习。

有一天，学校要进行模拟考试，一大早，女儿说自己"特别冷"，方老师摸摸她的额头，感觉有一点发热，但她没在意。晚上她把女儿接回家，女儿又说"特别困"，方老师便让女儿睡觉，自己急匆匆赶到学校去看学生晚自习。第二天，孩子说没力气起床，要求不上幼儿园了，在家里玩一天，她也就答应了。第三天，孩子说眼睛看不见东西，方老师便带女儿去医院检查。结果，医生说，孩子因为高烧，角膜已经穿孔，彻底失明了……方老师讲到这里不由得呜咽起来。但她平静了一下情绪，马上接着说："那一届学生十分争气，有一半学生考上了省重点高中。虽说为了他们的成功我付出了高昂代价，但我觉得值！他们的成功是我一生的安慰与自豪！"

资料出处 魏薇，王红艳，路书红等编：《中外教育经典案例评析》，济南，山东人民出版社，2005年，第49页。

以上是最常见的教师角色冲突，那么，应当怎样调适这些冲突，使教师保持心理平衡与协调呢？我们认为要从主、客观两个方面着手。

客观上，必须进一步切实提高教师的社会地位与经济待遇，改善教师的生活和工作条件，努力解决教师的实际困难；应努力创造条件，给教师提供进修、提高与发展的机会，并给予教师公正、客观、科学的评价，认可并肯定教师的劳动，满足教师的成就感；加强对教师的思想教育，增强其责任感与使命感，等等。

主观上，教师的自身努力是关键因素。这包括教师首先要树立自尊、自信、自律、自强的自我意识；其次，教师要根据实际情况的需要，从许多角色中挣脱出来，把时间和精力用到那些对其更有价值的角色上，做到有主有辅，有急有缓，协调控制，统筹兼顾；除此以外，教师应学会处理冲突的艺术，控制自己的情绪和行为，协调各种冲突和矛盾的技巧，做到心胸开阔、意志坚定，切实有效地完成教师角色的任务。

三、教师法制观

教师劳动价值的体现，教师角色的实现，不仅依赖教师的职业道德、专业素养，还必须具备一定的法制观，知法、懂法、守法，并依法从教。

在法治社会中，知法、懂法、守法是对公民的基本要求。这也是对教师作为公民的基本要求。教师要熟悉这个教育领域内的特殊法制要求。

法制，是指"法律制度"，包括两个方面的理解：一是指一个国家的全部法律、法规以及立法、执法、司法、守法和法律监督等各项制度；二是指严格依照法律治理国家一种方式（或原则）。法制观就是人们对法制的观点和态度。其核心是对依法办事的态度。法制观的实质是指法律至上、依法治国的理念、意识与精神。在法律文化中，最重要的因素就是法律意识或称为法制观念。

教育法制，一般也是指教育的法律制度。教师法制观是指教师具有教育领域的法律制度意识或观念，并依法处理有关问题或行为，保护学生或教师自身的权益不受侵犯。

（一）知法守法

教师作为公民，应当知法、懂法、守法。教师作为一种专业工作者，同一般的公民的法律素养要求是不同的：首先，一般公民的法律素养基本要求是知道法律对公民提出的权利和义务的要求；而教师不仅要具备法律对公民的要求，还要知道教育法律制度对教育专业工作者的要求。其次，公民对法律做到知其然即可，而对教师来说还应知其所以然。而要知其所以然，就必须了解一些基本的教育法律制度、整体把握教育法律法规体系，形成教师法制观，并依法从教。

1.《中华人民共和国教育法》

《中华人民共和国教育法》（以下简称《教育法》）于 1995 年 3 月第八届全国人大第三次会议通过，并于同年 9 月 1 日起正式实施。

《教育法》是我国教育法律法规体系中的基本法，是"教育宪法""母法"，成为我国教育法制建设的里程碑。

第一章为"总则"，规定了"立法目的""适用范围""指导思想""教育地位""教育任务""教育内容""公民的教育权利与义务""管理体制"等。

第二章为"教育基本制度"，规定了"学校教育制度""义务教育制度""考试制度"等；第三章为"学校及其他教育机构"，规定了教育机构的"办学条件""办学程序""权利与义务"；第四章为"教师和其他教育工作者"，规定了教师的"教育权利和义务""教育待遇"等；第五章为"受教育者"，规定了"受教育者"的"教育平等权""继续教育""终身教育"及"受教育者的权利与义务"；第六章为"教育与社会"；第七章为"教育投入与条件保障"；第八章为"教育对外交流与合作"。

第九章为"法律责任"，规定了法律关系主体未能履行法律义务的法律责任有以下内容。

第一，行政责任。对"违反国家有关规定，不按照预算核拨教育经费的，由同级人民政府限期核拨；情节严重的，对直接负责的主管人员和其他直接责任人员，依法给予行政处分"；对"违反国家有关规定，向学校或者其他教育机构收取费用的，由政府责令退还所收费用；对直接负责的主管人员和其他直接责任人员，依法给予行政处分"（第七十一条）。

对"违反国家有关规定，举办学校或者其他教育机构的，由教育行政部门予以撤销；有违法所得的，没收违法所得；对直接负责的主管人员和其他直接责任人员，依法给予行政处分"（第七十五条）。

对"违反国家有关规定招收学员的，由教育行政部门责令退回招收的学员，退还所收费用；对直接负责的主管人员和其他直接责任人员，依法给予行政处分"(第七十六条)。

对"学校及其他教育机构违反国家有关规定向受教育者收取费用的，由教育行政部门责令退还所收费用；对直接负责的主管人员和其他直接责任人员，依法给予行政处分"(第七十八条)。

对"在国家教育考试中作弊的，由教育行政部门宣布考试无效，对直接负责的主管人员和其他直接责任人员，依法给予行政处分"；对"非法举办国家教育考试的，由教育行政部门宣布考试无效；有违法所得的，没收违法所得；对直接负责的主管人员和其他直接责任人员，依法给予行政处分"(第七十九条)。

对违反《教育法》规定，"颁发学位证书、学历证书或者其他学业证书的，由教育行政部门宣布证书无效，责令收回或者予以没收；有违法所得的，没收违法所得；情节严重的，取消其颁发证书的资格"(第八十条)。

第二，刑事责任。对"违反国家财政制度、财务制度，挪用、克扣教育经费的，由上级机关责令限期归还被挪用、克扣的经费，并对直接负责的主管人员和其他直接责任人员，依法给予行政处分；构成犯罪的，依法追究刑事责任"(第七十一条)。

对"结伙斗殴，寻衅滋事，扰乱学校及其他教育机构教育教学秩序或者破坏校舍、场地及其他财产的，由公安机关给予治安管理处罚；构成犯罪的，依法追究刑事责任"(第七十二条)。

对"明知校舍或者教育教学设施有危险，而不采取措施，造成人员伤亡或者重大财产损失的，对直接负责的主管人员和其他直接责任人员，依法追究刑事责任"(第七十三条)。

对"在招收学生工作中徇私舞弊的，由教育行政部门责令退回招收的人员；对直接负责的主管人员和其他直接责任人员，依法给予行政处分；构成犯罪的，依法追究刑事责任"(第七十七条)。

第三，民事责任。对"侵占学校及其他教育机构的校舍、场地及其他财产的，依法承担民事责任"(第七十二条)；对违反《教育法》规定，"侵犯教师、受教育者、学校或者其他教育机构的合法权益，造成损失、损害的，应当依法承担民事责任"(第八十一条)。

2.《中华人民共和国义务教育法》

《中华人民共和国义务教育法》(以下简称《义务教育法》)于1986年4月12日第六届全国人民代表大会第四次会议通过，自1994年1月1日起施行，2006年6月29日第十届全国人民代表大会常务委员会第二十二次会议进行了修订。

《义务教育法》制定的依据是《宪法》和《教育法》，其直接依据是《教育法》所规定的"国家实行九年义务教育制度"，将《教育法》规定的九年义务教育制度具体化。

《义务教育法》属于"教育单行法"，也称"教育部门法"，是根据宪法和教育基本法原则制定的调整某类教育或教育的某一具体部分关系的教育法律。"教育单行法"不得与宪法和教育基本法相抵触。其法律效力低于教育基本法，高于教育行政法规。

第一章为"总则"，规定了"立法宗旨""实施目标""适用对象""保障措施""管理体制"等；第二章为"学生"，规定学生的"入学年龄""入学条件""入学保障"等；第三章为"学校"，规定了义务教育"学校规划""学校类型""校园安全"及"安全措施"等；第四章为"教师"，规定义务教育"教师的权利与义务""教师资格及任用""教师待遇"等；第五章为"教育教学"；第六章为"经费保障"；第七章为"法律责任"；第八章为"附则"。

3.《中华人民共和国教师法》

《中华人民共和国教师法》（以下简称《教师法》）于1993年10月31日由第八届全国人民代表大会常务委员会第四次会议通过，1994年1月1日起生效。《教师法》的颁布，意味着我国教师队伍建设纳入教育法制体系。

第一章为"总则"，规定了"立法目的""适用对象""管理体制"等；第二章为"权利和义务"，规定了教师享有的权利和应承担的义务；第三章规定了教师的"资格和任用"；第四章规定了教师的"培养和培训"；第五章规定了教师"考核"的内容、要求、效用等；第六章规定了教师的工资、住房、保险等"待遇"；第七章规定了教师"奖励"机制及方式；第八章规定了"法律责任"。

第一，侮辱殴打教师行为的法律责任。"侮辱、殴打教师的，根据不同情况，分别给予行政处分或者行政处罚；造成损害的，责令赔偿损失；情节严重，构成犯罪的，依法追究刑事责任。"（第三十五条）

第二，打击报复教师行为的法律责任。"对依法提出申诉、控告、检举的教师进行打击报复的，由其所在单位或者上级机关责令改正；情节严重的，可以根据具体情况给予行政处分。""国家工作人员对教师打击报复构成犯罪的，依照刑法第一百四十六条的规定追究刑事责任。"（第三十六条）

第三，教师不当行为的处理。"教师有下列情形之一的，由所在学校、其他教育机构或者教育行政部门给予行政处分或者解聘：（一）故意不完成教育教学任务给教育教学工作造成损失的；（二）体罚学生，经教育不改的；（三）品行不良、侮辱学生，影响恶劣的。教师有前款第（二）项、第（三）项所列情形之一，情节严重，构成犯罪的，依法追究刑事责任。"（第三十七条）

4.《中华人民共和国未成年人保护法》

《中华人民共和国未成年人保护法》，1991年9月4日第七届全国人民代表大会常务委员会第二十一次会议通过，2006年12月29日第十届全国人民代表大会常务委员会第二十五次会议修订，2007年6月1日起施行。

第一章为"总则"，规定"本法所称未成年人是指未满十八周岁的公民"（第二条），并享有"生存权、发展权"等一系列的权利。

第二章至第六章分别规定了家庭、学校、社会、司法保护的法律责任、措施、原则等。

5.《中华人民共和国预防未成年人犯罪法》

《中华人民共和国预防未成年人犯罪法》，1999年6月28日第九届全国人民代表大会常务委员会第十次会议通过。

第一章为"总则"，规定了"立法目的"等内容；第二章规定了"预防未成年人犯罪的教育"；第三章为"对未成年人不良行为的预防"，界定了"不良行为"（如：旷课、夜不归宿；携带管制刀具；打架斗殴、辱骂他人；强行向他人索要财物；偷窃、故意毁坏财物；参与赌博或者变相赌博；观看、收听色情、淫秽的音像制品、读物等；进入法律、法规规定未成年人不适宜进入的营业性歌舞厅等场所；其他严重违背社会公德的不良行为）及监护人、学校、社会机构的职责与措施等；第四章为"对未成年人严重不良行为的矫治"，界定了"严重不良行为"（是指下列严重危害社会，尚不够刑事处罚的违法行为：纠集他人结伙滋事，扰乱治安；携带管制刀具，屡教不改；多次拦截殴打他人或者强行索要他人财物；传播淫秽的读物或者音像制品等；进行淫乱或者色情、卖淫活动；多次偷窃；参与赌博，屡教不改；吸食、注射毒品；其他严重危害社会的行为）及"严重不良行为的"制止、管理、教育、收容教养等规定。

第五章规定了"未成年人对犯罪的自我防范"；第六章规定了"对未成年人重新犯罪的预防"；第七章为"法律责任"，规定了监护人、工作不力的工作人员、文化传播机构、娱乐场所对预防未成人犯罪所负的法律责任。

6.《学生伤害事故处理办法》

《学生伤害事故处理办法》，2002年8月21日教育部令第12号发布，自2002年9月1日起施行。

第一章为"总则"，规定了"立法目的""适用范围""遵循原则"及教育行政部门、学校、监护人、学生等人的职责。

第二章为"事故与责任"，确定处理"事故责任"的原则（"第八条　学生伤害事故的责任，应当根据相关当事人的行为与损害后果之间的因果关系依法确定"）、学生伤害事故的具体情形及学校依法应承担的责任、学生伤害事故"监护人责任"的具体情形、"学校责任""学校无责任"及"不承担责任"的具体情形。

第三章规定了"事故处理程序"；第四章规定了"事故损害的赔偿"；第五章规定了"事故责任者的处理"。

7.《国家中长期教育改革和发展规划纲要（2010—2020年）》

第一部分为"总体战略"，即确定了"指导思想和工作方针"及"战略目标和战略主题"；第二部分为"发展任务"，规定了义务教育、高中阶段教育、职业教育、高等教育、继续教育、民族教育、特殊教育的发展任务；第三部分为"体制改革"，规定了"人才培养体制改革""考试招生制度改革""建设现代学校制度""办学体制改革""管理体制改革"；第四部分为"保障措施"，通过"加强教师队伍建设""保障经费投入""加快教育信息化进程""推进依法治教""重大项目和改革试点""加强组织领导"等措施来保障《国家中长期教育改革和发展规划纲要（2010—2020年）》的实现。

（二）依法从教

社会的发展，教育的现代化越来越要求依法治教，它既是教师管理民主化、法制化的需要，也是保障教师法定社会地位和权益、提高教师自身素养的需要。

1. 依法从教的涵义

所谓依法从教，就是要求教师在所从事的教育教学活动中，严格按照《宪法》和教育方面的法律、法规，以及其他相关的法律、法规的规定，使自己的教育教学活动法制化。

教师依法从教参照的法律制度主要包括：《宪法》是根本大法，是我国民主制度化、法律化的基本形式；《教育法》是一部关于教育的基本法规，它对教育的全局性重大问题作出了基本规范；《教师法》以法律形式明确了教师在我国社会主义现代化建设中的重要地位，是我国教师队伍建设走向规范化、法制化的根本保障；《义务教育法》是国家实行九年义务教育制度的根本大法；《未成年人保护法》对未成年人的身心健康、合法权益保护，促进未成年人在品德、智力、体质等方面全面发展，把他们培养成为"四有"新人作出一系列法律规定。

此外，《预防未成年人犯罪法》《学生伤害事故处理办法》《国家中长期教育改革和发展规划纲要(2010—2020 年)》等法律、法规、政策和制度是指导我们教师从事教育、教学工作的章程和依据。

2. 依法从教的要求

首先，教师应该自觉增强法律意识。法制的保证就是要依法促教、依法保教，法制的规范就是要依法治教和依法从教。教师应当自觉增强法律意识，把坚持职业行为方向的问题自觉地提高到遵守法律、依法办事的高度来认识。对于每个教师来说，认真学习和贯彻《教育法》《教师法》《义务教育法》等法律法规，明确自己依法承担的历史使命，自觉忠诚于教育事业。

教师只有熟悉这些法律、制度条文的内容，增强法律意识，才能做到依法从教，懂得履行或不违背法律制度规定教师应担负的责任，促使教师自觉地端正行为方向，防止和杜绝体罚学生、违法乱纪、触犯刑律等违法行为。

其次，教师认真贯彻党和国家的教育方针政策。《教育法》《义务教育法》《国家中长期教育改革和发展规划纲要(2010—2020 年)》等法律制度就是党和国家教育方针政策的体现。教师的职业活动必须遵守国家的教育方针政策，教育教学活动必须符合国家和社会的公共利益，学校不得搞以盈利为目的的活动，教师也必须对自己高标准、严要求，遵纪守法、爱岗敬业、关爱学生、教书育人、为人师表。

总之，掌握我国重要的教育法律、制度和政策体系，了解其性质、地位和主要内容，确立教育法律意识，形成法制观，是新时代教师依法从教的前提。

第三节　学生观

学校教育是现实的实践活动，主要是在教育者与受教育者之间，或者说在教师与学生之间建立的关系中进行。学生是教育活动的重要构成方面，是教育活动的直接指向。教育者与受教育者之间的关系，或师生间的关系，是建立在一定认识基础上的。教育者对教育活动中学生的认识，构成了教育者的学生观。

学生观就是教育者对学生作为教育活动对象的性质、地位和特点的认识。从教师来说，这种关系是受一定的学生观支配的。教师有怎样的学生观，就会有怎样一种师生关系，也会有怎样一种性质的教育活动，并产生怎样一种教育结果。正确的学生观，有利于建立和谐的师生关系，有助于正确地开展教育活动，因而也能够取得积极的教育效果。

有怎样的学生观，就会怎样开展教育活动。如果在教育活动中把学生看成是可支配的对象，那么教育者就会把学生看成是教育活动中被动地接受知识的容器；如果在教育活动中把学生看成只是有单方面需求的教育对象，那么教育者就会只关注学生某个方面的发展，等等。

一、全面发展的学生观

一定的学生观是一定的教育观的组成部分，也受制于一定的教育观。我们倡导素质教育观，在素质教育观中包含着素质教育的学生观。素质教育的学生观，是以一定的教育思想为基础的。素质教育学生观的思想基础，就是人的全面发展思想。

教育的目的是培养人才，提高人的素质。我国教育目的蕴含着全面发展的要求。马克思关于"人的全面发展"的思想学说是我国确立教育目的的理论依据。

(一)马克思关于"人的全面发展"思想

马克思在《资本论》等著作中对"人的全面发展"进行了详细的阐述。

人的全面发展是指人的劳动能力，即人的体力和智力的全面、和谐、充分的发展。既包括个人生产力的全面的、普遍的发展，也包括人的才能、人自身的全面、和谐的发展。

1. 人的发展同其所处的社会生活条件是相联系的

马克思和恩格斯运用唯物主义的观点来考察人的发展问题，认为人的发展与社会发展是相一致的。马克思认为，人的发展不决定于意识，而决定于存在；不决定于思维，而决定于生活；决定于个人生活的经验发展和表现，这两者又决定于社会关系。

2. 旧的社会分工造成了人的片面发展

马克思和恩格斯在考察了人类社会发展的历史后指出，出现第一次社会大分工后，城市和农村的分离，脑力劳动和体力劳动的分离，造成了人的片面发展。旧的社会生产分工和不合理的生产关系是人的片面发展的原因。人的片面发展的基本特征是脑力劳动与体力劳动的分离和对立。在资本主义社会初期的工场手工业里，人的身心发展更加片面化、畸形化，脑力劳动和体力劳动的分离和对立达到了顶点。

3. 机器大工业生产提供了人的全面发展的基础和可能

资本主义机器大工业的出现与发展，为人的全面发展开辟了道路。首先，机器大工业生产的出现，使生产力得到了极大提高，从而使人的全面发展成了社会的客观需要。其次，机器大工业生产也为人的全面发展提供了可能和条件。因为机器大工业生产的发展，提高了劳动生产率，缩短了劳动时间，创造了丰富的物质生活条件；使劳动者有充分的闲暇时间去学技术、学文化，发展自己的兴趣、爱好和特长，以适应大工业生产的需要。

4. 社会主义制度是实现人的全面发展的社会条件

机器大工业生产所提供的人的全面发展的可能性，在资本主义社会并不能充分地实现；而社会主义制度是实现人的全面发展的社会条件。这是因为，生产资料的公有制性质决定了每个人都必须参加生产劳动，而生产劳动又为每个人提供了全面发展的机会，同时，生产资料公有制的实现，为全体劳动者提供了物质和精神条件，从而进一步促进了人的全面发展。

5. 教育与生产劳动相结合是培养全面发展的人的唯一途径

教育与生产劳动相结合是马克思和恩格斯教育思想的重要内容之一，被视为培养全面发展的住的唯一途径。马克思认为，教育与生产劳动相结合，不仅是提高社会生产的种方法，而且是造就全面发展的人的唯一方法。

马克思主义关于人的全面发展学说确立了科学的人的发展观，指出了人的全面发展的历史必然，对我国的教育目的的确立具有重要的理论指导意义。一是为我们科学地认识人的全面发展提出了新的方法论指导；二是马克思主义所指出的人的全面发展的历史必然性，为社会主义人才培养指明了方向。

（二）全面发展的学生观

人的全面发展作为一种教育思想，其核心是对教育活动的对象——学生，所作的完整认识。根据人的全面发展思想建立起来的学生观，把教育活动中的学生看做生活中的人，有着全面发展需要的人和完整的人。

1. 学生是主体性的人

全面发展的学生观，把教育活动的对象——学生看做具有主体地位、有着主体需求、能够主动发展的人，学生主体性必须得到尊重。

在教育活动中，作为教育对象的学生是人，这是毫无疑问的。但是，有一些教育者被批为"目中无人"。因为，知道作为教育对象是人，同真正认识学生在教育活动中作为人的存在，了解学生作为人的发展需求，按照学生作为人的成长规律开展教育活动，也就是说真正把学生作为"人"来对待，并不是一回事。

学生不是被动的加工对象，具有主体性。所谓主体性，就是指学生在教学中的主观能动性。具体包括以下内容。

（1）独立性。每个学生都是一个自组织系统。作为人就有人格，从这个意义上讲，学生的人格和老师的人格是平等的，学生独立的人格需要尊重和保护。承认学生独立性是发挥学生主体性的前提条件，承认独立性也就承认了学生发展过程的多途性、发展方式的多样性和发展结果的差异性。

（2）选择性。学生在教育过程中可以在多种目标、多种活动中进行抉择的特点。选择的效果如何，依赖于学生已有的主体能力和环境提供的支持度。

（3）调控性。学生可以对自己的学习活动进行有目的的调整和控制，如学习困难时，激励自己；有了成绩，告诫自己不要骄傲；学习目标不恰当时，及时调整修正；对学习过程进行自我监控等。

（4）创造性。是指学生在教育活动中可以超越教师的认识，超越时代的认识与实践局限，科学地提出不同的观点、看法，并创造具有成效的学习方法。创造性是主体性的最高表现形式。

（5）自我意识性。即学生作为主体对自己的状态及在教育中的地位、作用、情感、态度、行为等的自我认知。主体认识越全面越客观，主体性就可能越强；反之，自我认知的水平低，自我调控能力就可能差，自我创造和自我实现的可能性就小。

2. 学生作为完整的人

全面发展的学生观，把学生是有着身心诸方面需要的"完整"的人。

心理学对人的研究，揭示了人具有"身"和"心"两个方面。"身"是人的生理方面，"心"是人的生理和人所受到的社会文化影响相互作用的方面。社会学、文化学对人的研究，揭示了人的社会性或文化性层面。人具有生理性、心理性和社会文化性，完整的人是这三者的统一。如果在认识学生的时候，只看到学生作为人的某一个方面，都会产生片面的学生观。

全面发展的学生观，把学生看做是发展过程中的存在，即是从完整的发展过程来看待学生的。人的完整性，还体现在人的生理方面、心理方面和社会文化方面，也还有具体的构成：人的生理包括了人的生理构造的各个方面，不能只注重其中一个方面；人的心理有认知、情感、个性等不同方面，也不能只注重其中一个方面；人的社会文化性涉及社会文化对人所要求的德、智、体、美等各个方面，不能有所偏废。

3. 学生是具有发展潜能的人

青少年学生正在发展中，他们的世界观还没有形成，品德、观念、习惯都还处于易变的阶段，在他们身上潜藏着向各方面发展的极大可能性，他们的身心已经出现的某种发展的不足之处，思想行为上的缺点和错误，较之成年人来说，一般都有较大的矫正的可能性。面对青少年，任何教育上无能为力的消极观点都是站不住脚的。整个教育活动中应该特别重视对青少年的基础教育，错过这一阶段，损失是难以弥补的。

学生处在人生发展的特定阶段，处在人生发展可能性尚未充分显现的阶段。人所具有的各种发展可能性，在学生时代都具有。教育者不能只注意学生的现实发展情况，而且要注意学生发展的各种可能性，更不能把学生的现实发展情况当做他的全部人生。

4. 学生是以学习为主要任务的人

学生是教育的对象，但学生的学习有其特殊性。

第一，以学习为主，这是学生质的规定性。这种特点区别于日常生活和工作中的学习，也是学生区别于社会上其他人的特点。学生的主要职能是学习，这就决定了学生在社会结构中所占据的地位，决定了他们参加社会生活的方式。具体说，就是赋予他们认真接受教育的社会义务，以及不断促进自身发展的意愿和责任感。

第二，学生在教师的指导下学习。学生的学习是在教师的指导下进行的，这是学生与从事学习活动的其他社会成员的区别之一。教师的指导不仅使学习更具成效，也是在特定的情况下学习活动得以产生的前提条件。

第三，学生所参加的是一种规范化的学习。学生的学习是有目的、有计划、有组织地进行的，它是由一定的教育制度及学校的各项规章制度所规定的。因此，作为学生的一系列行为模式的规范不仅要受到社会传统观念、文化习俗等影响，而且还要为确定的制度所规定。师生之间存在着制度化的关系，各自都负有制度所规定的权利和义务，甚至负有法律上的责任。

第四，学生以系统学习间接经验为主。在教学中，学生认识的对象主要是前人实践总结的认识成果概括化的经验体系，它主要以书本知识的形式体现出来。学生学习的内容是经过严格挑选的、为人的发展和社会发展所必需的文化遗产，包括自然科学知识、社会科学知识、思维科学知识、人文科学知识。学生之所以以间接经验的掌握为主，首先是由教学活动的任务决定的，教学要解决学生的认识问题，即使学生从不知到知，从知之不多到知之较多，尽可能缩小与人类认识的差距，就必须先掌握人类文明的精华；其次，学生学习的时间是相当有限的，不可能凡事都经过实践，获得直接经验；最后，学生以系统学习知识经验为主，可以缩短学生个体的不成熟期，有利于其今后的顺利发展。

（三）全面发展教育的构成及基本任务

人的全面发展已成为当代世界各国教育普遍重视并努力实现的目标，我们必须从日益知识化、科学化、智能化、审美化的社会生产和生活中看到人的全面发展是何等的重要。缺乏全面发展的观念，甚至忽视全面发展，都不能培养和造就出适应现代和未来社会发展需要的全面发展的人才。要更好地完成这些任务，就应牢固树立全面发展的教育观，坚持全面发展教育。

所谓全面发展教育是对含有各方面素质培养功能的整体教育的一种概括，是对为使受教育者多方面得到发展而实施的多种素质培养的教育活动的总称，是由多种相互联系而又各具特点的教育所组成。具体包含哪些方面，现在并无统一意见。不过，从实际来看，多数人通常把德育、智育、体育、美育、劳动技术教育作为全面发展教育的基本构成。

1. 德育

德育，即培养人思想道德的教育，是向学生传授一定社会思想准则、行为规范，并使其养成相应思想品德的教育活动，是思想教育、政治教育、道德教育、法制教育、健康心理品质等方面教育的总称。

2. 智育

智育，是指向学生传授系统科学知识和技能，培养和发展学生智力才能的教育活动。其基本任务包括：向学生系统传授科学文化基础知识，为学生各方面发展奠定良好的知识基础；培养训练学生，使其形成基本技能；培养和发展学生的智力才能，增强学生各方面能力；培养学生良好学习品质和热爱科学的精神。

3. 体育

体育，是指向学生传授身体运动及其保健知识，增强他们体质，发展他们身体素质和运动能力的教育。

体育的基本任务包括：指导学生身体锻炼，促进身体的正常发育和技能发展，增强学生体质，提高健康水平；使学生掌握身体运动锻炼的科学知识和基本技能，掌握运动锻炼的方法，增强身体运动能力；使学生掌握身心卫生保健知识，养成良好的身心卫生保健习惯；发展学生的良好品德，使学生养成文明习惯。

4. 美育

美育，就是指审美教育，又称美感教育，即培养学生正确的审美观点，是运用自然美、社会生活美和艺术美去培养学生感受美、鉴赏美和创造美的能力的教育。

美育的基本任务是：培养学生正确的审美观点，使他们具有感受美、理解美以及鉴赏美的知识和能力；培养学生艺术活动的技能，发展他们体现美和创造美的能力；培养学生美好心灵和行为，使他们在生活中体现内在美与外在美的统一。

5.劳动技术教育

劳动技术教育的任务是：培养学生正确的劳动观点和良好的劳动习惯；使学生掌握初步的生产劳动知识和技能；促进学生身心健康发展。通过劳动技术教育，增强学生的体质，陶冶学生的情操，促进学生身心的健康发展，并注意在劳动中培养学生观察、思维、想象的能力和创造精神。

二、"以人为本"的学生观

教师职业理念中的学生观是以"人的全面发展思想"为基础建立起来的。人的全面发展思想，又是以人为出发点建立起来的。人的全面发展的要求同以人为出发点，也就是同"以人为本"的观点是相统一的。坚持"人的全面发展"，必然要"以人为本"；"以人为本"，必然要把目标指向"人的全面发展"。

在科学发展观里，以人为本与人的全面发展，是出发点和目标的关系：以人为本是出发点，人的全面发展是目标。

从教育思想看，"人的全面发展"与"以人为本"，也是素质教育观所表述的思想。在《国家中长期教育改革和发展规划纲要（2010—2020年）》中，把素质教育确定为国家教育改革与发展的战略主题。在这个战略主题中，也是要"坚持以人为本""促进学生全面发展"。"其核心是解决好培养什么人、怎样培养人的重大问题，重点是面向全体学生，促进学生全面发展，着力提高学生服务国家服务人民的社会责任感、勇于探索的创新精神和善于解决问题的实践能力。"

(一)"以人为本"的涵义

"以人为本"是教育出发点的问题。教育"为了什么"，是一切社会、一切时代的教育都要回答的问题。

以人为本是一个关系概念。人主要处在四层基本关系中：人与自然的关系、人与社会的关系、人与人的关系、人与组织的关系。我们可以从这四个层面的关系中具体解读以人为本的完整内涵。

第一，在人和自然的关系上，以人为本就是不断提高人的生活质量，增强可持续发展能力。对同时代的人来讲，当代中国发展的目的在于提高人的生活质量，提高人们的物质文化生活水平，使人在优美的环境中工作和生活。对代际之间来讲，应保持生态环境具有良性的循环能力，主要包括提高公众的环保意识和建立以人为本的可持续生活方式。

第二，在人和社会的关系上，以人为本就是既使得社会发展成果惠及全体人民，不断促进人的全面发展，又积极为劳动者提供充分发挥其聪明才智的社会环境。人是一切活动的最终目的，因此，以人为本就是要把人作为社会历史发展的目的，使社会发展成果惠及全体人民。人又是一切活动的手段。因而，以人为本又要求我们的发展必须依靠人，要求人在享受社会发展成果的同时首先要创造成果，人要凭其能力为社会多作贡献。

第三，在人和人的关系上，就是强调公正，不断实现人们之间的和谐发展，既要尊重贫困群体的基本需求、合法权益和独立人格，也要尊重精英群体的能力和贡献，为他们进一步创业提供良好的人际环境。

第四，在人和组织的关系上，就是各级组织既要注重解放人和开发人，为人的发展提供平等的机会与舞台、政策与规则、管理与服务，又要努力做到使人们各得其所。当人凭其能力为社会作出了贡献时，他就必然要求社会给予应有的回报。这种回报是对人的能力和贡献的尊重和肯定，同样是以人为本的体现。

总之，以人为本就是一种对人在社会历史发展中的主体作用与地位的肯定，强调人在社会历史发展中的主体作用与目的地位；它是一种价值取向，强调尊重人、解放人、依靠人和为了人；它是一种思维方式，是在分析和解决一切问题时，既要坚持历史的尺度，也要坚持人的尺度。

(二)"以人为本"的学生观

"以人为本"的教育理念在教育教学活动中就是以学生为本。国家教育方针要求教育要促进学生全面发展，教育的基本功能是"一切为了学生、为了学生一切、为了一切学生"，这些都是教育以学生为本的具体体现。

1."一切为了学生"，教育必须以学生的发展需要为本

教育中的以人为本，就是以学生为出发点，以学生作为人的成长需要为出发点。以学生作为人的成长需要为出发点的教育，不能把一种既不符合中学生成长规律、也不符合学生成长要求的东西强加给中学生，更不能扭曲中学生的发展。应试教育就是把"应试"作为教育活动的出发点：大量的重复性的练习，沉重的学业负担，牺牲学生的睡眠、牺牲学生的视力、牺牲学生的生理和精神的健康，扼杀学生的学习兴趣与个性……所有这些都是与学生的成长需要相背离的。

在中小学教育中，以中小学生发展需要为本，就是以中小学生作为特定发展阶段上人的特定发展需要为本。中小学生的特殊成长需要，就是为他们成年后的健康自主发展奠基。因此，中小学教育的性质是基础性的。

2."为了学生一切"，教育必须以学生全面发展需要为本

以学生的全面发展为本，包括两层含义：一是以学生的个性为本，

学校教育不应像花匠摆弄盆景那样，按自己的意愿去随意剪裁学生，而要从学生的个性和兴趣爱好出发，给学生留有自我发挥的空间和余地；二是要在以学生为本的基础上，给予学生充分的指导，有目的、有计划、有组织地培养学生，遵循学生的个性发展，绝不是放任不管，让学生像野花那样"自然成长"。

人对教育的需要，是由诸方面构成的统一体。但是，在教育实践中，出现的一种偏向是，认为学生在某些方面有教育的需要，在另一些方面则对教育没有需要。譬如，应试教育的观点会认可学生有接受知识的需要，但是却不认可其他方面的需要，或者认为学生其他方面的需要，并不如知识的需要更加重要。

我国的教育教学改革正朝着实施素质教育的方向努力，培养全面发展、适应社会主义所需的人才，教师必须树立新型的学生观，"为了学生一切"。作为一名教育工作者，教师要进一步增强事业心、责任感，以促进学生的全面发展、个性发展和可持续发展为己任，把素质教育落到实处。坚持以学生为本，遵循教育教学规律和学生身心成长规律，才能促进学生的全面发展，从而真正把"以人为本""以学生为本"的教育理念落到实处。

3. "为了一切学生"，教育必须以全体学生的发展需要为本

教育以学生的发展需要为本，还包含着以全体中学生发展需要为本。

人有教育的需要，这个命题是指所有人均有教育的需要，而不是只有某些人有教育的需要。但是，在现实的教育活动中，由于学生存在着发展的差异，发展需要的差异，便导致了这样一种观点：有些学生有特别强烈的教育需要，而另一些学生的教育需要则不那么强烈，所以教育应给予那些有强烈教育需要的学生多一点关注。

（1）一视同仁，公正公平

在中小学教育活动中，以所有中小学生发展为本，就必须坚持"教育公正"原则。

首先，应该对所有学生一视同仁。作为教师，要在教育活动中对学生持民主与尊重的态度，对不同出身、性别、智力、相貌、年龄、个性及关系密切程度不同的学生能够做到一视同仁，同等对待，对每一位学生都要关心、爱护、无偏见、不偏袒、不以个人的私利和好恶作标准。

师爱是"泛爱"，而不是"偏爱"。教师要爱全体学生，而不是一部分学生。教师无论教哪个班级，无论所教的学生是优是劣，都应一视同仁，待之以爱，不能随教师个人兴趣、利益来选择，否则就不是真正的"师爱"。

其次，教师对学生应当是职业的、无私的、公正的，是面向全体学生，遵循"教育公正"的原则。教育公正，在教育活动中的体现，就是所有的学生都能够获得同样的教育机会，或者说教育机会对所有的学生来说是均等的。

教育机会均等，就是要求公正地对待学生，不因性别、民族、地域、经济状况、家庭背景和身心发展状况而受到不同的对待。换句话说，无论学生有怎样的差异，给予他们的受教育机会都应当是均等的。

教育机会均等，应当包括两个方面：一个是入学机会均等，一个是教育过程中机会均等。入学机会均等，就是无论学生的性别、民族、地域、经济状况、家庭背景和身心发展状况如何，都享有同样的入学机会。真正的教育机会均等，不仅仅是入学机会的均等，还要在教育过程中实现机会的均等。

在班级授课制为基本教育组织形式的情况下，教育者面对的是学生群体。教育者的教育过程，不只是传递知识的过程，也是向学生分配教育资源的过程。学生在教育过程中受到教育者的关注程度，是学生重要的教育机会。学生坐在同一个教室里，听同一个教师授课，受到教师关注的学生，就获得了比未受关注的学生更多的教育机会。

在确保入学机会均等的情况下，教育过程中的教育机会均等，比入学机会均等更重要。因为有了入学机会，但没有获得教育过程中的均等机会，受教育者就仍然到很好的发展。

（2）正视差异，因材施教

如前所述，教育必须对所有学生一视同仁。教育以全体学生的发展需要为本，强调不能因为学生有着发展差异，而给予不同的学生以不同的教育关注。但是，又必须承认教育活动学生发展需要中存在着差异，必须正确认识这种发展需要的差异。

教育要从促进个性发展、挖掘发展潜能出发，为不同的中学生获得最佳发展提供条件。美国心理学家加德纳的多元智能理论认为，每个个体都具有自己独特的智能结构形式，即都具有自己的智能强项和弱项。这种差异并不表现为好坏、高低、贵贱之间的差异，而是多样化的表现。每一个学生都有其独特的价值，在教育教学中教师应该承认其差异，适应差异、追求多样性，尽可能地提供适合学生发展的机会，保证学生有机会获得适合其特点的教育。

在教学中，教师面对的是千差万别的独立个体，他们每个人都是独一无二的。由于遗传、后天环境等因素的不同影响，每个学生都有自己的个性，教育要真正做到"以人为本""以学生为本"，就必须因材施教，针对不同学生设置不同的教学内容，制订不同的教学计划。教师在教学中要根据不同学生的认知水平、学习能力以及自身素质，选择适合每个学生特点的学习方法来有针对性地教学，发挥学生的长处，弥补学生的不足，激发学生学习的兴趣，树立学生学习的信心，从而促进学生全面发展。

激励性的惩罚

在英国的亚皮凡博物馆中，有两幅藏画格外引人注目。其中一幅是人体骨骼图，另一幅是人体血液循环图。

原来，这两幅画的作者竟是一个叫麦克劳德的小学生。麦克劳德从小充满好奇心，凡事总喜欢寻根究底，不找出答案誓不罢休。有一天他突发奇想，想看看狗的内脏到底是什么样的，于是便和几个小伙伴偷偷地套住一只狗，将其宰杀后，把内脏一个一个割离，仔细观察。

没想到这只狗正是校长的宠物犬。对这事，校长十分恼火，感到如果不严加惩罚以后还不知道会干出什么出格的事。经过反复思考后的校长做出了这样的处罚决定：罚麦克劳德画一幅人体骨骼图和一幅血液循环图。知道惹下大祸的麦克劳德决心改过自新。于是他按照校长的要求，认真仔细地画好了两幅图。大度的校长看后很满意，不但对杀狗之事既往不咎，还大大夸奖了麦克劳德一番。

后来，麦克劳德成为一位著名的解剖学家，还与班廷医生一道研究发现了以前人们认为不可治的糖尿病的胰岛素治疗方法，并获得1923年诺贝尔生理学与医学奖。

资料出处　林华民：《世界经典教育案例启示录》，北京，农村读物出版社，2003年，第91—92页。

老校长对小麦克劳德的处罚办法是巧妙而又充满爱心的。不仅让麦克劳德认识到自己的错误，又保护了他的好奇心，还给了他一次学习生理知识的机会，连一只狗的尸体也派上了用场。如果当初老校长简单粗暴地严厉批评，让小麦克劳德当众检讨，并通知家长支付赔偿金，那就有可能把麦克劳德的好奇心一同罚掉。从这个意义上说，是老校长用一只狗的代价，换来了一位医学天才。在老师眼里是学业不良的、智力有缺陷的、调皮捣蛋的学生，也许是那些三维视觉超群、想象力丰富的，或是学习方式独特的学生。当他们的潜能得以发挥之日，就是某方面的天才诞生之时。

在现阶段我国正大力倡导以学生为本，并在教育实践中不断探索以学生为本，但还是难以挣脱社会本位对教育的束缚，教育、教师和学生的工具性还十分突出。要在教师的职业活动中真正体现以学生为本的教育理念，教师必须走出以学生为本的误区，理解以学生为本的内涵，确立以学生为本的目标，形成以学生为本的教学过程，整合以学生为本的课程资源，搭建以学生为本的平台。

三、"权利主体"的学生观

相对于具有社会正式地位的成年人来说，学生是不成熟的青少年儿童，是未正式进入成人社会的"边际人"。因此，长期以来学生没有被看做是往个性的独立存在的人，他们在社会上处于从属和依附的地位。要改变这种状况，关键是承认和确立儿童在社会中的主体地位并切实保障儿童的合法权益。

青少年儿童是未来社会的主人，有着独立的社会地位，并依法享受各项社会权利。要确保儿童的主体地位，关键是看儿童的合法权利是否得到保障。

世界各国都非常重视儿童权益问题，并制定了相应的法规。1959年联合国通过了《儿童权利宣言》，1989年又通过了《儿童权利公约》，明确指出：18岁以下的任何人都是积极和创造性的权利主体，拥有包括生存、发展和充分参与社会、文化、教育、生活，以及他们个人成长与福利所必需的其他活动的权利。青少年儿童是权利的主体。青少年儿童是社会的未来，有着独立的社会地位，是行使权利的主体，这正是《儿童权利公约》的核心精神。体现这一精神的基本原则是：儿童权利最佳原则；尊重儿童尊严原则；尊重儿童观点与意见原则；无歧视原则。

我国学生法定的权利包括两部分。一是指国家宪法和法律授予所有公民的权利。如《宪法》第四十六条规定"中华人民共和国公民有受教育的权利"；第四十九条规定"父母有抚养未成年子女的义务"。二是指教育法律、法规授予尚处于学生阶段的公民的权利。根据《教育法》第四十二条规定，学生享有教育教学权、经济资助权、学业证书权、申诉起诉权和其他法定权等五项权利；根据《中华人民共和国未成年人保护法》第三条规定："未成年人享有生存权、发展权、受保护权、参与权等权利，国家根据未成年人身心发展特点给予特殊、优先保护，保障未成年人的合法权益不受侵犯。""未成年人享有受教育权，国家、社会、学校和家庭尊重和保障未成年人的受教育权。""未成年人不分性别、民族、种族、家庭财产状况、宗教信仰等，依法平等地享有权利。"

（一）学生的公民权利

学生的公民权利是指学生作为公民所享有的权利。学生的公民权利很多，如人身权（生命健康权、人格尊严、人身自由、隐私权、名誉权、荣誉权）、受保护权、财产权，等等。

1. 生命健康权

生命健康权包括生命权和健康权两项人身权。生命权是以生命安全为内容的、他人不得非法干涉的权利。健康权是以身体的内部机能和外部的完整性为主要内容：既包括各器官系统生理机能的健康，也包括精神上的健康；既包括身体外部的完整，也包括身体内部各器官和劳动能力的完整。

侵害学生的生命健康权表现为伤害他人身体致人死亡、体罚或变相体罚、强奸猥亵学生、强迫学生卖淫等。

2. 人格尊严权

人格尊严权是指学生享有受他人尊重，保持良好形象及尊严的权利。

侵犯学生人格尊严权主要表现为：讽刺、挖苦学生；故意侮辱学生，随意谩骂学生；给学生取外号；对学生的家庭、性格、性别、民族、长相等变现出歧视的态度；不给学生以合理的解释权和辩护权等。这种行为给学生的心灵造成了巨大的伤害，甚至自暴自弃。

像你这样的还想上大学

某校班主任齐老师讲课很认真，但为人十分傲慢，对学生更是不客气，讽刺、挖苦学生是常事。该班一女生徐某平时学习很刻苦，但脑子反应比较慢。一次，她被齐老师提问，未能回答上来，齐老师当场就是一顿讽刺："哼，像你这样的还想上大学？我看你就能上家里蹲大学，修理地球系，拉锄钩子专业……"惹得全班哄堂大笑，而徐某却抬不起头来。一时间，齐老师的话被同学们竞相传开了，徐某成了众人的笑柄。她丧失了继续学习的信心，回到家又哭又闹，死活也不肯再上学了。一周后，徐某退学了，而齐老师却在班上公开讲："她早就该回家，再学也是白费！"

资料出处　周丽妲：《综合素质（小学）》，武汉，华中师范大学出版社，2012年，第47页。

---

3. 财产权

财产权，又名财产所有权，是指财产所有人依法对自己的财产占有、使用、收益和处分的权利。《教育法》《未成年人保护法》规定，保障未成年人的人身、财产和其他合法权益不受侵犯。

侵犯学生财产权表现之一是损毁学生财物，或以其他方式致使学生蒙受经济损失。教师在对违纪学生的处理时，经常会将怨气发泄在学生的物品上，如将学生的书包撕毁、课本撕坏等，殊不知这些行为都会构成对学生财产权的侵犯。

侵犯学生财产权表现之二是乱罚款、乱收费、乱摊派。

4. 隐私权

所谓隐私，指不愿告人或不便告人的事情。隐私权是指自然人享有的私人生活安宁与私人信息秘密依法受到保护，不被他人非法侵扰、知悉、收集、利用和公开的一种人格权，而且权利主体对他人在何种程度上可以介入自己的私生活，对自己是否向他人公开隐私，以及公开的范围和程度等具有决定权。

侵害隐私权表现为公开宣扬学生的缺点、个人身体秘密，私拆、毁弃或公开学生的私人日记、信件等。《未成年人保护法》第三十九条第二款规定："对未成年人的信件、日记、电子邮件，任何组织或者个人不得隐匿、毁弃；除因追查犯罪的需要，由公安机关或者人民检察院依法进行检查，或者对无行为能力的未成年人的信件、日记、电子邮件由其父母或者其他监护人代为开拆、查阅外，任何组织或者个人不得开拆、查阅。"

5. 法定其他权

学生还享有"法律、法规规定的其他权利"，简称"法定其他权"。

（二）学生的教育权利

学生的教育权利是指学生享有平等的教育权或者在教育过程应享有的权利。

1. 教育教学权

学生享有"参加教育教学计划安排的各种活动，使用教学设施、设备、图书资料"的权利，简称"参加教育教学权"。这是学生的基本权利。这项权利主要包括以下两方面。

（1）参加教育教学活动权。在教学过程中，学生有权参加教育教学计划安排的各种课堂教学、讲座、课堂讨论、观摩、实验、见习、实习、测验和考试等活动。任何组织和个人都不得以任何借口非法剥夺学生参加教育教学活动的权利。

（2）使用教育教学设施权。学生有平等使用教育教学设施、设备和图书资料的权利。为保障学生完成学习任务，学校及其他教育机构应当依法按规定提供符合卫生安全标准的教育教学设施、设备、图书资料及其他教育教学用品。

学生被教师赶出教室案

某中学初二(1)班的学生薛某，因平时学习成绩不太好，上课总是不遵守纪律，老师们都不太喜欢他，尤其是语文老师。一天上语文讨论课时，老师要学生们自由发言进行争论。薛某起身回答问题时，由于他的观点与老师的观点不一致，因此老师很不高兴，并用刻薄的语言训斥薛某，说他"笨得像猪"。薛某听了以后很不服气，就顶了老师一句，说"你才像呢"。老师一气之下就把薛某赶出了教室，并说："既然我像猪，以后你就不要再来上我的课了。"

资料出处　中公教育教师资格考试研究院：《国家教师资格考试专用教材•综合素质(中学)》，北京，世界图书出版社，2012年，第77页。

2. 经济资助权

学生享有"按照国家有关规定获得奖学金、贷学金、助学金"的权利，简称"获得经济资助权"。

奖学金是为奖励品学兼优的学生和报考国家重点保证的、特殊的、条件艰苦的专业的学生而设立的经济自主制度。

贷学金是指为向家庭经济困难的学生提供帮助而设立的经济资助制度。当前，贫困家庭的孩子上不起学已引起社会各界的广泛关注，为此教育部、财政部、人民银行、银监会联合下发了《关于进一步完善国家助学贷款工作的若干意见》，对助学贷款政策做出重大调整，其目的就是为了保障贫困家庭学生的法定受教育权利的有效实现，从而维护教育公平。凡符合规定条件的学生都可以通过学校申请贷学金，这是受教育者享受法律保护的平等权利。

助学金，又称为勤工俭学金，是指为使学生，特别使家庭经济困难的学生通过参加劳动获得报酬，自主完成学业经济资助制度。凡是符合规定的学生都有权参加勤工俭学活动，并获得一定的劳动报酬，任何单位和个人不得克扣或拖欠学生的助学金。对于义务教育阶段的学生，国家已经明确不收学费、杂费，并且由国家财政保障义务教育经费。《义务教育法》第四十四条还规定："各级人民政府对家庭经济困难的适龄儿童、少年免费提供教科书并补助寄宿生生活费。"

3. 获得学业证书权

获得学业证书权是指学生享有"在学业成绩和品行上获得公正评价，完成规定的学业后获得相应的学业证书、学位证书的权利"。对此，我们可以分两个方面来进行理解。

(1)获得公正评价。按照学生学籍管理的规定，学生的学籍档案里有学习成绩登记表，学校要如实地记录学生各科学习成绩和品行状况。学业成绩的评价是教育机构对学生在受教育的某一时期内学习情况和知识结构、知识水平的概括，具体包括课程考试成绩记录、平时学习情况和总评等。品行评价包括对政治觉悟、道德品质、劳动态度等的评价。在学业成绩和品行上获得公正评价是指学生有权在德、智、体、美等方面获得按照国家统一标准的一视同仁的客观评价。值得注意的是教师对学生的评价不应受到学生家长的权势、地位、金钱等影响，也不能受到其他与教育教学无关因素的影响，如个人好恶的影响。

（2）获得学业证书。一个学生完成规定的学业后就应该获得相应的学业证书或学位证书，这是学生的一项重大权利。根据国家相关教育法律法规的授权，学校可以制定校规、校纪对在校学生进行教学管理和违纪处分，但是这一切都必须符合国家宪法和法律的规定，必须保护学生的合法权益。例如，不能以学生是否给学校提供捐助作为颁发学业证书的条件；不能增加和减少颁发学业证书的条件。从本质上来看，学业证书和学位证书是对学生一段受教育时期内的学业成绩、学术水平和品行的最终评定，学生除思想品德等方面合格外，完成或提前完成教育教学计划规定的全部课程，考试、考核及格或修满学分，在该教育阶段结束时均有权获得相应学业证书、学位证书。

4. 申诉起诉权

学生享有"对学校给予的处分不服，向有关部门提出申诉，对学校、教师侵犯其人身权、财产权合法权益，提出申诉或者依法提起诉讼"的权利，简称"申诉起诉权"。这项权利主要包括两方面：申诉权和起诉权。

当学生的合法权益受到学校、教师的侵犯时，或者对学校给予的处分不服，学生有权提出申诉，任何人不得无理阻挠。有关部门应积极受理，并按规定及时予以答复。依据"无救济就无管理"的现代法治思想，各级学校及教育行政部门要建立健全学生申诉制度，确保学生享有申诉权和起诉权。

尽管《宪法》《教育法》《教师法》《义务教育法》《未成年人保护法》等法律都对学生的各项权利做出了明确规定。但是由于种种因素的影响，在教育教学中，有意或无意侵害学生合法权利的现象还时常发生，使学生的身心受到损害。所以保护学生的合法权利，日益成为学校工作中一个不可忽视的问题。

>>> 本章参考文献

[1]钟祖荣.现代教师学导论——教师专业发展之道[M].北京：中央广播电视大学出版社，2006.

[2]李春秋，王引兰主编.中小学教师职业道德修养[M].北京：北京师范大学出版社，2012.

[3]王道俊，郭文安主编.教育学[M].北京：人民教育出版社，2009.

[4]林华民.世界经典教育案例启示录[M].北京：农村读物出版社，2003.

[5]魏薇，王红艳，路书红，等编.中外教育经典案例评析[M].济南：山东人民出版社，2005.

[6]中公教育教师资格考试研究院.国家教师资格考试专用教材·综合素质（中学）[M].北京：世界图书出版社，2012.

[7]李学农.综合素质[M].北京：高等教育出版社，2011.

[8]周丽妲.综合素质（小学）[M].武汉：华中师范大学出版社，2012.

随着时代的发展，社会对于教师职业的要求也越来越高。仅靠一本教科书、一本教学参考书，"学科知识＋教育学知识"的模式再也不能满足人们对现代教师的要求。专业与非专业的根本区别在于专业活动有一套完善的专门知识体系作为支撑。教师作为一种专业性职业，要胜任高度复杂而又有创造性的专业工作，提供专门性服务，就必须以掌握高度专门化的知识为前提；也只有把自己的专业实践建立在专门知识的基础之上，才能真正赢得人们的信赖和专业上的自主与权威。因此，优秀教师必须具备从事教育教学工作所要求的专业知识，教师专业发展的过程也是一个不断学习、积累专业知识的过程。那么，教师在专业发展过程中应该学习、积累哪些专业知识呢？

美国卡耐基促进教学基金会主席舒尔曼指出："一个专业既是一种高度复杂和熟练的工作，又是一种根植于知识的专业行为。而这些知识是在学院、大学、实验室和图书馆里产生、测试、丰富、被否定、转化并重建起来的。把某些事情称为专业，即表示这些事情有一个在学府里被广泛运用的知识基础。"❶因此，他认为，倘若要推进教师专业化，就必须证明存在着保障专业属性的"知识基础"，阐明教师职域里发挥作用的专业知识领域与结构。❷

舒尔曼指出，教师教育要强调理解和推理、转化和反省这一教学理念，根据这一理念，教师必备的专业知识至少应该包括如下方面：

——学科内容知识；

❶　[美]舒尔曼：《理论、实践与教育的专业化》，《比较教育研究》，1999(3)。

❷　朱晓民、张德斌：《近二十年来教师知识结构研究述评》，《山西师范大学学报》（社会科学版），2006(2)。

——一般教授法的知识；

——课程知识；

——学科教学知识；

——学习者及其特质的知识；

——教育内涵的知识；

——教育目的知识。❶

我国学者林崇德等人认为，教师的专业知识应包括：

——本体性知识；

——条件性知识；

——实践性知识；

——文化知识。❷

我国学者叶澜认为，教师的知识结构是多层复合的，主要有三层。最基础层面：第一层，有关当代科学和人文两方面的基本知识，以及工具性学科的扎实基础和熟练运用的技能、技巧；第二层，具备 1～2 门学科的专门性知识与技能，是教师胜任教学工作的基础性知识；第三层，教育学科类，由帮助教师认识教育对象、教育教学活动和展开教育研究的专门知识构成。我国年轻学者白益民认为，教师的知识结构由五个部分组成，即普通文化知识、专业学科知识、一般教学法知识、学科教学法知识及个人实践知识。❸

有的学者从知识存在的形态角度，提出教师的专业知识有两类：理论性知识与实践性知识。前者通常呈外显状态，可以为教师和专业理论工作者所共享，是教师知识冰山露出水面的部分，具有可表述性，比较容易把握。后者通常呈内隐状态，基于教师的个人经验和个性特征，镶嵌在教师日常的教育教学情境和行动中，深藏在知识冰山的下部。实践性知识包括教育信念、自我知识、人际知识、情境知识、策略性知识与批判反思知识。❹

尽管以上学者的观点不尽相同，但我们仍然会发现，人们一般都倾向于认为教师应具有四个方面的专业知识：专业基础知识，即广博的自

---

❶ 张人杰主编：《中外教育比较史纲》（现代卷），济南，山东教育出版社，1997 年，第 588 页。

❷ 林崇德：《教育的智慧》，北京，开明出版社，1999 年，第 38—41。

❸ 叶澜，白益民等：《教师角色与教师发展新探》，北京，教育科学出版社，2001年，第 23—24、237 页。

❹ 陈向明：《实践性知识：教师专业发展的知识基础》，《北京大学教育评论》，2003(1)。

然科学和人文学科知识；扎实的学科专业知识、丰富的教育学科知识和实践性知识。只是对这四个方面知识在教师专业知识整体中重要性的认识不同，反映出的知识取向不同。

第一节　教师的科学知识

面对科学技术的突飞猛进、学科之间的交叉渗透、学校综合课程的开设及青少年学生旺盛的求知欲，教师应该成为知识视野宽广的人。只有这样，教师才能够真正满足学生多方面的探究兴趣和全面发展的需要，真正有效促进学生的健康、健全发展。

作为受社会委托，承担增进下一代知识、技能和身心发展的教育任务的教师，必须首先具有当代科学和人文两方面的基础知识，这是现代教师知识结构最基础的方面。

教师拥有广博的科学知识也是社会发展和教育改革的需要。正如美国教育家科南特所指出的，"未来教师的普通教育应该是广博的文理科目学术性教育"，其"目的在于发展有关一般文理科目领域的学力，使教师在同这些领域的任何一门专任教师的同事谈话时具有一定的信心。不论对小学或中学教师来说，这种程度的学力信心都是必要的，即使小学教师直接关心的是算术或比较简单的科学或社会科学，他也应该知道在前面的道路究竟是什么。"❶

人类的知识一方面在不断地细化；另一方面也在不断地交叉和综合。随着教育改革的不断推进，教育工作者正在从教授一门门个别的学科转向运用一种综合的方法。如一个学生可能在生物课上学习了淡水生物学，了解了池塘生物。在数学课上，他可能带来了附近池塘水的样本，测出其中微生物的种类和数量，然后以图表的形式反映出来。在语文课上学生可能阅读并撰写了池塘生物的故事。在社会常识课上了解了池塘生物与人类环境的关系。这种综合课的教学形式要求教师必须具有跨类别的多门知识，并且要了解各学科之间的联系，所有这些都要求教师具备非常广博的知识，这样才能培养出具有广博学识的学生来。

大量的事实表明，现代大部分学生都崇拜"什么都懂、什么都会"，即学识渊博、兴趣广泛、多才多艺的教师，而不喜欢知识面狭窄、观念陈旧、生活单调、为人古板的教师。教师因知识、兴趣、特长和自身的人格魅力影响学生，受到学生的尊敬，从而使教师成为学生效仿的榜样。

---

❶　［美］科南特著，陈友松主译：《科南特教育论著选》，北京，人民教育出版社，1988年，第249页。

教师广博的知识也间接地具有感染和教育的功能。我国教育界前辈程吾今指出："教师对于学生的指导，不限于功课以内的教学，日常生活问题都需要以指导解决，所以教师的知识愈广博，经验愈丰富，愈能得心应手，无时无地不在，把儿童放在春风化雨之中。"❶

教师的职责之一是传授知识。只有具备了科学知识，才能够：

——满足每一个学生的探究兴趣和多方面发展的需要；

——帮助学生了解丰富多彩的客观世界；

——帮助自己更好地理解所教学科知识；

——帮助自己更好地理解所教学科知识；

——帮助自己更好地理解教育学科知识；

——提高自己在家长和学生心目中的威信。❷

可以说，唯有广博，才能发展。广博的文化科学知识、深切的人文关怀、严谨的科学精神是教师的基本素质，是教师有效开展教育教学工作的重要条件。为此，对教师提出一般性的科学素养，不仅要求教师进行某种科学知识的学习和科学素养的训练，而且要求教师在已有的科学知识基础上，从人与自然的关系出发来把握科学的态度、科学的方法和科学精神。

教师应该掌握基本的科学常识包括：天文、自然地理、物理化学生物等常识，生命科学技术、当代高新科学技术等最新前沿知识，并了解古今中外科技代表人物及其成就。

一、科学常识

（一）天文常识

太阳系——是由太阳、行星及其卫星、小行星、彗星、流星和行星际物质构成的天体系统，太阳是太阳系的中心。太阳系中有八大行星，依距太阳远近分别为水星、金星、地球、火星、木星、土星、天王星、海王星。

太阳——是由炽热的气体组成的球状天体，主要成分是氢和氦。太阳是距离地球最近的恒星。太阳的大气结构即为太阳的外部结构，从里向外分为光球层、色球层、日冕层。太阳活动包括黑子、光斑、耀斑等。黑子是太阳活动的主要标志，呈周期性变化，其常见周期为 11 年。光斑是与黑子相反的一种光球现象。有些光斑和黑子联系密切，常常相互伴

---

❶ 程方平：《新师说》，长沙，湖南教育出版社，1999 年，第 275 页。

❷ 唐玉光：《教师专业发展与教师教育》，合肥，安徽教育出版社，2008 年，第 7 页。

随。耀斑爆发是太阳活动的最激烈的显示。太阳活动对地球的影响：(1)扰乱地球大气的电离层；(2)产生"磁暴"现象；(3)产生极光。

(二)自然地理常识

板块构造学说——板块构造学说认为，地球的岩石圈不是整体一块，而是被一些构造带，如海岭、海沟等，分割成许多单元，叫做板块。全球岩石圈分为六大板块：亚欧板块、非洲板块、美洲板块、太平洋板块、印度洋板块和南极洲板块。板块相对移动而发生的彼此碰撞或张裂，形成了地球表面的基本面貌。在板块张裂的地区，常形成裂谷或海洋。在板块相撞挤压的地区，常形成山脉。

喀斯特地貌——是在可溶性岩石地区，特别是碳酸盐类岩石地区，地下水和地表水对可溶性岩石溶蚀与沉淀、侵蚀与沉积，以及重力崩塌、塌陷、堆积等作用形成的地貌。以南斯拉夫喀斯特高原命名，在我国也叫岩溶地貌，广泛分布于桂、黔、滇。岩溶作用在地表和地下均可形成喀斯特地貌。

丹霞地貌——是20世纪30年代以丹霞山为代表而命名的一类地貌类型。形成丹霞地貌的岩层是一种在内陆盆地沉积的红色屑岩，后来地壳抬升，岩石被流水切割侵蚀，山坡以崩塌过程为主而后退，保留下来的岩层就构成了红色山块。丹霞地貌最突出的特点是"赤壁丹崖"广泛发育，形成了顶平、身陡、麓缓的方山、石墙、石峰、石柱等奇险的地貌形态，世界上由红色砂砾构成的、以赤丹崖为特色的一类地貌是以广东省仁化县的丹霞山命名的，这就是丹霞地貌。它主要分布在中国、美国西部、中欧和澳大利亚等地，以我国分布最广，其中又以丹霞山面积最大，发育最典型、类型最齐全、形态最丰富、风景最优美。

(三)理化生常识

万有引力定律——万有引力定律是解释物体之间的相互作用的引力的定律，是物体(质点)间由于它们的引力质量而引起的相互吸引力所遵循的规律。这是牛顿在前人(开普勒、胡克、雷恩、哈雷)研究的基础上，凭借他超凡的数学能力证明并在1687年于《自然哲学的数学原理》上发表的。万有引力定律的发现，是17世纪自然科学最伟大的成果之一。

电磁感应现象——电磁感应是指放在变化磁通量中的导体，会产生电动势，此电动势称为感应动势或感生电动势。若将此导体闭合成一回路，则该电动势会驱使电子流动，形成感应电流(感生电流)。1831年11月24日，法拉第向皇家学会提交的一个报告中，把这种现象定名为"电磁感应现象"。

能量守恒定律——能量守恒定律是指能量既不会凭空产生，也不会凭空消失，它只能从一种转化为别的形式，或者从一个物体转移到别的物体，在转化或转移的过程中其总量不变。能量守恒和能量转化定律、细胞学说、进化论合称 19 世纪自然科学的三大发现。

牛顿运动定律——牛顿运动定律是牛顿总结于 17 世纪并发表在《自然哲学的数学原理》的牛顿第一运动定律即惯性定律、牛顿第二运动定律和牛顿第三运动定律三大经典力学基本运动定律的总称。一切物体在没有受到外力作用的时候，总保持匀速直线运动或静止状态，这就是牛顿第一定律。物体的加速度跟物体所受的合外力成正比，跟物体的质量成反比，加速度的方向跟合外力的方向相同，这是牛顿第二运动定律。两个物体之间的作用力和反作用力，在同一直线上，大小相等，方向相反，这是牛顿第三运动定律。

微生物——包括细菌、病毒、真菌以及一些小型的原生动物、显微藻类等在内的一大类生物群体，它们个体微小，却与人类生活关系密切。微生物涵盖了有益有害的众多种类，广泛涉及健康、食品、医药、工农业、环保等诸多领域。

(四)当代高新科学技术

计算机病毒——编制或者在计算机程序中插入的破坏计算机功能或者破坏数据，影响计算机使用并且能够自我复制的二组计算机指令或者程序代码被称为计算机病毒，具有破坏性、复制性和传染性。

蓝牙技术——蓝牙是一种支持设备短距离通信(一般 10 米内)的无线电技术，能在包括移动电话、PDA、无线耳机、笔记本电脑、相关外设等众多设备之间进行无线信息交换。利用"M 蓝牙"技术，能够有效地简化移动通信终端设备之间的通信，也能够成功地简化设备与因特网(Internet)之间的通信，从而数据传输变得更加迅速高效，为无线通信拓宽道路。

(五)生命科学技术

基因(遗传因子)是遗传的物质基础，是 DNA(脱氧核糖核酸)分子上具有遗传信息的特定核苷酸序列的总称，是具有遗传效应的 DNA 分子片段。

二、古今中外科技代表人物及其成就

(一)中国古代科技代表人物及其成就

1. 中国古代四大发明

造纸(蔡伦)、指南针(司南)、火药(唐《真元妙道要略》最早提及)、印刷术(毕昇)。

2. 天文历法

干支纪日法是商朝历法的最大成就。它是世界上延续时间最长的纪日方法。商朝甲骨文保留了我国最早的日食、月食和新星记录。

春秋时期留下了世界公认的关于哈雷彗星的最早记录，比欧洲早670多年。

战国时期的《甘石星经》是世界上最早的天文学著作。

东汉张衡发明了浑天仪和地动仪，比欧洲早1700多年。

3. 数学成就

西周商高讲过"勾三股四弦五"这一勾股定理特例，载于《周髀算经》。东汉的《九章算术》是当时世界上最先进的应用数学。

4. 医学

战国的扁鹊是当时的名医，后代医学家奉之为"脉学之宗"。他发明的望闻问切四诊法成为中国中医药传统的诊病法。著有著名的医学著作《难经》。

战国问世、西汉编定的《黄帝内经》是我国现存较早的重要医学文献，奠定了我国医学的理论基础。

东汉的《神农本草经》是中国第一部完整的药物学著作；张仲景的《伤寒杂病论》是后世中医的重要经典，后人称张仲景为"医圣"；华佗擅长外科手术，被誉为"神医"。他发明的"麻沸散"比西方早1600多年。

唐朝杰出的医学家孙思邈著的《千金方》，全面总结历代和当时的医学成果。

明朝李时珍的《本草纲目》记载药物1800多种，方剂10000多个，全面总结了16世纪以前的中国医药学，被誉为"东方医药巨典"。

5. 地理

北魏的地理学家郦道元作《水经注》，是一部综合性地理著作。

明代徐弘祖的《徐霞客游记》是一部地理学巨著，书中对石灰岩溶蚀地貌的观察和记述，早于欧洲约2个世纪。

6. 工农业

北魏贾思勰著《齐民要术》，是现存最早、最完整的一部农书。

北宋沈括著的《梦溪笔谈》，是我国科学发展史上的珍贵遗产。

明末徐光启著《农政全书》，论述了农学理论，介绍了欧洲的水利方法，是我国优秀的农学著作。

明末清初的科学家宋应星所著的《天工开物》，被后人誉为"17世纪中国工艺百科全书"。

（二）中国现代科技成就

1964年10月16日下午3时，中国成功地爆炸了第一颗原子弹，成为世界第五个拥有核武器的国家。

1966 年 5 月，中国数学家陈景润取得哥德巴赫猜想证明世界领先成果，成为哥德巴赫猜想研究上的里程碑。

1973 年，袁隆平用九年时间选育了首个在生产上大面积应用的强优高产杂交水稻组合，被誉为"杂交水稻之父"。

1978 年 8 月，王选等研制成功计算机激光汉字编辑排版系统，是首个能用大屏幕整页编排组版中文报纸的系统。

1983 年 12 月 22 日，中国第一台每秒运算一亿次以上的巨型计算机"银河 I 型"，由国防科技大学研制成功。

（三）西方科技代表人物及成就

欧几里得：古希腊数学家，最著名的著作是《几何原本》，被称为"几何之父"。

阿基米德：古希腊伟大的数学家、几何学家、天文学家，阿基米德的突出成就主要在数学和力学。在几何学方面，他得出了球体、圆柱体的体积和表面积的正确计算公式，提出了抛物线所围成的面积和弓形面积的计算方法。在力学方面，享有"力学之父"的美称。证明了杠杆定律，为静力学奠定了基础，并利用这一原理设计制造了许多机械。他在研究浮体的过程中发现了浮力定律，即著名的阿基米德定律。

哈维：英国生理学家，血液循环理论的提出者。他根据实验，证实了动物体内的血液循环现象，并阐明了心脏在循环过程中的作用，指出血液受心脏推动，沿着动脉血管流向全身各部，再沿着静脉血管返回心脏，环流不息。

列文虎克：荷兰显微镜学家、微生物学的开拓者，他利用显微镜首次发现了微生物，并且还是成功制造出高分辨率显微镜的第一人。

笛卡尔：法国哲学家、科学家和数学家，他对现代数学的发展作出了重要的贡献，因将几何坐标体系公式化而被认为是解析几何之父。

富兰克林：美国科学家、发明家，他最先提出了避雷针的设想，由此而制造的避雷针，避免了雷击灾难，破除了人们对雷电的迷信。

拉瓦锡：法国著名化学家，近代化学的奠基人之一，"燃烧的氧学说"的提出者。拉瓦锡根据化学实验的经验，用清晰的语言阐明了质量守恒定律和它在化学中的运用。

达尔文：英国博物学家，进化论的奠基人，1859 年出版《物种起源》这一划时代的著作，提出了生物进化论学说，从而摧毁了各种唯心的神造论和物种不变论，恩格斯将"进化论"列为 19 世纪自然科学的三大发现之一。

弗朗西斯·培根：英国科学家，提出"知识就是力量"。

路易·巴斯德：法国科学家，近代微生物学奠基人，他研究了微生物的类型、习性、营养、繁殖、作用等，奠定了工业微生物学和医学微生物学的基础，并开创了微生物生理学，另外，他发明的巴氏消毒法直至现在仍被应用。

孟德尔：遗传学的奠基人，被称为"现代遗传学之父"，孟德尔通过豌豆实验，发现了遗传规律、分离规律及自由组合规律。

诺贝尔：瑞典化学家、工程师、发明家、军工装备制造商和炸药的发明者。在诺贝尔的遗嘱中，他利用他的巨大财富创立了诺贝尔奖，各种诺贝尔奖项均以他的名字命名。

门捷列夫：俄国化学家，他发现元素周期律并制定了元素周期表。

法布尔：法国著名昆虫学家、科普作家，被称为"科学诗人"，其代表作《昆虫记》誉满全球，在法国自然科学史与文学史上都有它的地位，被誉为"昆虫的史诗"。

伦琴：德国物理学家，1895 年，伦琴在维尔茨堡大学发现了 X 射线。

本茨：现代汽车工业的先驱者之一，被称为"汽车之父"，经过多年努力，他研制成单缸汽油发动机，并将其安装在自己设计的三轮车架上。取得了世界上第一个"汽车制造专利权"。

贝尔：美国发明家，他的主要成就是发明了有线电话，被誉为"电话之父"。

爱迪生：美国电学家和发明家，拥有众多重要的发明权利，有"世界发明大王"之称，他拥有 2000 余项发明，包括对世界极大影响的留声机、电影摄影机和钨丝灯泡等。

汤姆逊：英国物理学家，因发现电子而被载入科学史册。

居里夫人：法国著名科学家，研究放射性现象，发现镭和钋两种天然放射性元素，一生两度获诺贝尔奖（第一次获得诺贝尔物理奖；第二次获得诺贝尔化学奖），因在天然放射性领域的贡献而成为诺贝尔奖第一位女性得主。

莱特兄弟：美国人，飞机的发明者，为人类交通工具的发展作出了巨大贡献，1903 年，莱特兄弟制造的第一架飞机"飞行者 1 号"在美国北卡罗来纳州试飞成功。

魏格纳：德国气象学家、地球物理学家，主要著作为《海陆的起源》。1912 年提出了"大陆漂移说"，被誉为"地学上的哥白尼"。

霍金：英国著名数学家、理论物理学家，著有《时间简史》。1973 年，霍金的"黑洞"理论一经发表，立即轰动了科学界。20 世纪 70 年代，霍金和著名科学家彭罗斯一起证明了著名的奇性定理，为此他们共同获得了 1988 年的沃尔夫物理学奖。

艾萨克·牛顿：英国数学家、物理学家、天文学家和自然哲学家。牛顿的主要贡献有：创建了微积分，发现了万有引力定律和经典力学，设计并实际制造了第一个反射式望远镜等。他被誉为人类历史上最伟大、最有影响力的科学家。

达尔文：英国生物学家，进化论的奠基人。他写作了《物种起源》这一划时代的著作，提出了生物进化论学说，从而摧毁了各种唯心的神造论和物种不变论。

马克斯·普朗克：德国物理学家，量子物理学的开创者和奠基人，1918 年诺贝尔物理学奖的获得者。

爱因斯坦：被认为是 20 世纪最具代表性的物理学大师。

公众科学素养关乎综合国力。在科学技术正日益深刻影响我们生活的今天，教育是影响我国公民科学素养的主要因素。建立和完善适应我国经济、社会发展的全民终身教育体系，特别是大力发展社会教育，使学校教育、家庭教育和社会教育互相衔接，是持续提高我国公民科学素养的主要途径。所以，教师的科学知识素养的高低，不仅影响教师的教学效果、生活质量，同时也不断影响和改变学生、家长乃至国民关于科学的价值观、世界观、人生观。

第二节　教师的人文知识

教育活动是一种创造性活动，这种创造明显地不同于一般发明创造或艺术创作，而是浸透着人文精神的一种不间断的、无止境的探究与完善过程。它要求教师具有丰富的人文知识及对历史、社会、文化的深刻洞察力，具有深厚的文化底蕴。一方面，教师工作的对象是有待于进一步塑造的人，因此强调教学工作的"人文性"特点，强调教师对普通文化知识的掌握，因为普通文化知识本身具有陶冶人文精神、涵盖人文素质的内在价值。在拉丁文中，文化一词的本意就是培养。在今天，广义的文化也许已成为一个包罗万象的概念，反映在教师应具备的普通文化知识上，广博的要求也就顺理成章了。教师不仅知识要渊博，而且要"饱学有识"，并内化为个体的人文素质。

人文知识主要是指人文学科知识，人文学科包含文学、历史、哲学、艺术、政治学、经济学、法学等学科。人文知识素养指掌握一定的人文学科知识并达到相应的水平。本节主要了解和掌握历史、文学、艺术等基本常识。

一、历史知识

教育活动是历史的产物，也是在历史的条件下进行的。教师需要具备一定的历史素养。

由历史积淀起来的传统文化，包含着一个民族的精神。作为中国的教师应当具备中国传统文化基本知识素养。

(一)中国古代历史常识

根据古人类学和考古学的研究，已知我国境内曾经活动过的原始人群，其中，最具代表性的为云南元谋人、陕西蓝田人和北京人。

河姆渡文化在原始氏族公社时代，浙江余姚河姆渡遗址发现稻谷和堆积很厚的稻壳，充分说明我国长江流是世界最早栽种水稻的主要地区之一。

半坡文化发现于陕西西安半坡村。此时人已开始使用弓箭，并且栽培了世界上最早的粟。

生产力的发展，剩余产品造就了财富。文明的孕育，导致了原始社会的瓦解。原始社会末期出现了黄帝、炎帝和尧、舜、禹的"禅让"传说。

春秋初，诸侯国为了争夺土地、人口，不断发生战争，战胜的诸侯，迫使其他诸侯承认其领袖地位，成为"霸主"。这一时期先后取得霸主地位的有齐桓公、宋襄公、晋文公、秦穆公、楚庄王，史称"春秋五霸"。

公元前475年至公元前221年，是中国历史上的战国时期，这期间各国混战不断：战国由此得名。战国时，诸侯国已为数不多，主要的诸侯国是齐、楚、燕、韩、赵、魏、秦，史称"战国七雄"。

春秋战国时期，思想家辈出，儒家、道家、阴阳家、法家、名家、墨家、纵横家、杂家、农家和小说家等学派纷起林立，史称"诸子百家"，并形成"百家争鸣"，为中国思想文化之源。

六经：《诗》(《诗经》)、《书》(《尚书》)、《礼》(《礼记》)、《易》《乐》《春秋》。六经被儒家奉为先秦经典著述，亦称六艺。不过"六艺"另外一种含义是指六种基本能力，即礼、乐、射、御、书、数。

西汉文帝、景帝统治时期，继续崇尚黄老"无为而治"政治，沿袭先帝的方针政策，继续与民休养拿历史上把文、景帝时期宽刑减政，轻徭薄赋，提倡节俭带来的生产发展，社会安定的局面称为"文景之治"。

汉武帝颁布"推恩令"，准许诸侯王将自己封地再分给其子孙建立侯国，以此削弱了诸侯王的势力，解除王国对中央的威胁；接受董仲舒"罢黜百家，独尊儒术"主张，只提倡儒家学说，禁止其他各家思想的传播，实行了思想的统一，巩固中央集制度；宣扬天子代表天统治人民，神化了皇帝；在长安兴办太学，用儒学培养贵族子弟，使儒家思想成为封建社会的统治思想。

隋文帝即位后和隋炀帝统治时期，改革官制，在中央设三省六部，创立科举制，废除魏晋以来的九品中正制，开始用分科考试的办法选拔官员。选官打破了门第的限制，一些门第不高的读书人，可以凭才学参加政权管理。

顾炎武明末清初思想家，与黄宗羲、王夫之并称明末清初三大儒。其代表作为《日知录》，反映了他的"经世致用"思想。其名言"天下兴亡，匹夫有责"，成为民族精神的象征。

(二)中国近代历史常识

1. 鸦片战争

18 世纪后，以英国为首的西方资本主义国家，为了开辟中国这个广阔的市场，不惜从事可耻的鸦片贸易。鸦片的涌入，给中国社会带来灾难性危害。

1839 年 6 月，钦差大臣林则徐下令将缴获的英美等国商人的 110 多万公斤鸦片在广州虎门海滩当众销毁。

为了保护可耻的鸦片贸易，1840 年 6 月，英国军舰封锁珠江口，挑起鸦片战争。道光帝派直隶总督琦善和英国谈判，林则徐被撤职查办。1841 年 1 月，英军武装占领香港岛。

1842 年 8 月，英国迫使清政府签订了中国近代史上第一个不平等条约中英《南京条约》。《南京条约》的主要内容是：割香港岛给英国；赔款 2100 万银元；开放广州、厦门、福州、宁波、上海五处为通商口岸；设立领事；协定关税。

1843 年，英国又强迫清政府签订了《五口通商章程》和《虎门条约》，作为《南京条约》的附件，又取得在通商口岸租地造屋、领事裁判权和享有最惠国待遇等特权。

鸦片战争对中国社会产生了重大的影响，使中国开始沦为半殖民地半封建社会。中国社会的主要矛盾由地主阶级和农民阶级的矛盾变为外国资本主义和中华民族的矛盾，封建主义和人民大众的矛盾；中国革命的任务成为反对外国侵略和本国封建统治的双重任务，中国进入旧民主主义革命时期。

鸦片战争是中国近代史的开端。

2. 太平天国运动

1851 年 1 月，洪秀全在广西桂平县金田村宣布起义，建号太平天国，起义军称太平军。

1853 年春，太平军占领南京，改名为天京，定为都城，正式建立起与清政府对峙的政权。太平天国定都天京后，洪秀全于1853年下半年颁布了以解决农民土地问题为中心，包括政治、经济、军事、文教和社会生活各方面内容的纲领性文件——《天朝田亩制度》。《天朝田亩制度》制定了"凡天下田，天下人同耕"的原则。规定不论男女，满十六岁以上的人，都可以分到一份，十五岁以下减半，田分九等、"好丑各半"的具体办法。

《天朝田亩制度》反映了太平天国想要实现"有田同耕，有饭同食，有衣同穿，有钱同使，无处不均匀。无人不饱暖"的理想社会，这实质上是一种以绝对平均主义思想为主导的空想，但强烈地反映了广大农民的愿望。

1859年，洪秀全的族弟、太平天国后期的主要领导人洪仁玕为振兴太平天国，提出了一个改革内政和建设国家的主张，写出了《资政新篇》，其主要内容是：统一政令，依法治国；学习西方，发展工商业，奖励技术发明，反对迷信，提倡兴办新式学校；严禁买卖人口和吸食鸦片；主张同外国自由通商、交流文化。

《资政新篇》具有鲜明的资本主义色彩，反映了一些思想先进的中国人向西方寻找真理和探索救国救民道路的迫切愿望。

太平天国运动是中国近代史上规模巨大、波澜壮阔的一次伟大的反封建反侵略的农民运动。太平天国坚持战斗14年，势力波及18个省，打击了中外反动势力，建立了农民政权，颁布了《天朝田亩制度》，是几千年来中国农民战争的最高峰。

3. 洋务运动

19世纪60年代，清朝统治阶级内部一部分人士，认识到先进的西方武器和科学技术对清朝统治的作用，掀起以"自强""求富"为口号，以巩固清朝统治为目的的洋务运动。曾国藩、左宗棠、李鸿章、张之洞等是参与和提倡洋务运动的主要代表人物。

洋务运动虽然没有使中国走上富强的道路，但是在客观上刺激了中国资本主义的发展，对外国经济势力的扩张也起到了一定的抵制作用。

4. 中日甲午战争

1895年，中日爆发甲午海战，北洋舰队全军覆没。

1895年3月，李鸿章等与伊藤博文、陆奥宗光在日本的马关春帆楼进行谈判，屈服于日本的压力，于4月17日与伊藤博文等签订了《马关条约》。

《马关条约》的主要内容是：清政府承认朝鲜"独立自主"；割辽东半岛、台湾地区及所有附属各岛屿、澎湖列岛给日本；赔偿日本军费白银两亿两；开放沙市、重庆、苏州、杭州为商埠；允许日本在通商口岸开设工厂。

《马关条约》是《南京条约》以来最严重的不平等条约，日本据此割占了中国大片领土，不仅破坏了中国的领土完整，而且引发了列强企图瓜分中国的狂潮。

5. 戊戌变法

1895年春，康有为、梁启超到北京参加会试，时逢《马关条约》签订的消息传来，他们联合参加会试的1300多名举人上书光绪帝，提出拒和、迁都、练兵、变法等主张，史称"公车上书"。

1898年6月，光绪帝颁布了政治、经济、文化教育、军事等方面一系列变法诏令，由新兴资产阶级发动的变法运动开始，史称"戊戌变法"。

光绪帝颁布的一系列变法诏令触及了以慈禧太后为首的顽固派的利益，9月21日，慈禧太后发动政变，宣布"临朝听政"，囚禁光绪弟，杀害积极推动变法运动的谭嗣同、杨锐、林旭、刘光第、杨深秀、康广仁六人，史称"戊戌六君子"，变法失败。

6. 八国联军侵华战争及《辛丑条约》

1900年6月，英、俄、日、法、德、美、意、奥发动侵华战争。

1901年9月，清政府被迫同英、俄、德、日、法、美、意、奥、荷、比、西等11个国家签订丧权辱国的《辛丑条约》。

《辛丑条约》的主要内容有：中国向各国赔偿白银4.5亿两，39年还清，本息共计9.8亿两，用海关等税收作保；拆毁大沽炮台，允许帝国主义派兵驻扎北京到山海关铁路沿线主要地区；永远禁止中国人民成立或加入反帝性质的组织，清政府保证禁止人民反对外国侵略；划定北京东交民巷为"使馆界"，界内不许中国人居住，由各国派兵保护等。

《辛丑条约》使中国完全陷入半殖民地半封建社会的深渊。

7. 辛亥革命

孙中山于1905年8月在日本东京成立了中国同盟会，孙中山为总理。同盟会制定了"驱除鞑虏、恢复中华、建立民国、平均地权"的政治纲领，后来孙中山将其阐发为"民族""民权""民生"的"三民主义"，成为辛亥革命的指导思想。

1911年10月10日，武昌起义打响了，并取得了胜利。因为是旧历辛亥年，历史上称这次革命为"辛亥革命"。

1912年元旦，孙中山在南京宣誓就职，"中华民国"正式成立。

1912年2月12日，清王室接受了清帝退位优待条件，宣布退位，统治中国260余年的清王朝寿终正寝。

1912年3月，孙中山在南京颁布了参议院制定的《中华民国临时约法》，规定"中华民国"的主权属于全体国民；国内各民族一律平等国民有人身、居住、财产、言论、出版、集会、结社、宗教信仰等自由，有选举和被选举的权利；参议院行使立法权，有弹劾总统的权力。《中华民国临时约法》确立了行政、立法、司法三权分立的政治体制，具有资产阶级共和国宪法性质。

辛亥革命是中国近代史上一次伟大的反帝反封建的资产阶级民主革命。它推翻了两千多年的君主制度，建立了资产阶级民主共和国，颁布了反映资产阶级民主主义精神的《中华民国临时约法》。

8. 新文化运动

辛亥革命后，一些激进的资产阶级、小资产阶级知识分子在思想文化领域掀起了一场反对封建复古主义和专制主义的斗争，即"新文化运动"。

1915年9月，陈独秀在上海创办的《青年杂志》是新文化运动开始的标志。

新文化运动的主要内容是提倡民主和科学。它倡导的民主是指资产阶级民主政治，倡导的科学指自然科学和对待事物的科学态度。

二、文学常识

文学是把握人的一种方式。将宏观社会、历史关系中的人引入微观生活领域，把人的心灵的、情感的主观世界展示出来，为人的心灵与情感世界的丰富提供精神营养。

（一）中国文学常识

1. 先秦文学

先秦即指公元前221年秦朝统一以前的历史时期，是中国文化发生和初创的时期。先秦文学大致上可分为夏商、西周春秋、战国三个阶段。

先秦文学主要由上古歌谣和神话、《诗经》、先秦散文、楚辞构成。

《诗经》是中国古代最早的诗歌总集，分为《风》《雅》《颂》三类。

"诗经六义"：风、雅、颂、赋、比、兴。

"四书"：《大学》《中庸》《论语》《孟子》。

"五经"：《诗经》《尚书》《礼记》《周易》《春秋》。

历史散文：《尚书》，又称《书》《书经》，是一部多体裁文献汇编，为中国现存最早的史书；《春秋》，由孔子编著，是我国第一部编年体断代史；《左传》：春秋末期的鲁国史官左丘明编著，是我国第一部记事详备的编年体史书；《国语》，我国最早的一部国别体史书，由各国的史料汇集而成；《战国策》，一部国别体史书，主要记叙的是战国时期谋臣策士们的言行。

屈原是中国最伟大的浪漫主义诗人之一，创立了"楚辞"这种文体。代表作品《离骚》《九歌》《九章》《天问》，其影响最大的作品是《离骚》。

2. 汉代文学

（1）汉赋

汉赋为两汉一代之文学，是一种新兴的文体。贾谊的《吊屈原赋》是骚体赋，枚乘的《七发》是汉大赋正式形成的标志，司马相如的大赋是汉赋的顶峰。

（2）散文

两汉以历史散文和政论散文最为突出。

司马迁的《史记》。《史记》是我国历史上第一部纪传体通史，被称为"二十四史"之首。《史记》以人物为中心来反映历史，创立了纪传体史书的新样式，也开辟了传记文学的新纪元，是汉代最辉煌的成就，被鲁迅誉为"史家之绝唱，无韵之离骚"。

东汉班固的《汉书》与之齐名。《汉书》，又称《前汉书》，是中国第一部纪传体断代史。

政论文中名篇佳作迭现，其中包括：贾谊的《过秦论》《论治安策》、晁错的《论贵粟疏》、桓宽的《盐铁论》、王充的《论衡》等。

（3）诗歌

汉诗包括乐府民歌和文人诗。

乐府民歌成就较高，它继承了《诗经》的现实主义传统，以叙事为主，多用比兴铺陈，善于用人物的语言和行动表现人物性格、朴素自然，对当时和后世诗歌创作均有深远影响。《陌上桑》《上邪》《长歌行》《孔雀东南飞》等篇目直至今日仍魅力无穷。其中《陌上桑》和《孔雀东南飞》在结构和叙事的完整性上都达到了汉乐府的最高水平。

文人诗以文人五言诗成就最高，它是在民间五言歌谣的基础上发展起来的，到东汉才有完整的作品，《古诗十九首》是其成熟的标志。

3. 三国两晋南北朝文学

三国时建安文学的代表作家有"三曹""建安七子"和"竹林七贤"。

"三曹"是指曹操、曹丕、曹植，代表作品有曹操的《短歌行》、曹丕的《燕歌行》、曹植的《白马篇》《洛神赋》等。其中《燕歌行》是现存最早最完整的一首七言诗。

"建安七子"是指孔融、陈琳、王粲、徐干、应场、阮瑀、刘桢。

"竹林七贤"：嵇康、阮籍、山涛、向秀、刘伶、王戎、阮咸。

南朝民歌大部分保存在宋代郭茂倩的《乐府诗集·清商曲辞》中，主要有吴歌和西曲两类。南朝民歌最突出的艺术技巧就是利用汉语的谐音构成双关隐语。

南朝民歌中的抒情长诗《西洲曲》和北朝民歌中的叙事长诗《木兰诗》，分别代表着南北朝民歌的最高成就。

《木兰诗》是北朝民歌中最为著名的长篇叙事诗之一，它塑造了木兰这一代父从军的艺术形象。

陶渊明(365—427)，东晋诗人，是魏晋南北朝时期最杰出的文学家，因不愿为"五斗米折腰"而弃官归隐，过着躬耕自资的田园生活，并开辟了山水田园诗风，在古代文学发展史上树立了一座里程碑。他的《归田园居》写出"狗吠深巷中，鸡鸣桑树颠"的乡野生活；《饮酒》则表达出"采菊东篱下，悠然见南山"的悠远意境。

4. 唐代文学

唐朝是中国诗歌作为一种文学样式最鼎盛的时期，不了解唐诗，就不具备中国文学的基本素养。在唐代出现了大量的诗人，大量的优秀诗作，引领诗风。

"初唐四杰"是指我国唐代初期四位文学家王勃、杨炯、卢照邻、骆宾王的合称，简称"王杨卢骆"。"初唐四杰"中成就最高的是王勃，其代表作品有《滕王阁序》《送杜少府之任蜀州》等，其中的"落霞与孤鹜齐飞，秋水共长天一色"，"海内存知己，天涯若比邻"，精练概括，格调高朗，为千古名句。

王维、孟浩然是盛唐"山水田园诗派"的代表作家，继承和发展了陶渊明、谢灵运开创的田园诗风格，擅长描绘山水田园风光，通过描绘幽静的景色，借以反映宁静的心境或隐逸的思想，在文学史上有极高的地位。

王维，字摩诘，号摩诘居士，世称"王右丞"，因笃信佛教，有"诗佛"之称。苏轼曾说："味摩诘之诗，诗中有画；观摩诘之画，画中有诗。"王维的代表作品有《鸟鸣涧》《山居秋暝》《终南山》等，其中的"明月松间照，清泉石上流""大漠孤烟直，长河落日圆""独在异乡为异客，每逢佳节倍思亲"等成为千古名句。

孟浩然的代表作品有《春晓》《过故人庄》《宿建德江》等。其中《春晓》"春眠不觉晓，处处闻啼鸟。夜来风雨声，花落知多少"是诗人艺术境界和精神境界俱臻化境之作。

高适、岑参是"边塞诗派"中成就最高的两位作家。"边塞诗派"以描绘边塞风光、反映戍边将士生活为主，还有一些是描写战争带来的各种矛盾如离别、思乡、闺怨等。形式上多为七言歌行和五、七言绝句，诗风悲壮，格调雄浑，抒发出大唐盛世的雄伟气势。高适的代表作品有《燕歌行》《别董大》等，其中的"莫愁前路无知己，天下谁人不识君"成为千古名句。岑参的代表作品有《走马川行奉送封大夫出师西征》《白雪歌送武判官归京》等，其中最经典的名句"忽如一夜春风来，千树万树梨花开"常为后人传诵。

唐代最伟大的浪漫主义诗人李白，字太白，号青莲居士。有"诗仙"之称。代表作品有《蜀道难》《行路难》《梦游天姥吟留别》《将进酒》《静夜思》等。是继屈原之后我国最为杰出的浪漫主义诗人。李白的诗大气磅礴、想象力丰富，这与诗人的抱负和个人气质相关。在他的作品中现出"独立不羁、飘逸洒脱"的气质，因而他被称为"诗仙"。其中"举头望明月，低头思故乡""孤帆远影碧空尽，唯见长江天际流""长风破浪会有时，直挂云帆济沧海""天生我材必有用，千金散尽还复来"等成为千古传唱的名句。

杜甫，字子美，自号少陵野老、杜少陵、杜工部等，世称"诗圣"，伟大的现实主义诗人。他的诗具有丰富的社会内容、强烈的时代色彩和鲜明的政治倾向，真实深刻地反映了安史之乱前后一个历史时代的政治时事和广阔的社会生活画面，因而被称为一代"诗史"。诗风沉郁顿挫，忧国忧民。语言和篇章结构富于变化，讲求炼字炼句。杜甫脍炙人口的诗篇有《兵车行》《茅屋为秋风所破歌》和"三吏"（《新安吏》《潼关吏》《石壕吏》）、"三别"（《新婚别》《垂老别》《无家别》）等。"会当凌绝顶，一览众山小。""随风潜入夜，润物细无声。""出师未捷身先死，长使英雄泪满襟。""无边落木萧萧下，不尽长江滚滚来。"这些名句成为千古绝唱。

白居易，字乐天，晚年又号香山居士，伟大的现实主义诗人。他的诗歌题材广泛，形式多样，语言平易通俗，有"诗魔"和"诗王"之称。

白居易主张"文章合为时而著，歌诗合为事而作"，在文学上积极倡导"新乐府运动"。"新乐府"针对汉乐府而言，指唐人自立新题而作的乐府诗，多咏写时事，关注民生，体现现实主义精神，人们熟悉的篇目有《长恨歌》《琵琶行》《卖炭翁》等。"在天愿作比翼鸟，在地愿为连理枝。天长地久有时尽，此恨绵绵无绝期""野火烧不尽，春风吹又生"成为千古名句。

孟郊，现存诗歌500多首，以短篇的五言古诗最多。有"诗囚"之称，又与贾岛齐名，人称"郊寒岛瘦"，代表作为《游子吟》："慈母手中线，游子身上衣。临行密密缝，意恐迟迟归。谁言寸草心，报得三春晖。"

李贺，字长吉，世称李长吉、鬼才、诗鬼等，与李白、李商隐三人并称唐代"三李"。

刘禹锡，字梦得，有"诗豪"之称。刘禹锡的诗简洁明快，风格俊爽，有一种哲人的睿智和诗人的挚情渗透其中，极富艺术张力和雄直气势。代表作有《陋室铭》《乌衣巷》等。

杜牧，字牧之，号樊川居士，唐代诗人。其代表作品有诗歌《山行》《清明》《过华清宫》等，古文《阿房宫赋》。

李商隐，晚唐著名诗人。其诗构思新奇，风格浓丽，尤其是一些爱情诗写得缠绵悱恻，为人传诵。李商隐的代表作为"无题诗"，其中"春蚕到死丝方尽，蜡炬成灰泪始干""身无彩凤双飞翼，心有灵犀一点通"等成为千古传唱的名句。

唐代古文运动：古文运动指唐代中叶及北宋时期以提倡古文、反对骈文为特点的文体改革运动。"古文"的特点是质朴自由、以散行单句为主，不受格式拘束，反映现实生活，表达思想。代表人物是韩愈和柳宗元。

5. 宋代文学

宋词是宋代最有特色、成就最高的文学样式，兼有文学与音乐两方面的特点。宋词基本可以分为婉约派和豪放派两大派。

（1）婉约派

婉约派的特点是内容比较窄狭，侧重儿女风情。结构深细缜密，重视音律谐婉，语言圆润，清新绮旎。具有一种柔婉之美。代表作家有柳永、晏殊、晏几道、周邦彦、李清照、姜夔等。

李煜，五代十国时南唐国君，虽不通政治，但其艺术才华却非凡。精书法，善绘画，通音律，诗和文均有一定造诣，尤以词的成就最高，被称为"千古词帝"。代表作有《虞美人（春花秋月何时了）》《浪淘沙（帘外雨潺潺）》《相见欢（无言独上西楼）》等。

秦观（1049—1100），字少游，北宋后期著名婉约派词人。其词大多描写男女情爱和抒发仕途失意的哀怨，文字工巧精细，音律谐美，情韵兼胜，历来词誉甚高，然而缘情婉转，语多凄黯。秦观的代表作《鹊桥仙》中"两情若是久长时，又岂在朝朝暮暮"被誉为"化腐朽为神奇"的名句。

李清照（1084—1155），字易安，号易安居士，南北宋之交的女词人，婉约词派代表，有"千古第一才女"之称。代表作为《一剪梅（红藕香残玉簟秋）》《如梦令（昨夜雨疏风骤）》《如梦令（常记溪亭日暮）》《声声慢（寻寻觅觅）》等。

陆游，字务观，号放翁，南宋爱国诗人。创作诗歌很多，代表作有《关山月》《示儿》《书愤》等。其作品主要抒发政治抱负，反映人民疾苦，风格雄浑豪放，也不乏抒写日常生活的清新之作。其词作量不如诗篇巨大，但和诗同样贯穿了气吞残虏的爱国主义精神。陆游的诗可谓各体兼备，无论是古体、律诗、绝句都有出色之作，其中尤以七律写得又多又好。"山重水复疑无路，柳暗花明又一村。""出师一表真名世，千载谁堪伯仲间。""纸上得来终觉浅，绝知此事要躬行。""伤心桥下春波绿，曾是惊鸿照影来。""小楼一夜听春雨，深巷明朝卖杏花。"成为千古传唱的名句。

除诗外，陆游的词创作也有不小的成就。其词有些清丽缠绵，与宋词中的婉约派比较接近，如《钗头凤（红酥手）》；有些抒发着深沉的人生感受，或寄寓着高超的襟怀，如《卜算子·咏梅（驿外断桥边）》等；最能体现陆游的身世经历和个性特色的，是那些慷慨雄浑、荡漾着爱国激情的词作，如《汉宫春》等。

（2）豪放派

豪放派的特点，大体是创作视野较为广阔，气象恢弘雄放，喜用诗文的手法、句法和字法写词，语词宏博，用典较多，不拘守音律，具有悲壮慷慨的高亢之调。代表作家有苏轼、辛弃疾、岳飞、陆游等。

苏轼，字子瞻，号东坡居士，眉州眉山（今属四川）人，代表作有《念奴娇·赤壁怀古（大江东去）》《水调歌头（明月几时有）》《江城子·密州出猎（老夫聊发少年狂）》《江城子·乙卯正月二十日夜记梦（十年生死两茫茫）》等。他将北宋诗文革新运动的精神扩大到词的领域，开豪放一派先河。

辛弃疾，字幼安，别号稼轩，历城（今山东济南）人，代表作为《永遇乐·京口北固亭怀古（千古江山）》《青玉案·元夕（东风夜放花千树）》。其词抒写力图恢复国家统一的爱国热情，倾诉壮志难酬的悲愤，对当时执政者的屈辱求和颇多谴责；也有不少吟咏祖国河山的作品。题材广阔又善化用前人典故入词，风格沉雄豪迈又不乏细腻柔媚之处。

岳飞，字鹏举，南宋军事家。代表作为《满江红（怒发冲冠）》。

6."唐宋八大家"

唐宋八大家是唐宋时期八大散文作家的合称，即唐代的韩愈、柳宗元和宋代的苏轼、苏洵、苏辙（苏轼、苏洵、苏辙三人合称"三苏"）、欧阳修、曾巩、王安石。

韩愈是古文运动的倡导者，著有《韩昌黎集》四十卷等，代表作有《师说》《进学解》等，其文以思想取胜。

柳宗元，与韩愈共同倡导唐代古文运动，并称为"韩柳"。其著名的《永州八记》，为文清丽明亮，画面优美，更具文学欣赏性。

7. 元代文学

元曲作为"一代之文学"，题材丰富多样，创作视野阔大宽广，反映生活鲜明生动，人物形象丰满感人，语言通俗易懂，是我国古代文化宝库中不可缺少的宝贵遗产。元曲有严密的格律定式，每一曲牌的句式、字数、平仄等都有固定的格式要求。

散曲，是一种同音乐结合的长短句歌词，是少数民族乐曲与中原正乐融合而成的一种新的诗歌形式。散曲的代表作家有关汉卿、白朴、马致远等。

关汉卿的散曲代表作品有套数《南吕·一枝花(不伏老)》、小令《双调·沉醉东风》等；马致远的散曲代表作为小令《天净沙·秋思》、张养浩的《山坡羊·潼关怀古》，睢景臣有《哨遍·高祖还乡》。

戏剧元曲四大家：关汉卿、白朴、马致远、郑光祖。关汉卿为"元曲四大家"之首，代表作有《窦娥冤》《救风尘》《单刀会》等；白朴代表作有《梧桐雨》《墙头马上》等；马致远，字千里，晚年号东篱，代表作有《汉宫秋》等；郑光祖，字德辉，元代著名的杂剧家和散曲家，代表作有《倩女离魂》等。

元代四大爱情剧：关汉卿《拜月亭》、王实甫《西厢记》、白朴《墙头马上》、郑光祖《倩女离魂》。

元杂剧四大悲剧：关汉卿的《窦娥冤》、白朴的《梧桐雨》、马致远的《汉宫秋》、纪君祥的《赵氏孤儿》。

8. 明清文学

明清文学中小说成就很高。

"四大名著"：罗贯中的《三国演义》、吴承恩的《西游记》、施耐庵的《水浒传》、曹雪芹的《红楼梦》。

"明代四大奇书"：《三国演义》《水浒传》《西游记》《金瓶梅》。

此外，明清时期涌现了无名氏的《封神演义》、蒲松龄的《聊斋志异》、吴敬梓的《儒林外史》等小说史上的巅峰之作。

明代中后期，在宋元话本基础上发展起来的白话短篇小说出现了繁荣局面，后人称"拟话本"。冯梦龙的《喻世明言》《警世通言》《醒世恒言》和凌濛初的《初刻拍案惊奇》《二刻拍案惊奇》合称"三言二拍"，代表了明代拟话本创作的最高成就。

明清文学在戏曲领域，代表作有明代汤显祖的《牡丹亭》等。《牡丹亭》是汤显祖的代表作，与《紫钗记》《邯郸记》和《南柯记》合称"玉茗堂四梦"(或称"临川四梦")。清代孔尚任的《桃花扇》，通过男女主人公侯方域(朝宗)和李香君的爱情故事反映明末南明灭亡的历史戏剧。

9. 中国现当代文学

1918 年 5 月，鲁迅在《新青年》上发表了《狂人日记》。这是新文学史上第一篇白话小说。此后他出版了两本重要的小说集《呐喊》和《彷徨》。

茅盾(1896—1981)，原名沈德鸿，字雁冰，浙江桐乡人。中国现代著名作家、文学评论家和文化活动家以及社会活动家。代表作有长篇小说《子夜》、"蚀"三部曲(《幻灭》《动摇》《追求》)，短篇小说《林家铺子》、"农村三部曲"(《春蚕》《秋收》《残冬》)，散文《白杨礼赞》《风景谈》等。

叶圣陶(1894—1988)，原名叶绍钧，字秉臣，江苏苏州人。著名作家、教育家、编辑家、文学出版家和社会活动家。现实主义作家，代表作有长篇小说《倪焕之》；短篇小说《多收了三五斗》《夜》；童话集《稻草人》等，是中国现代文学史上最早写童话的作家。

朱自清(1898—1948)，原名自华，号秋实，原籍浙江绍兴，生于江苏东海。现代著名散文家、诗人。著名篇目有《背影》《绿》《荷塘月色》《桨声灯影里的秦淮河》等。

郭沫若的《女神》是一部杰出的浪漫主义诗集，是我国新文学史上第一部不朽的诗歌作品，开了一代新诗风，奠定了新诗运动的基础。

徐志摩(1897—1931)，浙江海宁人，现代诗人、作家，"新月诗派"的代表。主要作品有诗集《志摩的诗》《猛虎集》等，著名篇目有《再别康桥》《在病中》《沙杨娜拉》《偶然》等。

张恨水(1897—1967)，原名心远，安徽潜山人，著名章回小说家，鸳鸯蝴蝶派代表作家。其作品情节曲折复杂，结构布局严谨完整，将中国传统的章回体小说与西洋小说的新技法融为一体。代表作有《金粉世家》《啼笑因缘》等。

老舍(1899—1966)，满族，北京人，中国现代小说家、戏剧家。老舍的主要作品有：长篇小说《骆驼祥子》《四世同堂》，中篇小说《月牙儿》《我这一辈子》；剧本《龙须沟》《茶馆》；《老舍剧作全集》《老舍散文集》《老舍诗选》《老舍文艺评论集》和《老舍文集》等。

老舍以长篇小说和剧作著称于世。他的作品大都取材于市民生活，为中国现代文学开拓了重要的题材领域。他所描写的自然风光、世态人情、习俗时尚，运用的群众口语，都呈现出浓郁的"京味"。优秀长篇小说《骆驼祥子》《四世同堂》便是描写北京市民生活的代表作。话剧剧本《茶馆》以独特而又精巧的戏剧结构，"小说式"的人物刻画，鲜明而突出的地方特色和民族特色表现出巨大的艺术价值，成为中国话剧艺术的一颗璀璨明珠。

老舍的作品已被译成 20 余种文字出版，作品具有独特的幽默风格和浓郁的民族色彩，以及从内容到形式的雅俗共赏赢得了广大的读者，同时，老舍也获"人民艺术家"称号。

巴金（1904—2005），原名李尧棠，字芾甘。巴金是一位多产的作家，他的激流三部曲《家》《春》《秋》曾深远地影响过一代青年。

丁玲（1904—1986），湖南临澧人，现代女作家。其小说《太阳照在桑干河上》和周立波的《暴风骤雨》代表了解放区土改题材长篇小说的最高成就，在中国现代文学史上有着重要的地位。

曹禺（1910—1996），原名万家宝，他对中国话剧的发展作出了特别的贡献。他创作的《雷雨》《日出》《北京人》，成为中国现代话剧的经典作品。《雷雨》表现的是一个旧时代家庭的生活悲剧。剧中人物的情感纠葛，对今人也有冲击力。

张天翼（1906—1985），祖籍湖南，生于江苏南京。著名的现代小说家、文学家、儿童文学作家。代表作有《大林与小林》《宝葫芦的秘密》等。短篇小说集《速写三篇》中的《华威先生》是著名的讽刺小说，作者以漫画式的手法辛辣地讽刺了那些抗战官僚们的空喊口号，不做实事的丑恶嘴脸，暴露了国民党内部复杂而尖锐的斗争。

孙犁（1913—2002），河北安平人，现代小说家、散文家，"荷花淀派"的创始人。主要作品有：短篇小说《荷花淀》《芦花荡》，中篇小说《村歌》《铁木前传》，长篇小说《风云初记》（三集），散文集《津门小集》《晚华集》等。《白洋淀纪事》是作者最负盛名的一部小说和散文合集。孙犁的小说被称为"诗体小说"，即诗歌型文体小说。

贺敬之，1924年出生，山东峄县人。现代著名革命诗人、剧作家。代表作有《回延安》《雷锋之歌》等。《白毛女》是20世纪40年代抗日战争末期，由延安鲁迅艺术学院集体创作，贺敬之、丁毅执笔的一部具有深远历史影响的文艺作品。《白毛女》是我国第一部新歌剧，也是我国新歌剧发展的里程碑。

刘心武，1942年生于四川成都，当代著名作家、红学家。代表作有短篇小说《班主任》、长篇小说《钟鼓楼》、学术著作《刘心武揭秘红楼梦》等。

路遥（1949—1992），原名王卫国，陕西榆林人，当代作家。代表作有中篇小说《人生》，长篇小说《平凡的世界》。

陈忠实，1942年生于陕西西安，当代作家。代表作有长篇小说《白鹿原》。

王安忆，1954年生于江苏南京，当代女作家，"知青文学""寻根文学"等文学创作类型的代表性作家。代表作有长篇小说《长恨歌》《桃之夭夭》，短篇小说《小鲍庄》，编剧作品《风月》。

莫言，1955年生于山东高密县，中国当代著名作家。代表作有《红高粱》《檀香刑》《丰乳肥臀》《生死疲劳》《蛙》等。2011年莫言的《蛙》荣获茅盾文学奖。2012年莫言获得诺贝尔文学奖，获奖理由是"通过魔幻现实主义将民间故事、历史与当代社会融合在一起。"

海子(1964—1989)，本名查海生，安徽怀宁县人，毕业于北京大学法律系。创作初期受朦胧诗派影响，后来作为新诗潮的代表人物，创作出大量优秀的抒情短诗，兼具抒情性、可诵性和先锋性风格。代表作有《面朝大海，春暖花开》《祖国》《黎明》等。

(二)世界文学常识

1. 古希腊文学

古希腊文学的最高成就是《荷马史诗》，即相传由盲诗人荷马创作的《伊利亚特》和《奥德赛》。《伊利亚特》叙述了十年特洛伊战争，《奥德赛》写特洛伊战争结束后，希腊英雄奥德赛历险回乡的故事。

柏拉图(约公元前427—前347)，古希腊伟大的哲学家。他和其老师苏格拉底、学生亚里士多德并称为古希腊三大哲学家(即"希腊三贤")。

埃斯库罗斯(约公元前525—前456)，希腊悲剧的创始人，代表作是《被缚的普罗米修斯》。他在悲剧史上最大的贡献是在剧中增加了第二名演员，使对话成为戏剧的主要成分，戏剧结构程式基本形成，被人们誉为"悲剧之父"。

阿里斯托芬(约公元前446—前385)，被誉为"喜剧之父"。他的喜剧艺术属于现实主义，但表现手法却极其夸张，喜剧的语言来自民间，朴实、自然、诙谐、生动。他的创作对后世的喜剧和小说都产生了影响。

2. 意大利文学

但丁、彼特拉克和薄伽丘被称为意大利人文主义"三杰"。其中但丁被恩格斯称为"中世纪的最后一位诗人，同时又是新时代的最初一位诗人"。

但丁(1265—1321)，意大利文艺复兴的伟大先驱，其代表作为《神曲》。《神曲》分为三部《地狱》《炼狱》《天堂》。诗人采用中世纪流行的梦幻文学的形式，描写了一个幻游地狱、炼狱、天堂三界的故事。

意大利文学是人文主义发祥地，彼特拉克被称为"人文主义之父"，代表作《歌集》。

乔万尼·薄伽丘(1313—1375)，是一位多产的作家，著有长篇传奇、史诗、叙事诗、十四行诗、短片故事集、论文等，代表作是短篇小说《十日谈》。作品开端写十个青年男女，为逃避黑死病在乡间住了十天，每人每天讲一个故事，十天共讲了一百个故事。通过这些故事，作者揭露了封建贵族的罪恶，抨击了教会的腐化和教士的荒淫，否定了中世纪的宗教世界观及禁欲主义道德观。《十日谈》文笔精练，语言丰富，善于刻画心理，描绘自然，奠定了意大利散文的基础，并对西欧现实主义文学的发展产生了很大的影响。

卡洛·科洛迪，意大利作家，代表作《木偶奇遇记》。该书出版于1883年，这本书出版后不久，就被译成了80多种文字，仅仅在意大利一个国家，《木偶奇遇记》就有200多个不同的版本。这个童话里的主人公是木偶匹诺曹，他被善良的老木匠制造出来，在经历过木偶剧院老板的关押、狐狸和猫的引诱，以及玩具国的历险等一系列奇遇之后，终于救出了被大鱼吞下的老木匠，并成为了一个真正的男孩。

其他世界名著：亚米契斯的日记体小说《爱的教育》等。

3. 英国文学

莎士比亚，英国文学最高成就者，文艺复兴时期最伟大的剧作家和诗人。主要作品有《仲夏夜之梦》《威尼斯商人》《罗密欧与朱丽叶》《哈姆雷特》《奥赛罗》《李尔王》等。莎士比亚的作品情节生动丰富、人物个性鲜明、具有广阔的社会背景和丰富多彩的个性化语言。被马克思称为"人类最伟大的戏剧天才"。

雪莱（1792—1822），英国浪漫主义诗人。创作了《麦布女王》《解放了的普罗米修斯》《云雀》《西风颂》等，名句"冬天已经来临，春天还会远吗？"广为流传。

拜伦（1788—1824），英国19世纪初期伟大的浪漫主义诗人。拜伦带有自传色彩的长篇叙事诗《恰尔德·哈罗德游记》，主要歌颂了欧洲民族民主解放运动。代表作为诗体小说《唐璜》，通过青年贵族唐璜的种种经历，抨击欧洲反动的封建势力，英国第二代浪漫主义诗人。

狄更斯（1812—1870），英国著名的批判现实主义作家。他一生创作了14部长篇小说和许多中短篇小说。他的作品广泛而生动地反映了19世纪英国资本主义社会，描写了维多利亚时代的道德观。重要作品有《大卫·科波菲尔》《艰难时世》《双城记》《荒凉山庄》等。

萨克雷（1811—1683），英国作家。成名作和代表作长篇小说《名利场》以辛辣讽刺的手法，真实描绘了1810年至1820年摄政王时期英国上流社会没落贵族和资产阶级暴发户等各色人物的丑恶嘴脸和弱肉强食、尔虞我诈的人际关系。

夏洛蒂·勃朗特（1816—1855）。其代表作《简·爱》，描写了一个谦谨、坚强而有独立精神的女性简·爱的形象，在英国文学妇女画廊中独树一帜。

爱米莉·勃朗特(1818—1848)，这位女作家在世界上仅仅度过了 30 年便离开了人间。但她唯一的一部小说《呼啸山庄》却奠定了她在英国文学史以及世界文学史上的地位。《呼啸山庄》描写了一个爱情和复仇的故事，深刻地揭示了一系列人物悲剧性的病态心理，使小说的内容具有重大现实意义。

爱米莉·勃朗特与《简·爱》的作者夏洛蒂·勃朗特和她的小妹妹《爱格尼斯·格雷》的作者安妮·勃朗特(1820—1849)号称"勃朗特三姊妹"，在英国 19 世纪文坛上焕发异彩。

乔安·凯瑟琳·罗琳，英国当代女作家，代表作《哈利·波特》。《哈利·波特》系列小说被翻译成七十四种语言，在全世界两百多个国家累计销量达四亿多册，位列史上非宗教、市场销售类图书首位。《哈利·波特》系列共有七本，其中前六部以霍格沃茨魔法学校为主要舞台，描写的是主人公哈利·波特在霍格沃茨魔法学校六年的学习生活冒险故事。第七本描写的是哈利·波特在校外寻找魂器并消灭伏地魔的故事。

其他世界名著：路易斯·卡洛尔的童话《爱丽丝漫游仙境》、笛福的小说《鲁滨孙漂流记》、斯威夫特的小说《格列佛游记》；简·奥斯汀的小说《傲慢与偏见》，等等。

4. 法国文学

古典主义文学是 17 世纪欧洲文学的主流，最早出现于法国，进而影响到欧洲其他国家。古典主义文学在文艺理论和创作实践上以希腊罗马为典范，故称"古典主义"。莫里哀是这个时期最杰出的喜剧作家。其主要作品有《冒失鬼》《妇人学堂》《伪君子》《恨世者》《吝啬鬼》等。这些作品鞭挞封建制度和丑恶势力，是世界喜剧中最出色的作品。

弗朗索瓦·拉伯雷(1494—1553)，法国文艺复兴时期重要的代表作家。其代表作《巨人传》是欧洲文艺复兴时期的一部杰作，法国长篇小说的发端。小说以神话般的人物形象，荒诞不经的故事情节，妙趣横生、有时不免流于油滑粗俗的独特风格，表现了反封建、反教会的严肃主题，歌颂了新兴资产阶级"巨人"般的力量，描绘了人文主义的乌托邦理想，具有鲜明的时代特点和丰富的思想内容。

从 18 世纪 20 年代开始，启蒙文学逐渐成为当时法国文学的主流。早期的启蒙文学作家主要是孟德斯鸠和伏尔泰。卢梭作为法国启蒙运动的思想家、文学家，为法国大革命提供了理论武器。

维克多·雨果(1802—1885)，法国浪漫主义文学运动的主将和领袖。他是法国文学史上最有才华的作家之一，他的创作反映了 19 世纪法国的重大历史进程和文学进程。雨果的《克伦威尔序言》的发表树起了浪漫主义的旗帜，成为法国浪漫主义的宣言书。其主要作品有《海上劳工》《笑面人》《九三年》《巴黎圣母院》《悲惨世界》等。

缪塞(1810—1857)，法国浪漫主义作家。他是19世纪法国浪漫主义的四大诗人之一，被称为法国的"莎士比亚"，创作了自传体小说《世纪儿的忏悔》，塑造了一个"世纪病"患者"阿克达夫"的形象。

亚历山大·大仲马(1802—1870)，法国浪漫主义作家，自学成才，以小说和剧作著称于世。大仲马的通俗小说大都以真实的历史作背景，以其丰富的想象力构思了大量曲折离奇、传奇色彩浓厚的故事。《基督山伯爵》《三个火枪手》是大仲马的代表作品。

亚历山大·小仲马(1824—1895)，法国著名小说家，大仲马的儿子。其主要作品有《私生子》《金钱问题》《放荡的父亲》《半上流社会》《阿尔丰斯先生》《福朗西雍》等。小仲马的作品大都以妇女、婚姻、家庭为题材，真实地反映了社会生活的一个侧面，其代表作《茶花女》通过妓女玛格丽特同阿尔芒斯的爱情悲剧，揭露了虚伪的社会道德和门第观念。

福楼拜(1821—1880)，19世纪中叶法国著名的批判现实主义作家，他是19世纪法国一位承前启后的作家。其主要代表作《包法利夫人》描写了一个在贵族资产阶级社会的腐蚀和逼迫下堕落毁灭的妇女爱玛的形象。小说通过爱玛的悲剧既控诉了资本主义社会金钱关系的罪恶，又有力地揭露了资本主义社会精神的空虚和堕落。

司汤达(1799—1850)，法国批判现实主义文学的奠基人之一，自称是"人类心灵的观察家"。创作了长篇小说《红与黑》，形象地展示了法国波旁王朝复辟时期广阔的社会生活和错杂的阶级矛盾，深刻地揭露和批判了封建贵族、教会的黑暗和罪恶，辛辣地嘲讽了资产阶级唯利是图的本质，表现了强烈的政治倾向。

巴尔扎克(1799—1850)，法国19世纪批判现实主义文学的伟大代表。他创作的《人间喜剧》《高老头》《欧也妮·葛朗台》等作品，深刻地揭露了金钱的罪恶，批判了资本主义社会中人与人之间赤裸裸的金钱关系。

罗曼·罗兰(1866—1944)，法国著名作家，代表作长篇小说《约翰·克利斯朵夫》是其中最成功的作品。这部巨著共10卷，以主人公约翰·克利斯朵夫的生平为主线，描述了这位音乐天才的成长、奋斗和终告失败，同时对德国、法国、瑞士、意大利等国家的社会现实作了不同程度的真实写照，控诉了资本主义社会对艺术的摧残。《约翰·克利斯朵夫》被誉为20世纪最伟大的小说。

安东尼·圣·埃克苏佩里，法国著名作家、飞行员，代表作童话《小王子》，是 20 世纪流传最广的经典教育童话，全球阅读率仅次于《圣经》。作品描写一个天真纯洁的小王子，他生活在宇宙中的一颗小行星上。那里的生活安宁美好，唯一的威胁是猴面包树，但它的幼苗一出土就被铲除了。为了寻求友谊，也为了学点知识，小王子离开自己的星球到宇宙中去旅行。他先后到过六个行星，拜访了国王、爱虚荣的人、商人、酒鬼、地理学家和点灯人。最后小王子来到地球，结识了飞行员、狐狸和蛇。这部童话含意深广、文字优美，但又生动有趣、引人入胜。

5. 德国文学

约翰·沃尔夫冈·歌德（1749—1832），18 世纪末 19 世纪初德国伟大诗人、作家和思想家。青年时期的歌德最重要的作品是小说《少年维特之烦恼》，对当时德国的丑恶现实进行了深刻的批判，向封建的德国社会进行了公开挑战。

《浮士德》是歌德以毕生心血完成的一部杰作。它与《荷马史诗》《神曲》等齐名，被文学史家认为是史诗性的巨著。《浮士德》取材于德国 16 世纪的民间传说，创作时间长达 60 年之久，以诗剧的形式写成，全剧没有首尾连贯的情节，以主人公浮士德的思想发展为线索，写他探索真理的一生。

约翰·克里斯托佛·席勒（1759—1805），18 世纪德国杰出的诗人和戏剧家。其代表作《阴谋与爱情》《奥尔良的姑娘》《威廉·退尔》等。《阴谋与爱情》发表于 1782 年，是席勒青年时期的代表作。它直接取材于德国现实，表现了强烈反封建精神，是德国"狂飙突进"运动的最优秀作品之一。《奥尔良的姑娘》写法国民族女英雄贞德的故事。剧本的爱国精神对1813—1815 年的德国解放战争起到了积极作用，因而被称为德国解放战争的前奏曲。

格林兄弟，从 1806 年就致力于民间童话和传说的收集、整理和研究工作，1812 年到 1815 年，格林兄弟经过收集整理，完成了《儿童和家庭童话集》，即现在俗称的《格林童话》，其中的《灰姑娘》《白雪公主》《小红帽》等名篇已成为世界各国儿童喜爱的杰作。《格林童话》里有湛蓝的天空、深深的海洋、英俊的王子、美丽的公主等，通过这些美好的东西，作者颂扬了勤劳、诚实、勇敢等，批评了懒惰、自私、怯懦等，体现了德国人民丰富的想象力、美好的内心世界和崇高的道德境界。

雷马克（1898—1970），德国著名作家，对帝国主义和法西斯主义的祸害有着惨痛的切身感受的作品大都描写德国人民在两次战争中所经历的厄运。他 1929 年发表的早期小说《西线无战事》是有世界影响的优秀的反战小说。

海涅的诗《德国，一个冬天的童话》也非常出名。

6. 美国文学

马克·吐温(1835—1910)，美国批判现实主义最杰出的代表，是一位享誉世界的美国作家。其主要作品有《哈克贝利·费恩历险记》《竞选州长》《败坏了赫德莱堡的人》等。

欧·亨利(1862—1910)，美国著名的短篇小说家，一生著有300多篇小说。他的作品常以轻松幽默的笔调描写大都市里小人物的悲欢和"相濡以沫"的友谊，揭露资本主义社会虚伪无耻、尔虞我诈的社会风气。尤其像《警察与赞美诗》《麦琪的礼物》《最后的一片叶子》等代表作，列入了世界优秀短篇小说之列。

西奥多·德莱塞(1871—1945)，20世纪美国杰出的现实主义作家。作品真实地描绘美国生活和小资产阶级的迷茫，揭露资产阶级道德的虚伪和资产阶级民主自由的欺骗性。其代表作《嘉利妹妹》《珍妮姑娘》、"欲望三部曲"(《金融家》《巨人》《斯多噶》)、《美国的悲剧》等。

海明威(1899—1961)，现代美国著名作家，对现当代美国和世界文学产生过重要的影响。海明威作为"迷惘的一代"的代表出现，作品反映了强烈的反战倾向和对未来的迷惘，主要作品有长篇小说《太阳照常升起》(被称为"迷惘的一代"的宣言书)、《永别了，武器》《丧钟为谁而鸣》，中篇小说《老人与海》等。

《太阳照样升起》通过侨居巴黎的一群美国青年的生活透视了一代人精神世界的深刻变化，揭示了战争给人们生理上、心理上造成的巨大创伤，在一定程度上具有反战色彩。

《丧钟为谁而鸣》是海明威流传最广的长篇小说之一，凭借其深沉的人道主义力量感动了一代又一代人。小说描写了美国青年罗伯特·乔丹志愿参加西班牙政府军，在纷飞的战火中，与被敌人糟蹋过的小姑娘玛丽亚堕入爱河，在炸桥的撤退途中，他把生的希望让给别人，自己却被炮弹炸断了大腿，独自留下狙击敌人，最终为西班牙人民献出了年轻的生命。

《老人与海》描写了一个老渔夫桑地亚哥孤单一人出海远航捕鱼的故事。老人在海上漂流了84天仍然一无所获，此后经过两天两夜的生死搏斗，终于捕获了一条特大的马林鱼，但是在归航途中，一大群鲨鱼围了上来，尽管老人奋力拼搏，终于抵不住凶猛鲨鱼的进攻，等他回到海岸时，马林鱼只剩一副巨大的骨架了。《老人与海》使海明威在1952年获普利策奖，两年后获诺贝尔奖。

约瑟夫·海勒(1923—1999)，美国当代著名作家。被认为是"黑色幽默"的一面旗帜，其代表作是《第二十二条军规》，以荒诞的形式，多角度、多层次地展示了一个充满自私、贪婪、虚伪、欺骗、专横、残忍、淫乱和疯狂的现实生活。

其他世界名著：惠特曼的诗《草叶集》、艾略特的诗《荒原》、比彻·斯陀夫人的小说《汤姆叔叔的小屋》、玛格丽特·米切尔的小说《飘》、杰罗姆·大卫·塞林格的小说《麦田里的守望者》、埃德加·斯诺的《西行漫记》，等等。

7. 俄罗斯及苏联文学

普希金(1799—1837)，俄国浪漫主义文学的重要代表，俄国现实主义文学的奠基人。被誉为"俄国文学之父""俄国诗歌的太阳"。其主要作品有诗歌《致恰阿达耶夫》《致西伯利亚的囚徒》《茨冈人》等。农民题材的小说《上尉的女儿》被誉为"俄罗斯生活的百科全书"。诗体小说《叶甫盖尼·奥涅金》是俄国现实主义的奠基作。

果戈理(1809—1852)，俄国批判现实主义文学的奠基人，对俄国文学的发展起到了巨大作用。果戈理还是俄国现实主义戏剧的奠基人之一，1836 年创作的讽刺喜剧《钦差大人》(1842 年发表)揭露了贵族官僚阶级的冷酷，对"小人物"的遭遇表示了同情。1842 年发表的代表作《死魂灵》是批判现实主义的典范作品，是俄国农奴制度崩溃时期农奴主阶级衰亡的历史，通过封建贵族农奴主形象的描写揭示了专制农奴不可避免地崩溃的趋势。

陀思妥耶夫斯基(1821—1881)，俄国 19 世纪杰出的作家。其主要作品《罪与罚》《白痴》《卡拉马佐夫兄弟》是作者一生创作的总结，突出反映了作者对人类存在的哲理思考。《罪与罚》标志着作者创作的高峰，为作者赢得了世界声誉。

契诃夫(1860—1904)，他以擅长剧作短篇小说著称。其主要作品有《小公务员之死》《变色龙》《脖子上的安娜》《套中人》《樱桃园》等。

列夫·托尔斯泰(1828—1910)，俄国伟大的批判现实主义作家。他从 19 世纪中叶到 20 世纪初，在俄国文坛活动了近 60 年，创作了大量的文学作品，被无产阶级革命导师列宁评价为"在自己的作品里能以提出这么多重大的问题，能以达到这样大的艺术力量，使他的作品在世界文学中占了一个第一流的位子。"其代表作有《战争与和平》《安娜·卡列尼娜》《复活》等。

《战争与和平》生动地描写了 1805 年至 1820 年俄国社会的重大历史事件和各个生活领域。作者对人物的描写形象既复杂又丰满，常用对比的艺术方法来表述，体裁在俄国文学史上是一种创新，也超越了欧洲长篇小说的传统规范。

《安娜·卡列尼娜》通过女主人公安娜追求爱情而失败的悲剧和列文在农村面临危机而进行的改革与探索这两条线索，描绘了俄国从莫斯科到外省乡村广阔而丰富多彩的图景，先后描写了 150 多个人物，是一部社会百科全书式的作品。

马克西姆·高尔基（1868—1936），俄国伟大的无产阶级作家，被无产阶级革命导师列宁称之为"无产阶级艺术的最杰出代表"。1892 年，高尔基的短篇小说《马卡尔·楚德拉》发表，从此走上了文学创作道路。

1898 年，高尔基《随笔与短篇小说集》出版，轰动俄国文坛，很快被译成多国文学，遂成为欧洲的知名作家。

1913 年，高尔基接受列宁的建议，回到了俄国，先后出版了自传体三部曲《童年》《在人间》《我的大学》，在这些作品中，高尔基根据自己童年的生活经历，真实描写了 19 世纪 70 年代至 90 年代俄国社会的面貌，具有深刻的现实意义。

长篇小说《母亲》是高尔基最重要的作品。在《母亲》中，无产阶级的革命斗争构成了作品的主要情节，无产阶级革命战士成了作品的主人公，这是世界文学史上破天荒的大事。《母亲》的创作实践为后来的社会主义现实主义奠定了基础。

马雅可夫斯基（1893—1930），著名俄国诗人，其代表作品《列宁》《放开喉咙歌唱》。长篇诗《列宁》是马雅可夫斯基创作道路上引人注目的丰碑，这首长篇诗以强烈的感情，高昂的格调，描写列宁战斗的一生，歌颂列宁高尚的人格、不朽的事业和光辉的思想，在文学史上第一次以诗歌形式成功塑造了无产阶级革命领袖的艺术形象。

阿·托尔斯泰（1883—1945），著名俄国作家，其代表作长篇小说《苦难的历程》，广泛地描写了在旧世界崩溃和新世界诞生这一历史转折时期俄罗斯的生活，真实地再现了布尔什维克党领导俄国人民取得的历史性胜利和俄国知识分子在大时代血与火的考验中，逐步走向革命的曲折道路。

法捷耶夫（1901—1956），前苏联社会主义现实主义文学的杰出代表之一，其代表作品有长篇小说《青年近卫军》和《毁灭》等。《青年近卫军》通过克拉斯顿诺共青团地下组织"青年近卫军"同德寇英勇斗争的故事，歌颂了苏联人民的爱国主义和革命英雄主义精神，塑造了性格各异、栩栩如生的青年英雄形象。《青年近卫军》无论思想内容和艺术技巧，都堪称是战后苏联文学中最优秀的作品之一。

米哈依尔·肖洛霍夫（1905—1984），20 世纪苏联文学的杰出代表，其代表作品有《静静的顿河》和《一个人的遭遇》等。《静静的顿河》是肖洛霍夫的代表作，也是 20 世纪世界文学中一部很有影响的重要作品。它生动地描写了从第一次世界大战到国内战争结束这个动荡的历史年代顿河哥萨克人的生活和斗争，表现苏维埃政权在哥萨克地区建立和巩固的艰苦过程及其强大生命力，揭示一切反动落后势力必然失败灭亡的命运。《静静的顿河》篇幅宏大，人物众多，无论从反映生活的深度或广度来说，都称得上一部史诗性作品，获得诺贝尔文学奖。

其他世界名著：俄国，屠格涅夫的小说《父与子》、瓦西里耶夫的小说《这里的黎明静悄悄》、尼古拉·奥斯特洛夫斯基的小说《钢铁是怎样炼成的》，等等。

8. 西班牙文学

米盖尔·台·塞万提斯（1547—1616），是西班牙文艺复兴时期最杰出的现实主义小说家。他 50 多岁开始写作。其著名代表作是长篇小说《堂吉诃德》。

《堂吉诃德》的主人公堂吉诃德是蛰居在拉曼却的一个穷乡绅。他读骑士小说入迷，决心模仿古代骑士去周游天下，打抱不平。小说以堂吉诃德企图效仿骑士到来扫尽人间不平等的主观幻想与西班牙社会的丑恶现实之间的矛盾作为情节的基础，巧妙地把堂吉诃德荒诞离奇的游侠与 16 世纪末 17 世纪初的西班牙社会现实结合了起来。

《堂吉诃德》问世以来，经受了时间的考验，堂吉诃德的名字在不同的历史年代，在不同的国家都流传着。堂吉诃德的名字已经变成了脱离实际，耽于幻想、主观主义的同义语。堂吉诃德的形象也已成为世界文学宝库中最卓越的典型人物之一。

9. 其他国家文学

裴多菲（1823—1849），匈牙利浪漫主义作家。其主要作品有长篇叙事诗《使徒》《自由与爱情》。《自由与爱情》脍炙人口的诗句"生命诚可贵，爱情价更高。若为自由故，二者皆可抛"成为人们传诵的名句。

丹麦安徒生的《安徒生童话》已经被译为 150 多种语言，成千上万册童话书在全球陆续发行出版。其中最著名的童话故事有《拇指姑娘》《卖火柴的小女孩》《豌豆上的公主》和《丑小鸭》等，其童话独特的艺术风格，以及诗意的美和喜剧性的幽默。前者为主导风格，多体现在歌颂性的童话中，后者多体现在讽刺性的童话中。

《一千零一夜》是著名的古代阿拉伯民间故事集，又名《天方夜谭》，是中近东地区广大市井艺人和文人学士在几百年的时间里收集、提炼和加工而成的。

《百年孤独》是展现拉丁美洲作家加西亚·马尔克斯魔幻现实主义手法的代表之作，它独特的艺术成就使马尔克斯走向 1982 年诺贝尔文学奖的领奖台。

此外，还有众多的文学家及其代表作：印度，泰戈尔的诗集《吉檀迦利》，1913 年获诺贝尔文学奖；爱尔兰，伏尼契的《牛虻》；挪威，易卜生的戏剧《玩偶之家》；奥地利卡夫卡的小说《变形记》；日本紫式部的《源氏物语》；奥地利茨威格的小说《一个陌生女人的来信》；捷克作家米兰·昆德拉的小说《生命中不能承受之轻》，等等。

三、艺术鉴赏知识

人的追求，可以归结为三个字，就是"真""善""美"。

求"真"，体现了人与自然的关系中的追求，即认识与改造自然的追求。人在与自然的交往中，试图要把握自然；人要把握自然就必须把握客观存在的事物的本质与规律。"真"，就是指人通过认识活动，把握的客观存在的事物的本质与规律。"真"是科学领域的问题。科学是求真的活动。

求"善"，体现人与人关系中的追求，即认识与改造人类社会的追求。人是社会人，人在社会中与人交往，寻求获得人与人在社会中的一种最佳交往关系。人与人交往的最佳状态，就是"善"。"善"是道德领域的问题。道德是求善的活动。

求"美"，体现的是人与自身关系的追求，即认识与改造自己的追求。人是有主体性的人，人将自然中的一切存在，包括人组成的社会及人自身，都作为认识与改造的对象。人在认识与改造自然，认识与改造社会，也在认识与改造自身的过程中，感受到这种认识与改造的积极成果，就会有思想上、情感上和感官上的积极体验。这就是"美"。

"美"是艺术领域的问题。美的三种形态划分即自然美、社会美和艺术美。

(一)艺术鉴赏的含义

人的生活离不开美，艺术是求美的活动。

所谓艺术鉴赏是指读者、观众、听众凭借艺术作品而展开的一种积极的、主动的审美再创造活动。换句话说，艺术鉴赏的过程从求美、审美到获得美感的过程。

概括地讲，艺术鉴赏作为一种审美再创造活动，其意义主要体现在以下几个方面：(1)艺术家创作出来的艺术品，必须通过鉴赏主体的审美再创造活动，才能真正发挥它的社会意义和美学价值。接受美学认为，艺术作品的审美价值在欣赏过程中才能产生并表现出来；(2)鉴赏主体在艺术欣赏活动中，并不是被动、消极地接受，而是积极主动地进行着审美再创造；(3)从最根本的意义上讲，艺术鉴赏同艺术创作一样，也是人类自身主体力量在审美活动中的自我肯定与自我实现。正如艺术家在艺术创作时，在自身本质力量对象化的创作过程中产生无比的喜悦一样，鉴赏者同样可以在审美再创造活动中，充分展现自己的聪明、智慧和才能，通过艺术鉴赏，将鉴赏自身的本质力量对象化到艺术作品之中，从而获得极其强烈的美感。

(二)艺术鉴赏过程

艺术鉴赏过程一般包括感知、想象、理解和共鸣几个基本环节。

(1)感知。艺术鉴赏心理是以感知为基础的，它包含感觉和较复杂的知觉。感觉是指客观事物直接作用于人的感觉器官，在人脑中所产生的对事物个别属性的反映。知觉是人脑对直接作用于感觉器官的客观事物的各个部分和属性的整体的反映。感知觉是一切认识活动的基础，也是审美感受的心理基础。

(2)想象。想象是指人脑中对已有表象进行加工改造而创造新形象的过程。想象的基本材料是表象，但想象的表象与记忆的表象不同。艺术创作不能离开想象，艺术鉴赏离开了想象也同样无法进行。想象可以分为创造想象和再造想象两种类型。由于想象在艺术鉴赏活动中占有如此重要的地位和作用，培养和发挥想象力，成为人们提高艺术鉴赏能力的一个重要环节。想象的活跃程度常与艺术鉴赏的深刻程度成正比，它也是鉴赏主体充分发挥主观能动作用的重要因素之一。

(3)理解。艺术鉴赏心理中的理解因素，并不是单独存在的，而是广泛渗透在感知、情感、想象等心理活动中，共同构成完整的审美心理过程。因此，审美心理的理解因素，不同于通常的逻辑思维，往往表现为一种似乎是不经思索直接达到对于艺术作品的理解。

(4)共鸣。共鸣是艺术作品创作者和审美者在审美意识、审美判断、审美评价和审美情方面的一致性获得。这是艺术作品审美价值实现的最高境界。

(三)古今中外艺术成就

1. 绘画

顾恺之，擅画人像、佛像、禽兽、山水等，有"才绝、画绝、痴绝"之称，与陆探微、张僧繇并称"画界三杰"。其绘画的传世摹本有《女史箴图》卷、《洛神赋图》卷、《列女仁智图》卷等几种，以《洛神赋图》数量最多。此外，他所提出的"迁想妙得""以形写神"等艺术观点对后世影响极大。

张僧繇，南朝吴（今苏州）人。长于写真，并擅画佛像、龙、鹰，多作卷轴画和壁画。成语"画龙点睛"的故事即出自有关他的传说。

阎立本《步辇图》《历代帝王图》；吴道子《八十七神仙卷》《天王送子图》。

张择端，字正道，东武（今属山东）人。故宫博物院所藏《清明上河图》是其传世名作。

元代画家黄公望的《富春山居图》是中国十大传世名画之一。

唐寅，吴县（今江苏省苏州市）人，字子畏，号伯虎，又号六如居士、桃花庵主、逃禅仙吏等。唐寅工诗文，尤精书画，自称"江南第一风流才子"，并刻治为印，与文徵明、祝允明、徐祯卿并称"吴中四才子"。绘画于山水、人物、花鸟、楼阁皆能，与沈周、文徵明、仇英共称明"吴门四大家"。其代表作有《事茗图》卷、《孟蜀宫妓图》《骑驴归思图》等。

郑燮，字克柔，号板桥，江苏兴化人。乾隆元年（1736）进士。为官清正，性格旷达。有"狂""怪"之誉，为"扬州八怪"之一。书画皆善，画中以兰竹之作最负盛名。其作品有《兰竹荆石图》轴等。

齐白石，原名纯芝，别号白石山人、寄幻仙奴等，湖南湘潭人。擅绘画、篆刻和书法，也工诗词。绘画以花鸟见长。曾任中央美术学院名誉教授、中国美术家协会主席。20世纪中国画艺术大师，20世纪十大书法家、画家之一，世界文化名人。代表作品有《虾》《蟹》《牡丹》《牵牛花》《蛙声十里出山泉》等。

张大千，法号大千，四川内江人，从小即在母亲指导下学习花鸟画与书法。在技法上以泼彩、泼墨相结合的手段，为中国画的用色、用墨开辟了新途径。他是20世纪中国画坛最为传奇的国画大师。代表作有《振衣千仞冈》《来人吴中三隐》《石涛山水》《梅清山水》《巨然茂林叠嶂图》等。

徐悲鸿，江苏宜兴人，现代画家、美术教育家。代表作品有《八骏图》《愚公移山》等。

李可染，江苏徐州人。早年就读于上海美专、杭州艺专，先后学中国画、油画，后专攻中国画。善山水、花鸟、人物，尤善画牛。其山水画参用西画法，被誉为"满、黑、厚、实"的"李家山水"。其作品有《水墨山水图》轴等。

刘海粟，早期油画代表作有《夕阳》《河边》《湖光》《塞纳河桥》《林间信步》《北京前门》等。

2. 书法
东晋"书圣"王羲之，代表作《兰亭序》《黄庭经》。

颜真卿，"颜体"，代表作《多宝塔碑》《颜氏家庙碑》《祭侄文稿》。

柳公权，"柳体"，代表作《神策军碑》。

张旭和怀素和尚被誉为"草圣"。

宋四家：苏轼、黄庭坚、米芾、蔡襄。

宋徽宗赵佶也是位杰出的书法家，以"瘦金体"著称。

元代赵孟頫与唐朝欧阳询、颜真卿、柳公权并称为"楷书四大家"。

3. 音乐

伯牙，古代传说人物，生于春秋战国时代，相传琴曲《水仙操》《高山流水》是他的作品。

师旷，春秋时代晋国音乐家，相传《阳春》《白雪》《玄默》是他的作品。

嵇康，三国魏著名文学家、哲学家、音乐家，以所弹《广陵散》知名。

董庭兰，唐代古琴家，以善弹《胡笳十八拍》的两种传谱著称。

华彦钧，现代民间音乐家，人称"瞎子阿炳"。所作《听松》《二泉映月》《寒春风曲》等二胡曲最为曼妙。

聂耳，我国无产阶级革命音乐奠基者，1933 年加入中国共产党。作有《义勇军进行曲》《开路先锋》《大路歌》《前进歌》《铁蹄下的歌女》等三十余首歌曲及歌剧《扬子江暴风雨》。

冼星海，现代作曲家、人民音乐家。作品有《黄河大合唱》《生产大合唱》等，歌曲有《到敌人后方去》《在太行山上》等，交响曲《民族解放》《神圣之战》、交响组曲《满江红》等。

莫扎特，奥地利作曲家，不仅是古典主义音乐的杰出大师，更是人类历史上极为罕见的音乐天才，有"音乐神童"的美誉。他短暂的一生为世人留下了极其宝贵和丰富的音乐遗产。代表作有歌剧《费加罗的婚礼》《魔笛》《唐璜》等，并首创独奏协奏曲形式。

贝多芬，德国最伟大的作曲家。维也纳古典乐派代表人物。代表作有九大交响曲中的第三《英雄》、第五《命运》、第六《田园》、第九《合唱》等交响曲和《热情》《悲怆》《暴风雨》等钢琴奏鸣曲，以及舞剧《普罗米修斯》等。

舒伯特，奥地利作曲家，早期浪漫主义音乐的代表人物，也被认为是古典主义音乐的最后一位巨匠。被称为"歌曲之王"。代表作有《魔王》《野玫瑰》等。

约翰·施特劳斯，奥地利作曲家，一生创作了一百五十多首圆舞曲，几十首波尔卡和进行曲，享有"圆舞曲之王"的美称，名作有《蓝色多瑙河》和《维也纳森林的故事》。

柴可夫斯基，俄国最伟大的作曲家，所作有交响曲《悲怆》、幻想序曲《罗密欧与朱丽叶》、歌剧《叶甫盖尼·奥涅金》、舞剧《天鹅湖》《睡美人》《胡桃夹子》等。

弗朗兹·李斯特，匈牙利作曲家、钢琴家、指挥家和音乐活动家，浪漫主义音乐的主要代表人物之一，被人们誉为"钢琴之王"。主要作品有《但丁神曲》《浮士德》《匈牙利狂想曲》等。

皮埃尔·狄盖特，国际无产阶级革命歌曲《国际歌》作者。

第三节　教师的教育知识

教师是一种培养人的专门职业，即使具备了既广博又精深的科学和人文等方面的基础知识，还不能成为一名称职的现代教师。"学者未必是良师"道出教师具有教育知识的重要。教师职业的专业性特征要求教师，首先必须精通所教学科的知识，即做到"一枝独秀"；其次懂"如何教"，即如何把学科知识以学生最容易接受的方式转达给学生，这就需要教师具备扎实的教育科学知识；第三，教师要从新手成长为专家型教师，还须掌握实践性知识，在实践中不断总结和反思。

一、学科专业知识

教师的劳动是一种复杂的、创造性的劳动，要成功地完成教学任务，第一，要精通所教学科的知识，对自己所教学科的全部内容有深入透彻的了解。

学科专业知识，又称本体性知识，指的是教师所具有的特定的专门学科知识，如语文知识、数学知识等。根据教师的兴趣或能力，掌握一到两门任教学科的专门性知识和技能，是教学活动展开的基础。

雷诺兹认为所教学科知识主要包括：

——内容知识，即各学科有关的事实、概念、原理、理论等；

——实质内容，即一个学科领域的主要诠释架构与概念架构等；

——章法知识，即一个学科领域研究者探究知识的标准或思考方式等；

——有关学科的信念；

——有关学科的发展。❶

精通所教学科的知识就是对自己所教学科的内容有广泛而深刻的理解，熟练准确地掌握每一个概念、原理及其他知识细节，专业技能和技巧要达到娴熟的程度。苏霍姆林斯基指出："教师所知道的东西，就应当

---

❶ 唐玉光：《教师专业发展与教师教育》，合肥，安徽教育出版社，2008 年，第 7 页。

比他在课堂上要讲的东西多十倍、多二十倍，以便能够应付自如地掌握教材，到了课堂上，能从大量的事实中选出最重要的来讲。""在你的科学知识的海洋里，你所教给学生的教科书里的那点基础知识，应当是沧海一粟。"❶

我国学者叶澜认为，只有当教师具有丰富的、扎实的知识底蕴，并能在科学体系中把握自己讲授的学科时，教师才能使知识在教学中不只是以符号形式存在，以推理、结论方式出现，而且能展示知识本身发展的无限性和生命力，能把知识活化，在教学中真正实现科学精神与人文精神、理论与实践、知识与人生的统一，充分发挥学科知识全面育人的价值。因此，教师的本体性知识应涵盖：

——对学科的基础性知识、技能有广泛而准确的理解，熟练掌握相关的技能、技巧；

——对与该学科相关的知识，尤其是相关点、相关性质、逻辑关系有基本了解；

——了解该学科发展历史和趋势，了解推动其发展的因素，了解该学科对于社会、人类发展的价值及在人类生活实践中的多种表现形态；

——掌握每一门学科所提供的独特的认识世界的视角、域界、层次及思维的工具与方法，熟悉学科内科学家的创造发现过程和成功原因，以及在他们身上展现的科学精神和人格力量。❷

中学物理教师的知识

一名合格的中学物理教师，其物理学科方面的知识至少应包括如下三类。

(1)物理学专业知识体系。在这个体系中又包括三个层次：①科学观察和实验事实；②寻求事实间的内在联系，建立物理模型，形成概念，发现规律等；③基本规律。这样就完成了一个从事实到理论的操作过程。

(2)物理学史方面的知识。熟知物理学理论的来龙去脉，了解具体理论的产生、发展和成熟的过程。

(3)物理学方法论方面的知识。这方面知识的传授有利于培养学生思考问题、解决问题及创造发明的能力。

---

❶ ［苏］苏霍姆林斯基著，杜殿坤译：《给教师的建议（下）》，北京，教育科学出版社，1984年，第156、7页。

❷ 叶澜，白益民等：《教师角色与教师发展新探》，北京，教育科学出版社，2001年，第23—24。

资料出处　申继亮主编：《新世纪教师角色重塑——教师发展之本》，北京，北京师范大学出版社，2006年，第40页。

第二，教师要了解和掌握与该学科相关的知识和背景材料。只有当教师的知识视野比学校教学大纲更宽广得无可比拟时，教师才能成为教育过程的真正的能手、艺术家和诗人。

第三，教师还要了解本学科产生和发展的历史脉络，以及将来的发展趋势，了解推动其发展的因素及该学科对于社会和人类发展的价值，了解该学科在人类生活实践中的具体表现形态。

第四，教师要掌握本学科所提供的认识和探索自然或人类社会的方法，熟悉对本学科的发展作出较大贡献的著名人物。这样就可以从方法论指导学生进一步探索本学科的有关问题，培养科学创新精神。

这样，"资之深，则取之左右逢其源。"因此，教师首先应是一个学者，是所教学科专家，精通所教学科的知识。

二、教育科学知识

教学中只解决教什么的问题还不够，更重要的是解决如何教的问题。一个教师要成功扮演好自己的角色，在所教学科知识够用的基础上，更重要的是具有教育科学方面的知识和教育教学能力，教师的专业领域毕竟是教学而不是其任教的学科。虽然教学工作作为一种专业所依赖的教学学科知识体系还不完全具备"一种公开的、经得起公众考察和批判的方法，以便能够形成代表它这一专业的一系列独特的观念、步骤和概括，并能对它作出检验"。但目前确实已经存在着可以作为教学工作基础的"一个知识体系和一系列新颖的关于教学的概念"，在教学法知识方面新近也有"无数成就"，关于人的成长与发展的知识也"从容地发展起来"，这些知识在很大程度上可以确保教学专业人员的行为能以科学的知识和方法为依据。[1]

研究表明，教学中最重要但又是最容易受忽视的是教师的学科知识，以及如何把学科知识以学生最容易接受的方式转达给学生。如何把学科知识以学生最容易接受的方式转达给学生就需要教师具备扎实的教育科学知识。

教育学科知识，又称条件性知识，即教师所具有的教育学科方面的知识，主要包括教育学和心理学以及与之相关的分支学科，是教师进行

---

[1]　唐玉光：《教师专业发展与教师教育》，合肥，安徽教育出版社，2008年，第7页。

具体的教育和教学活动的理论基础，能解决如何有效地教的问题，是教师成功教学的重要保障。

一名教师要成功地扮演好自己的角色，在掌握所教学科知识的基础上，更重要的是要了解和遵循教育工作的规律，掌握教育学、心理学、教育技术等基本教育理论和知识。杜威在《思维与教学》一书中指出："为什么教师要研究心理学、教育史、各科教学法一类的科目呢？有两个理由：一、有了这类知识，他能够观察和解释儿童心智的反应——否则便易于忽略。二、懂得了别人用这有效的方法，他能够给予儿童以正确的指导。"❶苏霍姆林斯基在《给教师的建议》中也谈到："刚从师范学院毕业出来的教师，只有在自己整个教育生涯中不断地研究心理学，加深自己的心理学知识，他才能成为教育工作的真正能手。"❷

近年来世界各国特别重视教育科学知识的掌握。英国规定，要想成为中小学合格教师，必须经过教育专业训练，取得教育证书和教育学士学位，只有持有这种证书的人，才有可能在中小学任教。无证书者，不论其专业水平如何，都不能当教师；日本也要求所有的中小学教师必须获取一定的教育科目的学分，而且教学年龄越低，对教育科目所占学分的比例要求也越高；德国规定，未学过高等教育学的人一律不得被聘为中小学教师。

现代教师必须具备基本的教育科学知识。参照各国成功的经验，我国教师应该掌握的教育学科知识包括以下几个方面。

——教育基础类知识：包括教育基本理论、心理学基本理论、德育论、教学论、教育心理学、中外教育史、教育科学研究方法、学校管理学、现代教育技术知识等，主要培养教师的教育理论素养；

——学科教育类知识：如学科教育学、学科课程论、教材教法等。它们是教师对教育学、心理学、学科知识、学生特征和学习背景的综合理解。培养一专多能的教师已成为世界教育发展的趋势，现代教师应该掌握至少两门学科的学科教育学和教材教法，了解根据不同学科的特殊性探讨不同学科教学过程的特点、规律、原则、方法和教材的分析及处理；

——教育工艺类知识：包括多媒体教育技术、计算机辅助教学、教育测量和评估、教育艺术、教育信息处理、学生学业和生活指导、班级

---

❶ ［美］杜威著，孟宪承译：《思维与教学》，上海，商务印书馆，1936年，第248页。

❷ ［苏］苏霍姆林斯基著，赵玮等译：《帕夫雷什中学》，北京，教育科学出版社，1983年，第44页。

管理等；

——教育工程类知识：包括教育社会学、教育经济学、教育人类学、教育行政学等。

三、教学实践知识

教师的实践性知识是指教师个体在日常教学实践活动过程中，经过不断的体验、感悟和反思而形成的知识，是教师教育教学中真正实际采用的知识。在现实教学中，当教师在面对复杂的教育情景时所作出的迅速反应，与其说是教师根据已经学过的理论知识，毋宁说是根据实践性知识所作出的判断。实践性知识支配着教师的日常教学行为。教师个体实践性知识的数量与质量在某种程度上决定了其教育教学的效果。教师实践性知识具有以下鲜明特征。

1. 个体性

相对于存在书本上、教材上、可以被广泛传播和交流的"公共知识"而言，教师实践性知识是一种"个人知识"。它是教师在自己的教学实践中，在个体的生活情境中，慢慢地积淀于自身的一种经验和体悟，是他人所不能知道或是不能感悟到的。它不仅与教师的年龄、成长经历、生活背景有关，也与教师个人的思维方式、行为特征相关。它带有浓厚的个人色彩，常体现为教师个体化的处世风格和个人品质特征，并构成其人格的一个方面。

2. 实践性

相对于上述理论知识（普通文化知识、专业学科知识和教育学科知识）而言，教师实践性知识具有鲜明的实践性特征。表现为：它来源于实践，在实践中不断建构和生成，并直接面对实践，解决教学实践中的实际问题。日本学者佐藤学认为，教师的知识是一种实践性知识，是一种经验性的知识。同研究者运用的"理论性知识"相比，它缺乏严密性和普适性，是一种多义的、活生生的、充满柔性的功能性知识。❶

3. 综合性

教师实践性知识不是对理论知识的简单运用，而是对理论知识的综合、深化、提炼与转变，是教师凭经验主动地解释、矫正、深化现成的知识而形成的综合性知识。它包含着教师对教学目的、对象、信息和环境的整体性认识，同时也是教师战略性思维的反映。它是教师实践行动背后的知识基础，横跨了知识、态度与技能等几个方面的学习领域，由

---

❶ 余文森，连榕等编著：《教师专业发展》，福州，福建教育出版社，2007 年，第 64 页。

言语信息、智慧技能、认知策略、动作技能和态度五种学习结果综合而成的习得的性能。❶

4. 缄默性

相对于"显性知识"而言，教师实践性知识是"只可意会不可言传"的"缄默知识"，难以对其进行清晰陈述和表达。英国著名物理化学家、思想家波兰尼在他的《人的研究》一书中指出："人类有两种知识。通常所说的知识是用书面文字或图形、数字公式表述的，这只是知识的一种形式。还有一种知识是不能系统表述的，例如我们有关自己行为的某种知识。如果我们将前一种知识称为显性知识的话，那么我们可以把后一种知识称为缄默知识。"❷

波兰尼认为，这种缄默知识不能够通过语言、文字或符号进行逻辑说明，不能以正规的学校教育、大众媒体等形式进行传递和传播，它只能依靠个体在长期的实践活动中体验、积累而得。它深藏于一个人的观念中，成为个体观念系统中不可或缺的一部分。而在教师身上，同样存在着这两种知识。一种是"呈外显状态"的、具有可表述性的、"可以为教师和专业理论工作者所共享"的"显性知识"；另一种则"呈内隐状态，基于教师的个人经验和个性特征，镶嵌在教师日常的教育教学情境和行动中"，称为"隐性知识"或"缄默知识"。这种隐性的或缄默的知识在教师教育教学中常以无意识的、"自动化"的方式表现出来。

5. 保守性

由于实践性知识已内隐于教师的内在知识结构中，构成教师知识结构的一部分，并与其结构中的其他知识形成了一种平衡，因而往往显现出超强的稳定性。这使得教师在具体实践中，常常依据惯例行事，而较少受到新思想、新观念的影响。只有当教师在实践中自觉反思、主动建构时，其实践性知识才会发生新的变化。

研究表明，专家型教师与一般教师、新手教师最大的区别在于：专家型教师在长期的教育教学实践中积累了丰富的、结构良好的实践性知识。教师的实践性知识被视为教师专业成熟的重要标志，也是衡量教师专业水平高低的重要依据。

要拥有这样一个专业知识体系，教师必须坚持学习，不断反思，学会与人分享和交流。

---

❶ 刘汉霞：《教师的实践知识：教师专业化的知识转向》，《教育探索》，2006(1)。

❷ 转引自石中英：《知识转型与教育改革》，北京，教育科学出版社，2001年，第223页。

>>> 本章参考文献

[1]唐玉光. 教师专业发展与教师教育[M]. 合肥：安徽教育出版社，2008.

[2]程红艳，董英. 新教师的专业发展[M]. 武汉：华中师范大学出版社，2011.

[3]于漪. 现代教师学概论[M]. 上海：上海教育出版社，2001.

[4]林华民. 世界经典教育案例启示录[M]. 北京：农村读物出版社，2003.

[5]魏薇，王红艳，路书红，等编. 中外教育经典案例评析[M]. 济南：山东人民出版社，2005.

[6]中公教育教师资格考试研究院. 国家教师资格考试专用教材·综合素质（中学）[M]. 北京：世界图书出版社，2012.

[7]李学农. 综合素质[M]. 北京：高等教育出版社，2011.

[8]周丽妲. 综合素质（小学）[M]. 武汉：华中师范大学出版社，2012.

[9]余文森，连榕，等. 教师专业发展[M]. 福州：福建教育出版社，2007.

第五章 教师专业能力

　　教师专业发展过程是其专业能力不断形成、提高、娴熟的过程。那么，教师专业发展过程中应关注哪些基本技能和能力呢？

　　20世纪六七十年代，美国盛行"能力本位师范教育"。在佛罗里达州支持的一项研究中，提出了教师应具有七个方面的一千多项能力，这七个方面是：

　　——量度及评价学生行为；

　　——教学设计；

　　——教学演示；

　　——负担行政职责；

　　——沟通能力；

　　——发展个人技巧；

　　——使学生自我发展。❶

　　1991年6月，美国劳工部成立了一个由专家、学者和企业家组成的委员会，取名为美国劳工部21世纪就业技能调查委员会（简称SCANS）。该委员会对20世纪近20年来美国教育的现状和21世纪美国社会对人才素质的需求，进行了全面的调查和深入的研究，提出了21世纪全体美国就业人员应具备的五大能力和三大基础。❷

　　五大能力指的是：

　　——资源统筹能力；

---

❶　唐玉光：《教师专业发展与教师教育》，合肥，安徽教育出版社，2008年，第8页。

❷　乔寿宁：《21世纪美国的教育战略与我国的人才培养》，《山西师大学报》(哲社版)，1997(4)。

——善处人际关系同他人合作的能力;

——获取并利用信息的能力;

——认识复杂交错的相互关系进行系统运作的能力;

——能利用多种科技知识手段进行工作的能力。

三大基础是:

第一,能力基础,即有较高的读、写、算、听、说的能力:

——阅读能力:对文章及技术文件,如说明书、图表及时间表等,能把握、理解并说明其信息内涵。

——写作能力:能用书面形式传达意见、观点及信息,能书写信件、指示、说明书和报告,制作图表及流程图等文件。

——数学运算能力:能进行基本运算,并能从多种数学技巧中选择适当做法来解决实际问题。

——听的能力:能接受、理解语言并做出反映。

——说的能力:能组织思路,清晰、流利地口头表述自己的思想。

第二,思维基础,即能进行创造性思维,有决策能力和解决问题的能力,有想象能力、学习能力和推理能力。

——创造性思维能力:能创生出新意念,提出新主张。

——决策能力:能确定目标,考虑到制约因素,制定预备方案,预测风险及对策,能鉴别评估并选定最优方案。

——解决问题的能力:能抓住问题症结,制定行动方案,并能一抓到底,贯彻始终。

——想象能力:有对符号、图形、实物及其他信息进行构想并加工处理的能力。

——学习能力:善于运用有效的方法,学习并应用新知识、新技能。

——推理能力:能从两者或更多对象的关系中归纳出原理、原则,并加以推理,找到解决问题的方法。

第三,素质基础,即有责任心和自尊心,善交际,能自律,为人诚实正派。

——有责任心:为达到目标勤奋努力,坚持不懈。有自尊心——相信自我价值,对自己持积极向上姿态,有魄力和朝气。

——善交际:善解人意,谦虚和蔼,适应性强,能设身处地替他人着想,在群体场合表现得体有礼。

——能自律:对自己有正确的估价,力求上进,有个人目标,有自控能力。

——诚实正派:遇事能选择符合伦理道德的行动,个人行为符合做人的标准和方针。

有关教师教育教学能力研究中提出的教师应具备的能力大致可以归纳为三个层次：

第一个层次为教学的基础能力，一般包括观察力、记忆力、想象力、思维力和注意力。

第二个层次为教学的一般能力，包括自学能力、表达能力、组织能力、教育机智和专科能力。

第三个层次为教学的具体能力，包括教学设计能力、教学实施能力、学业检查评价能力。

在此，教师专业能力主要从专业基本能力和专业教学能力两大方面分别阐述。

第一节　教师的专业基本能力

教师专业基本能力内容非常广泛，这里主要介绍作为一名教师应该具备的基本阅读能力、写作能力、信息处理能力和逻辑思维能力。

一、教师的阅读理解能力

阅读是人获取知识、得到各种信息的重要途径，不会阅读就无法生存。阅读是所有人的基本能力。

教师的职业活动中始终伴随着阅读，而阅读过程又有多种能力因素发挥作用，因此阅读能力是一种综合能力。教师更需要具备阅读能力，因为教师需要通过阅读来开展教育教学活动，通过阅读来丰富自己的知识，通过阅读来获得专业发展，通过阅读能力的提高从而更好地帮助学生发展。

阅读能力的基本要求是：理解阅读材料中重要概念的含义；理解阅读材料中重要句子的含义；筛选并整合图表、文字、视频等阅读材料的主要信息及重要细节；分析文章结构，把握文章思路；归纳内容要点，概括中心意思；分析概括作者在文中的观点态度；根据上下文合理推断阅读材料中的隐含信息。

(一)理解阅读材料中重要概念的含义

概念是反映客观事物本质属性的思维形式。某一事物的所有性质及其同其他事物之间的关系，是事物的属性，其中，为该事物所特有的并对该事物有决定意义的属性，是其本质属性。"重要概念"是指与整体文意密切相关或是文章重点论述的一个"概念性"词语。

"重要概念"一般包括：

——体现作者立场观点的词语；

——表现文章主题思想的词语；

——反映深层次含义的词语；

——对文章结构起照应连接作用的词语（代词）；

——比喻、借代、反语等特殊的词语；

——根据语境而作别种义项的词语。

理解重要概念的含义可以从以下几方面着手。

1. 浏览文段、把握主旨是解题的前提，整体把握文段的内容，是文段理解最基本、最重要的要求，也是理解词语的前提。

2. 借助语境来推断词语的含义。对于文段中词语的理解，考生应该不仅理解词语的原意，更要联系上下文，理解词语的语境。即考生不要把某个词语孤立起来理解，而要把词语放到句子中去理解，甚至放到文段中去理解，即通常所说的"词不离句，句不离篇"。

3. 结合文体特点、修辞方法来理解词语。不同文体的词语运用是不同的，比如议论文的语言一般感情色彩比较浓，而说明文的语言一般比较客观，很少掺杂感情色彩。同时，一些运用了修辞方法的词语，其意义往往是隐含的，考生不能从字面意思去理解。

4. 代词理解的"就近原则"。对文段中代词的理解，要依据上文，由近及远来分析。因为一般来说，代词的位置往往出现在指代的对象或内容之后，所以代词指代的内容，我们应当采用逆推法或顺推法，由近及远地查找，然后将所找出的内容代入原文，检验是否合适。

（二）理解阅读材料中重要句子的含意

所谓"重要句子"，是指在文中起重要作用的关键性语句，如果不理解这些句子，就难以理解文章。"重要句子"通常有下述几种：

——结构比较复杂，对理解文章有影响的语句；

——蕴涵文章主旨的句子；

——内涵较为丰富的语句；

——文中的中心句、总结句、过渡句等。

那么怎样理解阅读材料重要的句子呢？

——从句子中的重要词语入手。有些句子，只要把其中的重要词语的含义搞清楚了，就可以推知整句的意思。

——从分析句子的结构入手。有许多句子，需要分析其结构，如果是单句，先找准主、谓、宾，如果是复句，先找准其第一层，就可以把握句子的基本意思。

——从分析句子在文中的位置入手。句子在文中的位置，对理解句子的含义至关重要。具体地说，如果要求理解的句子是总领句，就要结合其领起的范围作分析；如果是总结句，就要结合其总结的范围作分析；如果是重要的过渡句，就要联系其承上启下的文字作分析。这种方法的本质，就是分析相关的语境。

——从分析上下文的语境入手。对句子在文段中的意思，要利用上下文的语境来进行正确理解和阐释。

(三)筛选并整合阅读材料中的主要信息及重要细节

所谓"筛选"，就是按照考题设定的阅读目的对材料进行分析，准确、快速、有效地辨别并获取命题所要求的信息。所谓"整合"，就是对筛选所得的信息作出正确的认知，把握各信息材料之间的关系，并能按照命题要求进行分类集中、重新整合、粗略概括。

筛选信息主要掌握以下几个方面：

——从名词概念出发，提取由名词概念生发的信息或包含概念的关键语句；

——抓住重要的知识概念或重要语句，提取对其阐释的信息，其中包括体现概念和语句内容的若干要点(形成的条件、原因或相关因素)；

——从文章主旨、作者写作意图、观点和情感的角度出发，寻找有关的词语或句子，或者是按提供的例句去寻找同类的语句；

——抓住寓意含蓄的句子或在结构层次中起重要作用的语句，从上下文提取有关信息并转换，使这些语句的寓意具体化和明朗化。

(四)分析文章结构，把握文章思路

文章结构是指对材料的组织和安排的方法，它是思路外在形式的表现。作者对事物内部联系的认识，思维的发展都要通过结构、层次和段落传达出来，因此，文章的结构安排是由思路决定的，思路是结构安排的依据。由于文章的结构和作者的写作思路密不可分，所以在阅读能力的要求上往往是两者并提的。

分析文章的结构有三个方面的要求：

——能够分析段内的结构层次；

——能够分析全篇的结构层次；

——能够在把握结构层次的基础上，根据要求进行归纳整理。

(五)归纳内容要点，概括中心意思

所谓"归纳"就是把具体的内容加以抽象、提炼；所谓"要点"就是事情涉及的重要方面。"内容要点"就是指材料的主要内容，或者说是材料内容的精要之处。

要求我们具备在理解文意的基础上对文段进行归纳总结的能力；具备对文中信息加以提炼和综合，对所述事件或所说道理作出合理判断的能力。

（六）分析概括作者在文中的观点态度

观点态度指的是作者在文中对客观存在的人、事、物、现象、表现、做法等所持有的主张和看法。要求我们能准确分析作者对所论说的事物的观点和态度是赞颂还是批评，是完全支持还是有一定的保留。

作者的观点态度，在不同类型的文章中有不同的表现形态。有的是直接表述出来的，有的则是分散在多处，需要经过辨别、筛选后才能掌握。

二、教师的写作能力

写作—文字表达能力，是现代人的一般基础素养。写作能力同阅读能力一样，是教师职业活动的基本能力。教师职业活动始终伴随着写作。教师在教育教学活动中要写作，在教育教学研究中也要写作。

教师写作能力的基本要求是：掌握文体知识，能根据需要按照选定的文体写作；能够根据文章中心组织、剪裁材料；具有布局谋篇，安排文章结构的能力；语言表达准确、鲜明、生动，能够运用多种修辞手法增强表达效果。

（一）教师职业活动所需要的文体

教师的写作能力体现在各种文体的写作中。

文体，即文章体裁，是写作的样式。教师职业活动不会用到所有文体，也不要求教师掌握所有文体的写作能力。教师要掌握的文体知识，是教师职业活动中需要运用的文体，以便在教师职业活动中能根据需要按照选定的文体写作。

1. 议论类文体

教师职业活动中要求掌握的议论类文体大体有两种：一是一般议论文；二是科研论文。

一般议论文指在日常生活或职业生活中，对社会生活、职业生活中遇到的具体问题发表见解，且篇幅短小的议论文。这些议论文，可以称为"时评""短评""短论"等，发表观点的"读后感"，以形象的手段进行议论的"杂文"，都可归入此类。这些文章可以发表在学校的墙报、自办的学习园地上面。写得精彩的文章，也可以寄给报纸相应栏目以求得发表。

科研论文是呈现科学研究成果的议论文体。教师职业活动要求教师开展教育科研，因而教师有撰写科研论文的需要。科研论文有两种含义：一是这种文体的内容是科研成果；二是由于其内容的特点在写作规范上，科研论文也有自己的特点。

科研论文是科研成果的呈现，因此科研论文是经过严谨的科研过程产生的，不会如一事一议的短论一蹴而就。科研论文要在科学或学术期刊上发表，必须遵守期刊规定的论文写作规范。从发表形式上看，论题、作者信息、摘要（有时要求中英文）、文献分类、关键词、正文、尾注（或脚注）、参考文献等，都有规定。

2. 记叙类文体

教师日常职业生活中，记叙类文体的写作也是少不了的。为积累教育经验，或为教育研究，写一些教育叙事；平时所见、所闻、所感，也可以写下来；学生办墙报或自己的小刊物，或是学校各种活动需要学生撰写报道之类，也需要教师的指导。如散文、报道等。

3. 说明类文体——科学小品

教师是科学知识的传播者。教师在专业领域内，根据对象的要求，必须系统地、严谨地传播科学知识，但是有时也需要做科学普及的工作。这就要用到科学小品这种文体。

科学小品以科学知识和科技成果为说明对象。但是科学小品不是说明书，科学小品更注意形象性或文学性。因而科学小品具有跨文体的特征。

4. 应用类文体

教师工作上经常要使用的文体是应用类文体。应用类文体的范围极其广泛，包括机关往来的公文。不过，对于教师来说，经常使用的应用类文体主要有计划、总结和调查报告、述职报告等。

（1）计划。学校教育活动不是随意进行的，教师的教育教学工作也不是随意进行的。在学期之初、学年之初，拟定一个计划，是教师的工作要求。因而，教师应当会写计划。

（2）有计划就有总结。计划执行完了，要加以总结，以便工作的改进。

（二）写作的构思

1. 议论类文体的构思

一篇好的议论文一定是符合逻辑论证要求的，而运用逻辑论证知识来构思，也容易建构起一篇议论文的论证结构。

逻辑论证要求：

——有论点，且是明晰、正确的；

——有论据，且可靠、合理，能证明论点；

——论点与论据之间有论证关系，且符合逻辑推理的原则。

这是证明的逻辑。如果是反驳，就按照反驳的逻辑来构思。

2. 记叙类文体的构思

记叙文以人、事、物来表达思想。所以构思技巧包括：

——"写人要写魂"，即抓住人物的思想品质和性格特点来写；

——写事要典型，虚实结合，设置悬念等；

——写景要做到景中有情、情中有景，水乳交融。

(三)写作中的语言表达

好的文章，不仅构思精巧，中心突出，结构清晰，而且要求语言表达准确、鲜明、生动，并能通过运用多种修辞手法增强表达效果。语言表达的效果，不是掌握一些修辞手法就可以获得的。写作中语言的运用是艺术，要达到艺术的境界，就要有写作实践。要想写好文章，大量阅读是必需的，练笔也是必需的。写作中语言表达的工夫，是长期读和写的结果。这里就增强写作中语言表达效果提出一些建议。

1. 议论文的语言表达

议论文语言要简洁、明了，议论文是要让人明理，因而道理要说得清晰明了。语言要做到简洁、明了，用短句，用语、用词不要重复。

以形象的方法说理，做到"深入浅出"，也就是说见解深刻，但表达却浅显明白。要做到这一点，比喻的修辞手法可以发挥作用，就是所谓的"打比方"。

2. 记叙文的语言表达

记叙文的特点是形象性，但好的记叙文也要求具有深刻性。

语言形象生动，是记叙文的基本要求。记叙文的语言要做到形象生动，作者的词汇必须丰富，词涩句枯，写不出生动形象的语言。记叙文的语言若要形象生动，作者就要会描写。无论是白描，还是用比喻、拟人、借代、夸张、排比、重复等修辞手法来表现，要能展现一幅幅让人赏心悦目的画面。

记叙文的语言要生动，还需要把各种语言表现手段加以综合运用。在记叙文中将记叙、议论和抒情结合起来，往往可以达到更好的语言表达效果。

写作语言要求的底线是：遣词造句准确恰当，合乎语法，不写错别字。句与句之间，段与段之间，衔接自然流畅。文章段落分明，所谓"有条理"。

三、教师的信息处理能力

信息是以某种载体形式贮存、传播的人类文化成果。

信息是人类社会生活的要素，也是教育活动的要素。信息可以使得人不断地得到新的文化资源，从而使得自己的力量得到增强，更好地应对自己面临的社会生活环境，或者去解决所面临的认识问题、实践问题。

信息时代改变了信息的存在方式，也对人的信息素养提出了新的要求。信息能力是信息素养的体现。信息能力包括获取信息的能力、运用信息的能力和处理信息的能力。信息运用能力，是将信息运用于教育教学活动及研究的能力。信息处理能力是指根据职业活动的需要，运用各种方式和技术，收集、开发和展示信息资源的能力。

教师的信息处理能力主要包括：具有运用工具书检索信息、资料的能力；具有运用网络检索、交流信息的能力；具有对信息进行筛选、分类、管理和应用的能力；具有运用教育测量知识进行数据分析与处理的能力；具有根据教育教学的需要，设计、制作课件的能力。

（一）信息检索能力

利用传统的信息检索工具（主要指纸质检索工具）和网络检索工具获取相关信息。

1. 利用工具书进行信息检索

工具书，是指根据一定的查阅需要，系统汇集有关的知识资料或文献信息，按便于检索的方法编排的图书文献。工具书的种类很多，一般分为字典、辞典、书目、索引、年鉴、手册、年表、图谱、政书、类书和百科全书等。

2. 利用网络进行信息检索

网络技术的发展，全面改变了人类生活，也改变信息存在与检索方式。随着网络技术的日新月异，图书馆正在向电子化、网络化和数字化的方向发展。电子图书、网上图书馆或数字化图书馆，已经成为现实，坐在家里已经可以通过网络进入图书馆的数据库，查阅图书。检索和利用 Internet 信息资源已成为教师专业发展的基本技能。

（1）网上搜索引擎

网上搜索引擎即网上检索工具。网上搜索引擎实际上是从 Internet 获得信息的程序。当前最具有代表性的搜索引擎是"百度（Baidu）"和"谷歌（Google）"。

Google 的"高级搜索"功能提供了根据关键字、语言、文件格式、日期、字词位置和网域等条件，从而将搜索范围限制在某个特定的网站中，排除某个特定网站的网页，将搜索限制于某种指定的语言，查找链接到某个指定网页的所有网页，查找与指定网页相关的网页。还可以查找一些特定网页。百度的"高级搜索"功能与其类似。例如，要找诗句"随风潜入夜"的下句，直接搜"随风潜入夜"，即可得到下句诗词。

（2）网上虚拟图书馆

网上虚拟图书馆，拥有并超过一个图书馆纸质图书的藏量，且检索利用网络，有着极大的便利。在 21 世纪不会利用网上虚拟图书馆，就会落后于时代。

搜索引擎有三种检索网络信息的方法主要有：按专题检索信息；按关键词检索信息；按地区检索信息。

（3）网上数据库与使用方法

网上的电子图书、电子期刊等的服务系统就是一种文献资源的数据库。比较知名有：中国期刊网（知网）；万方数据资源系统；超星图书馆等。

（二）信息交流能力

信息能力不仅是获取信息的能力，还有信息交流的能力。网络建立了人的信息交流新平台，因此中学教师应当掌握网络交流工具。

当前，网络信息交流方式常见的有：E-mail、BBS、即时通讯（如MSN、QQ）、博客（Blog，网络日志）、微博（MicroBlog）、微信（MicroMessage，WeChat）。

微博是一种信息分享、传播和获取的平台，它以简短的文字（约140字）更新信息，实现信息分享。2009年微博在中国兴起，发展迅速。比之其他网上信息传播交流工具，速度更快、更便捷。它不仅用计算机传播信息，而且通过手机等手段传播信息，因而信息交流更加灵活方便。微博给教师提供了教育活动中信息交流的新手段。

（三）信息分析能力

获取信息的目的在于运用，因此通过文献检索获得相关信息后，需要进行信息的筛选、分类、管理和运用。这就是信息分析的工作。如果所获取的信息是定性的，则可以运用逻辑分析的方法来处理；如果所获取的信息是数据的，就要运用教育定量分析知识来进行处理。进行信息分析，就是要运用科学的理论、方法和手段，在对大量的，通常是零乱的、无序的信息进行收集、挖掘、加工、整理与价值评价的基础上，透过由各种关系交织而成的错综复杂的表面现象，把握其内容本质，从而获取对客观事物运动规律的认识。

（四）教育测量数据分析与处理能力

教育测量是依据编制好的量表（测量工具）对学生的学习能力、学业成绩、兴趣爱好、思想品德及教育措施上许多问题的数量化测定。测量要具备单位、参照点、量表。教育测量中所使用的量表多以文字试题的形式出现，也有以图形、符号、操作要求形式出现的。

当前教师主要借助于 Excel 和 SPSS 进行测量数据的分析和处理。

Excel 是微软公司办公软件组件之一，是一款电子表格处理软件。它能运算复杂的公式，还能够有条理地显示结果，集表格处理、数据管理和统计图绘制于一体。在教育教学活动中，教师可以用它来制作统计表和统计图，也可以利用它的运算功能进行统计量的计算或统计推断。

SPSS 是世界上最早的统计分析软件。SPSS 的基本功能包括数据管理、统计分析、图表分析等。SPSS 作为一款统计分析与处理功能强大的专门软件，在进行统计数据分析与处理方面十分便利。因此，教师在数据分析处理中可以用它来对测量所获得的数据进行分析与处理。

（五）多媒体课件制作能力

信息技术的快速发展，创新了教育教学手段，"多媒体教学"概念应运而生。多媒体教学改变了传统教学中的线性信息传递方式，实现了网状沟通及人机交互，使信息传递发生了质的变化。

语文、数学、物理、化学等科目的教学，不再只是语言文字的叙述，或传统教具的演示。课堂可以扩展为声、图、文并茂和二维动画等近乎跨越时空的多媒体表现模式。知识间的连接有了类似于人类联想记忆的网状组合结构和检索方式，大大提高了人们阅读的兴趣与效率。

多媒体教学技术的产物——"课件"。多媒体课件是以现代教学思想为指导，以计算机、多媒体和通信技术为支撑，具备一定教学功能的，以学生为中心的多媒体计算机辅助教学软件。它是现代教育技术手段在教学上运用的集中体现。课件已成为教师常用的一种教学手段。

1. 多媒体课件的教学功能

（1）多媒体课件图文并茂、内容丰富多彩，能够更好地构建学生的学习环境，方便学生学习。同时多媒体课件对于教学内容全方位的阐述，更能激发学生学习兴趣，充分发挥学生的主动性，真正体现学生的认知主体的作用。

（2）友好的交互环境，调动学生积极参与。多媒体课件由文本、图形（图像）、动画、声音、视频等多种媒体信息组成，所以给学生提供的外部刺激不是单一的刺激，而是多种感官的综合刺激，这种刺激能引起学生的学习兴趣和提高学生的学习积极性。

（3）丰富的信息资源，扩大学生知识面。多媒体课件提供大量的多媒体信息和资料，创设了丰富有效的教学情境，不仅利于学生对知识的获取和保持，而且大大地扩充了学生的知识面。

（4）超文本结构组织信息，提供多种学习路径。超文本是按照人的联想思维方式非线性地组织管理信息的一种先进技术。由于超文本结构信息组织的联想性和非线性符合人类的认知规律，所以便于学生进行联想思维。另外，由于超文本信息结构的动态性，学生可以按照自己的目的和认知特点重新组织信息，按照不同的学习路径进行学习。

2. 多媒体课件设计的基本原则

(1)教育性原则要明确教学目标，突出重点、难点；要具有灵活的教学形式；教学对象要有针对性。

(2)启发性原则。在课件的设计中要注意以启发式教学原则为指导，提高课件的应用价值。主要可以运用兴趣启发、比喻启发和设题启发等方式。

(3)科学性原则。课件应该能正确表达学科的知识内容。要求对概念的阐述、观点的论证等都符合科学逻辑，运用正确、可靠、与教材一致的学科术语。

(4)艺术性原则。挖掘教学内容内在的亮点，通过美术设计、巧妙地运用动画和字幕将其表现出来；塑造出美观、鲜明、富有表现力和感染力的人机交互界面；要求解说同和背景音乐悦耳协调，声音处理更和画面造型相辅相成，达到视听同步。

(5)技术性原则。通过程序中各种数据结构、程序结构、控制技巧及运行的可靠性来衡量和判定的。另外，要做到课件的开发环境与运行环境无关。

3. 常用的多媒体课件制作工具

(1)Microsoft Office PowerPoint(PPT)

PowerPoint 是 Microsoft Office 系列办公软件的核心组件之一。它是目前人们在教学活动中最常使用的制作演示文稿和课件的工具。PowerPoint 不仅可以制作文字、图片、影音、表格等静态课件，也可以制作以动态展示教学内容的动画课件，还可以制作能与用户自由交互的交互课件。

要在课件制作中用好 Power Point 工具，必须探入地掌握该工具的各种功能，根据自己的教学需要，以清晰的教学思路，来收集制作课件的材料，精心地利用其各种功能，将文字、图片、音频和视频等材料根据具体教学内容的需要编辑起来，使得教师能够在课件的帮助下，更好地向学习者呈现教学信息。学习者也能够更清晰、更生动地学习相关课程内容，将课堂教学效果最大化。

(2)Flash

Flash 是 Macromedia 公司推出的网页动画制作软件。它的功能就是动画制作。以 Flash 作为课件制作工具，主要用于两种情况：一是作为 PPT 的辅助制作工具，在演示文稿中插入动画，模拟特定的现象或场景，以增强教学效果。另一是作为独立的课件制作工具使用，充分发挥其动画功能，制作出来的课件能够很好地集成音频、视频及文字、图片等，使用方便。

（3）Authorware

Authorware 是 Macromedia 公司推出的多媒体制作软件。该软件可用于教学多媒体课件的制作。由于该软件把复杂的开发多媒体产品的过程简化为流程图的形式，以流程图中的流程线代表事件发生的前后顺序，以图标作为流程图中的事件，每个事件代表一项或多项多媒体功能，所以用于教学多媒体课件制作比较方便。

四、教师的逻辑思维能力

人是有"思维"的动物。思维把人同动物区分开来。人同自己周围的世界建立起认识与被认识的关系。这种关系的建立是通过思维来实现的。

"理性认识是对客观事物的本质、全体和内部联系的认识。理性认识的形式或思维形式就是概念、判断和推理。理性认识阶段就是运用概念以作判断和推理的阶段，也就是思维阶段。"❶

人类的思维，人们总结的特点至少有以下三点。第一，思维具有间接性，即思维并非对客观世界的直接感知，而是通过感知材料经过加工以后产生的。第二，思维具有概括性，即思维超越了个别事物表面的东西，达到了对事物共同本质的把握。第三，思维借助于语言进行，即思维是通过语言来实现的。

作为帮助人们确保思维形式具有科学性的知识，是所谓形式逻辑知识。"形式逻辑是一门关于思维的科学。但它并不研究思维的一切方面，它不研究思维的具体内容，而是研究思维的逻辑形式及其规律。"❷

形式逻辑是对思维的形式进行研究，揭示思维形式的规律。思维的形式包括：概念、判断和推理。"任何人要进行正常的思维活动都必须运用这些共同的思维逻辑形式和遵守思维的逻辑规律。任何科学都要应用形式逻辑，以便做到概念明确、判断恰当、推理合乎逻辑、论证有说服力，从而构成一个思想有确定性、无矛盾性、前后一贯、有论证性，即合乎逻辑的科学体系。"❸

逻辑思维能力是指正确、合理思考的能力。即对事物进行观察、比

---

❶ 中国人民大学哲学系逻辑教研室：《形式逻辑》（修订本），北京，中国人民大学出版社，1984 年，第 3 页。

❷ 中国人民大学哲学系逻辑教研室：《形式逻辑》（修订本），北京，中国人民大学出版社，1984 年，第 5 页。

❸ 中国人民大学哲学系逻辑教研室：《形式逻辑》（修订本），北京，中国人民大学出版社，1984 年，第 9 页。

较、分析、综合、抽象、概括、判断、推理的能力，采用科学的逻辑方法，准确而有条理地表达自己思维过程的能力。

教师的思维水平、思维质量，决定教师自身的知识水平，也决定教师的教育教学质量。教师逻辑思维能力培养的基本要求：了解一定的逻辑知识，熟悉分析、综合、概括的一般方法；掌握比较、演绎、归纳的基本方法，准确判断、分析各种事物之间的关系；准确而有条理地进行推理、论证。

（一）概念

概念就是反映事物的本质属性的思维形式。概念具有内涵和外延两个性质。其中概念的内涵就是所反映的事物的本质特征，概念的外延就是概念所反映的一个个、一类类的对象。内涵与外延具有反变关系。例如，"商品"这个概念的内涵就是用来交换的劳动产品；外延是指古今中外、各种性质的、各种用途的、在人们之间进行交换的产品。再如，问："什么是机场？"答："机场就是飞机起飞、降落和停放的场地。"这个回答基本抓住了机场的本质特点，"机场"的内涵是"飞机起飞、降落和停放的场地"；外延就是"古今中外的一切机场"，如广州白云机场、法国戴高乐机场等。同"球场""运动场""停车场"能够区别开，就说明了概念。

任何一个概念都具有内涵和外延这两个方面。如果内涵、外延不清楚不明确，那这个概念就是不明确的。看看下面这个例子。

> 古希腊有个人给"人"下定义："人是两足直立的无羽毛的动物。"另一个人不同意，把一只拔光了毛的鸡扔到那个人的面前说："给，这就是你说的人！"

出现这样荒唐的结果，就是因为第一个人在给"人"下定义时没有说出"人"的本质特征。

明确的概念需要准确的语词来表达。概念是语词的思想内容，语词只是概念的表达形式。两者密切联系又相区别，不能混为一谈。否则就会犯概念上的逻辑错误。再如下面的案例：

> 有位老人到书店买书，营业员态度不好，语言粗暴。老人诚恳地劝导她说："你这位姑娘呀，应该好好学习。"
> 没想到这位营业员却来了个反唇相讥："我天天守着书，用不着你操心。"

在上述特定的语境里，老人所说的"学习"概念显然是指加强政治思想学习，提高思想觉悟，端正服务态度。而营业员说的"我天天守着书"，其意思是说我每天都在"学习"，实际上指的是一般意义上的看书学习——文化学习。这里，这位营业员为了拒绝顾客的善意帮助，故意地偷换了老人所的"学习"的概念。

概念之间具有全同、属种、种属、交叉、全异5种关系。

全同关系：全同关系是两个概念的外延完全重合的关系。外延相同而内涵不同的两个概念是同一关系的概念，可以用不同的语词来表达，这些不同语词也可以相互替换，而不犯逻辑错误，例如，"北京"与"中华人民共和国首都"，"巴黎"和"法国首都"，"狗"和"犬"，等等。前面例子中，孔乙己把"窃"与"偷"这两个同一关系的概念硬说成是非同一关系的概念（我们都知道，"窃"不就是"偷"吗），还引经据典，咬文嚼字，被人嬉笑。

属种关系：属种关系是一个概念的部分外延与另一个概念的全部外延相重合。例如，"学生"与"大学生"，"学生"包含了"大学生"，"学生"为属概念，"大学生"为种概念。

种属关系：种属关系是一个概念的全部外延和另一个概念的部分外延相重合。例如，"女运动员"和"运动员"。

交叉关系：交叉关系是一个概念的部分外延和另一个概念的部分外延相重合的关系。例如，"青年人"和"学生"存在交叉关系，因为有的青年人是学生，有的青年人不是学生，有的学生不是青年人。同理，"中国人"和"知识分子"两个概念也存在交叉关系，因为有的中国人是知识分子，有的中国人不是知识分子，有的知识分子不是中国人。

全异关系：全异关系是两个概念在外延上没有任何部分相重合的关系。例如，"大学生"和"中学生""牛"和"马""奇数"和"偶数"，属于全异关系，既是此，就非彼。

(二)判断

这里就涉及逻辑思维中另外一个重要内容——判断。

判断，又叫命题，是指对事物有所断定的思维形式。判断是思维的重要形式。事物间关系的存在，决定了人要通过建立概念之间的关系，来获得对事物的确定性认识。

"地球是行星"对地球这个概念有所断定，地球与行星存在种属关系，地球属于行星，是太阳系八大行星之一。

同理，"葡萄是水果"对葡萄有所断定，"鲸鱼不是鱼"对鲸鱼有所断定，断定鲸鱼不属于鱼类的范围，"太阳不是行星"对太阳也有所断定，断定太阳不属于行星的范围；"汽车不是船"对汽车也有所断定，断定汽车不属于船的范围……这些也都是判断，是否定判断。

判断有一个真假的问题。"卢梭是法国人""黑格尔是哲学家"完全符合客观实际，都是真判断。"地球是宇宙的中心""和尚和尼姑都是女人"不符合客观实际，都是假判断。

判断从结构或形式上分为简单判断和复合判断。

简单判断，又叫简单命题，是指本身不再包含其他判断的判断。上面提及的"地球是行星""太阳不是行星""黑格尔是哲学家""和尚和尼姑都是女人"等判断都是"简单判断"。断定思维对象具有或者不具有某种性质的简单判断，称为直言判断或直言命题、性质命题。直言命题是主谓式命题，一般由主项、谓项、量项和联项四部分组成。例如：所有蛇都是爬行动物。其中："蛇"是主项，用 S 表示；"爬行动物"是谓项，用 P 表示；"所有"是量项，"是"是联项。

两个或两个以上的简单判断结合在一起就组成复合判断。例如：

①拿破仑不仅是杰出的政治家，而且还是杰出的军事家。

②或者你听错了，或者我说错了。

③如果银行降低存款利率，那么股票价格就会上升。

④并非所有语句都表达命题。以上几个例子都属于复合命题。

例①是一个联言命题，包含了"拿破仑是杰出的政治家"和"拿破仑是杰出的军事家"两个简单命题；例②是一个选言命题，包含了"你听错了"和"我说错了"两个命题；例③是一个假言命题，包含了"银行降低存款利率"和"股票价格上升"两个命题；例④是一个负命题，包含了"所有语句都表达命题"这个命题。

(三)推理

由已知判断推出新判断的思维形式就是推理。

已知的判断叫做"前提"，它是推理的依据；推出的新判断叫做"结论"，是根据前提推导出来的判断。任何一个推理，都是由前提和结论这两个部分，并按照一定的推理形式组成的。

只有符合逻辑规则要求的推理，才是符合逻辑的推理，才能由真前提推出真结论。否则就是不合逻辑的"瞎推""乱推"。

推理的前提可以是一个，也可以是两个或两个以上。如果由一个前提推出结论的，这样的推理，我们称为直接推理（或简单推理）。如果有两个或两以上的判断作为前提，而推出一个新判断（结论）的，这样的推理就是间接推理（或复合推理）。间接推理通常包括两大部分：演绎推理与归纳推理。

1. 演绎推理

演绎推理是由一般性前提推出个别性结论的推理。演绎推理的前提是一般性原理，演绎所得的结论是蕴含于前提之中的个别、特殊事实，因此演绎推理是由一般到特殊的推理。例如：

> 所有的电子计算机都有输入输出装置，
> 这台计算机是电子计算机，
> 所以这台计算机有输入输出装置。

演绎推理的前提是比结论更一般的判断，因此推出的结论并没有超出前提所判定的范围。换句话说，结论是可以由前提必然地推导出来的，所以它是一种必然性的推理。在演绎推理中，前提与结论之间存在着必然的联系，只要前提和推理形式是正确的，结论必定正确。

演绎推理的一般模式：三段论。上述案例就是著名的三段论。

三段论，就是由一个共同词项把两个作为前提的直言命题联结起来，得出一个新的直言命题作为结论的推理。三段论由三个直言命题构成，其中两段是前提，后一段是结论：第一段是"大前提"，大前提表示一个一般性的判断，对"所有的计算机"进行了断定；第二段是"小前提"，小前提起了过渡的作用，过渡到结论；第三段是"结论"，而结论则是一个个别性的判断，只是对"这台计算机"进行了断定。

结论的主项是小项（用 S 表示），含有小项的前提是小前提；结论的谓项是大项（用 P 表示），含有大项的前提是大前提；两个前提共有的词项叫做中项（用 M 表示）。例如：

> 凡是真理都是正确的；…………………（大前提）
>   　中项（M）　大项（P）
> 达尔文的进化论是真理；…………………（小前提）
>   　小项（S）　　　中项（M）
> 所以，达尔文的进化论是正确的。…（结论）

在这个三段论中：它的两个前提中包含着一个共同的词项"真理"，并且以此词项作为媒介，把两个命题"凡是真理都是正确的"和"达尔文的进化论是真理"联结起来，推出"达尔文的进化论是正确的"这一结论。在这三段论中，"正确的"为大项（P），"真理"是中项（M），"达尔文的进化论"是小项（S）。

要想使一个三段论有效，就必须遵守一般规则。三段论的一般规则包括：

——在一个三段论中，有且只能有三个不同的项；

——两个前提不能都是特称命题，且只要前提有一个为特称，则结论为特称；

——两个前提不能都是否定命题，且只要前提有一个为否定，则结论为否定。

2. 归纳推理

归纳推理是由个别性的前提推出一般性的结论的推理。如：

> 猫是食肉动物，有尖牙利爪。
> 虎是食肉动物，有尖牙利爪。
> 狼是食肉动物，有尖牙利爪。
> 狗是食肉动物，有尖牙利爪。
> 豹子是食肉动物，有尖牙利爪。
> 鬣狗是食肉动物，有尖牙利爪。
> 所以，所有的食肉动物都有尖牙利爪。

"猫是食肉动物，有尖牙利爪"……都是个别性的前提，推出了"所有的食肉动物都有尖牙利爪"这个一般性的结论。这就是归纳推理。

归纳推理又有完全的归纳推理和不完全的归纳推理两种。上面的例子是不完全归纳推理的例子：前提只是列举了一部分"食肉动物"，而结论却包括了所有的"食肉动物"，结论的范围比前提大。在一般情况下，不可能列举完所有的对象，因此人们只能进行不完全的归纳推理。

如果能够列举完所有的对象，所进行的就是完全的归纳推理。如：

> 赵村是我们乡的村子，已经成了富裕村。
> 我们乡的村子，已经成了富裕村。
> 王村是我们乡的村子，已经成了富裕村。
> 李村是我们乡的村子，已经成了富裕村。
> 我们乡一共就这 4 个村子，都已经成了富裕村。

这个归纳推理就是一个完全的归纳推理，因为一共只有 4 个对象，把全部对象都列举出来作为前提，前提的范围和结论的范围一样大。

进行完全的归纳推理，只要前提是可靠的，那么，结论也一定可靠。可是进行不完全的归纳推理，结论的范围比前提大，结论就不一定可靠了。因此，进行不完全的归纳推理，应该想办法找到前提和结论的因果联系。找到了因果联系，结论就可靠得多。例如：

张三吃了许多发霉的花生，得了癌症。
李四吃了许多发霉的花生，得了癌症。
王五吃了许多发霉的花生，得了癌症。
赵六吃了许多发霉的花生，得了癌症。
牛七吃了许多发霉的花生，得了癌症。
马八吃了许多发霉的花生，得了癌症。
所以，吃了许多发霉的花生的人，得了癌症。

因为发霉的花生里面有致癌物质黄曲霉素，因此吃了许多发霉花生的人会得癌症。这就找到了吃发霉花生同患癌症之间的关系，这个结论的可靠性就大大提高了。

不完全归纳推理，是以某一类对象中的部分对象具有或不具有某种性质，因而推出该类对象的全体具有或不具有这种性质的一般性结论的推理。

S_1 是（或不是）P，
S_2 是（或不是）P，
S_3 是（或不是）P，
……
S_n 是（或不是）P，
S_1，…，S_n 是 S 类中的部分对象，且在重复中不要遇到相反的情况，
所以，所有 S 是（或不是）P。

不完全归纳推理根据前提中是否考察了事物对象与其属性间的内在联系，可以分为简单枚举归纳推理和科学归纳推理。

由于简单枚举归纳推理的结论的得出仅仅是以推理前提的无矛盾性为依据，而推理前提所考察的又仅仅是一类对象中的一部分，因此其结论并不具有必然性而是或然的。为了提高简单枚举归纳推理的结论的可靠性程度，必须注意以下问题。

第一，枚举考查的对象要尽可能多。前提中枚举的对象愈多，涉及的范围愈广，结论的可靠性程度就愈大；反之，其可靠性程度就愈小。

第二，要尽可能找出被考查对象与其属性之间，或者前提与结论之间所具有的内在联系，从而把对象的本质属性作为考查、归纳的根据，而不是把其非本质属性作为考查、归纳的根据。这样才能把推理的结论建立在可靠的基础上。

第三，注意搜集反面的材料，看其是否会出现矛盾。

简单枚举归纳推理容易出现的逻辑错误主要有以下两点。

第一，以偏概全的逻辑错误。所谓以偏概全，是从被归纳对象的量上来说的。它是仅以少部分对象具有或不具有某种性质，就推断出该类对象的全体都具有或不具有这种性质。这样的归纳，其结论的可靠性程度当然不会高。

第二，轻率概括的逻辑错误。所谓轻率概括，即对被考查对象并未做深入细致的考查，便轻率地作出某种结论。这种结论当然容易出现错误。

科学归纳推理，亦称科学归纳法。它是根据对某一类对象中的部分对象与其属性之间具有某种必然性、因果性联系的认识，来作出该类对象的全体都与这一属性有着必然性、因果性联系的一般性结论的逻辑推理。这种推理形式可用公式表示为：

S_1 具有属性 P，

S_2 具有属性 P，

S_3 具有属性 P，

......

S_n 具有属性 P，

S_1，…，S_n 是 S 类中的部分对象，且对象 S 与属性 P 之间具有必然联系，

所以，S 必然具有属性 P。

科学归纳推理的首要任务，就在于发现对象与其属性之间的必然性、因果性联系，以此作为科学归纳推理的依据。要发现这种必然性、因果性联系，就必须对事物做深入细致的观察、实验，进行科学的分析、解剖，这是科学归纳推理的必要前提和基础。进行科学归纳推理必须遵循以下规则。

第一，推理的前提必须真实。科学是实事求是的学问。科学归纳推

理的目的，在于通过推理得出一个具有一般性、必然性的科学结论。要得出这样的结论，其前提首先必须真实可靠。

第二，对象与属性之间，必须具有必然性、因果性联系。这是科学归纳推理区别于其他归纳推理的主要不同之处。只有对象与属性之间具有必然性、因果性联系，才能把科学归纳推理的结论建立在真实可靠的基础之上，因而也才能将其推广到整个类。

第三，推理的结论是一般性、必然性的。由于科学归纳推理，也是由个别、特殊导向一般的推理，因此它的结论是一般性、普遍性的。又由于在前提中对象与其属性之间具有必然联系，所以在结论中，尽管对象的范围（外延）有所扩大，但该类对象与其属性之间的联系，同样也是必然的。科学归纳推理是归纳推理中最为重要的推理方法，这种推理的关键是要分析事物之间的因果必然联系。

用科学归纳推理来研究事物之间的因果关系主要有以下五种方法：

——求同法；

——求异法；

——求同求异并用法；

——共变法；

——剩余法。

> 居里夫人对镭的发现。她已知纯铀发出的放射线的强度，并且已知一定量的沥青矿石所含的纯铀数量。她观察到一定量的沥青矿石所发出的放射线要比它所含的纯铀所发出的放射线强许多倍。由此，她推出在沥青矿石中一定还含有别的放射性极强的元素。

居里夫人采用的科学推理方法属于剩余法。

运用归纳推理，必须占有材料，使用观察、实验和调查等收集经验材料的方法。在观察、实验和调查中获得的材料，需要运用比较、归类、分析和综合以及抽象和概括等整理经验材料的方法，进行加工整理，才能形成正确的结论。

（四）形式逻辑

形式逻辑揭示的思维规律有四条：同一律、矛盾律（也称作不矛盾律）、排中律和充足理由律。

1. 同一律

同一律指的是在同一思维过程中，每个思想必须与其自身保持同一性。

同一律的公式是：

"A就是A"，或者"如果A，那么A"。

其中A表示任何一个概念。

同一律是说，当我们在运用概念时，要保持对同一个概念的认识前后保持一致，不能对同一个概念在前面的表达是一个意思，到后面的表达又是一个意思。譬如，"昨天班上全体同学都到了，包括几个同学的家长"。同学与同学的家长不是同一概念，自然不能混淆。再如：

> 鲁迅的著作不是一天能读完的，
>
> 《狂人日记》是鲁迅的著作，
>
> 因此，《狂人日记》不是一天能够读完的。

题干中的推理两次提到著作。前一个指的是鲁迅著作的总体；第二个指的是鲁迅著作的具体《狂人日记》。前后概念不一样。

同一律也要求在运用判断时，对同一个对象作出的判断，不能混淆。譬如，"同学们上课不能随意讲话。这就是要求大家上课时都不要开口"。这个判断所说的"不随意讲话"，是指遵守上课纪律，而不是指正常的课堂发言。

在同一个思维和论辩过程中，任何一个概念和判断都要保持其确定和同一。也就是说，在同一个思维活动中，前面在什么意义下使用某一个概念或者判断，在后面也应该按照同一个意义去使用它们，不能时而表达这个意思，时而又表达另一个意思，变来变去，否则就会犯"混淆概念""偷换概念（论题）"的错误。这就是逻辑思维的同一律。

2. 矛盾律

矛盾律是指在同一思维过程中，两个相互矛盾的判断，不能同时都真，至少有一个是假的。

矛盾律的公式是：

"A不是非A"。

其中"A"表示思想（概念或判断），"非A"表示对A的否定。

矛盾律主要在判断的运用中发挥作用。譬如，我们不能说一个人"他昨晚来了，但是他又没有来"。这样一个基本事实，要么发生了，要么就没有发生，不可能同时发生。

看看这两段对话：

> "我要发明一种溶液，它能溶化世界上所有的东西！"

"真了不起，不过，你这种溶液用什么容器来装呢？"

……

"我的矛，世上最锐利，能刺穿世上最坚固的盾！"

"我的盾，世上最坚固，能挡住世上最锐利的矛！"

"那用你的矛去刺你的盾，结果会怎样？"

……

两段话体现一个共同点，即"自相矛盾"。

所谓"自相矛盾"就是说在同一个思维过程中，对待同一个事物，不能既肯定它，又否定它，思维前后必须保持一致。如果对同一个事物，同时做出了两个互相冲突、截然相反的两个判断，那就是犯了"自相矛盾"的逻辑错误了。这就是逻辑思维的矛盾律。

逻辑上可以推导出互相矛盾之结论，但表面上又能自圆其说的命题或理论体系，我们称之为悖论。悖论是自相矛盾的命题。即如果承认这个命题成立，就可推出它的否定命题成立；反之，如果承认这个命题的否定命题成立，又可推出这个命题成立如果承认它是真的，经过一系列正确的推理，却又得出它是假的；如果承认它是假的，经过一系列正确的推理，却又得出它是真的。

最早的悖论被认为是古希腊欧几里得的"说谎者悖论"："我正在说的这句话是谎话。"如果你说它是真话，那么按照话的内容分析，它就应该是一句谎话；反过来，如果你说它是谎话，由于它说自己在说一句谎话，当然它就应该是一句真话了。那么，这句话到底是真话还是谎话呢？这就是著名的说谎者悖论。

3. 排中律

排中律指的是在同一思维过程中，两个互相矛盾的判断，不能同时都假，必有一真。

排中律的公式是："或者 A，或者非 A"。

"A"和"非 A"是相互矛盾的判断，"或者"表示严格的排斥。

遵守排中律的要求，是为了克服人们认识中的不确定性。在一个思维过程中，在互相矛盾的两个判断之间必须做出选择，排除"中间路线"，要求思想具有是非分明性。

排中律被认为是矛盾律的进一步扩展。矛盾律不许思维有逻辑矛盾，对同一事物作出的两个判断不能同真；排中律则更深入一层，对于两个互相矛盾的判断，不仅不同真，而且也不能同假；必有一假，且必有一真。

例如，"过重的学业负担，导致了中小学生近视比例上升很快；但是中小学生近视比例上升，并非学业负担过重引起"。关于过重学业负担和中小学学生近视比例上升关系的两个判断，其中必有一真，且必有一假。

在同一个思维和论证过程中，对于两个互相矛盾的判断，必须承认其中有一个是真的，不能采取都予否定的态度。不能对同一判断既不肯定，又不否定。否则就犯了"模棱两可"或"模棱两不可"的逻辑错误。

4. 充足理由律

我们要证明一个事物是真实的，需要进行论证。而在论证的过程中，一个判断要被确定为真，总是要有充足理由。这就是充足理由律。

充足理由律是指在论证过程中，任何一个论断确定为真时，必须有充足理由。

充足理由律的公式是："A 真，因为 B 真，并且 B 能推出 A"。

公式中的"A"代表在论证中被确定为真的判断，我们称它为推断。"B"代表用来确定"A"真的判断(可以是一个或一组判断)，我们称之为理由。在论证过程中，一个判断之所以能被确定为真，一定还存在着另一个(或一组)判断"B"，并且从"B"真可以推出"A"真。如果"B"真，并且从"B"真推出"A"真，那么我们认为"B"是"A"的充足理由。例如：

> 在一个凶杀现场，死者倒在血泊之中。
>
> 老侦探绕了尸体走了一圈，又把周围环境仔细看了，然后说："死者是他杀!"
>
> 年轻侦探问："为什么?"
>
> 老侦探说："因为死者遍体鳞伤，致命伤是由背后用刀刺入，现场未发现致伤工具。所以能断定死者是他杀!"
>
> 年轻侦探频频点头。

上面例子中，死者是他杀(A)，因为死者遍体鳞伤(B1)，致命伤是由背后用刀刺入(B2)，现场未发现致伤工具(B3)。

"B1""B2"和"B3"三种情况，都不符合自杀的现象，因此构成他杀(A)的充足理由。

第二节 教师的专业教学能力

教师的教学能力历来受到人们的广泛关注。现代教师不但要有先进的教育理念和广博的知识背景，还应该具有在教育理念和理论知识指导下把知识有效地传授给学生的实际能力，其中首要的就是教育和教学能力。

有关教师的专业教学能力研究有很多，在这些研究中，涉及诸如教师基本功、教学技能、教学技巧、教学能力等概念。对这些概念的使用也比较混乱，有必要先对这些概念作一界定。教学能力指教师在教学过程中运用一定的专业知识和经验顺利完成某种教学任务的活动方式，换句话说，教学能力是指教师达到教学目标、取得教学成效所具有的潜在的可能性，它由许多具体的因素所组成、反映出个体顺利完成教学任务的直接有效的心理特征。

教师应具备哪些教学能力呢？就教学能力来说，不同的学者也有不同的见解。

在教师教学标准方面，"全美教学专业标准委员会"曾提出五大核心主张。

——教师献身于学生及其学习活动：教师认识到每个学生都有所不同，并且据此调整教学活动；教师深入了解学生是如何发展和学习的；教师均等地对待每位学生；教师的任务是要超越学生认知能力的发展，因此应扩展到学生的自我概念、群体社交能力、人格发展、公民道德等。

——教师了解所教授学科，并且有效地将学科知识传授给学生：教师了解学科知识是如何被创造和组织的，以及和其他学科的关系；教师善于使用多种途径把学科知识传授给学生。

——教师对管理和督导学生的学习负有责任：教师采用多种基本教学技巧来达成教学目标；教师善用团体规范、纪律和互动技巧来协调学生的学习；教师运用学习动机原理来激发学生学习的投入和热情；教师有规律地评估学生的学习进步情况；教师时常留心自己的教学目标。

——教师有系统地思考教学活动，并从经验中学习：教师依据理论和理性判断，不断地作出教学决定；教师接受他人的忠告，并运用教育研究的成果来改进教学活动。

——教师是学习社群的成员：教师经过和其他专业人员的合作来使学校教育产生效果；教师和家长协力合作；教师善于把社区资源用于学生的学习活动。

根据美国斯坦福大学的观点，一共有 14 种教学能力：刺激的改变、导入技能、概括能力、沉默与非言语的运用、学生学习参与的激励、提问的频率、提问的深度、问题的精心设计、发散性的提问、对学生言行态度的敏感性、解释和实例的运用、讲授技能、教学计划的制订和沟通能力等。

日本的井上光洋则提出了五种教学能力：教学设计能力、课堂教学能力、学校管理能力、普通教学能力和明确课题实质的教学能力。

上海师范大学卢家楣等人对上海市各区县中学的 768 名优秀教师的调查表明，中学优秀教师普遍具备的七种能力是：对教学内容的处理能力、运用教学方法和手段的能力、教学组织和管理能力、语言表达能力、教育科研能力、教育机智和与学生交往的能力。❶

1994 年，我国原国家教委颁布的《高等师范学校学生的教师职业技能训练大纲（施行）》，要求师范生在教育学、心理学和学校教育理论指导下，以专业知识为基础，掌握从事学科教学的基本要求，形成独立从事学科教学工作的能力。这些能力包括：

——教学设计能力；

——应用教学媒体能力；

——课堂教学能力；

——组织指导学科课外活动能力；

——教学研究能力。❷

优秀教师应该具有基本的教学能力并通过不断实践上升为教学技巧，这是体现"教师教学行为专业性"的重要方面。在教学技巧方面，比较有代表性的研究是由澳大利亚的特尼等人作出的，他们通过研究把教学技巧概括为七个方面。

——动力技巧：包括加强学生的行为，多样化刺激、入门、鼓励学生参与、接受并支持学生感受，表达温暖热情以及认识并满足学生的需求。

——讲授及交流技巧：包括解释、戏剧化、阅读，使用视听教学辅助工具，终止、使用沉默，鼓励学生反馈、澄清、表情、速度，以及有计划的重复。

——提问技巧：包括反复集中与指导、引导高难问题、歧异性与多样性问题，以及激发学生主动性。

——小组个人辅导技巧：如组织小型小组工作，培养独立学习能力，咨询，鼓励合作活动及学生间的相互作用。

——培养学生思考技巧：如鼓励探索性学习，指导发明，制定概念，使用刺激手法，使用角色和游戏刺激思维，培养学生解决问题的能力，鼓励学生进行评价与判断并培养其批判性思维。

---

❶ 于漪：《现代教师学概论》，上海，上海教育出版社，2001 年，第 140—142 页。

❷ 唐玉光：《教师专业发展与教师教育》，合肥，安徽教育出版社，2008 年，第 8 页。

——评估技巧：包括认识与评价学生进步、确定学习困难、提出补救办法、鼓励自我评价及组织评估讨论。

——课堂管理与纪律：包括认识专心与不专心行为、监督课堂小组工作、鼓励以任务为目标的行为和给予指导并解决多重问题。❶

上述教学技巧的功能在于引导学生的学习活动，并控制课堂气氛与学生的注意力，使教学活动能顺利进行。

对我国现代教师的教学能力要求，应充分参考国际最新研究的结果，提出高起点、高水准、适合现代教育趋势的能力标准。针对我国教师教学能力的现状，从教学活动的具体操作来说，现代教师应该具有以下基本的教学能力。

一、教学设计能力

教师自己准确牢固地掌握本学科的知识，并不能保证他能够有效地把这些知识传授给学生，这需要在客观存在的学科知识和具有主观能动性的教育对象之间建立一个跨越的桥梁。也就是说，教师在教学前首先要在先进的教育理念的指导下，根据学生不同的心理特点、原有的知识结构和"最近发展区"，以及自己的教学优势和风格，对要教授的教学内容进行分析、加工和设计，并根据需要选择适当的教学方法、教学材料和媒体，安排恰当的教学活动。对于同样的教学内容，不同的教师可能在教学安排上具有很大的差异。这里就有一个教学设计的技能。

(一)教学设计的含义

什么是教学设计？教学设计就是根据教学对象和教学内容，确定合适的教学起点与终点，将教学的各个要素进行有序、优化的安排并形成教学方案的过程。

教学设计是一门运用系统方法科学解决教学问题的学问，它以教学效果最优化为目的，以解决教学问题为宗旨。具体而言，教学设计具有以下特征。

第一，教学设计是把教学原理转化为教学材料和教学活动的计划。教学设计要遵循教学过程的基本规律，选择教学目标，以解决教什么的问题。

第二，教学设计是实现教学目标的计划性和决策性活动。教学设计以计划和布局安排的形式，对怎样才能达到教学目标进行创造性的决策，以解决怎样教的问题。

---

❶ 胡森：《国际教育百科全书·第 9 卷》，贵阳，贵州教育出版社，1990 年，第 182－183。

第三，教学设计是以系统方法为指导。教学设计把教学各要素看成一个系统，分析教学问题和需求，确立解决的程序纲要，使教学效果最优化。

第四，教学设计是提高学习者获得知识、技能的效率和兴趣的技术过程。教学设计是教育技术的组成部分，它的功能在于运用系统方法设计教学过程，使之成为一种具有操作性的程序。

（二）教学设计能力

教学设计主要由教学目标的制定、学习者起始状态的诊断和分析、教学内容的选择和组织、教学方法与媒体的选择与运用、教学评价等五个子系统组成。因此，教学设计的技能相应的包括以下几个方面。

1. 教学目标的编写技能

教学目标就是教学活动预期达到的结果，也就是教学之后教育对象知识技能、态度行为等身心各方面的变化，只有明确了教学目标才能使教学设计有的放矢。

教学目标一般从三个维度进行编写："知识与能力""过程与方法""情感态度与价值观"，简称"三维目标"。

要清晰而明确地表述课堂教学目标，在编写时至少应包括行为和内容两个方面，既要指出使学生养成的那种行为，又要言明这种行为能在其中运用的领域或内容，这样才能明确指出教育的职责是什么。

课堂教学目标的编写，一般包含四个要素：行为主体（Audience）、行为动词（Behavior）、行为条件（Condition）和表现程度（Degree），简称ABCD型式。

（1）行为主体。行为主体即学习者，行为目标描述的应是学生的行为，不是教师的行为。有的目标表述成"教给学生……"或"教师将说明……"都是不妥的。规范的行为目标开头应是"学生应该……"书面上可以省略，但思想上应牢记，合适的目标是针对特定的学习者的。

（2）行为动词。行为动词用以描述学生所形成的可观察、可测量的具体行为。如写出、列出、认出、辨别、比较。对比、指明、绘制、解决、背诵等。

（3）行为条件。行为条件是指影响学生产生学习结果的特定的限制或范围等，如"根据地图""看完全文后"，等等。对条件的表述有四种类型：一是允许或不允许使用手册与辅助手段，如："可以或不可以带计算器。"二是提供信息或提示，如："给出一张中国行政区划图，能标出……"三是时间的限制，如："在10分钟内，能做完……"四完成行为的情景，如："在课堂讨论时，能叙述……要点。"

（4）表现程度。表现程度指学生对目标所达到的最低表现水准，用以评量学习表现或学习结果所达到的程度。如："至少写出三种解题方案""百分之九十都对""完全无误"等。

教掌目标编写的误用问题：

——以教学目的代教学目标。如"把学生培养成良好的公民""使学生成为德智体全面发展的人"等；

——含糊其辞，难以评价。如"提高学生的写作技巧""学生能用乘法正确解决应用题"等；

——行为的主体是教师，而不是学生。如"拓宽学生的知识面""培养和提高学生的动手能力"等。

2. 教学内容的选择与处理能力

教学内容的载体称为教学材料（Materials）。教学材料（课程）主要有三种文本形式。

（1）课程计划

又叫课程方案，旧称教学计划，是根据一定的教育目的和培养目标制定的教学和教育工作的指导文件。教学计划规定某一级或某一类学校的课程目标，决定着教学内容总的方向和总的结构，并对有关学校的教学、教育活动，生产劳动和课外活动校外活动等各方面作出全面安排，具体规定一定学校的学科设置、各门学科的教学顺序、教学时数及各种活动等。

（2）课程标准

旧称教学大纲，是指根据教学计划以纲要形式编订的有关学科教学内容方面的指导性文件。它规定学科的知识范围、深度及其结构、教学进度、教学法上的要求等，是教学计划的具体化。它的结构一般包括说明和正文两个部分。说明部分包括本学科在学校课程中的地位、教学目的和要求、教材选编的原则、教学方式的提示等；正文部分列举要教的主要课题、要目或章节；规定每个课题的教学要点和教学时数。有的教学大纲还有第三部分，规定练习、实习作业、实验、参观和有关教学设备及参考书目等。

教学大纲更是编写教科书的主要依据，也是检查和评定学生学业成绩，衡量教师教学质量的重要标准。就我国情况看，教科书的编写必须依据教学大纲，教师对教学大纲的了解有助于灵活运用教科书。

（3）教科书

教学最基本的材料就是教科书，即我们通常所指的教材。教科书是根据教学大纲或课程标准编写的教学用书，通常按学年或学期分册，划分单元或章节。教科书的采用或认可制度有国定制、审定制和自由制。

教材是教师进行教学的基本材料，也是学生所应掌握的知识的载体。对教材进行选择和处理是教学设计的基础，也是教学成败的关键。教师必须具有选择、分析和组织教材的基本技能，正确把握教材的重点、难点和关键。

3. 教学对象的分析和评估技能

教学目标的最终实现是教育对象的身心状况产生变化，一切教学活动都是围绕着受教育者进行的。教师在教学活动以前全面了解学生的身心特点，包括学生对本科目的学习态度，学生喜欢的教学方法和教学媒体，学生的学习风格，学生的能力结构和水平，学生的知识背景，学生的个性特点等。而教师要想全面了解这些，就应掌握心理和教育的分析和评估技能，学会利用观察、调查、座谈、个案研究和心理测量等方法对学生进行系统全面的分析和评估。

4. 课型的划分和结构的设计技能

课型即课的类型，按照不同的标准可以分为不同的课型。如按教学任务可以分为传授新知识的课、巩固新知识的课、训练技能和技巧的课、检查知识和技能技巧的课、实验课等。认识课的各种不同的划分，选择适当的课型，可以帮助教师根据教学任务、教学内容的性质和学生的特点，系统安排教材，充分发挥各类课的功能，将不同的教学目标落实在不同的课上，从而保证教学效率和教学质量。课的结构是指课的组成部分及其进行的顺序和时间分配，它是课堂的内部教学组织形式。课的结构设计技能是教师的一项基本的教学技能，它可以帮助教师合理地规划和操作教学程序，科学地分配教学时间，全面协调教学中的各种活动，使课上得紧凑、连贯、有效。

5. 教学方法的选择和运用技能

随着教学研究的发展，人们提出了各种各样的教学方法和策略，如个别教学、合作教学、伙伴教学、讨论式教学、探索性教学等，现代教师要充分吸收当代教育和教学的研究成果，掌握多种教学方法，并根据不同的教学任务、教育对象和自身的教学风格选择和运用恰当的方法进行教学。

6. 教学媒体的选择和运用技能

现代教师不但要会制作和使用传统的教具，而且要学会选择和使用现代教学媒体，如课本、挂图、录音机、电视机、投影仪、多媒体等。随着科技的发展及其在教育领域的开发，现代教学媒体，尤其是电教媒体在教学活动中的运用越来越深入和广泛。现代化教学媒体具有可重复性和灵活性的特点，不仅可以同时通过视、听等多种感官传递信息，而且可以延伸人体感官的作用。一方面能够把实际生活中难以接触的事物具体化、形象化，有利于学生对教学内容的感知和理解；另一方面能够突破感官的局限而认识到某些事物发展演变的进程或反观历史。

7. 教学测量和评价技能

现代教师应该关注自己的教学活动在教育对象身上所起的实际效果，即教学目标的达成情况。这就要具备教育测量和评价的技能。传统的教育、教学评价，一般是学期当中和学期结束时通过考试进行总结性评价。但这样具有较大的滞后性，无法及时地对教学活动提供反馈，并及时提供补救措施。因此，每一位教师都要掌握各种具体的教育测量和评价技能，利用过程性评价对每一堂课的教学目标的达成情况和教学效果进行分析和评价。这样不但可以使学生和家长持续地了解学习进步情况，还可以及时调整和完善教学活动，不断提高自身教学的有效性。❶

二、教育教学机智

随着信息社会的到来和素质教育的逐步推广和深化，学生在教育教学中的主体地位越来越得到教育界的普遍关注，教师的角色正在逐步由知识技能的传递者转变为学生学习的指导者和促进者。在这种背景下，教师必须逐渐放松对于学生的绝对控制，发挥他们本身就具有的主动性和个性。学生不是只在课堂中听老师讲，而是要主动地探索、随时地提问和创造性地回答和解决问题。这无疑给现代教师素质提出了更大的挑战和更高的要求。在具体的教育、教学过程中，有时无论计划如何周密，安排多么细致，还是有可能发生意外的情况，如学生突然提出了教师一时也无法回答的问题；学生藏在课桌抽屉里的小鸟突然飞了出来，吸引了学生的注意力，扰乱了课堂秩序；老师由于一时疏忽写错了字或算错了数；学生对老师的观点提出了疑问和挑战，等等。因此，教师除了具备基本的知识和能力以外，还要学会如何机动灵活地控制和处理意想不到的教学情境，并使其产生积极有效的教育效果，这就是我们下面要谈到的教育机智。

(一)教育机智的含义

教育机智是指教师在教育、教学过程中的处理突发事件的能力，即教师能根据学生新的特别是意外的情况，迅速而正确地作出判断，随机应变地及时采取恰当而有效的教育措施解决问题的能力。

---

❶ 张大均主编：《教学心理学》，重庆，西南师范大学出版社，1997年，第81—130页。

教育机智是教师良好的综合素质、修养的外在表现和熟练的教育教学技巧的结合。它体现了教师感知的敏锐性、思维的灵活性、意志的果断性，也反映了教师娴熟的教学技能。教师的教育机智是教师综合运用各种教育知识、能力和经验达到游刃有余的表现，是教师掌握了高度教学艺术的表现。如果教师缺乏这种能力，既影响教师个人的威信，又影响教学的效果和课堂的氛围。乌申斯基说过："教师缺乏了所谓教育机智，无论他怎样研究教育理论，都不可能成为一个优秀的实践的教师。"❶现代教师应该在教育教学实践的过程中，有意识地培养这方面的能力。

（二）教育机智的表现

那么，教育机智在教学中有哪些表现呢？

教育机智首先表现为因势利导、顺水推舟。教师应该充分利用教育情境，把自己的教育意图隐蔽在友好而无拘无束的气氛中，巧妙地将教育要求转化为学生自身的需要，帮助学生扬长避短，使他们逐渐增强克服缺点的内在力量。掌握这种艺术，要求教师对学生尊重和理解，认识到每个学生都有自己的优点和长处，蕴藏着等待诱发的积极因素；其次取决于教师能够善于临场发现、及时捕捉学生表现的积极因素，并加以"引导"和"激发"，从而转化为积极的行为。

小鸟飞进了教室

一位老师正在上语文课，突然一只小鸟飞进了教室，在教室里乱飞乱撞。同学们的注意力和视线都集中在小鸟身上。原先的教学秩序被打破了，这位老师说："这只鸟真漂亮，请大家仔细观察一下。"于是，一堂生动而饶有兴趣的观察课开始了。最后小鸟飞累了，被一位同学捉到。这位老师又从人和环境的角度给学生讲了保护鸟类的意义，那位学生主动把小鸟放回了大自然。第二节作文课，教师在黑板上写下了"小鸟飞进了教室"的题目，全班同学都感觉有了体验，作文很好写。

资料出处　于漪：《现代教师学概论》，上海，上海教育出版社，2001年，第159页。

这位教师在遇到意外事件后改变了教学计划，抓住了教育机遇，上了一堂生动的作文观察课。

教育机智也表现为随机应变、就地取材。课堂里随时都可能出现偶

---

❶　转引自于漪：《现代教师学概论》，上海，上海教育出版社，2001年，第159页。

发事件，这就要求教师必须迅速地判断和明确情况，区分偶发事件的性质，及时地确定自己的行为方向，灵活果断地采取有效的措施。

你赞成"小叩"还是"猛叩"？

　　一位老师正在教《游园不值》这首诗，突然一位迟到的学生"砰"的一声推门而入，径直走到自己的座位上。老师照样上课，请学生思考："诗人拜访友人为什么'小叩'门扉而不'猛叩'？"学生齐声回答："因为那样不礼貌。"老师走到那位迟到的学生面前轻声说："你赞成'小叩'，还是'猛叩'呢？"这位学生脸开始发红，意识到自己刚才行为的不礼貌。

　　资料出处　于漪：《现代教师学概论》，上海，上海教育出版社，2001年，第160页。

　　这位老师对于学生的不良行为没有直接批评，而是随机应变，借题发挥进行教育，起到了很好的课堂效果。

　　教育机智还表现为幽默风趣、掌握分寸。对于比较尴尬的突发事件，教师可以采用幽默而风趣的态度及方式进行处理，但要善于确定自己言语和行为的适当界线，以最小的代价取得最佳的教育效果。在教育学生的时候，说话应得体，分析中肯，判断恰当，结论合理，使学生心悦诚服地接受教师的批评。教师要根据学生的年龄、性别、智力水平和个性特点提出适当的要求，使学生经过努力都能达到。这样学生既不会因为过度的表扬而骄傲自满，因过头的训斥而陷于自卑的深渊，也不会因过分的迁就而松懈和放任，因过分的苛求而望而生畏。

（三）教育机智的培养

　　培养和形成教育机智的基本要求。

　　第一，要勤于研究并不断掌握教育学和心理学的基本理论和规律，纯熟地掌握教育教学的技能和技巧，不断积累教育和教学经验。这样才能具有灵活处理意外教育事件的知识、能力和经验背景。

　　第二，要熟悉和了解教育对象的心理和行为特点。这是判断和分析教育事件所涉及学生的依据之一，并且对于事件的把握、处理和其教育价值的利用也要考虑所涉及的教育对象，这样才能对症下药，不至于适得其反。

化险为夷的"纸条"事件

　　刚刚范读完课文，我发现坐在后排的一个女同学尹洋在偷偷地写什么东西。我不动声色地走过去，原来是一张小纸条！我把它没收了。展开一看，只见上面赫然写着班上一个男生的名字，还有几句稚气的话……我忍不住笑了起来，这些中学生，真是人小鬼大。我这一笑不打紧，全班同学的好奇，全都被激起来了，特别是几个调皮的男生，大声地喊："老师念出来！""是什么？念呀！"我瞟了一眼尹洋。这是一个长得很秀丽可人的女孩，平时学习成绩也不错，只见她埋着头，脸涨得通红，此刻正偷眼看着我，大概是正在猜想我会不会把这张纸条的内容公布于众吧？多半她已准备接受即将到来的难堪了。

我转过头来，望着全班同学，他们都已经安静下来齐刷刷地望着，渴望得知这张纸条的内容。十四五岁，正是好奇的年龄，尤其是传纸条这样一个敏感的话题。我吐了一口气，再追问一句："你们真的想知道吗？"同学们一致点头。"其实是两句再普通不过的话"，我缓缓打开纸条，大声念道："听毛主席的话，做一个好学生！"轰的一片笑声。当然也有不怎么相信的，但谁都没有再追问，尹洋呢？虽然我没有看她的表情，但我确信，她肯定大大地舒了一口气！

这堂课很顺利地上完了。只有尹洋显得不大专心，先是不停地摆弄那支刚刚用来写纸条的钢笔，后来似乎又在写写画画，但我没有再打扰她。下课后，尹洋追了出来，塞给我一张小纸条，什么也没说就跑开了。我很疑惑，这个尹洋，居然又写起纸条来了，而且还是给老师！展开纸条后，几行端端正正的字出现在眼前：

黄老师，你是我见过的最聪明最美丽的老师，我一定会记住你对我的期望：听毛主席的话，做一个好学生！

学生：尹洋

资料出处　傅道春编著：《情境教育学》，哈尔滨，黑龙江教育出版社，1996年，第70页。

第三，要进行细致入微的观察。处理意外教育、教学事件，必须先作细致周密的观察，了解事情的来龙去脉，分清事件是人为的，还是非人为的，是有意捣乱，还是无意惹出的麻烦。这是正确处理的前提条件。

第四，要冷静理智地思考。处理意外事件的关键因素之一就是要控制自己的情绪状态，做到处乱不惊。尤其是遇到对自己的尊严和权威可能造成影响或损害的时候，作为教育者要以一种开放的态度，站在更高的角度和立场看待问题。遇到有些学生故意行为造成的事件时，教师始终要把他们作为有个性和需要教育的对象来看待，而不是把他们作为难为老师的对立面来看待。这就需要高度的理智和冷静，使自己的心理处于一种开放、豁达的状态，而这种状态最有利于急中生智。

第五，教育机智还需要灵活的变通能力。教师面对尴尬的情境，要分析其中的消极和积极因素；尤其是要挖掘和扩大事件中可利用的积极因素，把偶发事件同教育教学任务联系起来考虑，这样才能因地制宜，因时制宜，因人制宜，就地取材，变被动为主动，变消极为积极。

教育机智的最终完成需要教师对教育情境进行及时果断的调控。对意外的偶发事件处理要及时，果断加以处理。如果犹豫不决，瞻前顾后，只能使意外事件越来越恶化，教育、教学秩序越来越混乱，教师的处境也越来越尴尬和难堪，调节、控制和利用的难度也越来越大。因此，作为在教育教学中处于主导地位的教师，应该作出及时而有效的干预和调控。

"好色"风波

一天下午，初二(1)班语文课正在有条不紊地进行……

"我们刚才复习了小说的人物描写，知道人物描写通常分为直接描写和间接描写。所谓直接描写是指直接刻画人物的语言、行动、外貌和心理等，所谓间接描写是通过别人的反映或环境的描写，从侧面烘托人物。为了检验大家是否掌握，老师将一段课外的古诗朗诵给大家，请大家判断一下。"

"行者见罗敷，下担捋髭须……耕者忘其犁，锄者忘其锄。来归相怨怒，但坐观罗敷。"同学们声音洪亮地回答道："间接描写。""很好！"我带着欣赏的目光予以表扬后话锋一转："为什么青年人也好，老年人也罢，行者也好，耕者也罢，这么多人见到罗敷以后，都不约而同地停下脚步去'观罗敷'，这说明了什么呢？"

一个学生扬扬自得地说"好色！"这一下班里沸腾了，还有几个"不怀好意"的学生起哄。课堂秩序一下子混乱起来了。说实在的，我当时勃然大怒，很想发火，教训教训这个不知天高地厚的家伙。但是，职业的理智告诉我，这个学生顺口说出"好色"二字，很可能是说者无心，听者有意。所以与其大发雷霆，给对方一阵急风暴雨式的呵斥，竭尽讽刺挖苦一番，不如先冷静下来稳定课堂秩序，然后再因势利导，引导学生如何鉴赏文学作品，课后再私下找那个"调皮鬼"……

短暂的停顿之后，我在黑板上写下"好色"二字，并在"好"字下加上了着重号："同学们'好'字有两种读音，第三声和第四声，如果是动词，读什么音？请组词。""动词读第四声，如：爱好、喜好、好逸恶劳、好大喜功。"同学们不知我葫芦里卖的是什么药，齐声回答后课堂秩序稍稍稳定了。"如果是形容词，读什么音？请组词。"我见同学们已经转移了注意力，步步追问。"形容词读第三声，如：好坏、好人、好主意、好方法。"同学们好像忘了刚才的喧闹，非常认真地回答道。"很好！通过刚才的那段文字，那么大家能否用一个词概括罗敷的特点？"
"好看""美丽""漂亮""酷"……同学们争先恐后地回答起来。我连忙说：
"大家说得都很对，常言说，爱美之心——"

"人皆有之。"同学们异口同声，且面带微笑。

我进一步指出："所以，见到美好的事物，我们都想欣赏一番，只
是人之常情。不难看出，刚才那段文字中的青年人、老年人、耕者、
行者不约而同地停下来观看罗敷，正是因为罗敷在他们眼里太美丽了，
大家都想看个仔细。下面大家试着比较一下，如果说罗敷真美呀！太
美啦！美得无与伦比，美得妙不可言等，这样是更具体了呢，还是更
抽象了呢？"同学们高兴地回答："更抽象了。""对，如果一味地说罗敷
美，只能给大家留下非常模糊的印象。如果通过众人的反映来写罗敷
的美，读者就会感到具体真切，而且能给大家以丰富的想象空间。"我
看课堂秩序已经完全稳定了，接着又说："我们也常常听说某某是好色
之徒，这'好色'是指心怀邪念的男子沉溺于情欲，贪恋女色。'爱美'
是对美好事物的欣赏、钦佩。两个词有本质区别。如此说来，用'好
色'一词来概括刚才那些人的表现公平吗？"同学们众口一词："不公
平"。这时，我有意识地瞧瞧刚才那个学生，只见他惭愧地低下了头。
我最后小结："通过我们大家刚才的分析，在把握文章的人物描写中，
应该注意什么和什么的结合，才能收到较好的描写效果呢？""直接描写
和间接描写相结合。"同学已经心领神会了。

资料出处 魏薇、王红艳等编著：《中外教育经典案例评析》，济南，山东人
民出版社，2005年，第246—247页。

学生中"别样的声音"，往往让教师措手不及。在课堂教学中遇到学
生的"异口异声"，要用一种开放的心态去对待。遇到难题，先不要急着
下结论，要思考问题的原因，再寻求妥善的解决方法。案例中的学生就
是一个学习困难的学生，教师没有排斥他，而是接纳了他，并顺着他的
思路展开了教学，就很自然的处理了学生脱口而出的问题。试想，如果
该老师当时不管三七二十一，凭着自己的情感，劈头盖脸训斥一通，可
能当时秩序表面稳定了，但是他从此也许很长一段时间不会在课堂上发
言，他后来的成绩长进更是难以想象。即使学生不由自主地说出一些课
堂上不该说的话，老师也要巧妙地引导，不能把学生想象得很坏。总之，
教师再也不能作话语的霸权，而应学会作学生话语的聆听者。

处理这类在课堂中出现的突发事件，很大程度上体现出教师的知识
水平和应变能力。这位老师能根据问题的实际特点因势利导，巧妙点拨，

从而化被动为主动，不仅很好地完成了教学任务，而且取得了出人意料的教学效果。

很难想象，一个平时笨嘴拙舌、知识匮乏、思维迟钝的老师面对这类问题时，能够从容不迫，挥洒自如吗？有一句话"要想给学生一杯水，老师应当是自来水"，形象地说明了老师应当具有扎实的鲜活的知识和灵动的教育机智，在教学的过程中要时刻保持充足的"源头活水"，唯有如此，老师才能在较短的时间里，对意外回答作出准确的判断，从而采取恰当的措施，尽快使课堂朝着有利于教学的方向发展。

>>> 本章参考文献

[1]唐玉光．教师专业发展与教师教育[M]．合肥：安徽教育出版社，2008.

[2]程红艳，董英．新教师的专业发展[M]．武汉：华中师范大学出版社，2011.

[3]于漪．现代教师学概论[M]．上海：上海教育出版社，2001.

[4]林华民．世界经典教育案例启示录[M]．北京：农村读物出版社，2003.

[5]魏薇，王红艳，路书红，等．中外教育经典案例评析[M]．济南：山东人民出版社，2005.

[6]中公教育教师资格考试研究院．国家教师资格考试专用教材·综合素质（中学）[M]．北京：世界图书出版社，2012.

[7]李学农．综合素质[M]．北京：高等教育出版社，2011.

[8]周丽妲．综合素质（小学）[M]．武汉：华中师范大学出版社，2012.

[9]冯亮．磨砺思维之剑[M]．广州：中山大学出版社，2006.

[10]柳夕浪．课堂教学临床指导[M]．北京：人民教育出版社，1998.

[11]傅道春．教师行为优化教程[M]．哈尔滨：黑龙江教育出版社，1997.

第六章　教师专业心理

提高教师素质是实施素质教育的关键。在教师素质中，心理素质是教师其他诸素质赖以形成和发展的基础与动力。教师良好的心理素质不仅对于教育教学和学生的成长有重要的影响，而且对于教师自身的发展也有特殊的作用。一个教师要想在事业上有所作为，不仅要有高尚的道德品质、丰富的学识、创新的精神，还要具备良好的心理素质。社会的发展，知识的更新，生活工作节奏的加快，教师的心理问题日益增多。这就需要教师积极面对现实，采取有效措施，增强自身的心理素质。

第一节　教师的专业心理特征

教师的职责是教书育人，为人师表，要培养学生健全的人格，教师首先要从自身做起，完善自己的心理素质。

一、教师的心理素质

心理素质一般是指个体在先天遗传的基础上，通过后天的教育、社会实践及环境的影响，形成的较为稳定的基本的心理品质。教师的心理素质，是指表现在教师身上的心理特征（亦称心理品质），如道德情感、意志、认知能力、思维方式、兴趣爱好和性格特点等，与学生身心发展密切关联，同时具有一定的可教育和培养特性。教师的心理素质是教师素质结构的核心，是保障教师进行正常教学活动所必需的心理背景与基础。

教师心理素质可分为一般心理素质和专业心理素质。

教师一般心理素质指教师这一职业应具备的基本的心理品质，一般分为三个方面：认知品质、个性品质和适应能力。认知品质是教师心理素质结构的最基本成分，是个体在认知活动过程中表现出来的直接影响个体认知活动的机制和水平的特征因素。主要包括：敏锐的观察力、准确的记忆力、丰富的想象力、良好的思维品质、善于分配注意力。个性品质是心理素质的核心，健全的个性是合格教师必备的心理素质。教师的个性特征一方面会影响自身的教学效果；另一方面也会影响学生的个性的健康发展。成熟的教师应具备的主要个性特征：成熟的自我意识、积极的情感、良好的意志、健全的动力系统。适应能力是个体生存和发展的必要心理素质之一，是认知因素和个性因素在社会环境中的综合反映。主要包括：自我定向适应性和社会定向适应性。

教师的专业心理素质是其心理素质的重要组成部分，是社会对教师职业专业化要求教师必须具备的素质内容，是判断个体是否具备教师资格的重要标志。可以从两个方面进行界定：一方面从外在的动态的标准界定，指教师职业对从业者所需要具备的心理素质要求的总和，是教师职业活动得以顺利完成的必要保证；另一方面从内在的静态的状态界定，指个体内在已经具备与教师专业发展有关的心理素质的总和。

教师是一项伟大的职业，教育环境和教学活动影响着教师的专业心理。教师的专业心理素质主要包括：专业意识、专业知识和技能、教育能力。

二、教师的专业心理特征

教师的专业心理特征是指教师在长期的教育教学实践过程中扮演的不同角色并逐渐形成的特有的心理品质，主要体现在教师的认知、情感、意志和人格特征上。良好的专业心理特征对教师的教学效果有着很重要的影响。

（一）教师的专业认知特征

教师的认知特征主要包括教师的知识结构和教学能力。具备渊博的知识是教师顺利完成工作任务的基础，合理的知识结构对教师而言是基础。

1. 教师的专业知识结构

在第四章我们已经谈到教师应具备的专业知识。

随着时代的发展和科技的进步，教学内容和教学培养目标不断更新，教师需要掌握的知识越来越多。教师不仅要扮演"传道、授业、解惑"的角色，更要担当教学的"组织者、设计者、合作者"，为了满足教学和工作的需要，教师需要不断学习，不断更新自己的知识结构。在相关研究的基础上，邵光华等人将教师应该具有的专业知识系统归类，并提出教师专业知识结构的一个开放性认知模型。

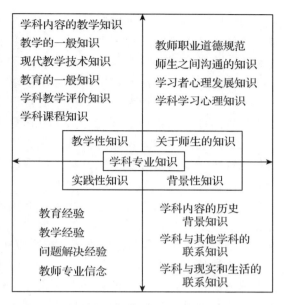

图 6-1　教师专业知识结构的开放性认知模型

2. 教师的专业教学能力

教学能力是教师能力的核心。在第五章我们谈到教师应具备的专业能力。现从心理学的角度进行强调。

（1）专业教学认知能力

专业教学认知能力是指教师对专业教学目标、教学任务、学习者特点、教学方法与策略以及教学情境的分析判断能力。主要包括四个方面：分析掌握教学大纲的能力；分析处理教材的能力；教学设计能力，即教师在上课前对教学过程的各要素进行最优化组合的能力；对学生学习准备性与个性特点的了解、判断能力等。❶

（2）专业教学操作能力

教学操作能力主要是指教师在实现教学目标过程中解决教学问题的能力，是课堂教学能力的集中体现。主要包括：教师的言语表达能力，这是教师职业最基本的要求，如语言表达的准确性、条理性、连贯等；课堂组织管理能力，如学生学习动机的激发、教学活动形式的组织等；教学评价能力，如及时获取反馈信息的能力、编制评价工具的能力等。❷

❶ 申继亮、王凯荣：《论教师的教学能力》，《北京师范大学学报》（人文社会科学版），2000(1)。

❷ 申继亮、王凯荣：《论教师的教学能力》，《北京师范大学学报》（人文社会科学版），2000(1)。

（3）专业教学监控能力

教学监控能力是指教师为了保证教学的成功，达到预期的教学目标，而在教学的全过程中，将教学活动本身作为意识对象，不断的对其进行积极主动的计划、评价、反馈、控制和调节的能力。教学监控能力越来越受到重视，主要表现为能否准确把握教材和课堂的重点找到突破难点的方法、对课堂上出现问题的认识程度并能否从多方面寻找原因、是否有意识注意并将该问题放到教学情景中进行有效处理、反思教学效果及学生掌握知识的认识程度，以及反思自己在课堂上出现的问题并提出可预防的措施等。❶

在教学能力结构中，这三种教学能力相互联系，其中教学认知能力是基础，与教学操作能力的联系往往通过教学监控能力来实现的。教学监控能力是关键，分别与教学认知能力、教学操作能力直接相关。

（二）教师的专业人格特征

教师是人类灵魂的工程师，对学生的影响非常之大。教师除了要具备一定的知识和能力之外，其人格特征也会影响整个教学过程，并对学生健康人格的塑造有着重要的影响。教师的人格特征包含的内容是多方面的，如教师的专业信念、教师的专业性格等。

1. 教师的专业信念

教师的专业信念是指教师在对自己所从事的职业有了一定认识的基础上在教师劳动价值方面所产生的坚信不疑的态度，它是教师献身教育工作的根本动力，是做好教师工作的首要问题。坚定而科学的教师专业信念会对其教育生涯产生深远的影响，促使其全身心投入教育工作，任劳任怨，自觉遵守教师专业品德要求，按照教育教学规律进行教育教学活动。当前市场经济的环境，一方面促进了教育的迅速发展，教师意识的更新；另一方面也产生了一些负面影响，如教育过程的功利行为、下海热、跳槽风及第二职业等现象。由此可见在当前环境中，树立坚定的职业信念的重要性，尤其是对年青教师。有关专业信念的心理研究主要集中在教学效能感和教学归因两个方面。

（1）教学效能感

"教学效能感"最早出现在 1976 年，阿莫尔（Armor）和伯曼（Berman）等人在研究关于教师教育效果评估的项目中，提出了教学效能感这一概念，并将其界定为教师对自己能够影响学生学业的能力信念。由此引起

---

❶ 申继亮、王凯荣：《论教师的教学能力》，《北京师范大学学报》（人文社会科学版），2000(1)。

了研究者对这一概念的探讨。目前我国学者将教学效能感通常界定为教师在教学活动中对其影响学生发展的能力的主观判断和信念，这种主观判断表明了教师对自身教学能力的自信程度。在对教学效能感的研究中基本上采取了 Dembo 和 Gibson 的观点，将教师的教学效能感分成两个部分：一般教学效能感和个人教学效能感。一般教学效能感通常指教师对其教学活动对外影响能力大小的信念，以及教与学的关系，教育在学生身心发展中所起的作用等问题的看法和评价；而个人教学效能感指教师对自身所具备的专业知识、教学水平、能否胜任教学任务、教好学生的能力判断，即教师对对自己教学技能和技巧的自信程度。

影响教师教学效能感的因素主要有外部因素和内部因素。外部因素指环境因素，主要包括社会文化背景、学校特点、教师之间的人际关系、师生关系等。内部因素主要指教师主观因素，包括性别、职称、学历、职业自尊、价值观、应对方式和调节能力等。辛涛等人的研究结果表明：学校制度的完整性、工作提供的发展条件、学校的支持系统、校风、教师之间的关系、师生关系均与教师的个人教学效能感之间呈显著正相关；工作提供的发展条件、学校的支持系统和制度的完整性与教师的一般教学效能感呈显著的正相关。❶ 吴国来等人的研究结果显示，中学教师所在的地区（城乡）、性别、职称、学历与教龄均对教师教学效能感具有不同程度的影响。农村中学教师的一般教学效能感显著高于城市；中学男教师的一般教学效能感显著高于女教师；中学教师个人教学效能感随教龄增加而提高，一般教学效能感则随着教龄的增加而降低；中学教师的个人教学效能感随职称的晋升而提高，学历和职称间存在显著的交互作用。❷ 黄喜珊和王才康的研究发现，教师的个人教学效能感与积极应对方式有显著正相关；一般教学效能感与消极应对的应对方式有显著负相关。❸

关于教师教学效能感的功能主要体现在以下几个层面。第一，教学效能感影响教学活动的整个过程（教学行为取向、教学行为过程、教学行为结果），是教学活动有效开展的重要保证。教师通常会对自己的胜任能力、教学活动难易和教学环境进行衡量。如果认为自己能够有效地驾驭

❶ 辛涛：《论教师的教学效能感》，《应用心理学》，1996.2(2)。

❷ 吴国来、白学军、沈德立：《中学教师教学效能感影响因素的研究》，《天津师范大学学报》基础教育版，2003.4(4)。

❸ 黄喜珊、王才康：《教师效能感研究述评》，《佛山科学技术学院学报》社会科学版，2003.21(4)。

整个教学活动，就会产生较高的教学效能感。在教学行为取向上则表现为：设定较高的行为目标，选择较难的教学任务，从而产生较强的教学动机。在教学行为过程中表现为：会对教学工作持有饱满的热情，投入更多的精力，能积极乐观应对困难，寻找解决问题的方法，能有效地运用教学监控能力，及时地对自身的教学行为进行反思，并做出相应的调整，以更好地适应学生的需求。最终影响到教学效果，教学质量和学生的学习成绩。第二，在教学管理上，教学效能感高的教师更倾向于采取较民主的策略，对于失败的学生给予更多的鼓励，更有耐心的指导，对学生控制更趋向人性化，能在更大程度上激发学生的主观能动性，进而影响教学效果。第三，教师的教学效能感具有重要的健康功能，是教师身心健康的重要源泉。教师教学效能感通过影响体内生化过程而介入到应激源与免疫系统之间，从而影响教师的身体健康。班杜拉的实验发现自我效能感不仅能够影响自主神经系统的唤醒水平，而且还影响到儿茶酚胺的分泌水平和内源性鸦片肽的释放水平，这些生化物质作为神经递质，均参与到免疫系统的调节过程中。当教师具有较高的教学效能感时，便不会释放这些生化物质，但当教师的教学效能感低时，会分泌大量的生化物质，破坏机体的免疫系统，进而影响教师的身体健康。同时教学效能感也影响着教师的心理健康水平，教学效能感较强的教师认为自己能有效地控制周围的环境，不会感到焦虑和不安。而教学效能感低的教师认为周围的环境是不可控的，并不断地夸大教学过程的难度，较易产生悲观情绪。在面对职业压力时，高教学效能感的教师倾向于采取较为乐观的应对方式，积极主动地释放压力；而低教学效能感的教师，可能会采取较为消极的处理方式。

（2）教学归因

教学归因是指教师对自己或他人已完成的教学活动的结果产生的原因进行分析，形成因果性解释的过程。教学归因是教学过程中的一种至关重要的教学观念，这种解释所获得的观念对教师后续的教学行为有着必然的影响，并通过"情绪体验"和"教学行为"间接影响教学效果。例如，将学生的学业失败归因为自身的教学能力时，会伴有很强的挫败感，进而产生一系列的情绪体验，进而影响教学行为。但如果将其归因为学生的能力时，教师自身的挫败感就很小，并伴有相应的情绪体验。可见，对同样一件事情由于归因不同，往往所伴随的情绪体验也不同，教师随后的教学行为也会受到影响，最终影响教学效果。合理、积极的归因能增强教师教学效能感，改进教师教学行为，有助于提高教学效果。

2. 教师的专业性格

教师的性格是一种重要的教育因素，它在教师的整体素质中具有举足轻重的作用，不仅影响教师整体素质水平和教学效果的提高；而且对学生的身心发展产生影响。教师良好的专业性格对学生不仅仅是一种暂时的教育因素，对学生的一生都可能产生深刻的影响。那么什么样的教师性格特点能对学生产生积极的、健康的影响呢？下面从教师职业对教师的基本要求来介绍教师的职业性格。

（1）从教师对待客观事物的态度这一维度而言，教师的专业性格包括热爱教育工作、认真负责；能积极乐观的对待生活；能尊重学生，宽容、友善、真诚、平等的对待学生；能严格要求自己，客观公正的对待自己。

（2）在教师意志特征的维度上，教师的专业性格主要包括做事坚定、百折不挠、持之以恒；遇事沉着冷静，善于观察；遇到困难时能勇敢顽强地前行。

（3）在教师的情绪上，教师的专业性格主要包括乐观、豁达、幽默、平和、善于与人相处、有忍耐心、同情心。能正确及时的认识自己的情绪，准确合理的表达情绪、及时控制和调节自己的情绪。

人的性格并非与生俱来的，而是在生活过程中逐步形成的。因此，教师的专业性格是可以培养的。加强教师性格修养的策略有以下几种。

首先，要全面了解和正确对待自己的性格特征。能客观地认识自我，对自己性格的优、缺点进行客观的评价，并能勇敢地正视自己性格中的缺点。在日常生活和工作中养成自我检查、自我反思和自我评价的习惯，处处严格要求自己，在看到并发扬自己性格中优点的同时，也能发现并克服自己性格中的缺点。

其次，要有角色意识。一个人在生活中往往扮演了多种角色，教师应该准确地把握自己在教育中的角色。在学校教师要热爱教育事业，教书育人；不断学习钻研，提高自身的教学水平；要有服务学生的意识，关心爱护并帮助学生，成为学生的良师益友；团结同事，善于发现他们的优点并学人所长。另外，教师要注意不能把工作生活中其他的角色任务和不良情绪带到教学中，同时要学会处理好自己扮演的不同角色，只要把每个角色都做好了，各种关系才会和谐，这样就能保持良好的精神状态。

再次，要坚持学习，以智养心。性格发展与人的知识发展是相联系的。通常情况下，教师的文明程度越高，性格发展就越和谐。因此，加强教师性格修养需要勤学习，可以从书本中学、从实践中学、从生活中学、从别人的经验中学。无论采用何种学习方式，关键要有想学要学的思想并付诸行动。

最后，要从小事做起，持之以恒。教师职业性格修养的提高不是一蹴而就的，需要从小事做起日积月累地磨炼，也是每一位教师终生的课题。

(三)教师的专业行为特征

教师行为是指教师为实现教育教学目标或意图所采取的一系列具体的行动。[1] 教师行为是教师综合素质的外在表现，因此，通过教师行为就可以了解到教师的教育理念、教学能力、个性心理特征等。教师行为是一种角色行为，除了具备人类行为的特征之外，还具有教师角色的行为特征。

教师专业行为的主体和核心是专业教学行为。教师的专业教学行为指教师以自身的教育理念、教学思想、教学技能和能力、实践经验、性格特征为基础，围绕教学目的和要求，在整个专业教学过程中所采取的行为方式的总和。教师的专业教学行为直接影响着专业教学效果，也影响教师的教学质量。

高魏认为教师的教学行为的特性主要有以下五个方面。一是教学行为的外显性，教学行为与教学理念不同，是可观察的、外显的。二是教学行为的动态性，课堂教学是由教师一系列的教学行为组成的，每个教学行为之间由一定的内在联系，比如，教师提问——学生思考——学生回答——教师启发和追寻答案——教师反馈等环节，这些行为流程的不断变换，构成了课堂教学连续的、周期性的动态过程。三是教学行为的个体性，教师是教学行为的主体，在教学行为的选择上会带有个体的特性，不同的教师因其自身个性不同，对教学过程的理解不同、学生观不同而形成各自不同的行为模式和教学风格，使得教师的教学行为表现出鲜明的个性色彩。四是教学行为的目的性，教师的教学行为不是由教师自己决定，而是由教学目的决定的。五是教学行为的情境性，行为不仅受到行为主体的影响，同时也受到情境的影响。课堂教学行为具有强烈的情境性，不同的行为组合成不同的教学情境，不同的教学情境又决定着教师教学行为的选择与变换。所以，教学行为不是一成不变的，而是根据变化的教学情境启用不同的教学行为，对教学行为的选择能体现教师的教育智慧。[2]

教学是由师生双方共同完成的，有计划、有组织、有目的活动，是

---

[1] 陈丽霞：《新课程背景下传统教师行为与现代教师行为的辩证分析》，郑州大学硕士学位论文，2009。

[2] 高魏：《教师行为与学生行为的关系解析》，《教育研究》，2012(3)。

教师"教"与学生"学"的有机统一。教学行为是教师根据长期的教学实践中积累的教学经验和相关的知识形成的操作技巧，是在从事教职之后逐步养成的，教师在专业成长的过程中，需要研究教材，投入更多的精力进行教学设计，选择合理的教法，不断地总结课堂上需要用到的各项技术，使其教学行为更加生动、鲜明，从而不断提高教学质量。

三、教师专业心理发展的意义

在实施素质教育过程中，教师的专业心理发展至关重要，对学生有潜移默化和持久深远的影响专业心理发展的好坏直接关系到学生身心的健康发展。因此，教师在对学生进行心理健康教育的同时，要注意不断的提升自己的专业心理发展。

1. 时代的变革，要求教师对职业定位重新认识

在当前信息爆炸的时代，以及对素质教育日益强调今天，人们开始重新思考教师的定位问题：教师是不是无所不知、无所不晓？当学生对教师已有的知识经验产生怀疑时，教师该如何做？当学生对教师的权威提出前所未有的挑战时，该如何应对？这些问题促使人们对教师职业定位进行深入的反思。如果教师自身定位不明确，便会出现一系列的心理不适应问题。

2. 教师良好的专业心理发展是营造新时代师生关系的需要

教师的个性心理特征与教育教学有密切的关系，教师的个性品质不仅影响教育和教学工作的效果，而且影响学生个性品质的发展。教师只有拥有了良好的专业心理发展，才能更好地面对学生，更好地处理师生关系，才能愉快地与学生共同学习、共同发展。因此，不仅要关注学生的个性心理发展，还要关注教师的专业心理发展，以促使形成和睦融洽的师生关系。

3. 教师良好的专业心理发展有助于其教学能力的发挥

教师在教学活动中处于主导地位，教师良好的专业心理发展有助于营造轻松、愉悦的课堂气氛，从而使教学活动能够顺利地得以实施，以提高教学质量。同时，具有良好专业心理发展的老师往往对自身的认识也更全面、深刻，他们往往能够更清晰地了解和把握自己的生物规律，懂得劳逸结合，从而能更好地发挥自身的潜能。所以，教师的良好的专业心理发展能促进其能力得以有效的发挥。

4. 加强素质教育需要教师具备良好的专业心理发展

素质教育从本质上说，是以提高全民族素质为宗旨的教育，以德育为核心，以创新精神和实践能力为重点的教育。学校要实行素质教育，就要对学生进行心理健康教育；所谓"教育者先受教育"，学校要对学生

进行心理健康教育，就要培养教师良好的心理素质，从而转变教师传统的教育思想观念和方法，教师对学生的感染是极为直接和深远的，他给予学生良好的形象榜样，学生就会受到良好的影响和感染，学生潜能得到开发，才能有效地改变学生素质，从而造就出高素质的合格人才。

5. 教师的专业心理发展直接关系到学生的身心发展

在教育教学中，教师的心理状况会潜移默化的影响学生的身心发展，影响到学生健全人格的形成和发展。作为新世纪的一名教师，除了拥有丰富的专业知识，熟练的教学技巧之外，还要有健全的人格和健康的心态。在学生心目中教师占有非常重要的位置，也是学生学习的榜样，教师的一言一行都会影响着每个学生。由此可见，教师自身的心理素质对于健全学生心理，提高学生整体的素质有着至关重要的作用。

第二节　教师的专业成长心理

随着提高教育质量的呼声和终身教育观念的确立，教师专业发展愈来愈受到重视。要提高教师专业发展的质量，首先要了解教师专业成长历程及心理特征，发现教师专业成长的内在规律和途径，才能更好地促进教师专业发展。

一、教师专业成长心理的阶段

教师专业成长心理的过程是其不断习得与教师有关的角色期望与规范的社会化过程。由于教师先天素质、教育背景、环境条件和个人的主观努力等方面存在一定的差异，因此教师专业成长也不尽一致。但就大多数教师而言，教师专业成长存在一般的发展阶段和一些共同的基本特征，从初任教师成长为专家教师要历经不同的阶段。心理学家对其进行了研究，并从不同的角度提出了一些理论。其中有代表性的观点主要有以下几种。

一是富勒(Fuller)的关注论，根据教师所关注的焦点问题不同，把教师的成长分为：教学前关注，即教师在职前培养期以旁观者的身份关注评价任教教师；早期生存关注，即新教师开始关注自身的职业生存；教学情景关注，即教师已熟悉环境，开始关注教学情境；关注学生，即教师对教学本身较为熟悉，开始关注学生特点。二是费斯乐(Fessler)等人提出的教师职业生涯周期模型，把教师的职业生涯分为八个阶段：职前教育期，即教师专业角色的准备阶段；职初期，任教的前几年；能力建构期，教师努力提高教学技能和能力的时期；热情与成长期：教师的工作能力已经达到了较高水平，但专业能力有待继续进步；职业挫折期：受到挫折，开始出现职业倦怠；职业稳定期：达到职业生涯的高原期；

职业消退期：教师开始准备离开教育岗位的低潮期；职业离岗期：教师离开教学工作后的一段时间。三是斯蒂芬（Steffy）根据自我实现的理论，提出教师发展模式：预备生涯阶段：准备适应教学工作；专家生涯阶段：具备较高水平的教学能力并能激发自我潜能；退缩生涯阶段：出现教学职业倦怠；更新生涯阶段：状态复苏，开始追求专业成长，吸收新的教学知识；退休生涯阶段：离职，安度晚年或追求新的生涯。

纵观上述各理论，可以发现虽然各理论研究的侧重点不同，但都揭示了教师专业发展的阶段和各阶段的发展特征，也反映了教师职业发展的顺序和方向。结合国内外的研究的结果，一般将教师专业成长阶段分为五个阶段。

1. 准备期

准备期是教师任教之前的准备阶段，即在师范院校或大学的培养及其之前的阶段。这一阶段是教师成长的重要基础和前提，是教师不可逾越的阶段，对教师以后的教学有着重要的影响。

2. 适应期

适应期是教师任教后的最初几年，是教师从走向社会，进入教育系统，进行日常教学工作的时期。这一阶段面临着初任教师由师范生向正式教师的角色转换，也是将所学理论应用于实践的过程，这一过程需要教师在教学实践中对理论、实践及其关系进行"反思"，并在知识、信念、态度和行为上做出相应的调整，以逐渐适应教学。初任教师的适应期存在个体差异，有的教师1年内就能适应，有的则需要2～3年，甚至更长的时间。

适应期是教师成长的一个关键期。初任教师最初几年教学情况如何，能达到什么教学水平对其专业发展有重要影响。该阶段的教师最需要理解、支持、鼓励、信心和辅导，需要实践教学经验和教学技能方面的指导。如果初任教师能在领导的关心和同事的帮助下，经过自己的努力顺利地度过这个时期，就会对自己充满信心，把自己的满腔热情的工作，迅速成长；如果初任教师得不到及时必要的帮助，这个适应过程可能会延长，使得他们产生职业焦虑，对教师的发展不利，严重者会产生很强的挫败感，离开教师这一职业。

3. 发展和稳定期

当教师的度过了适应期，适应了角色转换，教师逐渐进入专业成长的迅速发展期和稳定期，这一时期一般持续5～7年，有的则需要更长的时间，持续时间的长短受教师的主观努力和学校的环境的影响。

4. 停滞期

教师在经历了发展期后，教师的发展和成长过程会逐渐表现出个体差异性，一部分教师如果采取一些有效措施，可以实现持续发展；如果不能采取一些有效策略，教师就可能步入专业的停滞期。该阶段持续的时间因人而异，有的教师可能短一些，而有的教师可能要长，甚至会一直持续到退休。这主要受教师个人的主观因素及其所处的环境条件影响。

5. 持续成长阶段

经过发展期后，教师的专业成长速度开始变慢。部分教师由于自身强烈的职业发展动机、再加上良好的发展环境的支持，会一直保持持续发展状态；也有部分经历停滞期的教师，在自己的积极努力和多方的协助下，突破高原现象，实现持续成长。

二、教师专业成长心理的特征

1. 准备期的教师专业成长心理特征

（1）有远大的理想和抱负。由于这些预备教师还是在校学生，缺乏实际的教学经历和经验，因此，他们对教师角色的理解停留在想象阶段，充满着对未来教师生活的憧憬，具有理想主义，有活力、积极进取、敢于创新等特征。

（2）具备一定的理论知识和教学技能。这些预备教师在进入师范院校之前，由于受先前学校教育、家庭教育、社会等多种因素的影响，他们对教师角色有了具体的认识，也不同程度地形成有关教学的思想、观念、知识、信念和行为技能。这些已有的教育观念和技能会影响师范教育期间的教育效果，他们会有选择地学习和阅读，在专业领域进一步深化和拓展，开阔专业视野，掌握大量理论知识。通过师范教育期间的教育实习，学生有机会将理论和实践结合起来，真正体验教师角色。教育实习的过程不仅使他们掌握一些基本的教学技能和技巧，而且在一定程度上转变了他们的某些价值观和态度，影响他们的教学信念和对教学工作的认识，对自己的教学能力也会有新的评价，这些都为他们未来走上工作岗位奠定了基础。

2. 适应期的教师专业成长心理特征

（1）由崇高的职业理想到残酷的教学现实。对于初任教师而言，适应期是一个教师职业生涯的开端，是人生发展的转折点。他们在执教时将面临着"现实的冲击"。所谓的"现实的冲击"是指在师范教育阶段所形成的教学理想在严峻、残酷的课堂现实面前的彻底破灭。他们原有的教育理想、乐观、创新，拥有的教育信念、理论知识、价值观和教学技能，在实际的教学情境中，显得苍白无力，进而产生无助和无奈的感受。面对现实的冲击，初任教师需要对自己原有的理想、信念、价值观等进行反思，不断的调整理想和现实之间的差距，以更好地适应教学实际。

(2)由缺乏实践知识到探求教学应对策略。由于缺乏教学实践知识，初任教师在预备期所掌握的知识和教学技能根本无法解决教学中的许多实际问题。他们在处理课堂情境出现的问题时，往往依靠规则，缺乏必要的变通性和灵活性。有研究发现，初任教师缺乏对课堂情景的认知能力，缺乏敏锐的洞察力，对教学过程中可能出现的问题缺乏预见性。因此，他们无法采用适当的方法吸引或调控学生的注意，无法持久地维持课堂教学的秩序，对课堂的偶发事件也不能进行机智巧妙地化解，容易导致课堂冲突，从而影响正常的教学进度。另外，初任教师对学生的需要和兴趣缺乏深入的了解，这在一定程度上也会影响教学效果和师生关系。这一阶段的初任教师需要把所学的理论知识与自己的实践经验联系起来，探求教学应对策略，不断地丰富自己的实践知识。随着实践知识和智慧的增加，初任教师会有更多追求自己乐趣的时间，并在教学中尝试新的事物，体验到教学的愉悦。

(3)由学生身份转向教师角色。由学生突然转换成要以"学生的发展为中心"的教师，是初任教师人生旅程的一个根本转折。教师身份就规定了其应有的一系列行为。以前生活可能更多受到家庭和学校的照顾，现在是教师，要承担教育者、管理者、引导者、交流者、组织者、咨询者等角色，在不同的情境中扮演不同的角色，采取不同的行为。再加上在他们所接受的预备教育中，并没有系统的接触过如何转换角色的内容。这对初任教师来说是一个严峻的考验。

另外，初任教师在工作后会遇到一些重要的人，如同事、学校领导或社会地位较高的人、权威人物，甚至是朋友和家人等，初任教师需要与他们产生各种关系，并在关系中、在相互比较中不断地寻找自己的角色，这些人也通过言行影响初任教师的角色承担和社会化。长期以来社会对教师这一角色的定位赋予了太多的使命和责任。教师既是知识的传播者又是科研成果的创造者；既是班级的管理者又是被管理者；既要当好学生的老师又要当好学生的朋友等，这些都需要初任教师逐渐转化。

总之，适应期是教师成长的一个关键期。初任教师最初几年教学情况如何，能达到什么教学水平对其专业发展有重要影响。该阶段的教师最需要理解、支持、鼓励、信心和辅导，需要实践教学经验和教学技能方面的指导。如果初任教师能在领导的关心和同事的帮助下，经过自己的努力顺利地度过这个时期，就会对自己充满信心，把自己的满腔热情的工作，迅速成长；如果初任教师得不到及时必要的帮助，这个适应过程可能会延长，使得他们产生职业焦虑，对教师的发展不利，严重者会产生很强的挫败感，离开教师这一职业。

3. 发展稳定期的教师专业成长心理特征

(1)专业信念逐步确立。教师的专业信念是随着教师的教学知识和经验的积累而逐步确立的。随着教学实践的不断推进，教师积累了大量的教学经验，对教学职业的价值和意义有了新的认识和理解，并能体验到做教师的乐趣，这种乐趣可能来自于和教师、家长、学生之间良好的沟通和交流，也可能是从努力工作中所获得的成就感等，使得教师越来越喜欢本职业。随着教学年龄的增长，教学经验的丰富，教师的思想观念、价值趋向、社会行为开渐稳定，教师角色和教学风格日趋完善，教师的专业信念逐步形成。

正确、合理的专业信念能激励教师去行动，并决定行动的方向性、原则性、持久性，能影响教师的思想和道德。在此阶段，如果教师没有形成正确、合理的专业信念，就会导致教师工作激情低，精神状态欠佳，从而影响教学效果。

(2)实践知识逐渐丰富。随着不断的教学实践，教师对教学环境有了充分的了解，逐渐掌握了一系列的教学方法和技能，在适应期教学的基础上，教师不断地反思和总结，积累了大量实际知识，能按照个人理念较自由地处理事情，按照自己的计划，对所选择的信息做出反应，并能对已做事情承担责任。能识别情境的相似性，进一步预测事件，对教学情境有了更为直觉的把握，而且能理智地做出合适反应。教学能力和智慧进入迅速发展期，有些成长较快的教师逐步形成自己的教学风格。

该阶段的教师逐步有了自己的专业见解和判断力，开始创造和尝试新的教学策略，经常参加各种交流会教师培训计划，不断更新观念，逐渐丰富教学实践知识。能以饱满的精神参与到工作中，并能从中获得满足感和成就感。

(3)专业角色渐进形成。这一阶段的教师在教学生活中逐步摆脱对别人的依赖，能独立自主的开展学校的各项工作，扮演管理者、引导者、交流者、组织者等各自不同的角色，专业角色逐渐形成。

教师作为管理者的角色，随着班级管理经验的积累，逐步掌握了一系列的管理方法，能妥善地处理课堂上的偶发事件和学生的各种行为问题。作为学生学习的引导者角色，教师能够在全面了解学生个性特征的基础上，选择一些适合学生个体情况的引导策略，营造一种支持性的、积极的课堂环境，采取多种方法激发学生的参与性。作为交流者角色，教师在课堂上逐渐学会了与学生平等交流，充分尊重学生的想法，也掌握了一些与家长良好沟通交流的方法。随着经验的积累，教师能根据交流者的人格特点、情境的变化，灵活运用不同的交流方式以符合他人的交流偏好。同时，在本阶段教师逐步发展成为与同行进行交流、讨论的合作伙伴。作为组织者的角色，在充分了解了班级里每位学生后，根据教学目标和教学内容的特点，能够把讲授、讨论、小组学习、合作学习等有机地结合起来，以适应学生的不同需要，激发了学生学习的积极性，改善了学习效果。

4. 停滞期

（1）职业理想开始动摇与成长动机降低。教师在教学岗位上工作多年后，逐渐厌倦了教学生活，工作的热情也骤减。年复一年的单调、乏味、重复的教学生活，日益激烈的升学竞争，社会对教师的高期望、家长的严要求，学生的个性化，教师的工作压力日趋加大，越来越难以承受。教师面对如此复杂的境遇，开始怀疑自己曾经的职业选择，教师职业不再像以前那样吸引人。

教师缺乏职业发展的动机主要受到个人和外部环境这两种因素的影响。个人方面主要表现在：随着教学工作的日趋成熟与稳定，职业目标的实现，工作和生活趋于平静，教师的志向开始下降，对专业成长的投入减少。有的教师开始混天度日，投入到教学工作中的精力少之甚少。而有的教师由于长时间超负荷的教学而感到精疲力竭，原有的工作热情完全丧失。外部环境方面主要表现在：由于学校物质条件受限、教学设施缺乏，教师无法按照自己的教学理念进行教学；教师的待遇不高，经济上有压力；学校的管理方式有待改善，教师得不到应有的认可、尊重，积极性和创造性受到压抑；学校氛围不和谐，教师情绪低落，教师之间难以很好的合作等。另外，家庭因素和重要事件也会影响教师的专业追求。

（2）专业知识和智慧发展进入"高原期"。处在停滞阶段的教师，已拥有较丰富的教学经验和教学技能，并以此想走完以后的职业生涯。他们丧失了教学激情，思想僵化，方法形成定式。在课程教学改革中，不能积极地参与并适应，无法满足学生的需求，在教学上越来越感到力不从心，专业知识和智慧发展进入"高原期"。

对处于"高原期"的教师需要采取适时、有效的教师教育模式，不断更新他们的教育信念、价值、思想、方法等，以促进其专业水平的提高。否则会危及我国教育事业的顺利发展，也会影响教师的身心健康和专业成长。

（3）专业角色趋于模糊，甚至丧失。这一阶段的教师在工作中所承担多种角色的能力日趋衰退，对自己职业的权利、义务、责任缺乏清晰的、一致的认识，久而久之，开始感到自己无法胜任工作，教师角色趋于模糊。如果教师角色模糊持续下去，教师会逐渐卸去以前所承担的部分角色，导致角色丧失。

一旦教师角色意识不明确，其角色行为就会受到影响。本阶段一些教师的主要表现是：不能成功地扮演专业角色，缺乏成就感；出现职业倦怠，消极行事；抱怨增多，批评学校、家长、学生，甚至教育行政部门，把课堂当成自己发泄不满情绪的场所；人际关系不和谐，家庭出现问题等等。教师专业角色的模糊和丧失，给教师的心理和行为带来消极影响，迫切需要教师继续社会化，以适应社会发展和教育变革，提高自己的角色承担能力。

5. 持续成长期的教师专业成长心理特征

（1）教师信念的反思与重建。随着时代的发展、社会的变革要求每位教师要与时俱进，跟上时代发展的步伐，其中最重要的是信念体系的不断更新。无论是发展期的教师，还是停滞期的教师都要对自己的信念系统进行反思。对自己的教学知识的信念、看待学生的信念，以及关于自身能力和发展的信念等进行反思，对于那些不合理的信念，对教学实践有消极影响的信念，要及时转变。这一过程需要教师有强烈的职业发展动机，需要教师有很大的勇气和毅力，以及对教育事业的无限热爱。只有教师有了正确而坚定的信念，才能深刻地把握教师职业的价值与意义，才能在实践中真正做到，这对他最终成为什么样的教师产生积极影响。

（2）实践知识与智慧持续增长。在发展期的基础上，随着实践知识和智慧的丰富，教师的教学技能和技巧逐渐娴熟，教学行为更加灵活；课堂上能从多种角度收集信息，并进行及时、有效的管理。教师在教学活动的认知和行为技能上逐渐达到自动化的水平，形成了完善的自我监控和调节机制。教师的教学过程，是教师学识和情感的表达，蕴含着教师的智慧和创造力，能够展示教师的人格魅力。

实践性知识和智慧的不断丰富始终是教师持续成长的根本。教师需要在实践中不断深切体会教学的神韵，把握教学的意义；不断地学习新的理论知识，并把其内化成自己的知识、信念，并运用到教学实践中；不断地进行研究和探索，总结和分享。经过这样的过程，教师就拥有了自己独特的教学风格，逐渐变成专家型教师或学者型教师。他们与一般教师相比，最根本的区别在于对教学的感受，对教学价值的认识，能从教学中得到无穷的乐趣。他们的教学充满着教师的创造，体现出教学的睿智，表现出对教学情景敏锐的洞察力和机智的处理能力，对于学生来讲是一种享受。

（3）专业角色的不断调适。随着社会的变化和具体的教学实践的不同，教师角色也需要发生变化。由于本阶段教师除了要承担发展期的角色外，还需要承担改革者、研究者、反思性实践者等角色。这些角色对教师持续成长具有重要的意义。

教师作为改革者角色，需要不断挑战自我，敢于放弃自己已有的教学经验，积极参与并完成教学改革；接受新的教学生活，并与学生分享自己的观点，根据学生的需要改变自己的教学行为。作为研究者角色，教师要拥有教学研究机会和条件，也要具备教学研究的能力。从现实来看，教师在参与了整个教学的过程，也充分了解学生，对于教师而言，有着丰富的教育研究机会，但还需要教师能充分地利用这些机会，对教学中的相关问题进行研究，以不断地改进自己的教学行为，使自己的教学行为更加合理、有效。作为反思性实践者的角色，教师不仅要具有相应的教学知识和技能，而且要有对自己的教学方法、教学内容进行反思、研究和改进的能力。他们能用宽阔的视野客观的审视自己的教育思想和教学行为，以及对自己的教学决策进行反思，以便突破教学经验上的局限，使教学更加有效并充满人格魅力。

三、教师专业成长心理的途径

根据教师专业成长心理的现状，结合当前素质教育的实际，优化教师专业成长心理的途径主要从以下几个方面进行。

1. 提高教师的思想道德修养与专业成长心理的水平

教师是人类灵魂的工程师，教师的政治立场、观点、态度都直接影响学生的成长与发展。因此，教师必须不断提高自身的思想政治素质和师德修养，树立正确的人生观和价值观，以自己的人格魅力去影响学生。同时，在当前的素质教育背景下，教师需要加强心理健康知识的学习，提高自身的专业成长心理，尤其是要不断加强个性与人格的修养。另外，对于教师而言锐意进取的创新精神，坚强的意志，稳定良好的情感以及浓厚广泛的兴趣不可缺少的重要心理品质。

2. 在教师群体中普及"心理健康"的知识，对教师进行心理保健训练

为在教师群体中普及"心理健康"的知识，可以在教师的继续教育课程中设立相关的内容，教师一方面要了解学生心理健康方面的知识，掌握相关的心理辅导的内容；另一方面也要了解自身心理健康方面的常识，掌握系统的心理基础知识和心理卫生知识，认识心理健康对人的发展、对人的生活质量的重要意义，并能正确的应对挫折，不断提高对挫折的耐受力，积极地面对工作和生活。

3. 学校领导应加强和完善相关的管理制度，以促进教师的心理健康

相关研究发现，教师的工作负荷、工作压力是影响教师心理健康的主要因素。当前教师工作压力较大，超负荷的工作的现象比较突出。对于学校领导管理者而言应当思考如何减轻教师的工作负荷，怎样适当的调整竞争机制，以提高其工作效率，关心教师的心理需求。积极健全、建立公正合理的教师评价机制和激励机制，教育领导者要给教师积极的鼓励；改善教师的物质生活条件，尽量满足教师的合理要求，关心教师的生活和心理需求，切实为教师排忧解难；给教师定期学习心理理论，不断提高体育教师自身心理健康的认识水平，定期对教师进行心理健康测试并提供相应的心理辅导。

综上所述，教师的专业成长心理对于教育教学质量、学生健康成长具有重要作用。所以教师具有健康的心理素质是从事教育工作的必要条件，是教师自身的健康生活的需要，更是学生健全心理发展的需要。因此，社会各界人士在关注学生心理健全成长时，也要关注教师专业成长心理的培养，促进师生共同心理健康，为社会快速发展输送身心全面健康发展的合格人才。

第三节　教师的心理健康

教师是人类灵魂的工程师，拥有健康的心灵是教师教育的基础。心灵健康的教师能更好地促进学生身心的健康发展。教师的心理健康也是教师素质结构的核心要素，已成为现代教师重要的专业素养和必备的职业人格品质之一，同时也影响着教师自身的生活质量和幸福人生。在全社会开始高度重视人类健康尤其是心理健康的今天，教师职业的特殊性使得人们对这个群体的心理健康状况给予更多的关注。

一、教师心理健康的概念

1. 心理健康的含义

何谓健康，早在 1948 年世界卫生组织（WHO）在成立宣言中明确指出："健康是指身体上、心理上和社会上的完满状态，而不仅仅是没有疾病和虚弱现象。"可见健康概念包括身体、心理和社会适应三方面的完满状态。后来世界卫生组织根据人类社会的发展，给健康下了一个新的定义："健康不仅是没有疾病或躯体正常，还要有生理、心理和社会适应方面的完满状态。"伴随着我国的现代化进程，这个定义逐渐为国人所接受和认同。

关于心理健康的概念，不同领域和不同学派对其的界定也不一样。具有代表性的国内外学者的观点主要有以下几种。

医学家英格里士（H. B. English）认为："心理健康指的是心理状况的持续性表现，当事者在这种状况下能表现出良好的适应性，同时具有较强的生命活力，从而使身心的潜能得到充分发展。这指的是一种全面的、积极及丰富的状况，而并非简单的指没有心理疾病。"❶

精神病学家麦灵格尔（K. Menninger）认为，心理健康指人们对于环境及相互间具有最高的效率和快乐的适应情况，心理健康的人能保持情绪平静，有着敏锐的智能，也有愉快的气质，同时还能良好地适应社会环境。

柯洛什尼克（W. B. Kolesnik）认为，心理健康是一个人情绪上的安宁或他的个人适应和社会适应。❷

我国研究者王书荃认为，心理健康指人的一种较稳定持久的心理机能状态。它是个体在与社会环境相互作用时，主要表现为在人际交往中能否使自己的心态保持平衡，使情绪、需要、认知保持一种稳定状态，并表现出一个真实自我的相对稳定的人格特征。

《简明不列颠百科全书》将心理健康解释为："个体心理在本身及环境条件许可范围内所能达到的最佳状态，但不是十全十美的绝对状态。"

目前，普遍接受的是世界卫生组织的定义：心理健康指没有心理疾病或病态，个体社会适应良好，人格完善和心理潜能得到充分发挥。通常情况下，心理健康的定义不仅指心理健康的状态，也指维持心理健康，预防心理障碍或行为问题。

2. 教师心理健康的含义

对于不同的职业和群体，其心理健康的含义和特点也具有特殊性。某些学者认为，教师心理健康主要是指教师能顺利有效地适应教育环境，正确对待和处理师生关系的一种良好心境。我们认为，教师的心理健康是指教师在教育教学中能不断认识自我，完善人格，发挥自身的心理潜能，维护自己的心理健康并不断提升自己的社会适应能力，预防各种心理疾病，使个人的心理机能发挥到最佳状态。

二、教师心理健康的标准

1. 心理健康的标准

心理健康的标准是心理健康概念的具体化。关于心理健康的标准，一直是国内外诸多学者争论的焦点，他们从各自不同的角度提出了不同的看法。

❶ 方方：《教师心理健康研究》，北京，人民教育出版社，2003 年。

❷ 骆伯巍：《教师的基本条件与心理健康的关系》，《教育评论》，1996(5)。

1946年，第三届国际心理卫生大会认定的心理健康的标准是：(1)身体、智力、情绪十分调和；(2)适应环境，人际关系中彼此能谦让；(3)有幸福感；(4)在工作和职业中，能充分发挥自己的能力，过有效率的生活。❶

《简明不列颠百科全书》认为心理健康的具体标准是：(1)认知过程正常，智力正常；(2)情绪稳定乐观，心情舒畅；(3)意志坚强，做事有目的；(4)人格健全，性格、能力、价值观等均正常；(5)养成健康习惯，无不良行为；(6)精力充沛地适应社会，人际关系良好。❷

张大均认为美国学者阿特金森(R. L. Atkinson)，我国学者黄坚厚、张春兴等提出的心理健康标准比较合乎实际，于是综合他们的看法归纳出心理健康六条标准：(1)对现实有效知觉；(2)自知、自尊与自我接纳；(3)有自我调控能力；(4)有与人建立亲密关系的能力；(5)人格结构的稳定与协调；(6)生活热情与工作高效率。❸

陈家麟综合国内外学者(A. H. Maslow, G. w. Allport, 马建青, 金德初)的观点，将心理健康标准界定为：(1)智力发展正常；(2)情绪稳定乐观；(3)意志品质健全；(4)行为协调适度；(5)人际关系和谐；(6)人格完整独立。❹

许多学者对心理健康标准都有以下共识。(1)心理健康标准具有相对性，即心理健康只有在与同一群体的人心理发展水平的比较中，才能显现其价值。(2)心理健康标准具有层次性，即由低到高呈现三个层次：克服心理疾病；超越心理中的既非疾病又非健康的中间状态——第三状态；自我实现。(3)心理健康或不健康状态具有相对稳定性，即心理健康或不健康应是一种持续状态。(4)心理健康状态的可变性，即在一定条件下心理健康状态和心理不健康状态之间可以相互转变。

2. 教师心理健康的标准

心理健康标准是相对的，不同人群的心理健康标准既有共性，也有个性。对教师这一特殊群体，其心理健康标准一方面要符合一般人心理健康的要求；另一方面要体现教师职业的特殊需要。对教师心理健康的

---

❶ 陈家麟：《学校心理健康教育：原理与操作》，北京，教育科学出版社，2002年，第32页。

❷ 陈家麟：《学校心理健康教育：原理与操作》，北京，教育科学出版社，2002年，第32页。

❸ 张大均：《教育心理学》，北京，人民教育出版社，1999年。

❹ 陈家麟：《学校心理健康教育：原理与操作》，北京，教育科学出版社，2002年，第33—35页。

标准也有很多表述，教师心理健康的标准概括起来主要包括以下内容。

(1)认同教师的职业角色，热爱教育工作。

能认同自己的教师职业角色，并能愉快地接受这一职业角色，认真负责，对教师职业满怀热情和希望，这是教师心理健康的基本标准之一。一名心理健康的教师应该承认教师这种专业身份，并愉快地接纳这一职业，有足够的职业自居心理，积极投入到工作当中去。教师在教育教学中要善于将自己的才能充分表现出来，并获得充分的满足感和成就感，在教师职业活动中实现自我价值感。

(2)建立良好和谐的人际关系

教师的人际关系主要包括与学生、领导、家长及其他教师之间的关系。心理健康的教师能够合理地处理好各种关系，归属于一定的集体中，能客观、公正地了解和评价别人，并能积极与他人真诚沟通，把交流作为解决人与人之间矛盾纠纷的主要手段。乐于与别人相处，并能维持和谐的社会交往。

(3)能正确地了解自我、体验自我和控制自我

具有良好的自我意识的教师，首先要正确认识自我，教师能对自我有一个较为全面客观的认识和评价，就能扬长避短，自觉选择符合自己的最佳发展方向和发展方式，不断完善自己。其次是对现实能有较为客观的感知，能处理好自我与现实之间的关系。能够体验自己存在的价值，接受自己。能努力发掘自身的潜能，并对自身的缺陷也能泰然处之。最后是能有效地控制自我，能在教学活动中进行有效的自我监控，在遇到教学突发事件以及在自己出现人生挫折时能自我调适与自我控制。

(4)具有教育独创性

教育独创性指教师能在教学活动中创造性地培养学生的创新思维和创新能力。教师在教学活动中要不断学习，不断进步，并能结合学生的实际特点创造性地备课、教学，使学生更好地学习。

(5)能真实地感受情绪并调控情绪

教师在教育活动和日常生活中均能够真实地感受自己的情绪并恰如其分地控制情绪，教师的愉快、乐观、满意等积极的情绪需要占优势，当然在遇到挫折时也会产生消极情绪，但不能把不愉快的情绪带到课堂，更不能迁怒学生，要适度地控制自己的情绪。对于课堂上的突发事件，要冷静地处理。

(6)对教育具有积极进取的精神

教师对教育要有较高的自信心，勇于接受现实和未知世界的挑战，不断地更新专业领域的新知识和新技术。紧跟教育改革的步伐学习新的

教学观并积极地尝试新的教学模式，使用新的教学手段。在证明自身能力的基础上，进一步发挥其潜能，实现自己的理想。

（7）坚强的意志品质

坚强的意志品质具体来说应该具有以下几点。第一，自觉性，教师在工作和日常生活中对自己的活动目的和社会意义有正确而深刻的理解并能支配自己的行动，使之符合社会要求。第二，果断性，教师能够辨明是非真伪，并善于抓住时机应付复杂情况，迅速合理地处理问题。第三，坚韧性，教师要有完成教育任务的明确目的和完成任务的坚定意向。第四，自制力，教师能够控制和协调自己的思想感情和行为举止。

三、教师常见的心理问题

近年来，学生心理健康问题已成为社会关注的一个重要问题，学生心理问题产生的原因是多方面的，但是教师的心理状况在很大程度上影响学生的心理发展。如果教师的心理不健全，不仅对自己身心发展不利，更重要的是对学生有严重影响。因此，教师的心理问题已成为当前社会非常关注和急需解决的重大问题。当前从教师整体上来看，是健康而有活力的，但也存在一些心理问题，根据相关研究，主要的心理问题有以下几种。

1. 教师的职业适应不良

所谓的适应是个人与环境之间的互动关系。适应良好是指个人与环境方面的要求取得协调一致；适应不良指个人与环境不能取得协调一致。人生活在世界中，会面临各种各样的变化。当环境、社会发生变化时，个体能做出相应的变化，使个性与环境相协调，这样的个体才能顺利成长与发展，反之会出现各种各样的问题。

教师也是社会中的人，在与环境互动的过程中，也会有需要得不到满足或遇到挫折的时候。许多教师面对这种情况能够有效地进行心理调适，达到心理平衡，使自己的心理健康发展。但也有部分教师未能采用适当的方法调节自己的心理冲突，从而不能很好地适应这一职业，加上现行许多政策不稳定，更加剧了教师不适应的程度。

教师职业适应不良问题主要包括两个方面，即职业观念上的问题和职业行为上的问题。职业观念指个人对职业的选择、对职业的看法和态度。例如，如何评价教师职业的价值，它对社会的意义和对自己人生的意义，以及是否要认真负责地对待教师的工作等。职业行为则是个人在工作中表现出来的具体行为方式。适应不良通常表现出各种不恰当的行为。如教学效果不理想就埋怨学生差；认为后进生影响了自己的工作成绩，给自己找了麻烦，进而歧视甚至想方设法排挤打击他们；不能全身心投入工作，工作马虎，不负责任；对学生要求苛刻，稍不如意就讽刺谩骂；视学生为自己获得名利的工具，不能平等对待班上每一位学生；在教育教学工作中，以自我为中心，斤斤计较，不能很好地与他人合作，人际关系恶劣。

2. 教师人际关系问题

人类的心理适应，最主要的是对人际关系的适应。人际关系是人与人之间由于交往而产生的一种心理关系，它主要表现在人与人之间在交往过程中关系的深度、亲密性、融洽性和协调性等心理方面联系的程度。人总是生活在一定的社会群体中，并在不断的交往中从事工作、学习和其他社会活动。教师作为特殊的职业群体，面临的关系更为复杂。教师的工作对象是鲜活的人，每个人都有不同的个性特征，教师必须首先处理好与学生之间的关系，同时还要花费大量的时间和精力处理与领导的关系、与同事的关系及与家长的关系。

在实际工作中，很多教师在人际交往中存在较大的心理问题，由于各种原因，把自己闭锁在狭小的工作圈子，不与外界发生太多的来往交流。教师人际交往障碍主要表现为：（1）对交往的重要性认识不够，很少与人交往和沟通；（2）缺乏必要的交往技能和手段，在交往容易遇到障碍；（3）自身一些不良的个性特征的影响，如自负、自闭、自我评价过高、怀疑心理、苛刻等。这些个性特征使得其在人际交往的路上困难重重。交往上有问题的教师，在教育教学的过程中，总是觉得问题多，不能得心应手地开展工作。主要表现在：教学方法较传统，跟不上教育改革的步伐；上课时只顾自己讲课，不注意学生的情绪；课后与学生及其他同事交流不多；在生活中沉默寡言，不能很好地处理一些偶发事件，对现实有较强的不满等。

3. 教师的情绪问题

教师的情绪问题是由于教师对在日常生活或教育教学工作实践中遭遇到挫折时，由于不能积极有效地进行调控，产生的不良情绪引发的一系列身心失调。教师情绪问题比较隐蔽往往容易被忽视，有时候教师自身也可能没有意识到自己正遭受消极情绪的困扰。而教育教学工作是一种创造性的活动，教师没有积极、乐观的情绪，其教育智慧无法得到充分的发挥，难以得心应手地组织教学活动。教师主要的情绪问题是焦虑和抑郁。

焦虑是一种缺乏明显客观原因的内心不安或无根据的恐惧，是人们遇到某些事情如挑战、困难或危险时出现的一种正常的情绪反应。遭受焦虑情绪困扰的教师通常表现为：紧张、烦躁不安、压力感等主观的不适感觉；在生理上有颤抖、心悸、冒汗、头昏、呼吸困难、睡眠有障碍、食欲缺乏、泌尿道或胃肠道不适等身体的症状；在认知上有注意力不集中、记忆力减退、疏解压力的功能降低、社会功能减退或丧失等现象。这种焦虑心理，不仅影响教师的正常工作，而且还影响教师正常的生活，甚至由于长期内心冲突、焦虑过度而形成焦虑人格，对教育事业产生失望情绪。

抑郁是一种感到无力应付外界压力而产生的消极情绪，并伴有厌恶、痛苦、羞愧、自卑等情绪体验。有抑郁情绪的教师通常表现为：情绪低落、闷闷不乐、思维迟缓、郁郁寡欢、缺乏活力、不愿社交、干什么都提不起精神，对生活缺乏信心，工作无动力，对学生漠然，体验不到快乐，食欲减退，睡眠不好，莫名其妙地烦躁不安，等等。抑郁的发生不是单一因素的孤立作用。相关分析表明，心理健康状况、一系列负性生活事件、个性特征等因素与抑郁症的发生有密切的关系。也有研究揭示，那些情绪不稳定及神经质个性的教师更易发生抑郁症状。

教师除了常见的抑郁和焦虑情绪之外，还有愤怒、攻击、恐惧与悲哀等，当意识到别人不合理地对待自己时，便会产生愤怒，并可能会对他人表现出攻击性行为；当遇到无成功把握的评比、选拔时，便会产生恐惧心理；当自己竭尽全力之后，仍然没有收到良好的效果时，便会产生悲哀的感受。

4. 人格心理问题

人格缺陷是介于正常人格与人格障碍之间的一种人格状态，是人格发展的不良倾向。教师的人格问题更多地属于人格缺陷。教师的人格缺陷对其心理健康的影响比较明显。因为不同人格特征的人，对社会生活事件及心理冲突的情绪反应不同。如外向型人格特征的人，情绪反应往往比较强烈，但体验的程度不深，且情绪持续的时间也不长，比较容易恢复心理平衡；内向型人格特征的人，情绪反应强烈、深刻而持久，恢复心理平衡的时间也较长。教师常见的人格心理问题主要表现为自卑。教师的自卑心理主要是由于职业压力大、经济待遇偏低、社会地位较低及自我评价过低造成的。自卑主要表现在经济上、地位上、职业上。教师的自卑必然影响其他的心理活动和行为，怀有自卑感的教师，往往会采取以下补偿行动。(1)跳槽，即设法调换自认为好的工作或下海经商，有的通过继续求学而改变。(2)努力当一名优秀的教师。(3)从事第二职业，增加收入。(4)在教师的岗位上设法多拿到好处。这些补偿行动中有的是积极的，有的是消极的。积极的补偿行为可以提高教师的素养，从而提升教育质量，消极的补偿行为会给教育带来负面的影响。

另外，当前教师的一些严重的心理问题还表现在人格障碍问题。人格障碍又称病态人格，指明显偏离正常人格并与他人和社会相悖的、一种持久和牢固的、适应不良的情绪和行为反应方式。教师人格障碍症状表现在许多方面，如躯体、智力、社会、心理等方面，主要表现：（1）倾向于极端，反映出负向、消极的心境和态度，广泛涉及整个人的各个方面；（2）有紊乱不定的心理特点和与人难以相处的人际关系；（3）把自己遇到的一切困难都归咎于命运和别人的错误，把社会和外界对自己不利的条件都看做是不应该的，而对自己缺点却无所觉察，也不改正；（4）认为自己对别人不负任何责任，对不道德的行为没有罪恶感，对伤害别人的行为不后悔，对自己的一切行为都执意地偏袒和辩护；（5）在任何环境中都表现出猜疑、仇视和偏颇的看法。具有人格障碍的人，经常给社会和他人造成损失，给自己带来痛苦，从而影响教育。教师的人格障碍比较严重，实际很少。一些研究表明：教师的人格障碍在强迫型与偏执型较突出。

5. 教师职业倦怠问题

"职业倦怠"（Burnout）一词最早出现于 20 世纪 70 年代，由美国临床心理学家弗登伯格（H. I. Freudenberger）首次提出。用以描述工作中的个体所体验到的诸如情感耗竭、身心疲惫、工作投入度降低、工作成就感下降等消极状态，比如情绪耗竭、动机丧失等。最初这一概念并没有用于教师行业，而是用于其他助人行业。在以后的 40 多年里，有关职业倦怠的研究迅速发展。关于职业倦怠的界定很多且彼此不尽相同，但仍可发现其共同的地方，即职业倦怠是个体因不能有效地缓解工作压力或妥善地应对工作中的挫折所经历的身心疲惫的状态。目前被普遍认可的是美国学者马勒诗的界定：在以人为服务对象的职业领域中，个体由于长期遭到情绪和人际关系紧张而产生的反应，主要表现为情感耗竭、去人性化和成就感减低等症状。一般情况下，职业倦怠容易出现在助人行业中，如社会工作者、医护人员、警察等。

教师职业倦怠与职业倦怠是一种被包含与包含的关系，教师职业倦怠只是众多职业倦怠中的一种。一般情况认为，教师职业倦怠是指教师在不能顺利地应对教育教学工作压力时所产生的一种极端反应，是教师伴随着长时期压力体验下而产生的情感、态度和行为的衰竭状态。❶ 在我国，大多数人认同的观点是：教师无法应付外界超出个人能量和资源的过度要求而产生的身心耗竭的状态即教师职业倦怠，又称教师职业心

---

❶　蒋奖、许燕：《职业倦怠研究进展》，《国际中华应用心理学杂志》，2004(2)。

理枯竭。教师职业倦怠是一种非正常的行为和心理，主要是因为教师长期感到压力大，且不能很好应对，出现持续的疲劳，因此在与他人相处的过程中就容易产生矛盾或冲突，从而加重了挫折感，长时间的高度精神疲劳和精神紧张等表现最终使他们筋疲力尽，产生了一些负面的情绪、态度和行为等。教师职业倦怠的主要表现是：情绪衰竭，对工作没有热情，不满意自己的工作状态，情感上逐渐变得冷漠。这种状态对教育教学产生一定的副作用，会影响教学效果。结合北京师范大学心理学教授许燕针对职业枯竭所提出的职业枯竭若干特征，教师职业倦怠的特征有以下六个方面。(1)生理耗竭。这是教师职业倦怠的临床维度，主要表现特点是感到持续性的精力不充沛、极度疲劳和虚弱；对疾病的抵抗力在下降，然后出现一些身心症状，比如头疼、腰酸背疼、肠胃不适、失眠、饮食习惯或体重的突然改变等。(2)才智枯竭。这属于教师职业枯竭的一个认知维度，它主要表现在，感觉到一种空虚感，有一种被掏空的感觉，会觉得自己的知识已经没有办法去满足工作和课程改革的需要了，思维效率下降，注意力不集中，不能够很好地去适应当代的知识更新。(3)情绪衰竭。这属于教师职业倦怠的一个压力维度，也是教师职业倦怠最典型的表征。主要表现在教师初入该行时满怀的工作热情完全消失，经常出现疲劳感，对自己任教的工作，时常觉得负荷沉重，表现出许许多多的情绪上的特点，比如说情绪烦躁、容易发脾气、容易迁怒于人、对人冷漠无情、麻木不仁、没有爱心，甚至悲观、沮丧、抑郁、无助、无望，直至很消沉。情感的资源就像干枯了一样，没办法去关怀学生。(4)价值衰落。它属于教师职业倦怠的评价性维度。表现为个人成就感降低，自我效能感下降，自我评价下降，对自己工作的意义和价值的评价下降，工作变得机械化且效率低下。一段时间后，教师会发现他们的实际工作状态与原本的自我期望水平存在很大差距，自我的成就感降低，从而大大降低了教师工作的驱动力。他们还会怀疑自己，时常感觉到无法胜任工作，感到无能和失败，退缩，从而减少心理上的投入，不再付出努力，消极怠工，缺勤；离职倾向加剧，甚至转行。(5)去人性化。它属于职业枯竭的一个人际维度，会直接影响到人际交往的质量，其特征就是持有消极的、否定的态度，即以冷漠、否定或麻木不仁的态度对待来访者及自己周围的人，以期减少情感的投入。总是试图减少接触或拒绝接纳学生，对学生表现出冷漠、厌烦的情绪。更严重的阶段表现为：易攻击别人、讽刺同事，对学生挖苦、谩骂，直至滥施惩罚。(6)攻击行为。攻击行为一般来说有两个方向。一是对别人的攻击行为会增多，比如说人际摩擦增多，会在极端的情况下出现打骂学生的情况。另外一种，他的攻击并不是指向外人的，而是指向自身，出现自残行为，甚至在极端的枯竭情况下出现自杀。根据以上的分析，我们认为：教师职业倦怠是教师因不能有效应对工作的压力而产生的极端心理反应，是教师伴随于长期高水平的压力体验而产生的情感、态度和行为的衰竭状态。其典型症状是工作的满意度低，工作热情和兴趣的丧失、情感的疏离和冷漠，以及教育教学手段和方法的"枯竭"。❶

　　根据相关的调研发现，教师职业倦怠的类型多种多样，主要可以归纳为四种。第一种是前途忧虑型。这种类型的教师一方面对学校的前途担忧；另一方面对自己以后去向不明担忧，在这种内心下引起职业倦怠。这种类型在老年教师中比较明显，在学校工作了大半辈子，面对着学校的生源减少，学生不愿意学，老师不愿意教的现实，开始对前途忧虑。第二种是身心疲惫型。这种类型的教师曾经是学校的骨干，工作努力，任劳任怨，为学校的发展付出了艰辛的劳动，大部分都已是中年，在事业发展的黄金时期，他们并没感受到成功的喜悦与欢欣，面对复杂的教育形式和变革，开始感到疲劳。第三种是理想幻灭型。这种类型的教师多为刚参加工作的年轻教师，他们满怀教育理想选择做一名教师，并试图施展自己的才华，为素质教育改革做贡献。但是复杂的社会环境，使得他们的热情逐渐消失了，过高的期望逐渐变得失望，甚至开始讨厌教学。第四种是随波逐流型。这种类型的教师大多安分守己，默默无闻地工作。但在工作过程中，由于学校评价时的不公平或评职称定的不顺心，他们开始怀疑变得心不在焉，教学效能感缺失，失去自信心与控制力，时而感到愤怒，时而感到愧疚，对自己的前途命运产生盲目性和自卑感。

　　目前"职业倦怠"正悄悄地向教师侵袭。一份调查显示：有轻微职业倦怠的教师占被调查教师的 86%，有中度职业倦怠的教师占 58.5%，有较严重的职业倦怠的教师占 22.5%。教师一旦出现职业倦怠，往往士气低落，工作效率下降，人际关系容易恶化；另外倾向于对学生的行为进行消极解释，对学生情感关怀也会减少，这可能会影响教师在学生心目中的地位以及班级管理，甚至会发生缺勤和离职的情况，影响学校教学工作的稳定和效益。

四、影响教师心理健康的因素

　　影响教师心理健康的因素是多方面的，既与职业的特殊性有关，也与教师自身因素及社会环境相联系。

---

❶　金忠明、林炊利：《走出教师职业倦怠的误区》，上海，华东师范大学出版社，2006 年，第 94 页。

1. 个体因素

(1)由于自身素质缺失产生焦虑感

素质教育对教师在知识结构、思维方式、教学能力及教学手段等方面都提出了新的标准和要求。一些教师将自身素质与这些标准和要求相比较，往往感到自身素质与之相差甚远。虽然教师可以通过继续学习、培训来提高自己，但素质的锻炼和提高不可能一蹴而就。于是，这些教师认为自身素质难以适应改革的要求，便产生无助感、焦虑感。

(2)新型师生关系产生的不适感

传统教育中的师生关系是一种命令式的服从关系，而素质教育倡导新型的师生关系，以民主、平等、和谐为特征。在实际的教育改革中，建立新型的师生关系受到影响，比如教师得不到学生以及家长的尊重，有些学校事故的处理方式让教师感到不公等现象。教师面对这一系列的变化，往往难以较快地适应，心理上出现偏差。

(3)相互矛盾的现象带来的茫然感

在素质教育改革的进程中，许多学校出现了这样的现象：一方面都在轰轰烈烈地开展素质教育；另一方面却在扎扎实实地抓应试教育。其中最主要的原因是素质教育下新的考试制度和评估体系尚在探索阶段，并没有建立完善的体系。教师和学生仍然面临着沉重的升学压力。这种现象使得许多教师内心出现矛盾，不知是要按照素质教育的要求来实施教学，还是按照原有的应试技巧来应付。

(4)教师的角色冲突和压力过大

教师的基本职责是教书育人，教师经常要承受来自教师角色的社会期待和自身素质矛盾之间所带来的压力。教师在角色冲突产生压力，从而影响到教师的身心健康。

(5)自身缺乏心理保健知识与能力。

不少教师面临各种压力挫折时由于缺乏积极自我调控的意识和科学的方法，往往表现出一些不良行为。

2. 社会因素

现代社会随着信息技术的普及和大众传媒的飞速发展，知识、信息的普及化程度越来越高。学生获得信息的方式也多样化，对教师的依赖减弱，使得教师的权威在逐渐下降，教师的社会地位和社会作用也受到严峻的挑战。

(1)职称评定竞争激烈

教师为了评职称，在工作之余需要投入相当多的时间来查资料、写论文，加上职称评定名额有限，竞争比较激烈，教师面临较大的竞争压力。这直接影响到教师的心态。

（2）教师的福利待遇相对较低

教师工资不高，特别是年轻教师，职称低工作年限少，同时面临着多方面的压力，经济负担过重，事情也比较多，很难将心思全部用于教学上。如果教学成绩上不去，学生、家长及领导不满意，进而给教师带来很大的心理压力。

3. 学校因素

（1）学校的管理和条件对教师各方面的影响都非常大

一些学校的相关管理制度还有待加强，极个别学校管理者无视国家教育法规、忽视教师的心理健康、不懂得科学管理，在管理上经常采用简单粗暴的方法解决问题。由于学校管理不当而引起的与教师直接有关的问题很多，如教师角色模糊、角色冲突，工作量负荷增大或不足，时间被占用，缺乏自主权，没有参与学校管理的机会，因个人评估标准不明确而造成失误等。

（2）学生的品行、学习情况对教师心理健康的影响

由于教育的特殊性，教师的工作对象是独立的人——学生。现在学生的思想和行为受多因素影响且不易为教师所控制，这就对教师构成心理威胁。学生中的矛盾、不良行为、厌学情绪、较差的学习成绩等，都是教师每日必须面对并加以解决的问题。另外，现在的法律强调对学生的保护，教师对于问题学生是打不得、骂不得。如果教不好学生，家长说你不尽责，学校领导说你无能。以上种种情况使教师无所适从，导致教师心理健康问题的产生。

4. 家庭因素

家是避风的港湾，一个温暖的家庭可以帮助自身进行调整，以消除压力和紧张。由于教师职业的特殊性，教师家庭问题往往比其他群体多。教师容易把学校未完成的工作带到家中，难有休闲调节时间，夫妻之间的沟通也受到影响，感情越来越差，不能互相理解、互相支持，矛盾重重。在家庭中上有老下有小，都需要精力照顾，这也是教师压力的来源。尤其是中年以上的女教师，无论在学校和家庭中都承担着比男教师更沉重的工作，也较容易出现心理问题。

五、教师心理健康的维护

造成教师心理问题的原因是多方面的，应当多途径、多手段、综合地解决这一问题，充分调动社会、学校、教育行政部门及教师自身等各方面的力量，对他们进行全面干预。

1. 社会方面

教师的心理问题在一定程度上是社会问题在教师这一职业上的反映，因此，解决教师的心理健康问题，需要社会的支持和配合。

首先，需要国家结合当前教育的实际制定各种政策法规，尽可能地为教师创造一个良好的工作环境，维护教师的合法权益。省级教育行政部门要依法完善有关教育和教师的政策法规，各级教育行政部门要严格按照《教师法》的规定及授权，加大执法力度来维护教师的合法权益，保证每一个教师的申诉案件都能及时、依法得到处理。这不仅有利于提高教师的社会地位，而且还能增强教师的职业安全感，减轻教师的心理压力，减少心理问题的发生。另外，在加强学生心理健康教育的同时，相关的教育部门要制定加强教师心理健康教育的措施。政府尤其是教育行政部门要成立"教师心理健康指导中心"，并将心理健康教育纳入"教师继续教育工程"。

其次，要加大教育投入，千方百计地提高教师的经济收入，解决教师的后顾之忧。筹集各方面资源，关心支持教育事业，大众传媒对教师要进行正确、正面的报道，引导人们正确认识教师的职业价值，调整公众对教师的过高期望，促进尊师重教的良好社会风气的形成；不断提高教师的社会地位。社会和家长要理解教师的职业特点和工作的艰辛，多关心和支持教师，尊重教师的劳动成果，多宣传教师的好人好事，尽可能为教师创设宽松和愉快的工作环境，采取各种措施减轻教师的心理压力。

2. 学校方面

学校是教师最经常、最直接的活动场所，教师的教育活动主要在学校进行。因此，学校环境对教师的心理健康的影响也非常之大。学校管理者应该为教师营造一个良好的学校氛围。

第一，作为学校的领导，要高度认识到教师心理健康的重要性，把加强教师心理健康作为教师队伍建设的内容之一。

第二，要多理解教师的难处，最大限度地满足教师正常而合理的需要。人的心理健康状况与其需要的满足程度之间密切相关，需要的满足程度越高，人的心理健康水平往往越高。学校领导加强与教师的心理沟通，多关心教师，了解他们的需要，并尽可能地满足其合理需要。

第三，应当高度重视校园文明建设，营造温暖、和谐的人际环境，采取各种方式促进教师之间的沟通与合作，创设积极向上的工作环境和工作氛围。学校要树立良好的学风、校风、教风，充分调动教师工作的积极性，培养教师强烈的责任感。同时要多为教师提供施展才华的机会，提供学习、晋升的机会，鼓励教师不断进步。

第四，建立科学的教师评价机制，改变以升学率或学生的考试成绩作为评价教师唯一标准的错误做法，重视教学过程、学生的身心发展、教师的业务能力、态度和进修提高等多方面的评价，满足教师的个人发展需求。

第五，学校应多开展专家辅导与心理咨询活动，并建立教师心理档案。邀请心理专家开展讲座、咨询等活动，一方面不断增强教师对心理学理论知识的掌握；另一方面解答教师工作、生活中遇到的种种困惑。建立教师心理档案，以更全面地了解教师心理健康的变化情况，为开展学校教师心理健康的研究提供基本的资料。

3. 个人方面

教师心理健康的维护离不开社会、学校和教育行政部门等多方面的理解与支持，但同时教师也需要加强自身的心理训练，进行积极的自我调适，提高自身的适应能力，以维护自身的心理健康。

第一，教师要认清形势，转变观念，把握时代的脉搏，做到与时俱进。随着教育改革的深入，必然会带来形势上的变化，教师要积极地转变观念，避免因形势上的变化而带来心理困惑。

第二，教师要正确认识自我，接纳自己的职业，不断提高自身的心理修养。教师要做到有自知之明，需要对自己的优点和缺点有一个比较清晰的认识，并能承认和接受自己的优缺点。要系统掌握心理学与心理卫生等方面的知识，了解人的心理发展规律，懂得心理问题产生的原因，掌握有效的心理调适方法，以减轻压力对自身的冲击和伤害，不断提高自己的心理健康水平。

第三，与人和谐相处，建立良好的人际关系。良好的人际关系是心理健康的重要标志之一。教师人际关系处理得好坏与否直接影响到教师自身的心理状况。教师的人际关系，主要包括三个方面：教师和学生、教师和教师、教师和领导之间的关系。这些人际关系构成教师工作、生活的主要环境。心理健康水平高的教师善于主动搞好和学生、同事、领导的正常人际关系，消除隔阂，相互理解，缩短彼此间的心理距离。在处理人际关系时，多采取宽容的态度对待别人，多看别人的长处，从好的方面去理解客观环境中的各种现象。工作中遇到问题时，要多与其他教师进行讨论，以寻求解决问题的有效途径。现在许多教师在遇到困难时，由于担心别人会认为自己能力不够或说明自己教学不成功等，不愿与其他人讨论问题或寻求帮助。他们情愿压抑自己的情绪，在强烈的心理压力下继续工作，久而久之他们的心理健康也受到了严重的影响。另外，教师要想方设法和学生搞好关系，对学生要多一些理解、宽容和尊重。因为良好的师生关系会使教师赢得学生的尊敬和爱戴，在教学活动中，学生会积极配合，认真学习，使教学收到良好的效果，不断增强教师自身的教学效能感。

第四，教师要加强学习新知识，不断丰富自己的生活内容。渊博的知识可以使人走出狭隘的认识范围，提升修养境界。丰富的生活内容有助于教师形成积极的工作态度，平时应多发展一些自己的兴趣爱好，以释放压抑的心灵。

第五，修正不合理的信念。人们的情绪和行为反应与人们对事物的想法、看法有关。而在这些想法和看法背后，是人们对一类事物的共同看法，这就是信念。合理的信念会引起人们对事物的适当的、适度的情绪反应；而不合理的信念则会导致不适当的情绪和行为反应。当人们头脑里不合理的信念太多，长期处于不良的情绪状态中时，会产生严重的社会适应不良。教师的挫折经常是来自学生不如意的表现，而这些挫折主要是由教师有不合理的信念所导致的。如认为"学生不应该犯错误""我讲过了，你就该会"等。如果教师能够及时地察觉这些不合理的信念，并及时修正，就不会感到挫折，也不会生气、失望。因此，教师要善于修正自己不合理的观念，以更好地适应教师的角色。

第六，敞开心扉，求助专业咨询。对于心理问题比较严重的教师应该及时求助于当地专业的心理咨询和治疗机构。教师要有积极求助心理咨询辅导的意识，敢于向心理咨询师敞开自己的心扉，不能因为面子或怕别人嘲笑而放弃。同时在咨询辅导的过程中，教师要主动配合，提供各种信息，以便咨询者对自身存在的问题进行分析和诊断，明确问题的性质，并制定合理的辅导目标，选择适宜的辅导方法，这些都有利于提高咨询的效果。另外，教师还要积极地配合咨询师，努力地去践行，在实际生活中开始新的有效的行为，并及时地巩固一些新的生活方式，以使自己发生真实的改变。

总之，只有教师心理素质不断提高，学生心理健康水平的提高才能落到实处，学校素质教育才能得到最有效的保证。

>>> 本章参考文献

[1]申继亮、王凯荣. 论教师的教学能力[J]. 北京师范大学学报（人文社会科学版），2000(1).

[2]高魏. 教师行为与学生行为的关系解析[J]. 教育研究，2012(3).

[3]方方. 教师心理健康研究[M]. 北京：人民教育出版社，2003.

［4］陈家麟．学校心理健康教育：原理与操作［M］．北京：教育科学出版社，2002.

［5］张大均．教育心理学［M］．北京：人民教育出版社，1999.

［6］金忠明、林炊利．走出教师职业倦怠的误区［M］．上海：华东师范大学出版社，2006.

第七章　教师专业发展规划

职业生涯是指以职业为核心，伴随着人一生的与职业有关的经验或活动过程。

职业生涯发展指个体逐步实现其职业生涯目标，并不断制定和实施新目标的过程；是员工进入职业后所经历的由不同发展任务、活动与关系为标志的不同阶段构成的连续过程；为了达到职业生涯规划所列出的各种职业目标而进行的知识、能力和技术的发展性活动。

教师职业生涯发展规划是教师走向成功的基本前提，而教师职业生涯发展规划的核心命题是教师的专业发展。认识新时期教师专业发展规划的时代要求，把握教师专业发展的内涵，将有助于教师职业生涯的规划与发展设计。教师专业发展内涵可以从以下几个方面来认识。

第一，教师专业发展是主动适应变化，持续学习创新，自我塑造教师职业角色的动态过程。教师是一个特定的社会职业角色，教师在专业发展过程中，要做到持续健康发展，就要不断地提高自己的学习能力和创新能力，就要深刻理解自己的职业角色，把自己的职业角色行为看做是实现社会价值和体现自我生命价值的过程。

第二，教师专业发展是自我规划设计、主动积极建构的主体发展过程。教师作为一个专业性的社会职业，被赋予完整的专业内涵，因此，教师必须自觉做到专业化，教师专业发展不应是一种被动的适应发展，而是一种教师主体的自主、能动、自觉的发展，是教师在自我积极反思的基础上，自我规划设计、主动建构、自我约束调节、自我持续发展的过程。

第三，教师专业发展是在特定的教育教学情境中，主动适应内外环境、协调诸种条件因素和持续专业化的过程。教师专业发展是一个持续专业化的过程，在此过程中，既要有外部的推动，更要有自己的积极内在发动，是教师个体与外部环境的交互作用过程中，主动适应、协调发展的过程。

第四，教师专业发展是渐进式发展与跨越式发展的辩证统一和可持续发展的过程。教师专业发展一般包括准备期、适应期、成长期和成熟期，具有周期长、阶段性等特点，是一个反复实践、不断提高的渐进发展过程。而跨越式发展是在某种条件下可以实现某个阶段发展的跨越性。不仅是发展时间上的缩短，更是教师素质和能力水平的整体跃升；不仅是全面专业化发展，更是打破均衡的重点突破性发展；不仅是某一特定阶段的发展，更是长期的可持续发展。因此，现代教师专业发展周期相对缩短，阶段性分界特征模糊，是一个渐进式发展和跨越式发展的辩证统一、可持续发展的过程。

第一节　教师专业发展阶段

教师要实现自己的专业发展，必须进行职业生涯规划与发展设计，而教师的职业生涯规划与发展设计又必须将专业发展作为其核心理念，并使之贯穿于整个职业生涯发展的全过程。

一、教师专业发展阶段的含义

教师专业发展阶段是指教师的职业素质、能力、成就、职位、事业等随时间轨迹而发生的变化过程，以及相应的心理体验与心理发展历程。

教师职业生涯有内外之分，教师专业发展也有内外之分。内职业生涯发展指从事特定职业者所具备从事该职业的知识、观念、心理等的发展。而外职业生涯发展主要指工作单位、内容、职务、工资待遇等外在客观条件的发展。在职业生涯发展中内职业生涯的发展是外职业生涯发展的前提，内职业生涯发展带动外职业生涯的发展。它在人的职业生涯成功乃至人生成功中具有关键性的作用。通过对内职业生涯的反思，个人才能形成全面、清晰的职业自我观——职业锚，指明个人职业发展的方向，引导其职业生涯的成功。因而在职业生涯的各个阶段，我们都应该重视内职业生涯的发展，尤其是在职业生涯的早期和中前期，一定要把对内职业生涯各因素的追求看得比外职业生涯更重要。只有这样才能使自己的职业生涯呈现可持续发展。

教师的职业生涯发展阶段包含两个维度：一是时间维度，是指教师首次参加工作开始的一生中所有的工作活动与工作经历按年度顺序串接组成的整个过程；二是领域维度，包括职业理想、知识水平、教育观念、教学监控能力、教学行为与策略，以及对教学的心理感受等。

二、教师专业发展阶段理论

职业生涯发展阶段理论产生于 20 世纪 50 年代，最初是针对特质因素论的局限性而提出的。特质因素论认为，职业决策是人在面临选择时刻的单一行为，而发展理论则认为，人的职业经历是在不断发展的，如同人的身心发展一样，随着年龄、资历、教育等因素的变化，有着一个连续、长期的发展过程。

经过近百年尤其是近三四十年的发展，已建立起一系列职业生涯发展理论模型，取得了大量的理论研究成果，为个人做出有关职业决策提供了重要的指导，为组织进行员工职业生涯规划和人力资源开发提供了理论支撑。在职业生涯发展阶段研究领域中，可以说舒伯（Super）的职业生涯发展理论等研究成果最具代表性，他们的职业生涯发展理论对教师专业发展指导研究和实践层面都产生着持续的重要影响。

（一）Super 的职业生涯发展理论

Super 以人类的发展阶段为基础提出了职业生涯发展理论，他强调选择是一个历程，而非单一的事件，他将职业生涯发展分为成长、探索、建立、维持和衰退等分为五个阶段。

1. 成长阶段（0～14 岁）。在此一阶段的初期，个人凭想象与模仿形成职业观念，后期则逐渐培养其职业兴趣。

2. 探索阶段（15～24 岁）。指个人尝试寻找适合本身的职业领域，学习工作必备的相关知识、技能，同时建立良好的自我职业概念。在这个阶段，个人开始了解职业的价值，认识自我需求，选择未来发展的方向。

3. 确立阶段（25～44 岁）。经过早期的试探与尝试后，最终确立稳定职业，并谋求发展的阶段。在这个阶段初期个人对初就业选定的职业和目标进行检验，如有问题则需重新选择、变换工作。后期则专心从事已经选定的职业，期盼在该职业领地能有所成就。

4. 维持阶段（25～65 岁）。指一个人逐渐取得相当地位，开始想如何维持其现有的一切，同时对其事业作一番评估，并扩展对工作与组织更宽广的视野，以维持较高的绩效水准。

5. 衰退阶段（65 岁以上）。指一个人已完成其事业，工作性质与责任开始转换，作退休的准备。许多人开始寻找部分工作时的兼职工作代替原来的全职工作；或者停止工作，转向兼职工作、义务性工作或休闲的活动。

（二）职业生涯发展的周期理论

关于职业生涯周期，目前学术界有各种不同的见解。国内一般认为职业生涯周期是由职前准备期、上岗适应期、快速成长期、高原发展期、平稳发展期、缓慢退缩期、平静退休期七个阶段组成的。国外艾里克·艾里克森(Erik Erikson)则提出职业生涯周期的八个阶段的观点，艾里克森把人生分成婴儿期、童年早期、游戏期、学龄期、青春期、青年成人期、成人期和老年期八个发展阶段。

具体到教师专业发展阶段，从时间这个层面来考察，应该是教师入职以后至退职以前的一段时间。根据教师在这整个期间内的发展规律，一般将其划分为五个阶段，即适应期、成长期、成熟期、高原期和超越期。

在传统的教师职业生涯周期理论中，人们主要研究的是在常规状态下，教师职业生涯的周期发展及其状态，即第一周期曲线理论。它揭示了教师在一种自然状态下的职业生涯发展的轨迹，如同解析几何中的曲线，主要涉及概念包括斜率、图像、抛物线等。

在第一周期的常态下，教师在所熟悉的环境中开展传统的教学活动，难免会陷入"从进步快到进步慢，再到停止进步，甚至到退步"的怪圈，为了走出这个怪圈，就需要迁移到第二周期曲线。❶

什么叫第二周期理论？1996年，美国未来学院院长扬·莫里森(Y. Morrison)在他的《第二曲线》这本书中总结了世界许多著名企业成长发展的规律，提出"第二曲线"理论。这里借用这条曲线来解释教师专业发展的现象，即"第二周期理论"。

面对第一周期，在职业发展得以成功或陷入困境之后，教师个体为了寻求新的突破，为了达到另一个新的目标，就要实施一种面向未来的发展策略。这种新策略表明教师职业生涯进入了第二周期曲线。这条新曲线表明，教师在经营自己的职业生涯时，只有依据自己的实际情况与所处的外界环境，做出科学的、符合实际的抉择，才能在这种生涯周期理论选择中取得成功。

三、教师专业发展阶段及其任务

如前文所述，教师专业发展阶段从时间维度可以大致划分为适应期、成长期、成熟期、高原期、超越期五个阶段，这五个阶段有其各自发展的任务。

1. 教师专业适应阶段

师范院校处于实习阶段的学生和大学毕业从事教师职业1~3年的教师均处于教师专业适应阶段。

---

❶ 刘军：《学校发展的"第二曲线"理论研究》，《教育研究》，2002(8)。

优秀师范毕业生的迷茫

小许是师范大学数学系的一名优秀毕业生。在校期间，他曾多次获得专业基本功大赛的一等奖，系里举行说课比赛，小许从容大方的教态、流利清晰的语言表达、灵活敏捷的教学思路赢得了老师和同学的一致赞赏。

毕业分配时，很多学校都向小许抛出了橄榄枝，经过慎重考虑，小许最终选择了一所离家乡较近的初中任教。小许对自己的未来充满信心，他坚信，不久的将来自己一定能够成长为一名优秀的教师。

入职以后，小许将自己的精力和时间尽可能多地投入到教学工作中，自费购买了大量的教学参考书，每天早来晚走，精心备课，认真批改作业。为了构建和谐融洽的师生关系，他还利用课余时间和学生一起活动。本以为这样就能达到预期的效果，但他慢慢发现事情并不像他想得那样发展。

首先，他遇到了学生管理的难题。在他的班级里有几个特别调皮的孩子，每次上小许的课，这几个孩子就交头接耳、窃窃私语，不认真听讲，小许批评教育了几次都没有效果，他们反倒更加放肆，在他们的带动下，每次小许上课，班里就跟炸了锅似的。小许喊破了嗓子也无济于事。

这让小许产生了深深的挫败感，与此同时，他还感到教学上的无助。学校建立了教师教学质量考核制度，任教成绩的高低直接与考核奖金挂钩。所以，周围的老师都忙自己的教学，有时小许想请教一些教学方面的问题，他们也都顾不上。期中考试过后，小许教的班出现了严重的两极分化现象，平均成绩排在年级最后。

班主任一肚子意见，跑到教务主任面前发牢骚："安排老师的时候，我说不要大学刚毕业的吧，你打保票说他是一个业务精、能力强的老师，现在成绩下来了，不还是倒数。"

几位其他学科成绩较好的学生家长也频频向校长反映："该班上课纪律太差，老师管不了学生，还是换位有经验的老师吧，再这样下去，我们孩子的数学成绩就差太多了。"

校长迫于各方的压力，找小许谈话："小许啊，你在大学里没学教育学、心理学吗？"

"怎么没学过，我这两科的成绩还是全班最高分呢？"

"那你上课怎么管不住学生呢？学生上课捣乱，还是因为你的课没有吸引力啊。"

　　像案例中小许这样刚刚入职的老师，我们常常称他们为"新手老师""生手老师"。处于这一时期的老师刚参加工作不久，对教育教学的认识和理解还处在体验和模仿阶段，专业知识技能发展亟待提高，在实际的教学活动中也往往循规蹈矩，灵活不足。而且其角色的转换和定位常常出现失衡与错位的现象。在人际关系方面，又面临来自各方面的怀疑、猜测和观望，再加上往往被学校作为工作的重点而备受关注，这些都给了新教师莫大的压力。

　　这个阶段我们常称教师专业适应阶段，即教师在角色心理上完成了从学生到教师的过渡，全面进入教师的角色，业务兴趣和情绪趋于稳定，能根据一般模式顺利组织教学活动，但还缺乏灵活性和创造性的时期。

　　教师专业适应阶段的基本任务是完成由学习者身份向教育者身份的转变，达到初步适应工作环境和业务要求，能独立地开展工作和负起责任。在知识、能力、专业精神上都能向教师的职业标准看齐。其具体任务是学会备课，学会讲课，学会适应自己的职业生涯环境。最后也是最重要的一点就是要苦练教学基本功。作为一名老师，具备过硬的教学基本功将为终身发展打下良好的基础。基本功包括知识更新能力，科学处理教材的能力，组织教学、从容应变的能力，清晰表达、缜密思维的能力，情感交流、合作互动的能力，以及教学反思、研究提升的能力，等等。

　　2. 教师专业成长阶段

　　教师专业成长阶段有人也称教师职业发展阶段，是教师完成角色转换、适应教师职业角色之后的一个重要发展时期。处于职业成长期的教师们已适应并胜任教育教学工作，能认识到教师职业的特点，并初步体会了当一名教师的酸甜苦辣。这一时期教师进步的步伐虽不如适应期但仍是较大的，他们对职业的发展及自己的专业发展有自己的预期，长期处于积极的情绪状态中。

学生心目中最好的语文老师

小张师范毕业后被分配到一所农村小学教语文，虽然他很快就适应了语文教师的工作，却没有切实体会到为人师表的快乐，随之而来的却是沮丧和失落。反复思索后，他选择了脱产进修地理。

毕业后，小张被分配到一所农村初级中学教地理，但此时地理学科已经退出了会考的舞台，学生的学习兴趣与学习劲头已经大不如从前。他又一次感到自己的工作失去意义，尽管他的赛课获得了县一等奖。他开始产生惰性，和同事打牌、喝酒，无休止地麻痹自己。

然而，在这个时候，偶然的阅读让小张重新反思自己的职业道路，他决定读专升本，凭着扎实的基本功，他顺利考进了教育学院，这次，他终于选择了自己喜欢的中文。

毕业后，由于学习成绩突出，小张被推荐到县城第一中学教语文。开始的阶段，因为没有上过高中，他的功底无法使他应付大量的高考试题。于是，他利用业余时间，深入研读语文课文，在读书时也注意以教材为核心进行延展性阅读。经过不懈的努力，他的课堂开始生气勃勃，学校对他的重视也与日俱增，他教学的班级也由普通班到重点班，由重点班到实验班。而且在许多学生的心目中，小张是自己遇到过的最好的语文老师。

资料出处　程振响：《教师专业发展规划与发展设计》，南京，南京师范大学出版社，2009年，第77—78页。

小张老师和大多数老师一样，在经历了短暂的职业适应期后，很快就进入了职业成长期。作为一名职业成长期的老师，已基本适应了教育教学工作，在各个方面都有了一定的积累。

处于专业成长阶段教师发展的基本任务是：在全面分析自己的基础上，寻找发展突破口，寻找适合自己的发展定位，找到提高自己的方向，并积极地锤炼和提升自己；在知识、能力、专业精神上，高标准地达到教师的职业要求，提高自身的班级管理水平和教学质量，教育智慧化程度也得到全面提升。

教师专业发展是一个不断探索、实践和反思的过程。通过反思，总结实践经验，寻找缺点差距，使自己的知识水平、教学经验等进一步提升。

3. 教师专业成熟阶段

教师专业成熟阶段是一个教师完全适应教育教学工作的时期，也是其完全掌握了教学主动权，各方面都成熟后成为学校教学骨干的阶段。

这一时期教师进步快，但较适应期、成长期来说进步相对慢些。

张老师的成长

张老师在教师岗位上已经工作了8年。8年来，她一直在当地的一所重点小学任教，现在，她担任语文学科的教学，并且兼任教学副校长的行政职务。

在学生时代，张老师就被评为优秀师范生。当她带着优秀毕业生的光环来到学校时，所有的人都对她另眼相看。所以，虽然她毕业的时候就已经是大专学历，在小学属于学历层次较高的老师，但仅仅用了3年时间，她又在工作之余拿下了汉语言文学专业的本科学历，成为学校乃至当地小学教师中的领头雁。

在担任班主任期间，由于工作出色，她被评为"优秀班主任"；在教学上，由于业务能力突出，她又被任命为教研组长，并带领全组老师夺得了"市级优秀教研组"的称号。

在工作中，她善于反思和总结，独立主持了几项课题研究，都搞得有声有色，并发表了多篇文章。在担任教研室主任工作时，她又乘着课程改革的东风，带领全校教师开发了当地第一套校本课程，并颇具匠心地开展了几次在全省范围内都产生了一定影响的教学开放活动，打造了学校的科研品牌。由于在业务能力上不断钻研，她被评为市级骨干教师，并应邀到各地讲学，参加学科教材的建设，反响很好。

在她事业蒸蒸日上的时候，她却毅然放下手中的一切，选择进入高等学府攻读教育硕士学位。一年后，她以一种崭新的姿态回到学校，在竞选中被推选为学校分管教学的副校长。

资料出处　程振响：《教师专业发展规划与发展设计》，南京，南京师范大学出版社，2009年，第87—88页。

247

像张老师这样的教师在学校里是属于最受欢迎的成熟阶段老师。

在这个阶段，教师主要表现为具有献身教育事业的理想，有高度的社会责任感，教师熟练掌握了教育教学所需的各项技能（如观察了解学生的能力，组织、转换和传递信息的能力，组织管理能力等），对教育教学工作有自己独特的认识和理解，形成了自己独特的教学风格，具备了较强的教育教学科研能力，成为学校的教学骨干。此外，还拥有良好的人际环境，作为教学骨干得到了各方面的认可。

此阶段为教师专业发展的黄金期或关键时期，绝大多数教师将获得高级职称，一部分教师将成为教学骨干或学科带头人，还有少数人被提拔重用。如果能够利用已有的有利条件向更高层次发展；如果不能抓住

第七章　教师专业发展规划

有利时机，也可能停滞不前，永远停留在一名熟练的工匠阶段，甚至进入职业高原期，出现职业倒退。

教师专业成熟阶段的具体任务是明确职业生涯规划的科学依据，提高自己的理论素养，使自己的职业生涯规划更符合规律；能够独立地、主动地开展多项复杂工作，能够灵活地处理事情；遇到困难与挫折时，有耐挫力及调节力；具有自我分析、自我反思能力。

4. 教师专业高原阶段

教师专业发展高原阶段是指教师成长过程中的一个相对静止的状态。高原期有两层意思：一是高水平状态的平稳发展，为少数优秀教师所处的境界；二是心理学意义上的高原状态，即僵持在某种程度上难以突破，为多数教师所遇到的情况。

教师的瓶颈

孙老师，42 岁，从教 22 年，是一个普通初级中学的教导主任，教数学。大专毕业的她，连续担任了 20 多年的班主任，而且所带班级连年被评为优秀，孙老师也多次受到嘉奖，还被评为市级优秀教师，为此孙主任感到十分自豪。

虽然教学业绩十分突出，但是她的高级职称迟迟没有评上，因为评高级职称必须要有本科文凭。谈到今后的打算，她说："我一开始就不应该当老师，我不喜欢和书本打交道。可是我这个人做事又不愿意落后，当了老师就不能误人子弟。幸好和学生在一起时，我还是比较开心的，他们毕竟是孩子。我们国家的评价机制有问题，我们教的是初中数学，为什么评职称要考外语，真是折腾人。现在我的高级职称终于拿到了，我终于可以歇歇了，最好就上上课，有时间多陪陪自己的孩子，让他顺利地考上重点高中。"

何老师，44 岁，性格比较内向，从小生活在农村。大学毕业后回到家乡，在家乡的一所乡级中学教语文。由于工作认真负责，3 年后，他被调到县中。很快就成为学校的教学骨干，并在全市有一定的知名度。市里的一所重点高中想调他去，他想市里的工作、生活环境比较好，机会也多一些，而且孩子将来上学也比较好，于是他欣然前往。可是到了市里以后，情况并不像他想得那样乐观，由于初来乍到，与同事关系比较陌生，加上他来自农村，同事难免对他有非议，这使他的自尊心受到极大的伤害。

虽然随着时间的推移，大家对他的教学能力的评价有了很大改变，但他依然感觉失落。整天忙于工作，很少有空闲的时候，看看周围同龄人，大都在为房子、孩子忙碌着，他也就随了大流。在一次体检中，他被查出了高血压，他感叹道："我感觉现在的生活平淡无味，整天机械地忙碌着，没有时间停下来思考。学校的竞争也越来越激烈，我一天到晚都在学校，可是花了那么多时间，也没见到有什么效果，教育的意义已经索然，别说学生厌学，我都感到厌教了。但这就是现实，我每天都要面对。教师吃的是良心饭，对得起学生就对得起自己了。但是现在身体弄成这个样子，不值得，还是要善待自己，否则白忙活了。"

资料出处　程振响：《教师专业发展规划与发展设计》，南京，南京师范大学出版社，2009年，第97—99页。

上面这两位老师就处在教师专业发展周期中的特殊阶段——高原期。高原期本是教学心理学中的一个概念，指的是人类在学习过程中的一种带规律性的现象，即在学习的一定阶段往往会出现进步的暂时停顿甚至下降的现象。美国职业心理学家最早提出"职业高原"现象，认为"职业高原本是指个体职业生涯中的某个阶段，个体获得进一步晋升的可能性很小"。高原期的特殊状况往往会影响教师的职业发展。

从年龄上看，处于高原期的老师一般都在40岁左右。首先表现为体能的下降，你是否感觉自己常常力不从心，失眠、多梦，如果身体被查处有疾患，就会在思想上也有负担。

其次，处在高原期的老师往往缺乏成就动机，因为处于这一时期的教师往往评上了高级职称，滋长了自满情绪，失去了专业发展的热情和动力，对未来没有太大的期许，因为缺乏目标而彷徨不前，就像案例中的孙老师那样，只想多照顾家庭。

处于教师职业高原期的教师通常由于家庭负担过重，而教学压力不减，会出现一定的职业倦怠感和挫折感；由于过分依赖过去的教学经验，容易出现经验主义倾向，因循守旧，墨守成规，排斥新观念、新方法，制约了自己向更高层次的发展。

处于教师专业发展高原期的任务是：运用第二周期曲线来选择并完善其创新内涵，以求可持续发展；寻求实践与理论的结合，突破自己的高原状态，形成自己的教学风格与人格魅力，尽情发挥自己的聪明才智，注意发挥自己的潜能，反省自己的不足，规划自己新的发展。其具体任务是明确突破自我就是编织生命的辉煌，科学制定持续发展的生涯规划。

5. 教师专业超越阶段

教师专业超越阶段是教师职业生涯和专业发展进入收获期的重要阶段。并不是每个教师都能有幸进入这一阶段，一个普遍教师经过二三十年的努力才有可能达到这一阶段。

一个优秀教师成长的启示

刘大伟，1983年毕业于哈尔滨师范大学，1990年成为当时黑龙江重点中学中最年轻的副校长。现为哈尔滨师范大学附中党委书记兼副校长，享受国务院特殊津贴专家。2000年《中国教育报》以"一个优秀教师成长的启示"为题介绍了他的教学生涯。

刘大伟老师将自己在教学上的发展大体分为3个阶段。第一个阶段是头3年，他称之为"探索期"。在这个阶段里，刘大伟老师完成了由学生到教师的角色转换，而且有比较满意的起跑线。

在探索期，刘大伟老师自身较为全面的素质帮助他迅速适应与过渡。他强调：全面的素质对于一个有发展前途的青年教师来说是至关重要的。一个好老师应当"博"一点，"杂"一点。高素质决定了高起点，这样的老师完全可以缩短甚至跨越"影响质量期"，迅速走向成熟。

第二阶段，刘大伟老师把它称为"成熟期"。其标志一是开始注意对教学实践的理论总结；二是已经形成了自己的教学风格。在这个阶段里，刘大伟老师对国家颁布的"教学大纲"已心领神会，对高中教材也已了如指掌。在教学实践中，他越来越体会到简单的模仿和对课堂教学的一些皮毛的改革，已经在一定程度上束缚了自己的发展。于是，他开始有了对自身教学理性的分析。

可以说，从"探索期"到"成熟期"是一次飞跃。在这一飞跃中，刘大伟老师认为实现这一飞跃的条件至少应当有三个。第一是在师德上，教师应当有强烈的进取意识，责任感和使命感应当是其教学乐章中两个最强劲的音符。第二是在教学上，必须有自己独到的教学风格，能实现教师的职业共性与教师本人特性的和谐统一。第三是对教育理论的运用。教师必须摆脱教育行为中的盲目性和随意性，对教育理论的运用从自发升华到自觉。

刘大伟老师到了成熟阶段，仍在进一步规划自己。最近几年他已不再满足于上好一堂课或者是写好一篇论文，他的内心深处常常涌动着一种创造的冲动和开拓的渴望。《管理新论——无为管理学》这本新书给他极大的触动，联想到相当多的政治课空洞、枯燥，教育效果事倍功半，甚至事与愿违，正是与我们的教育方式和目标过于直露有关，于是，刘大伟老师开始探索把"无为管理"引入课堂教学，开展了"无为教育"的实验。实施方法是：有意把政治课的某些教育目的隐藏起来，虽然教师是看似无意地触动学生的心灵，促使其觉悟，但这种无形的教育比直白的说教更有力量。

刘大伟老师把优秀教师发展的第三个阶段称为"创造期"。他认为这个时期具有以下三个方面的特点：第一，对事业、对学生的挚爱，这是走向成功的动力；第二，对教育发展的前瞻性和预见性，这直接关系到一个教师的发展方向；第三，具有较强的科研能力，这标志着一个创造型教师的水平。

资料出处　石柠，陈文龙，王玮：《生涯规划与自我实现》，广州，世界图书出版公司，2010年，第144—147页。

当然并不是每个教师都能像刘大伟老师这样，经过"成长期""成熟期"并最终进入"创造期"，即我们所说的超越期。处于超越期的教师就是我们常说的"专家型教师""特级教师""名师"。这一阶段的教师对教师职业和教育工作都有独到的理解，他们已把教育理想升华为教育信念，将教育当做一种事业、一种生活方式。

一个教师理想的终极目标就是进入像刘大伟老师、李吉林老师那样的自我超越阶段。他们都具有稳定而持久的职业动力、显著的创新精神、个性化的教学风格，在社会上有一定的影响力和知名度。

在这一时期，教师的人格特质、专业发展水平、社会支持和组织文化系统显现出更为成熟的特征。他们具有稳定而持久的职业动力、显著的创新精神和能力、个性化的教学风格与模式、先进独创的教学思想和理论、丰富而突出的教学科研成果，在校内外有一定影响力和知名度，并在长期的教学实践中形成了自己独特的对教育和教师的理解；不断追求新境界，并把教育理想升华为教育信念，把教育当做一种强业、一种生活方式、一种价值取向。

需要特别强调的是，在专业发展阶段中教师应非常关注三个危机期的心理调整或重新选择：一是初步适应期后，个别教师可能因工作遭遇重挫而丧失信心；二是成熟期以后，部分教师会重新审视自己的职业选择，做出是否改行或寻找其他机会的判断；三是高原期以后，可能会因为无所成就而再一次思考人生转变。这三个危机期将会给教师带来许多痛苦和烦恼，教师要学会用第二曲线原理，争取外部环境的支持，度过这段职业生涯的低谷期。

上面五个阶段，每个阶段都是个小周期，依次按序行进，并各自组成小周期链；完成了上一个小周期链，才能进入到下一个小周期链，这样共同组成了教师职业生涯的任务大周期链，即教师职业生涯的任务体系。

教师专业发展是一个内外互动、不断调适、波动递进的非线性的发展过程。在教师专业发展的过程中，不仅要遵循生命周期理论的一般发展路径，而且要依靠自身的积极主动策应与策动，实现自觉职业生涯发展。而在整个职业生涯发展过程中，把握好关键期和突破期尤为重要，因为关键期和突破期是教师走向成功的重要转折期和超越期。

教师专业发展的关键期是从角色适应阶段向胜任称职阶段发展的过渡时期，教师能否成功，能否成为成功教师，这一时期至为关键。现实生活中，一些教师尽管入职时具备一定的基础条件，但在职业生涯发展的过程中并不理想，有的停滞不前，有的进展缓慢，甚至有的中途被淘汰出局，这与教师没能很好地把握职业生涯发展的关键期具有直接的关联。因此，在职业生涯发展的关键期，教师必须积极进行经验反思，找准自己的角色定位，有效选择自己的发展策略，这是教师走向成功的重要转折期。

教师专业发展的突破期是从高原期向超越期转变的时期，是理念超越和行为跨越时期。教师专业发展从资格获得、角色适应、反思调整到胜任职位，是一个由不知到知、由不会到会、由不能到能的人与人、人与工作、人与环境的相互融合和彼此适应的过程，在教师适应和熟悉了教育教学工作内容、工作程序和工作方法等以后，往往就会形成一种工作的习惯和定式，呈现一种"高原"或"平台"现象，甚至内外环境和条件已发生变化也不谋求改变。俗话说，"逆水行舟，不进则退"，如果教师不能与时俱进，主动变革调整，就要惨遭淘汰。教师能否从经验走向理性，由胜任称职走向熟练超越专家就在于教师能否以先进科学的理论反思既往的教育教学，并在总结自己教育教学经验的过程中，提炼升华颇具见地的教育教学理念，实现由教育教学工作者向教育教学专家的跨越。可以说，突破期就是教师走向成功的自我超越期，就是教师向教育教学专家成熟期跨越的决定性时期。

第二节　教师专业发展规划

在职业生涯规划中，不仅要明确设计的目标，还要遵循一定的程序，选择适当的方法，只有如此，才能把行动指南、蓝图纲领、理论依据转化为切实可行的、可操作的步骤，并将目标内容付诸实践。

一、教师专业发展规划的目标

目标是人们预期达到的结果状态，是人们实施未来行为的指南。从不同经纬度出发，目标各有不同。有工具性的、人文的目标，理性的、人性的目标，手段的、目的的目标，还有几者兼顾的目标。有什么样的价值取向，就有什么样的目标设计。同样，目标的设计也必然反映着设计者的价值取向和追求。

（一）教师专业发展规划目标的价值取向

职业目标的价值取向按层次来分，一般可分为生存取向和成就取向两大类。前者就是把职业作为一种谋生的手段，目标指向的结果实际上是对物质的追求；后一种取向则可以进一步细化为对职业的专业化、知识的获取、能力的提高，以及自身形象的社会认同等非物质层面的追求。

目前，由于市场经济的泛化，职业目标的价值取向出现了一些混乱的现象，如在教师职业素质与能力的发展中，究竟应该是以能为先，还是应该以德为先呢？对此，教师队伍内外，许多人并没有搞清楚。不少人认为，先要成为一个教学者，然后才是一名教育者，说白了就是先问才，后讲德。学校的人力资源管理中片面追求高学历就是这种错误的表现，对师德评价体系的偏差是这种错误的另一表现。前者重形式、轻内涵，走上了光讲求表面、不问实际教学内容的形式主义；后者因经济改革的不到位，引发了思想认识上的误解，把企业中的经济激励、鼓励发财等不加改造、生搬硬套地拿到教师行业中来。行动从思想来，错误的思想导致了不正确的行为。这些偏差都直接影响着教师专业发展规划目标的应有价值取向。

第二周期曲线认为，"首先学会做人"是教师职业专业化的首要标准。它要求教师自己首先致力于成为教育者，然后才是教学者。只有成为一个合格的教育者才算得上一个称职的教师。也就是说，教育者是教师职业的本质形象，而教学者只是教师作为教育者所扮演的一个重要角色。如前所述，发展目标中有判识、能力与专业精神。仅以其中专业精神为例，应有专业态度、工作责任、专业伦理、创新意识、信念理想、价值观念六条要求。可见，对于教育者，专业化的基本目标是称职，最高目标是成为教育家。这是辩证统一的。教师不仅在对学生的教育教学时，既要教书也要"育人"，而且对自身的要求也是要学会教书先要学会做人。这才是教师职业生涯设计的主要目标，才是教师职业生涯设计目标应有的价值取向。因此，教育职业生涯的设计目标是有其特定的规定性的。

（二）教师专业发展规划目标的作用

一般来说，目标对职业生涯能起到标准化导向作用、调节作用、激励作用。更具体一点，可以概况为五点作用：

——提供参与职业生涯规划的基点；

——兼顾个人所在的群体的目标；

——加强个人能力开发；

——能对个人起到激励作用；

——能评估个人所在的群体。

1953 年，有人对耶鲁大学应届毕业生进行了一份问卷调查。统计结果是，3％的学生有明确的目标并写成了文字，97％的学生基本上没有明确的目标。20 年后的 1973 年，追踪所有参加过问卷调查的学生的现状，结论使追踪者十分吃惊，3％的人拥有财富的总和比 97％的财富总和还多得多。可见 20 年前目标的有或无决定了 20 年后被调查者的命运。❶

无独有偶，哈佛大学有一个非常著名的关于人生目标影响的跟踪调查。被调查对象是一群智力、学历、环境等条件都差不多的年轻人，调查结果显示：3％的人有清晰且长期的目标，25 年来他们从未改变过目标，总是朝着同一个方向不懈地努力，25 年后，他们几乎成了社会各界的顶尖成功人士，他们中不乏创业者、行业领袖、社会精英。10％的人有清晰的短期目标，这些人大多生活在社会的中上层。他们的共同点是：不断完成预定的短期目标，且完成中期目标，其生活状态步步上升，25 年后，他们成了各行各业不可或缺的专业人士，如医生、律师、工程师、高级主管等。他们中 60％的人目标模糊，这些人能安稳地生活与工作，但都没有什么特别的成绩。剩下的 27％，是那些 25 年来都没有目标的人群，他们几乎都生活在社会的最底层。他们生活得很不如意，常常失业，靠社会救济，并且常常都在抱怨他人，抱怨社会，抱怨世界。❷ 结果表明，目标的导向对人生是有巨大的作用的。

上述两个调查都充分说明有无目标对一个人而言是非常重要的，它可以为你找出方向，可以使你的生命在有限的时空里冲破极限，并最大限度地释放能量。可以这么说，成功的人必是目标意识强的人。

对进行职业生涯设计的教师而言，目标能使你不会拖延怠惰；有助于你集中精力在选定的特定目上，并有助于将各要素集中在你选定的特定目上；有助于区分哪一些人是你需要获得帮助的，还能帮你节省时间，使你重视值得重视的有效能的事；可以使你测知自己的效率；能

---

❶　林荣瑞：《管理技术》，厦门，厦门大学出版社，2000 年，第 221 页。

❷　卜欣欣、陆爱平：《个人生涯规划》，北京，中国时代经济出版社，2004 年，第 86—87 页。

提供给你一个新目标的基础，有助于你继续努力；可使你"乐在工作中"，使你有成就感。

（三）教师专业发展规划目标的构成

教师专业发展规划目标是教师在对外部环境和个人条件分析的基础上对未来职业生涯发展的达成状态进行的预设和计划。从某个角度看，教师专业发展规划目标是由"职业生涯目标的确立"与"职业生涯目标的实施策略"组合成的。

1. 教师职业生涯目标的确立

职业生涯目标的确立由职业生涯发展路线的选择、职业生涯发展目标的选择、职业生涯目标的制定三者构成。

（1）职业生涯发展路线的选择

职业生涯发展路线的选择是指向教育教学研究方向发展，或是向教书育人方向发展，还是向行政管理方向发展。不同的发展路线对教师的素质要求不同，其今后的发展阶梯也不同。当然，教师在路线抉择中需要明确三个问题：想往哪一路线发展？适合往哪一路线发展？可以往哪一路线发展？每个人的基础素质不一样，适合的职业发展路线也不一样，有的适合做研究，有的适合做管理，有的适合做专职教师。总之，权衡确定自己的发展路线，需要综合考虑自己的个性、兴趣、能力、价值观与社会组织环境条件。

（2）职业生涯发展目标选择

路线确定之后，接着就要确定目标。有效的生涯规划需要切实可行的目标，以便排除不必要的干扰，全心致力于目标的实现。在第一周期曲线的一般状态下，如果没有目标，教师是很容易对现状妥协的。因此，要特别提倡关注长远的人生目标。

职业生涯目标可以分为短期目标、中期目标、长期目标。短期目标较易制定，其要求应是堂堂（课课）清、日日清、周周清，学期、学年目标也应算作短期目标；中期目标3～6年；长期目标（10年左右）也可以说是教师职业人生目标。职业人生目标是我们最终的理想。哈佛、耶鲁的调查结果说明，一个人能否成就大事，很大程度上取决于有没有一个正确而且"次优选择"（即合适）的人生目标，没有人生目标，或人生目标选错了，理想就成了"肥皂泡"。所以，每个教师应算计一下，在职业人生中，想做什么事？想成为什么样的人？想取得什么成果？每个教师只有结合自己的社会情况和实际情况，才可以确定自己的职业人生目标。接下来，再考虑如何接近、实现这个远大的职业人生目标，这又要再度返回对自己、外部环境各因素做一个全面的分析。从内部个人因素来说，要分析自己的优势、劣势。以优势为例，可作试问：自己做过什么，即自己的人生经历和体验中有哪些方面能反映自己的长处？学了什么，即专业、选修、自学了什么，有什么独到的长处？最成功处是什么，其成功的必然性是什么，从中能否归纳出自己性格的优势？从外部来说，要把握机会，还要规避风险，避免造成设计目标体系的"内耗"。总之，有优势并能利用机会是最好的，居于劣势又无法把握机会的情况是应尽量避免的。

（3）职业生涯目标的制定

"职业生涯目标的确立"最终是要落实在"制定职业生涯目标"上的。用什么来检验制定标准呢？有的学者提出了五条标准：

——这种制定是自我认真选择的；

——对每种被选择的结果，在选择时都曾一一不漏地做过评估；

——你为自己的选择结果感到骄傲，并充满信心，且愿意公开；

——愿承诺并付诸行动来完成自己的选择结果；

——它适合自己的整个生活模式，符合自己的价值观。❶ 我们认为，这五条标准同样适合教师职业生涯目标的制定。

2. 教师职业生涯目标的实施策略

在确定职业生涯目标后，行动便成了关键的环节。个人的职业生涯规划需要一套具体可行的行动方案。不过应该说清楚，选定一个目标是有机会成本的，也即意味着要放弃其他目标。这也是很多人不愿制定职业生涯规划的原因。他们担心当环境变化时，自己无法应对，更担心万一不能达到目标，自己的理想会受到打击。针对此，应用"目标分解"和"目标组合"的方法，制定详细的行动方案，即：职业生涯目标的实施策略＝目标分解＋目标组合＋可行方案。

（1）目标分解

职业生涯目标的实现可以用一系列的阶段来表示。为了利进入每一个新阶段，应根据新阶段特点制定分目标。目标分解就是根据观念、能力、知识差距，将职业生涯的远大目标分解为有时间规定的长、中、短期目标，直至将目标分解为某确定日期可采取的具体步骤。从最远、最高的目标开始，一直分解到最近的目标。要实现一个远大的目标，其间时间跨度大、变数多，不可能不受到种种坎坷与非难。对策是必须将之分解成若干个容易达到的阶段性目标。目标分解是将目标清晰化、具体

❶ 程振响：《教师职业生涯规划与发展设计》，南京，南京师范大学出版社，2009年，第44页。

化的过程，是将目标量化成可操作的实施方案的有效手段。依据这个想法，可以按时间、性质两种途径来分解目标。按时间可分解为最终目标、长期目标、中期目标、短期目标；按性质可分解为内职业生涯目标、外职业生涯目标。

美国心理学教授施恩认为，外职业生涯是经历一种职业（由教育开始，经工作期，直到退休）的通路，它包括招聘、培训、提拔、解雇、奖罚、退休等职业的各个阶段；内职业生涯注重的是所取得的成功和主观情感以及工作事务与家庭义务、个人消费等其他需要的平衡。外职业生涯是指从事职业时的工作单位、工作地点、工作内容、工作职务、工作环境、工作待遇等因素的组合及其变化过程，这些因素通常是由外界给予的，这些因素的取得往往与自己的付出不符，职业初期尤甚。不少教师外职业生涯成功，但内心极为痛苦，这是因为外职业生涯发展是以内职业生涯发展为基础的。内职业生涯是指从事一项职业时所具备的知识、观念、心理素质、能力、内心感受等因素组合及其变化过程。它们要靠主观努力才能实现，外界的帮助只是一个助力而已。而且，内职业生涯的各个构成因素一旦取得就会内化成为自己的，且还是别人拿不走、收不回的个人财富。内职业生涯发展是外职业生涯发展的前提，因此，在职业生涯各阶段，教师要把内职业生涯发展作为主要目标。

外职业生涯目标包括职务目标、工作内容目标、经济目标、工作地点目标和工作环境目标五项。对职务目标来说，应当具体明确，如光是要想做处长就不算具体，一定要"专业＋职务"才能明确具体地描述出你所需要的职务目标。

内职业生涯目标包括工作能力目标、工作成果目标、提高心理素质目标、观念目标四项。工作能力是各种能力的统称，教师的工作能力有通用能力、学科能力、课堂管理能力、心理辅导能力、课堂教学能力和研究能力六项。自己想要达到的工作能力目标的程度应当切合实际，具有挑战性，并与该阶段的职务职称目标所要求的应具备的条件相应。

（2）目标组合

目标组合是处理不同目标相互关系的有效措施。如果只看到目标之间的排斥性、竞争性，那么就只能在不同目标之间做出排他性选择，并痛苦地做出"二者必居其一"的选择；如果能看到目标之间的因果关系与互补（互助）性，就能够积极进行（次优选择）不同目标的组合。目标组合有时间组合、功能组合、全方位组合三种。

（3）可行方案

目标分解和目标组合只是一种方法，具体的行动方案还要结合实际情况认真计划。这里的可行方案(也叫行动方案)指落实目标的具体措施,主要包括工作、培训、教育等方面的内容。例如学习能给自己的将来带来什么好处?学习要达到什么目标?采用岗位学习还是脱产学习?学习与岗位工作的关系如何处理?有什么学习的机会?有无可能创造学习的机会?学习机会来了怎样去争取?怎样与自己的领导、人力资源部门沟通,取得他们对自己学习的支持?

二、教师专业发展规划的内容

教师专业发展规划的内容是规划目标的展开和具体化。只有完成了教师专业发展规划的内容,才能把规划目标的蓝图变成客观世界的现实。具体表达上述设计目标链的是相应的教师职业生涯设计的内容链,具体表达上述总的设计目标体系的是相应的总的内容体系。下面我们具体讨论教师专业发展规划的内容。

生涯规划理论中人的生命有三个层次,即活着、生活和为追求而生活着。与教师职业不同的是,"教师专业发展规划内容"追求的是事业,是生命的三个层次中的最高层次。它追求的是新教学生活观念,是像叶澜教授所期望的那样,让课堂焕发出生命的活力,让教师体验到课堂生活的快乐和生命的价值,获得职业生活的幸福感和满足感。其追求的最高境界应是"和而不同"。例如,新一轮课程改革的目标不仅强调学生的情感态度与价值观,而且强调学生生命成长,强调教师与学生的互动,强调教师个性的张扬,强调教师与学生生命共同成长。生命性是教师生涯发展阶段的基石,与教师职业本身不同,也恰恰是"教师专业发展规划内容"的核心。规划内容不同于"职业",它在生命、事业等方面的价值取向,是符合需求动机理论中最高层次的需求的。

教师职业生涯可以在创业发展、规范发展、个性发展和成熟发展各个阶段,依次完成各自的规划内容。教师专业发展规划内容与规划目标一样,也是按序依次完成的。现实中也只有完成了上一个阶段的规划内容,才有可能去完成下一个阶段的规划内容。

教师专业发展大周期由适应期、成长期、成熟期、高原期、超越期五个阶段构成。每个阶段都有其具体的规划目标,完成各个阶段的规划目标任务,自然也就完成了各自具体的规划内容。教师专业发展大周期的规划内容体系的构成,和教师专业发展大周期的规划目标体系的构成是相一致的。

教师的工作内容很多,如教学工作、班主任工作、教务工作、学校团队工作,等等。我们可以把这些日常的教育教学活动按维度进行分类,按教师专业发展规划的内容来进行分类。

具体来说，教师专业发展规划内容可以按三个层面分类：一是职业生涯的广度（如教学者、研究者，组织策划者等需要）；二是职业生涯的深度（如教学专家、名校长等）；三是职业生涯的时间维度（如资浅教师、资深教师等）。

教师职业生涯的规划内容分类可以归纳为教育教学实践发展、工作发展、事业发展、成就发展等。

三、教师专业发展规划的影响因素

教师专业发展规划的影响因素主要有四个方面，包含 23 个子因素。

1. 外界环境

第一方面是外界环境，有组织的需求，家庭的期望，社会的需求，科技的发展，经济的兴衰，政策、法律的影响六个子方面。

——组织的需求。学校是教师直接生存和发展的土壤，每个学校都有自己的发展目标、运作模式，了解组织的基本情况是成为"圈里人"的基础，组织的需求往往正是教师发展的机遇。

——家庭的期望。家庭对学生的期望是具有中国特色的，这是教师发展的客观因素。

——社会的需求。了解社会的需求，就是要分析社会环境，它包括社会政治环境、经济环境、法律环境、科技环境、文化环境等宏观因素的分析，还包括职业环境的分析。在做个人职业生涯规划时，需要特别注意职业环境，要认清其发展状况、技术含量、社会地位、未来趋势等。

——科技的发展。它不仅是第一生产力，而且还是教师个人发展的头班车。

——经济的兴衰。它是建构成才机制不可缺少的要素之一。

——政策、法律的影响。它们是成长机制中的制约或激励因素。其中社会需求、科技发展是积极的影响因素；组织需求、家庭期望、经济兴衰和政策法律等都是可利用的机遇，但处理求相适应、相一致，与自己的学生共同成长才能应运而生。

2. 自我认识

第二方面是自我认识，有个人的兴趣、爱好与特长、个性与价值观、目标与需求、情商、工作经验、优缺点、学历与能力、生理情况八个子方面。

——个人的兴趣爱好与特长。没有了兴趣、爱好就缺少了创新的动力；没有特长的人，就不是一名不可替代的人。而生涯规划的目标，恰恰要使教师自己成为一名不可替代的人。

——个性与价值观。讨论性格的意义不在于改变自己性格的短处，因为性格有极大的天赋性，但是它仍具有一定的可塑性，它会随着年龄和生活经历的变化而发生不同程度的变化。一方面，具有情绪稳定、反应敏捷、言语外倾的气质的人更能够适应教师职业；另一方面，就教师职业内部而言，所需要的岗位也并不是千人一面的。性格有多种类型，与其邯郸学步、追随模仿他人，不如坚守自己。价值观是自己意志的源泉。价值观的提出，能知道自己信仰什么，自己在一生中认为什么是最重要的，也是教师对自己职业信仰的反思。

——个人所选定的目标与需求。这是自我认识的一个重要方面。

——个人的情商。一个人的成就至多有20％归诸于智商，80％则应归诸于情商。情商用得成功，可以使自己生活在"和而不同"的良好境界中。

——个人的工作经验。这是不能言传只能意会，不可能从他人那里借鉴的人生宝贵财富。

——个人的优缺点。"我是谁？"是个古老而又永恒的哲学话题；"知己者明"，了解自己可以扬长避短。

——个人的学历与能力。学历是步入职场前的敲门砖。比尔·盖茨说，只有有了教授头衔，成了成功人士，别人才不会过问你的学历。能力才是规划成功的基石。能力还是教师专业发展规划所追求的目标之一。

——个人的生理情况。健康，是人类最宝贵的财富，它对于一个人的追求、努力、奋斗、发展是极其重要的，它是生命的载体。

3. 人生目标选择

第三方面是个人目标选择，有设定目标的原因，达成目标的途径，达成目标所需的能力、训练及教育，达成目标可能得到的助力，达成目标可能遇到的阻力五个子方面。

——设定目标的原因。"吾日三省吾身"，这是应每日必须思考的，否则规划就缺少了方向。

——达成目标的途径。它既是经验的累积，也是对自己规划的探索。

——达成目标所需的能力、训练及教育。因为教师职业的个体性、孤独性、特殊性，所以，自己与组织沟通，以求构建接受训练、接受再教育的成长机制就显得特别重要。

——达成目标可能得到的助力。借用外界力量，达到"内外交互、主体发展"的目的。

——达成目标可能遇到的阻力。如果你无法改变外部世界，就要设法改变自己去适应。

4. 落实生涯目标措施

第四方面是落实生涯目标措施，有教育、训练的安排及规划成长机制的具体化，获得发展的安排，排除各种阻力的计划与措施，争取各种助力的计划与措施四个子方面。

——教育、训练的安排及规划成长机制的具体化。

——获得发展的安排。这是实现梦想，挤进目标圈内、挤上台阶必不可少的一步。其关键在于与领导、人力资源部门的协调、沟通。

——排除各种阻力的计划与措施。它要用你的情商与聪明才智来解决。

——争取各种助力的计划与措施。包括不惜动用你的人力资源。

教师专业发展规划的影响因素与"知己""知彼"与"抉择"之间有着内在的联系。首先，从上述 23 个影响因素分析来看，它们与"知己""知彼"与"抉择"具有关联性。其次，无论是教师专业发展阶段的适应期、成长期、成熟期、高原期、超越期都包含"知己""知彼"与"抉择"三个要素。再次，根据第二周期曲线，教师专业发展规划应考虑"知己""知彼"与"抉择"。最后，分析影响因素的目的，是力图获得足够的条件。

四、教师专业发展规划的程序

规划程序提出了一个把系统方法应用于职业生涯规划的有价值领域。教师专业发展规划程序有两种思考角度：一是考虑"知己、知彼、抉择"三要素的原则；二是设计程序的八个步骤。

(一)教师专业发展规划的原则

1. 教师专业发展规划的"知己"原则

认识自己是个古老的话题，设计中所需的"知己"有性格、兴趣、智力、特长、情商、气质、价值观七项。

了解自己的性格，努力改变自己性格上的缺陷(虽然这很困难)，这对提高教育教学工作效率、加强教师自我修养、完美职业生涯、搞好人际关系和身心保健，有重要的现实意义。教师本人性格就是一种无形的人格教育力量。性格好，凡事事半功倍；性格差，教育力量的效果会被抵消。了解自己性格是人贵有自知之明的表现，也是扬长避短的需要。

关注兴趣。与"活着——生活着——为追寻梦想、理想而生活"的生命三段论逻辑一致，兴趣一般经历"有趣——乐趣——志趣"三个发展阶段。从有趣开始，逐渐产生乐趣，进而与奋斗目标相结合，发展成为志趣，表现出方向性和意志性的特点，使教师坚定地追求自己的事业，并为之尽心竭力。兴趣对职业的影响很大，这主要表现在下面三个方面：一是兴趣可以影响人的职业定向和职业选择。在求职者中，常会考虑到自己对某方面工作是否有兴趣。二是兴趣还可以开发人的能力，激发人们探索和创造。一个人对某事物感兴趣，会激发起他对该事物的求知欲和探索热情，促使他充分调动整个身心的积极性，使情绪饱满，智能和体能进入最佳状态，最大限度地施展才华，发挥人的主动性和创造性，有助于成功。三是兴趣可以增强人的职业适应性。研究资料表明，如果一个人对某一工作有兴趣，则能发挥他全部才能的 $80\% \sim 90\%$，并且能长时间地保持高效率而不感到疲劳。

总之，讨论教师职业生涯所需的"兴趣"能知道"自己希望做什么"，能知"什么使自己最感兴趣"。

总之，性格、兴趣、特长、智力、情商、气质、价值观等七项内容是教师在职业生涯规划中认识自己时所必不可少的项目。

2. 教师专业发展规划的"知彼"原则

离开对客观世界的认识，是不可能很好地认识主观世界的。对客观世界的认识的本质就是对生涯机会的评估的一部分。教师的职业生涯设计主要是认识自己、分析环境、确立目标与制订行动计划的有机统一活动过程。

与前面所述"认识自己"对应，相应地有"分析环境"。教师专业发展规划应考虑到组织环境、组织发展战略、人力资源需求、晋升发展机会、政治环境、社会环境、经济环境。一般来说，这些既是教师专业发展规划的外部条件，也是与教师专业发展规划休戚相关的发展环境，实质上就是对生涯机会的评估。光知己不知彼，同样有碍成功，不利于教师的"内外交互、主体发展"。生涯机会的评估应包括分析环境的特点、环境的发展变化情况、环境与自己的关系、自己在环境中的地位、环境对自己提出的要求、环境对自己有利与不利的条件等。这样才能做到在复杂的环境中趋利避害，使教师的职业生涯设计更具有实际的意义。

职业生涯规划是教师认识自己、分析环境、确立目标与制订行动计划的有机统一。但这里有必要强调一点，教师专业发展规划绝不是教师个人单方面的责任，而是个人、领导、人力资源部门三方面的共同责任。对生涯规划的责任是这样分割的：教师负责自我规划，领导负责指导帮助，人力资源部门负责提供培训、资金、机会等公共服务。不能因为强调教师职业的特殊性，强调其主体能动性，就造成某一角色的责任的缺位。从知彼的角度，教师明确各方的权利和义务，是非常必要的。这也正是教师专业发展设计研究的课题。

(二)教师专业发展规划的程序

教师个体内在的主动专业发展，就是教师在形成专业角色意识、明确专业发展的目的和特征的基础上，自觉主动设计专业发展的行动计划和策略，在与学校组织发展的互动过程中持续提升自身的专业性。教师个体主动专业发展是教师成功的根本所在。教师的专业发展有一个阶段性、持续性的发展过程，教师在这一发展进程中，实际上就是通过积极有效的行动策略，以实现教师自己的专业性结构不断改善，专业能力和专业发展水平不断提升的生命成长与发展的过程。实践中，很多教师都力求做到内外互动、主动专业发展，大都能根据各自的具体情况灵活有效地选择行动的程序和策略。

程序是由一个个的基本步骤所构成的。教师专业发展规划的基本步骤包括：明确目标，确定志向，自我生涯机会评估，教师专业发展路线选择，制订行动计划，评估与反馈等。

1. 明确目标，确定志向

学校发展的目标与教师专业发展目标是两个目标体系，它们在发展目标取向上既具有共同之处，但也会各存差异。因此，个体要主动促进专业发展，就要把学校发展的目标和教师自身职业与专业发展的目标进行具体的分析比较，把两者的目标在发展愿景下有机地加以协调，形成一个学校发展目标统领教师职业与专业发展的行动，教师职业与专业发展目标又有力地支撑着学校发展目标的整合系统。

志向是设计目标的起始，是落实蓝图的前提。志向的基础是价值观，志向是事业成功的基本前提。立志是人生的起跑点，志向也反映了一个人的理想、胸怀、情趣、价值观，影响着一个人的奋斗目标及成就。教师在制定生涯规划时，应首先确立志向。这既是制定教师专业发展规划的关键，也是教师专业发展规划最重要的起始点。确定志向要做整体的而不是支离破碎的、长远的而不是临时的规划。

教师专业发展规划目标有长期、中期、短期之分。短期目标较易制定，中、长期目标则较难制定。我们在进行职业生涯目标定位时，要根据个人的专业、性格、气质和价值观，以及社会发展趋势等确定自己的长期目标，然后再把长期目标进行细化，根据个人的经历和所处的组织环境制定相应的中期目标和短期目标。

在第一周期曲线的状态下，如果没有目标，尤其是没有整体的、长期的目标，教师是很容易对现状妥协的。因此，要特别提倡关注最长远的人生目标。教师职业生涯目标规划是教师专业发展规划的核心。一个人事业的成败，很大程度上取决于有无正确适当的目标的选择。生涯目标的选择，是继教育职业选择（工作方向选择）、教师生涯路线选择之后的目标选择。其抉择要以自己的最佳才能、最佳性格、最大兴趣、最有利的环境等条件为依据。

2. 自我生涯机会评估

自我评估包括自我分析、认识自己、了解自己。教师对自我有了全面的分析，才能对自己的选择做出正确的判断，对自己的生涯目标做出最佳抉择。教师的职业生涯规划是一个过程，而自我评估是规划中不可缺少的一个步骤。如果忽视了这一步，或自我评估不全面，则设计将会根基不牢，中途夭折。

生涯机会的评估，主要是分析内外环境对自己生涯发展的影响。一粒种子可能在沃土中长成参天大树，也可能在戈壁滩上无所作为，这完全取决于它的生涯环境。每个人都像这粒种子一样处在一定的环境之中，离开了该环境，便无法生存或成长。在上面"规划目标中的知彼"的分析中，我们提到的教师职业生涯所需的组织环境、组织发展战略、人力资源需求、晋升发展机会、政治环境、社会环境、经济环境等，以及环境的特点、环境的发展变化情况、环境与自己的关系、自己在环境中的地位、环境对自己提出的要求、环境对自己有利与不利的条件等都是生涯机会评估的内容。

生涯机会评估包括对长期的机会和短期的机会评估。短期的规划比较注重组织环境的分析，长期规划要更多地注重社会环境分析。通过社会环境的分析，结合本人的具体情况，评估有哪些长期发展的机会；通过组织环境的分析，评估组织内有哪些短期发展的机会。通过职业生涯机会的评估可以确定职业和职业发展的目标。

3. 教师专业发展路线选择

通过"知己""知彼"的评估，即自我评估、生涯机会评估，认识自己，分析环境，对自己的教师职业做出选择，也包括对职业中工作方向做出路线选择。选择时既要充分考虑自身的特点，即性格、兴趣、特长等，也要充分考虑到环境因素对自己的影响。分析自我、了解自我、分析环境、了解环境、了解教师职业、了解这种特殊职业中自己所从事的工作，使自己的性格、兴趣、特长等与这种职业中所从事的工作相吻合，这便是教师职业选择的现实意义。上文说的教师职业中工作方向的选择，实际上就是职业生涯路线选择。在职业生涯的广度、深度、时间度三个层面中，你先取哪个层面后取哪个层面？你究竟打算向哪个方向发展？走行政管理路线，或是走专业技术路线，还是向业务方向发展？是从事教育教学科研，还是向优秀讲课能手努力，或是两者兼有之？发展路线不同，要求也就不同，这点是不能忽视的。因为即使是同一个教师职业，也有不同的岗位，同一个岗位也有不同的工作，同一个工作也有不同的要求，同样的要求各人所完成的方式方法也不一定相同。有的人所具备的人力资源得天独厚，适合从事行政，可以在管理方面大显身手，成为一名卓越的管理人才；有的人独善其身，适合搞研究，能在某一领域里有所建树，甚至有所突破，成为著名的专家：有的人兢兢业业，硕果累累，桃李满天下，社会影响力很大，成为一代名师；有的人是"全能冠军"，什么都行……

但如果一名好教师，不具备从政能力，却被错误地提拔为领导，使自己被错误规划，也必殃及他人、殃及事业，并反过来殃及自己。路线选择错了，生涯规划就会失败；人放错了地方，就会成为废品。现实生活中不乏这样的例子。

4. 制订行动计划与措施

马克思在《哥达纲领批判》中说过，"一打纲领不如一个实际行动"。在确定了教师职业生涯目标后，关键在于行动。没有达成目标的行动，就不能达到目的，充其量也不过是纸上谈兵、画饼充饥而已。这里的行动指的是落实目标的具体措施，主要包括教育教学实践工作、岗位培训、自学、向他人学习等一系列教师自身提高的措施。例如，为了达成目标，在工作方面，你采取什么措施以提高自己的教育教学效果；在业务素质方面，你计划怎样提高自己的教育教学能力；在人力资源开发方面，采取什么对策来开发自己的潜能……这些都要有具体的计划与明确的措施，并且这些计划要特别具体，以便今后操作检查。

5. 评估与反馈

影响教师专业发展规划的因素很多，有的因素是可以预测的，有的因素却变数很多而难以预测。在这种情况下，要使教师生涯规划行之有效，就必须不断地对教师生涯规划进行评估与修订。其修订的内容应包括教师职业的重新选择，譬如重新选择学校、重新选择学校里的其他工作、重新选择该工作的不同岗位、重新调整该岗位的不同要求等。教师生涯路线和目标的重新选择、实施措施与计划的变更等，都需要评估和反馈，评估与反馈可使整个设计程序更趋向科学化。在评估时要关注以下四点：①关注最重要的内容；②分离出最重要的要求；③找到突破方向；④关注最弱点。职业生涯规划的评估与反馈过程是个人对自己不断认识的过程，也是对社会不断认识的过程，是使教师专业发展规划更有效的重要手段。

总之，教师专业发展规划的程序包括了目标、生涯评估、路线、行动等一系列教师职业的生涯抉择。这些步骤共同构成了教师专业发展规划的程序方法链，并形成规划程序体系。

>>> 本章参考文献

[1]程振响.教师专业发展规划与发展设计[M].南京：南京师范大学出版社，2009.

[2]石柠，陈文龙，王玮.生涯规划与自我实现[M].广州：世界图书出版公司，2010.

[3]李颖.高校教师专业发展及其管理激励创新研究[D].苏州：苏州大学，2004.

[4]卢荣远等.职业心理与职业指导[M].北京：人民教育出版社，2000.

[5]田甜.高校教师职业生涯管理研究[D].汕头：汕头大学，2006.

第八章　教师专业发展机制

　　"机制"又称机理，最早源于希腊文，原指机器的构造和工作原理。综合当前各学科使用"机制"一词时所表达的含义，我们认为"机制"一词的基本含义有三个：一是指事物各组成要素的相互联系，即结构；二是指事物在有规律性的运动中发挥的作用、效应，即功能；三是指发挥功能的作用过程和作用原理。把这三者综合起来，更概括地说，机制就是"带规律性的模式"。

　　教育机制是教育现象各部分之间的相互关系及其运行方式，包括教育的层次机制、形式机制和功能机制三种基本类型。三类机制以及每类机制中的三种机制各自有着不同的内涵，又有着必然的联系。教育的层次机制主要包括宏观、中观和微观教育层次（结构）机制；教育的形式机制主要包括行政—计划式、指导—服务式和监督—服务式作用机制；教育的功能机制主要包括激励、保障和制约机制。教育激励机制是调动教育活动主体积极性的一种机制；制约机制是一种保证教育活动有序化、规范化的一种机制；保障机制是为教育活动提供物质和精神条件的机制。

　　教师是向受教育者传递人类积累的文化科学知识和进行思想品德教育的专业人员，是人类社会进步和人类文明发展的桥梁和纽带，是人类灵魂的工程师。如何保障教师教育活动有序化、规范化，调动教师的积极性，为教师提供相应的物质和精神条件是促进教师专业发展的重要内容。

　　教育机制的建立，一靠体制；二靠制度。所谓教育体制，是教育机构职能和岗位责权的调整与配置；所谓教育制度，广义上是指一个国家各级各类教育机构与组织体系有机构成的总体及其正常运行所需的种种规范、规则或规定的总和；狭义上是指学校教育制度。通过与之相应的体制和制度的建立（或者变革），教育机制在实践中才能得到体现。

教师专业发展机制就是通过制度化，形成教师专业发展的保障、激励和制约机制。为了保障和激励教师教育专业化发展，宪法和《教育法》等法律法规赋予教师相应的权利、对教师实行资格准入制和任用制，并提供福利、培训等物质和精神条件；同时，为了保证教师教育活动规划、有序，法律规定了教师应尽的义务，对教师进行考核和评价。对教师实行资格证制度，既是推动教师专业发展的重要保障机制，又是制约和规范教师行为的重要手段。

教师专业发展机制的主要内容包括：教师的权利与义务、教师资格和任用制度、教师的培训与评价等。当然，随着社会对教师职业性质认识的深化和对教师专业要求的提高，教师专业发展的保障、激励、制约等机制也在不断地发展和变化。

第一节　教师的权利与义务

教师的权利是教师专业发展的必要保障和激励机制；教师的义务是教师专业发展的重要制约机制。

一、教师的权利

权利是法律规定的作为或不作为的自由。它是一种法定的行为方式，主要目的在于协调权利主体与客体之间的利益关系。

对于教师而言，教师权利也称教师的法律权利，是指教师依法享有的某种权能和利益，表现为教师作为权利享有者能够做出或不做出一定的行为；或要求他人作出一定行为的资格。也就是说，教师享有法律规范所设定并保护的选择自由和合法权益，这些权利要以相应义务人的义务为保障。总体来讲，教师的权利包括：要求他人遵守教师法等法律或履行法律义务的请求权；按照自己的自由意志做出教师法等法律所赋予的积极行为权；当相应义务人违背法律义务、侵犯教师权利时，教师可向国家机关申请强制执行权。

教师的基本权利可以分为两个部分：一是教师作为公民所享有的各种权利，可称之为教师的公民权利；二是身为教师所享有的权利，可称之为教师的职业权利，这两部分权利既相互联系，又相互区别。此外，工作于不同阶段和不同类型学校的教师，其享有的权利在某种程度上有所区别。也就是说，义务教育阶段的教师不同于非义务教育阶段的教师，他们享有的权利具有任职阶段的特点。

（一）教师的公民权利

教师的公民权利是指教师作为公民依法享有相关法律赋予公民的基本权利。依照我国《宪法》的规定，教师的基本公民权利主要包括：政治权利、宗教信仰权、平等权，人身权、文化教育权、经济权及监督权等。在这些基本权利中，人身权利和人格权利是教师一般公民权利中最重要的两个方面。人身权利和人格权利是公民基本权利的两个重要方面，也是教师基本公民权利的主要表现。对于教师来讲，这两项权利又具有特定的内涵。

所谓教师的人身权利是指包括教师的生命权、健康权和人身自由权在内的一项重要权利。首先，宪法保证教师的生命安全，任何非法行为不得侵犯教师的生命安全。其次，教师的身体健康权保障教师身体机能和外部器官的完整性不得受非法剥夺。最后，教师的人身权，保证教师身体不受非法限制，以及安宁居住不受他人侵扰。

所谓教师的人格权利主要是指教师的人格尊严不受侵害，它包括名誉权、荣誉权、隐私权、肖像权和姓名权等一系列与人格尊严有关的权利。名誉权是以因名誉所受利益为内容的权利。荣誉权是名誉权的一种，指通过一定方式获得特殊身份的权利。通常多以获得荣誉称号的方式实现。隐私权，又称个人生活秘密权，是指公民不愿公开的关于个人生活事实不被公开的权利。

在日常生活中，教师的人身权利和人格权利受到侵犯的情况时有发生，如教师遭受来自家长、学生的殴打，遭受到侮辱和性骚扰，等等。

依据主体的不同，侵犯教师人身权的案件大体分为四类：①学生对教师人身权的侵犯；②家长对教师人身权的侵犯；③学校领导或同事对教师人身权的侵犯；④社会人员对教师人身权的侵犯。

教师人格权利受到侵犯的状况对于提高教师的社会地位十分不利。保障教师享有人格权利和人身权利，既是对教师的尊重，更是对教师的保护。这不仅有利于教师的人格尊严的维护和身体健康的安全，同时，也有利于防止危害教师权利的不法行为的发生。

(二)教师的职业权利

职业权利是教师作为教育工作者依据教育法规享有的教育权利及与职业相关的其他权利。按照我国《教师法》的规定，我国教师享有教育教学权、学术研究权、管理学生权、报酬待遇权、参与管理权、进修培训权等六项权利。

1. 教育教学权

教育教学权是教师为履行教育教学职责而必须具备的基本权利。《教师法》第七条第一款规定，教师有"进行教育教学活动，开展教育教学改革和实验"的权利，任何个人或部门都无权干涉。

教师的教育教学权分为两个部分：一是进行教育教学活动的权利；

二是开展教育教学改革和实验的权利。进行教育教学活动是教师职业权利的核心，也就是说，教师作为组织教育活动的主体，可以依据国家的教育方针，针对教育的实际和学生的基本状况，自主地安排教育教学活动，创新教育教学的形式和方法。教师开展教育教学改革和实验，是教师主动性发挥的基础，也是教育实践有效进行和发展的必然要求。教师只有拥有了教育教学改革和实践的权利，才能够更好地组织教育教学活动，高质量完成教学任务。

教育教学活动是教师的基本职业活动，国家、社会组织和学校要为教师开展教育教学活动创造条件、提供保障。

（1）基础设施保障。符合教育教学活动要求的活动场所、活动时间和装备等，是开展教育教学活动的基础条件，必须严格按照国家课程设置要求予以保障。现阶段国家实施的义务教育学校均衡发展策略，就是提供基础设施保障的有效举措。

（2）课程资源保障。课程资源指的是课程要素的来源和实施课程必要而直接的条件。教师的教育教学活动是由课程来承载的，要使教育教学活动正常、有效开展，必须要有课程资源保障。首先是校内课程资源保障。除了教科书以外，学校要注重教师和学生经历、经验的积累，总结学校教育教学策略，为教师的教育教学提供指导性服务。其次是校外课程资源保障。社会组织要营造良好的教育氛围，注重图书馆、科技馆、博物馆的教育服务功能的开发，充分调动网络资源、乡土资源、家庭资源为教育服务的积极性。

（3）为教师提高专业能力提供保障。教师的教育教学活动是专业活动，要求教师必须具备较强的专业能力。因此，教育科研机构、教师管理机构和教育理论工作者要注重教师专业能力理论体系的建设，使教师的专业理论学习有内容，专业能力实践有方向，教学活动的专业评价有标准。

开展教育教学改革和实验是教师职业活动的重要内容，教师要不断增强教学改革和实验的意识，从教育思想、教学内容、活动策略、培养目标等方面来改变观念、探索方法、搭建平台，使教育教学活动充分遵循教育规律，符合社会发展对教育的要求。

由于教师工作是需要创新的工作，因此教育法规赋予了教师相当大的自由裁量权。但是，这并不意味着教师在行使权利的时候没有限制，教育教学权的行使同样也必须在合法的框架内进行，既不能损害国家和社会的公共利益，也不能阻碍学生个体的发展和个人利益的获得。特别是义务教育阶段的教师行使此项权利要限定在国家、社会、学校、学生与家长之间相互利益关系允许的范围内，不得违背法律、法规和教育的基本规律。反之，学校和其他教育组织也不能随意侵犯教师的教育教学权。

教师被诬患有精神病而被停课案

某小学教师李某因对学校收费不满，向有关部门如实反映了学校存在的问题，该校领导一气之下，取消了李某的教师资格，并说他是精神病，不安排教学任务给李英，还强行将李某送到精神病院对其进行治疗。

资料出处　中公教育教师资格考试研究院：《国家教师资格考试专用教材·综合素质(中学)》，北京，世界图书出版社，2012年，第67页。

2. 学术研究权

学术研究权是教师作为教育教学专业人员所享有的一项基本权利。《教师法》第七条第二款规定，教师拥有"从事科学研究，学术交流，参加专业的学术团体，在学术活动中充分发表意见"的权利。

教师学术研究权包括三部分内容。

(1)教师在专业领域内，有权从事科学研究、发表学术论文、著书立说和从事技术开发等。教育发展规律、教育价值规律、学生认知规律、教育教学规律等是教育科学研究的范畴。教师只有充分认识这些教育规律，才能使自己的职业活动遵循这些教育规律。教师要充分认识这些教育规律，必须在职业活动的全过程中，深入探讨教育教学活动对各种教育规律的承载效度，形成对促进教育事业的发展和具体的教育教学活动具有指导意义的学术论文，并在职业活动中进行交流。

(2)教师有权参与合法的学术交流活动，加入专业学术团体，并兼任工作。国家支持专业学术团体的建设，鼓励教师参加专业学术团体的学术研讨活动。每一位教师在职业生涯中，应该不断创造条件，至少要能成为一个学术团体的成员。只有参与到专业学术团体之中，才能在学术活动中充分发表意见和见解，才能有效促进教师自身的专业发展。

(3)教师在学术活动中有权发表自己的学术观点，争鸣学术思想。不同教育阶段教师的学术研究权的权限和范围有所区别。义务教育阶段，要求教师按照既定的教育大纲和教育基本要求来完成教育教学工作，不主张教师向学生随意发表个人看法。

教师一心科研，荒废教学工作案

教师王某是某市重点初中一名优秀的化学教师。王某很精通教学业务，且乐于钻研，因此，几年时间下来，研制和解决了很多化学领域的科研问题，并且申请到了一项发明专利。此后，王某就无心教学，一心想着自己的发明和研究，备课的时间明显减少，上课随意，常常讲一些和书本内容不同的事情。有时为了参加学术性的研讨会或与有关企业进行业务往来而旷课。久而久之，他所带的班级学生们的学习成绩不断下滑，校领导找到王某，希望他能严肃自己的工作态度，处理好研究与教学的关系。可他依旧不以为然，认为教师就应当拥有学术研究活动权。结果，当年他所带的毕业班化学平均成绩比其他班级低了近 10 分。

资料出处 中公教育教师资格考试研究院：《国家教师资格考试专用教材·综合素质(中学)》，北京，世界图书出版社，2012 年，第 68 页。

3. 指导评价权

指导评价权是与教师在教育教学活动中的主导地位相对应的一项特定权利。《教师法》第七条三款规定，教师有"指导学生的学习和发展，评定学生的品行和学业成绩"的权利。

教师指导评价权包含两方面的内容。

(1)教师有权指导学生的学习发展

教师是已经取得教育资格并具备相应技能的专业人员，不仅精通教育技巧和方法，而且熟悉少年儿童身心发展的规律。因此，教师有权且能够运用正确的方式引导学生学会学习。同时，依据学生的具体情况，教师能够因材施教，并合理地启发学生的个性发展。

教师的教育教学活动应使学生从以下三个方面获得学习发展：一是指导学生在学习过程中学会学习；二是辅导学生在学习过程中产生情感体验；三是引导学生在学习过程中认识学习的价值规律。

教师指导学生学习发展的具体做法：第一，把掌握学习过程作为学生的学习任务来要求；第二，引导学生回顾自己的学习过程；第三，指导学生去探究发生错误的原因；第四，引导学生主动地探索学习过程，为学习方法的形成创造条件；第五，引导学生进行学习方法的交流；第六，教师示范性地运用教学方法向学生展开学习过程。

(2)教师对学生的学业成绩和学生的道德、品行具有评定权

评定学生的品行和学业成绩是指教师在一定教育价值观指导下，运用现代教育评价的一系列方法和技术，对学生的思想品德、学业成绩、

身心素质、情感态度等方面的发展过程和状况进行价值判断的活动。

教师有权对学生的思想政治、品德、学习、劳动等方面给予客观、公正的恰如其分的评价。这种评价，不仅要如实地、客观地、公正地反映学生的思想品德和学业成绩，而且对学生的长远发展也会产生深远影响。因此，教师在行使指导评定权时应注意，一要防止主观片面；二要善于发现学生的潜力、能力。学生个性、特长千差万别，有的往往是很多方面平平但在某一方面却很出色，这就需要教师有伯乐眼光，对学生作全面、正确的评价。

教师对学生的品行和学业成绩的评定可分为三个类型。

①诊断性评价。把评价放在教育教学活动之前，通过了解学生的初始状况，判断学生接受教育的基础条件，从而确立教育教学活动的内容、形式和策略。

②形成评价。把评价贯穿于教育教学活动的全过程，通过及时了解学生阶段性发展情况，有针对性地调整活动计划和方案、改进工作思路和方法，从而达到增强活动的教育力的目的。

③终结评价。把评价放在教育教学活动结束之后，目的是检测教师的教育教学活动是否达到目标要求。终结评价的鉴定和区分等级的功能非常强，因此，教师在使用终结评价时，一定要用现代教育价值观来指导评价活动，建立全面、系统、科学的评价体系，细致思考评价要素，科学配置评价权重，通过终结评价，激发学生学习热情，指导教师教学方向。

评定学生的品行和学业成绩是教师职业活动的重要组成部分，也属于专业活动，必须讲究专业策略和专业技巧。

教师的指导评价权是教师教育教学工作中专业性较强的一项权利，任何组织和个人都不得非法干预教师指导评价学生权的行使。教师也应当珍惜并以公正的态度行使这项权利。

4. 报酬待遇权

报酬待遇权是宪法赋予公民享有的社会经济权利在教师职业范围内的具体体现。《教师法》第七条第四款规定，教师有"按时获取工资报酬，享受国家规定的福利待遇及寒暑假期的带薪休假"的权利。

教师报酬待遇权具有两方面的内容。

(1)教师有权要求所在学校和地方教育行政部门依法按时且足额发放教师的劳动报酬，包括基本工资、职务工资、课时报酬、奖金，以及教龄津贴、班主任津贴等其他各种津贴。具体执行标准根据《义务教育法(2006年修订版)》第三十一条规定执行："教师的平均工资水平应当不低于当地公务员的平均工资水平。"

为了确保教师工资正常晋级和按时足额发放，国家建立了正常的晋级增薪制度，《企事业评聘专业技术职务若干问题暂行规定》为教师晋升职务提供了标准、依据和办法。教师工作年度考核结论为称职以上者，增加一个薪级工资。《国家中长期教育改革和发展纲要(2010－2020)》把提高教师地位待遇纳入规划内容："依法保证教师平均工资水平不低于或高于国家公务员的平均工资水平，并逐步提高。"

各级政府从财政经费中单列经费，保障教师工资按时足额发放。如果违反规定则依法进行处理。如我国《教师法》第三十八条规定："拖欠教师工资或者侵犯教师其他合法权益的，应当责令其限期改正"；"违反国家财政制度，挪用国家财政用于教育的经费，严重妨碍教育教学工作，拖欠教师工资，损害教师合法权益的，由上级机关责令归还被挪用的经费，并对直接责任人员给予行政处分；情节严重，构成犯罪的，依法追究刑事责任。"

（2）教师有权享受国家规定的各种福利待遇，包括医疗、住房、离退休等方面的物质待遇和寒暑假期间的带薪休假。

国家实行干部带薪休假制度。教师是"参公"管理的干部，也享有带薪休假的权利。根据我国现行基础教育课程体系的结构，学校教育用寒假和暑假把学年度分为两个学期。寒假和暑假的假期远远超过了干部带薪休假制度规定的时间。教师在这两个假期中，要合理安排时间，做到既调养身心又提升自己，既舒心生活又愉悦学习。不应该把假期当做非职业活动时间，认为休假中的教师不是在岗人员，可以做一些教师以外的人员做的事情。寒暑假是教师带薪休假时间，教师属在岗人员。教师在寒暑假里，只是工作和学习的阵地转移。因此，寒暑假里的教师，应该遵守教师职业道德规范，在合理安排时间调养身心、消除疲劳的同时，还要反思职业活动过程，寻找提升自己的突破口，真正做到养精蓄锐，为下一阶段的职业活动提供强有力的精力和专业保障。

稳定教师工资、提高教师的福利待遇，是鼓励和激发教师搞好教育教学工作的物质基础。从法律上规定教师的报酬待遇权有利于维持教师个人和家庭的正常生活，确保教师合法权利不受侵犯。

学校扣除教师工资理由不当，教师运用法律维权案

　　安徽某学校教师殷某，因不服学校以"联考"成绩差为由扣罚其浮动工资、奖金，将学校告上法庭。该校每学期举行一次联合考试，学校依据学生成绩对授课教师进行奖惩、并排名次、决定课时多少的"联考"风刮起后，一些教师为获取奖金或避免处罚而抢占课时、搜罗资料、竞猜考题，使学生负担加重，积极性受挫，而教师人人自危，把素质教育抛之脑后。联考之后，因为殷老师所带班级学生的成绩较差，学校决定扣发殷某的工资和奖金。殷某认为他的合法财产权受到了侵害，对学校的做法十分不满，最终决定用法律来保护自身的权益。

　　资料出处　中公教育教师资格考试研究院：《国家教师资格考试专用教材·综合素质(中学)》，北京，世界图书出版社，2012年，第69页。

　　5. 参与管理权

　　参与管理权是公民民主权利在教师特定职业下的具体化。《教师法》第七条第五款规定，教师拥有"对学校教育教学、管理工作和教育行政部门的工作提出意见和建议，通过教职工代表大会或者其他形式，参与学校的民主管理"的权利。

　　教师参与管理权包括三方面的含义。

　　(1)教师享有提出意见和建议的权利

　　我国宪法规定"公民对任何国家机关和工作人员，有提出批评和建议的权利"。教师的参与管理权是公民此项权利在教师职业岗位上的具体化。

　　教师有权对学校的教育教学工作和学校管理工作提出批评和建议，及时表达个人意见。任何组织和个人不得非法剥夺教师对学校管理的建议权。

　　学校的教育教学和管理工作的指导思想是坚持社会主义办学方向，全面贯彻国家教育方针，全心全意为社会、为学生提供优良的教育服务，为教师的职业活动的开展搭建平台。教师的职业活动是与学校的教育教学和管理工作紧密相连的，教师的职业活动必须有机融入学校的教育教学和管理工作之中去。因此，学校的教育教学和管理工作的科学性、有效性，直接影响着教师职业活动的质量和效率。教师要从这个大局着眼，从自己职业活动的细节入手，对学校教育教学和管理工作提出合理的意见和建议。只有这样，才能把由个人提出的意见和建议转化成学校教育和教师职业活动的需要，把个人的一孔之见转化成教师开展职业活动的共同体验，从而保证自己提出的意见和建议既有理论依据，又能操作可行。

(2)教师可通过教职工代表大会参与学校管理

教师有权通过教职工代表大会、工会或其他方式，参与学校发展、改革等重大事项的管理。教职工代表大会制度，是体现学校民主管理的根本制度。学校远景规划及关系学校和教师利益等原则问题，必须经教职工代表大会讨论表决。教师是学校的主人，必须参与学校的管理，教职工代表大会是教师参与学校管理的唯一合法的渠道。

教师是举办教育事业的主要力量，教师参与教育教学管理和学校民主管理充分体现了教师主人翁地位，有利于调动教师工作的积极性，提高教师工作效率。同时，教师参与学校管理，也有利于推进学校民主化建设进程。

6. 进修培训权

进修培训权是教师职业权利中最具代表性的一项。《教师法》第七条第六款规定，教师享有"参加进修或者其他方式的培训"的权利。

教师进修培训权的基本含义包括以下内容。

(1)教师有权参加和接受多种形式的培训，学校、其他教育机构和教育行政部门有义务保障教师进修培训权利的实现。

(2)教育行政部门和学校及其他教育机构应当采取各种形式，开辟多种渠道，保证教师进修培训权的行使。如安排在校教师到教育学院、教师进修学校、其他有关高等学校及国外高等学校或科研单位进修。

(3)教师进修培训权利的行使也有其限度，教师必须在保证本职工作完成且不影响教育教学工作的前提下，参加进修和培训。

在时代飞速发展，新知识、新技术不断涌现的背景下，教师的知识结构和思想意识也必须与时俱进。教师要想经受住这种考验，必须不断提高自己的专业水平，增强自己的专业能力。参加进修或其他方式的培训，是不断提高自己的专业水平，增强自己专业能力的有效途径。

教师参加进修和培训是社会人才培养对教师提出的要求，也是教育事业发展的客观需要。通过教师终身学习体系的完善，能够切实保障教育教学质量。因此，对教师进行继续教育，规定教师有权参加进修和接受其他多种形式的培训，不断促使教师提高自己的思想品德和业务素质，使教师不仅能跟上时代的步伐，而且能站在时代的前列，不仅体现了终身教育的理念，更有利于教师进修培训权利的获得以及教育事业的发展。

国家教育部颁布的《中小学教师继续教育规定》，为教师的进修和培训在内容、形式、机制等方面，提供了法律保障。各级政府正在加强教师继续教育的基础设施建设，为教师继续教育提供资源保障。教师继续教育体系正在巩固和完善，为教师继续教育提供机制保障。

要提高专业水平，增强专业能力，使教师的职业活动为全体学生服务，扩大教师职业活动的效能，教师就必须通过校本研修，找准自己专业水平的"基准点"，通过专题研讨活动，认识自己专业能力的"限控线"，从而做到有目的、有计划、有实效地参加各级各类的培训、学习活动。

二、教师义务

教师的义务，是指教师依照《教育法》《教师法》及其他有关法律、法规，从事教育教学工作而必履行的责任，表现为教师在教育教学活动中必须做出一定行为或不得做出一定行为。

法律上的义务有三种表现形式。一是积极性义务，即义务人按照权利人的要求可以做出某种行为。二是禁止性义务，即义务人按照权利人的要求不得做出某种行为。三是义务人侵犯他人权力和利益时，接受国家强制力保障其义务的履行。从表现形式上看，教师的义务也表现为这三种形式。教师贯彻教育方针，完成教育教学工作的义务，就是一种积极性义务；教师不得体罚学生的义务是教育法律规定的一项禁止性义务；当教师不顾教育法律的规定，对学生实施体罚且经教育不改的，有关机关将对其进行相应的处罚并强制其履行相应的义务。

与教师权利的来源类似，教师义务包括教师的一般公民义务和教师的特殊职业义务。教师法所规定的教师义务，是与教师职业密切相关的义务。对不同类型的学校教师来讲：教师义务要求的体现是不同的。

教师的基本义务同教师的基本权利一样，可以分为两个部分：一是作为公民应承担的义务；二是作为教师应承担的义务。这两部分义务既有联系，又有区别。教师作为公民应承担的一部分义务体现在教师特定的义务中，教师的特定义务有一部分是公民义务的具体化、职业化。两者也各有一部分是独立的，互不重复。

教师还要明白，法律赋予的权利，个人可以放弃，法律规定的义务，个人不能推卸，必须认真履行。

（一）教师的公民义务

依照我国《宪法》的规定，教师作为普通公民，应当履行如下义务。

1. 教师具有维护国家同一和全国各民族团结的义务。我国《宪法》第五十二条规定："中华人民共和国公民有维护国家同一和全国各民族团结的义务。"

2. 遵纪守法的义务。我国《宪法》第五十三条规定："中华人民共和国公民必须遵守宪法和法律，保守国家机密，爱护公共财产，遵守劳动纪律，遵守公共秩序，尊重社会公德。"

3. 教师具有维护国家安全、荣誉和利益的义务。我国《宪法》第五十四条规定："中华人民共和国公民有维护祖国的安全、荣誉和利益的义务，不得有危害祖国的安全、荣誉和利益的行为。"

4. 教师具有保卫祖国和依法服兵役的义务。我国《宪法》第五十五条规定："保卫祖国、抵抗侵略是每一个中华人民共和国公民的神圣职责。依照法律服兵役和参加民兵组织是中华人民共和国公民的光荣义务。"

5. 教师具有依法纳税的义务。《宪法》第五十六条规定："中华人民共和国公民有依照法律纳税的义务。"

(二)教师的职业义务

结合教师的职业特点，根据《教育法》《教师法》《义务教育法（2006 年修订版）》的有关规定，我国教师应承担的义务主要有以下六项。

第一，遵守宪法、法律和职业道德，为人师表；

第二，贯彻国家的教育方针，遵守规章制度，执行学校的教学计划，履行教师聘约，完成教育教学工作任务；

第三，对学生进行宪法确定的基本原则的教育和爱国主义、民族团结的教育、法制教育以及思想品德、文化、科学技术教育，组织、带领学生开展有益的社会活动；

第四，关心、爱护全体学生，尊重学生人格，促进学生在品德、智力、体力等方面全面发展；

第五，制止有害学生的行为或者其他侵犯学生合法权益的行为，批评和抵制有害学生健康成长的现象；

第六，不断提高思想政治觉悟和教育教学水平。

下面对教师的六条义务进行详细解读。

1. 遵纪守法义务

遵纪守法既是教师的公民义务，又是教师的职业义务。宪法和法律是国家、社会组织和公民一切行为的基本准则，也是每一个社会组织和公民必须遵守和维护的。《教师法》第八条第一款规定：教师应"遵守宪法、法律和职业道德，为人师表"，简称"遵纪守法义务"。这是教师所担负的"育人"职责和教师的劳动"示范性"特点对教师提出的基本要求。一名称职的教师，一定是个好公民，教师是遵守宪法的模范。因此，教师在从事职业活动时，必须严格遵守教师职业道德规范，遵纪守法。

教师对学生进行教育，其目的是为了把他们培养成对国家、社会有用的人才，但首先应把他们培养成为一个"遵纪守法"的人。教师职业之所以是特殊的职业，教师群体之所以是特殊的群体，除了教师职业的专业性以外，还因为教师的一言一行、举手投足，在接受社会的评价的同时，也能够经得起伦理的检验。也就是说，教师的精神风貌、言谈举止，能在社会各阶层、各领域树立行为典范。为此，教师作为教育者，首先要遵守国家法律，做个守法的好公民。

> **教师上课打麻将，侵犯学生学习权案**
>
> 黑龙江省友谊农场某小学的教师上课时间打麻将，并指派学生轮流站岗放哨。家长对这种现象很有意见，在当地群众中影响很坏。这所小学长期以来管理十分松散。校长经常为中心学校办事而不来此小学，教师们开始只是利用午休和课后时间在办公室打麻将，后来愈演愈烈，直至发展到停课"操练"。据了解，只要工作期间教师凑够人手，就至少有两个班级因教师打麻将而无法上课，更令人气愤的是，为了防止校长突然出现，教师们在打麻将时竟派学生轮流站岗放哨。他们这种不认真上课、误人子弟的做法，在当地引起了强烈愤慨。
>
> 资料出处　中公教育教师资格考试研究院：《国家教师资格考试专用教材·综合素质（中学）》，北京，世界图书出版社，2012年，第73页。

2. 教育教学义务

教育教学工作是教师的基本职业权利，也是教师的基本义务。《教师法》第八条第二款规定，教师应当"贯彻国家的教育方针，遵守规章制度，执行学校的教学计划，履行教师聘约，完成教育教学工作任务"。因此，教师在教育教学活动中应全面贯彻国家教育方针，遵守学校的各项规章制度，履行聘任合同中约定的教育教学职责。根据中小学教师的任职条件和其他规定，义务教育阶段教师的这项义务主要包括以下几个方面。

（1）教师是教育方针的执行者

教师的职业活动是以国家的教育方针作指导的。首要的任务是转变传统的教育观念，由应试教育提到民族素质的轨道上来，纠正和防止片面追求升学率等不良倾向；其次是创新教育教学活动，培养学生的创新精神，形成学生的创新意识，使创新人才在教育过程中脱颖而出。

此外，贯彻落实国家的教育方针，仅靠个人的能力和智慧是不够的。教师是一个团队，团队就得有严明的纪律，有严明纪律的团队，才具有凝聚力。团队的每一个成员只有严格遵守纪律，才能把集体智慧充分发挥出来，才能形成教育合力，才能有效促进学生全面发展。

（2）教师是教学计划的执行者

教师开展教学活动，不能只看作是个人行为，教师应该把个人的教学活动自觉地融入学校的整体教学工作中来。学校要根据国家课程计划制定整体教学计划和学科教学计划。教师只有按照学校计划来安排自己的教学活动，并在活动中真实体现教师所在岗位的优势和特点，这才能算是有效完成了教育教学任务。

实行教师聘任制以后，教师与学校签订聘任合同，教师应当按照聘约的规定完成教育教学任务，仔细检查教学效果，不断提高教学质量。

（3）教师是规章制度的执行者

教师是规章制度的执行者，主要是指教师应该遵守教育教学的规章制度。教师开展职业活动，必须遵循教育规律。明确的规章制度是使教师的职业活动能遵循教育规律的有效保障。学校的规章制度是按照学校教育发展规律来制定的。学校制定规章制度是依法治校的具体体现。

3. 思想教育义务

"思想教育义务"，亦称"教书育人义务"，是指教师对学生进行文化科学技术教育的同时开展政治思想教育、组织有益社会活动的义务规范。《教师法》第八条第三款规定，教师有"对学生进行宪法所确定的基本原则的教育和爱国主义、民族团结的教育，法制教育以及思想品德、文化、科学技术教育，组织、带领学生开展有益的社会活动"的义务。

首先，教师在职业活动中要对学生进行宪法确定的基本原则教育，深刻理解宪法确定的基本原则：一是一切国家权力属于人民的原则；二是保障公民的权利和自由原则；三是权利制约——民主集中制原则；四是坚持社会主义法治原则。教师是国家意志在教育过程中的体现者，在一切职业活动中，必须全面、正确、科学地体现国家意志，有机渗透宪法确定的基本原则教育。

其次，教师应当结合自己的教育教学业务的特点，把政治思想品德教育贯穿于教学工作之中，开展有益的社会活动，从而将爱国主义教育、四项基本原则教育、集体主义教育、社会主义民主和法制教育、民族团结教育、思想品德教育、劳动教育、文化科学技术教育等方面相互融合，避免空洞说教。

散布消极言论，教师工作被停案

在南方某市有一所中学的青年教师韩某对当今社会上的有些现象不满，但又不能正确对待，在给学生上课时，经常有感而发，对社会上一些问题发表一些不负责任的言论，激化学生不正确看法，在学生当中产生一些消极影响。韩某的这种行为和做法被该校校长知道后，该校长对韩某进行了严肃的批评和教育，韩某对校长的批评和教育不以为然，认为课堂上讲什么是教师自己的事，教师有教学自由的权利，校长无权加以干涉，并继续在教学过程中散布一些错误的言论。鉴于

4. 尊重学生人格义务

《教师法》第八条第四款规定，教师应"关心、爱护全体学生，尊重学生人格，促进学生在品德、智力、体质等方面全面发展"，简称为"尊重学生人格义务"。

关爱学生，是教师组织教育教学活动的根本出发点。促进学生全面发展，是教师开展教育教学活动所追求的最高目标。教师的一切职业活动，必须符合关爱学生的要求，必须要能促进学生全面发展。

关爱学生是师德的灵魂。关爱学生不仅要关注学生的身心健康、人生成长，更重要的是关注学生的人格建构，尊重学生人格。

教师要尊重学生的人格。新修订的《义务教育法》第二十九条第二款规定："教师应当尊重学生的人格，不得歧视学生。"学校是一种有目的、有计划地向学生施加影响的教育场所，是学生成长过程中的重要环境。学校教育不仅是教给学生课本上的知识，而且更需要师生在教育教学活动中进行情感交流和人格接触。因此，教师在开展教育教学活动时，一方面要培养学生的个性，增强学生人格的独立性；另一方面要注意调节学生的人生态度和行为习惯，增强学生人格的统合性。人格的统合性是身心健康的重要指标，教师在对学生进行德育、智育、体育和美育时，有机渗透人格培养，就是对学生人格的最好尊重。

但是教育实践中，有些教师作为学生在校学习期间的管理者，往往不重视未成年学生的人格权利，而常常以某种作为或不作为的方式侵犯学生的人格权，如讽刺、挖苦学生；故意侮辱、谩骂学生；给学生起外号；对学生的家庭、性格、性别、民族、长相等表现出歧视的态度等。据不完全调查，在实际教学过程中，许多教师都有体罚的错误行为，而大多数体罚都会伴随着对学生人格的侵犯。

（1）教师不能强迫学生做有损人格尊严的事

教师是贯穿孩子未成年岁月的关键人物，对孩子的健康成长提供最有力的保障作用。师对学生实施体罚或变相体罚，一方面，是对法律和孩子人格尊严的践踏；另一方面，久而久之，会使孩子产生轻视良知、轻视个体的恶习，也会发展孩子对暴力的偏爱、敬畏和屈从，应该引起我们的重视。

教师强迫学生吃屎案

2004年8月初，一个消息在新绛县万安乡西马村传开：西马小学一年级全班38名学生在赵献红老师的命令下吃了屎。一年级学生的家长顿时炸了锅，各自回家找孩子核对此事。孩子们说这泡屎的大小像一个馒头大。由于亮亮是班长，赵献红让他第一个吃，其他学生排着队挨个走到讲台前执行赵献红的命令吃屎。学生花花说："赵老师用教鞭把屎挑起一块，放到了我嘴里，赵老师还让我闭上眼不许看。"亮亮说，他第一个上去吃，吃掉大约枣那么大的一块。

花花说，当时赵老师说，剩下的屎让最后一个人全吃了。丽丽坐在班里最后一排，她成为最后一个人。同学们说："数她吃得最多了，吃的屎比核桃还大。"面对记者，丽丽有点呆板，记者问她："你吃屎了吧？"她只是使劲地点头。

吃完屎后，赵老师让同学们去学校的灶房漱口。漱完回到教室，鹏鹏说："赵老师对同学说，谁把这事情说出去，就打谁的脸。"

家长们找到了学校。8月18日，西马小学、万安联校、村干部和家长代表坐在一起，挨个向同学询问吃屎一事。一年级的38个学生中，今年暑假期间有3个学生转学了，所以，这次询问的学生只有35个。在35个学生中，有34个学生对学校领导说，吃了。针对这种情况，校领导向家长说，三天以后学校给答复。8月21日，家长们来到学校，西马小学校长宣布了两项决定：开除赵献红，扣发赵献红约1 000元的工资。

资料出处　中公教育教师资格考试研究院：《国家教师资格考试专用教材·综合素质（中学）》，北京，世界图书出版社，2012年，第83页。

（2）教师不能侮辱、谩骂学生

在人与人的交往中我们都要注意互相尊重，在教育教学活动更是如此。现实是许多教师在说话时不知道尊重学生，在行动中为所欲为，往往对学生造成了很深的伤害。虽然中小学生年龄还小，但是，大多数孩子都有着较强的自尊心，尤其在同伴面前更需要维护自己的尊严，教师应深深地记住这一点，无论多生气都要注意自己的言行，以免对学生的人格造成伤害。

教师谩骂学生造成学生自杀案

2003 年 4 月 12 日，按照学校的要求，丁瑞婷应于上午 8 时到校补课，未按时到校，其班主任汪宗惠询问了她迟到的原因，用木板打了丁瑞婷，并当着她同学的面对她讲："你学习不好，长得也不漂亮，连坐台都没有资格。"

10 时 30 分，丁瑞婷回到教室上课，第三节课是汪宗惠的语文课，整节课她都趴在桌上小声哭泣，并写下遗书，在遗书中表达了对被告人汪宗惠及家庭、社会的怨恨，然而汪宗惠对丁瑞婷在课堂上的表现没有过问。

12 时 29 分左右，丁瑞婷从该校中学部教学楼八楼跳下，经抢救无效，于当天中午 12 时 50 分死亡。

重庆市渝中区人民法院审理一审判决，被告人汪宗惠犯侮辱罪，被判处有期徒刑一年，缓刑一年。法院认为，被告人汪宗惠作为一名从教多年的教师，应当明知体罚学生和对学生使用侮辱性语言会使学生的人格尊严及名誉受到贬损，仍实施该行为，足见其主观故意。客观方面，被告人汪宗惠当着第三人的面，实施侮辱行为，具有法律所规定的"公然"性，且引发的后果严重，属"情节严重"。因此，被告人汪宗惠的行为符合侮辱罪的主客观构成要件。纵观全案，丁瑞婷之所以跳楼自杀，除来自家庭和社会的各种压力外，被告人汪宗惠的言行是引发丁婷跳楼自杀的直接诱因。被告人汪宗惠的行为不仅贬损了丁瑞婷的人格尊严和名誉，而且产生了严重的后果，造成恶劣的社会影响，具有一定的社会危害性，应当受到刑事制裁。鉴于被告人汪宗惠是在对学生进行教育时实施的侮辱犯罪行为，其主观恶性不深，庭审中有一定悔罪表现，且丁瑞婷跳楼自杀确系多因一果，加之被告人汪宗惠又具备缓刑的管教条件，可适用缓刑。

资料出处　重庆市渝中区人民法院：《汪宗惠侮辱案》，《北大法意网·中国裁判文书库》，2003 年 10 月 13 日。

（3）教师不能歧视学生

在教育教学中，教师应当关心爱护全体学生，尊重学生人格，促进学生在品德、智力、体质等方面全面发展。同时，教师应当端正教育思想，立足于多方面提高学生素质，帮助学生在学习中不断成功，促使学生不断内化教育教学要求，变外压式教育为内调式教育，改变学生的自我评价，唤醒学习困难学生的自我意识，重新认识自己的能力和价值，树立自尊心、自信心，调动其内在积极因素，去克服困难、逐步形成良好的学习心理品质，为其进入社会做好准备。

教师应当树立尊重学生人格尊严的法制观念，对全体学生一视同仁，对智力有缺陷、品德有缺点的学生更应当给予帮助，不能粗暴地体罚和侵犯学生的人格尊严。教师如果把教育学生的权利凌驾于学生的人格之上，必然会把斥责、讽刺、挖苦视为正常教育手段，甚至发展到辱骂和体罚学生的地步。

现实中，仍有许多学校存在各种各样的潜在规定，有的教师根据学生成绩把学生分为优、中、差三等，还按这个标准进行排座位。这明显对成绩差的学生有歧视性，这样做轻者会使那些所谓的"差生"失去学习兴趣，严重者会直接对学生造成精神伤害，甚至危害生命。

5. 保护学生权益义务

保护学生的合法权益和身心健康发展，既是全社会的共同责任，也是教师义不容辞的义务。《教师法》第八条第五款规定，教师有"制止有害于学生的行为或者其他侵犯学生合法权益的行为，批评和抵制有害于学生健康成长的现象"的义务。

教师有义务制止在学校工作与教育教育教学工作相关的活动中侵犯其所负责管理的学生合法权益的违法行为，切实维护学生的受教育权、获得公正评价权、人身权、财产权，以及法律、法规规定的其他合法权益，绝对不能用违法行为来纠正学生的错误。当社会上出现的有害于学生身心健康的不良现象，教师有理有据地批评不利学生健康成长的社会现象，抵制文化垃圾进校园和进教室，这是教师义不容辞的社会责任。

（1）面临危险时，教师应敢于挺身而出

学校是进行教育教学活动的场所，为保证教育教学活动的正常进行，就必须保证学校正常的教学秩序，必须维护学生的人身安全。当前一些不法分子对学校进行流氓滋扰，使广大师生的身心受到严重伤害，破坏了学校的正常秩序，影响了教育教学活动的顺利进行。面对犯罪分子在学校里行凶的行为，学校教师应采取什么样的态度，这是一个不可避免的问题。多数教师能够挺身而出，与犯罪分子进行坚决斗争，这种态度是正确的。然而，我们也很遗憾地看到，有的教师在正义与邪恶的斗争中，贪生怕死，置之不理，在客观上助长了犯罪分子的嚣张气焰，使学生蒙受了更惨重的损失，在广大教师和广大群众中造成了极坏影响。对这样的教师我们应当给予谴责，其他学校、教师应引以为戒，减少这类事情的发生。

学生被强奸，教师置之不理案

2004 年 9 月 29 日晚，喝了酒的校外青年张某和路某骂骂咧咧地来了山东莘县某中学中滋事，他们先是在男生宿舍胡闹。大约凌晨 1 点，张某和陆某又闯入了该校初三女生宿舍，张某和陆某分别对两名女生实施了强奸。当时宿舍里灯火通明（宿舍电灯晚上不熄），45 名女生都醒了，但竟没有一个人起来反抗。歹徒扬言"谁叫就掐死谁"。两名歹徒在女生宿舍施暴时，有知情教师因害怕歹徒报复自己也躲避了。一个多小时后，两名歹徒方才离去。

两名歹徒张某和路某已于案发当日凌晨被当地派出所抓获。当记者找到几位知情的老师，他们一概以各种借口或躲避采访或说这件事自己不知道，就连记者问及该校以前治安秩序如何时，他们竟然也说不知道。

资料出处　中公教育教师资格考试研究院：《国家教师资格考试专用教材·综合素质（中学）》，北京，世界图书出版社，2012 年，第 79 页。

（2）教师要对学生尽到保护义务

教师要对未成年学生尽到保护义务，主要体现在以下几个方面。①注意教学设施和设备的安全。教师要使用符合国家安全标准规定的设施和设备，使用时，还要考虑未成年人的特点。②及时救助受伤害学生。对在校期间突发疾病或者受到伤害的学生，教师要积极送学生去就近医院治疗，同时通知学生家长或监护人，并根据学校实际情况及时采取相应紧急救护措施进行救助，避免不良后果严重化。③对擅自离校或有危险行为的学生及时采取措施。学校教师或其他工作人员发现学生行为具有危险性，必须进行必要的管理、告诫或者制止，以减少与预防校园暴力的发生。

对学生擅自离校等与人身安全直接相关的信息，要及时告知监护人。在以下几个特殊时间段，教师也要尽职尽责，防止出现安全事故发生：①到校、离校时间；②课间、午间休息时间；③宿舍熄灯前后的时间；④组织学生外出旅游或参观期间。总之，在教育法律关系中，如果发生教师履行教育、管理和保护义务的过错，致使在校未成年学生受到人身伤害，或者伤害他人，学校应承担相应的法律责任。这些法律责任以民事责任为主。

教师未尽责，孩子被绑架杀害案

2002年4月28日上午，胜利小学的门前，挤满了前来送学生上学的家长。吴玉花也送来了自己9岁的儿子吴琼。在校门口吴玉花碰到了吴琼的老师唐成。吴玉花跟老师说了几句话，然后就告别了老师和儿子上班去了。放学的时间到了，胜利小学门口又挤满了前来接学生回家的家长。吴玉花提前来到校门口，看着学生一个一个地被接走，最后，一个学生也没有了，仍然没有见到自己的儿子吴琼。她急忙到办公室找到老师唐成，问老师说："我儿子吴琼怎么放学没有回来？"唐成老师说："你儿子让别人接去了。"家长吴玉花感到很奇怪，问："让谁接走了？"老师唐成说："今天上午八点，有个自称是吴琼大爷的给我打电话，说吴琼的姑姑今天过生日，想提前一会儿把他接走。我说等中午放学再说吧，可他一再说现在全家人都已到齐，只等孩子开席了。于是我也不好再推辞，便对他说以后不许再提前接学生。然后，就让吴琼收拾好书包离开了教室。"家长吴玉花问："接吴琼的那个人什么样？"老师说："我也没看见。听声音是40多岁的男子。"听到这里，吴玉花脸色苍白，她意识到情况不好。她急忙到吴琼的大爷家去问。吴琼的大爷说："我根本就没有接过吴琼。他的姑姑也根本没过生日。"吴玉花又问了其他亲属，都说不知道此事，也没见过吴琼。吴玉花随即到派出所报案。9月7日此案告破。刘宪因与吴琼的父亲产生纠纷，想对其进行报复，绑架了吴琼。后将吴琼杀害分解成6块装进麻袋，扔进厕所。

在这起案件中，刘宪的杀人罪是无可怀疑的。这里值得我们教育工作者思考的是学校和教师承担什么责任的问题。在本案中，家长对学校提出控告，认为学校将其儿子交给不相识的人带走，也是造成其儿子受到杀害的原因之一。因此，要求学校承担相应的责任。学校则认为，其家长对老师说过："我可能委托别人来接孩子。"但家长否认曾说过这话。老师拿不出其他证明。

资料出处　中公教育教师资格考试研究院：《国家教师资格考试专用教材·综合素质（中学）》，北京，世界图书出版社，2012年，第80页。

6. 提高水平义务

《教师法》第八条第六款规定，教师有"不断提高思想觉悟和教育教学业务水平的义务"，简称"提高水平义务"。

终身学习是教师专业发展不竭的动力。教师的职业活动不可能一成不变，也不可能一劳永逸。从学科教学来看，学科知识的学习已经出现了"今天不会用、明天不能用、将来没有用"的尴尬局面。教师只有深刻理解社会发展规律，不断学习，努力提高自身的思想觉悟和业务水平，使教学与时代俱进，才能使自己的职业活动充满生机和活力。

第二节　教师的资格与任用制度

教师的资格与任用制度既是教师专业发展的重要保障、激励机制，又是必要的制约机制。

一般来说，教师任用制度包括教师资格、职务及聘用制度等方面的内容。因为教师的社会责任重大，所以把教师资格准入提升了一定高度，独立出来。

一、教师资格制度

教师资格制度是国家对教师实行的一种法定的、特定的职业许可制度。世界上许多国家对教师的资格标准都有严格的规定，不少国家建立了教师许可证制度或教师资格证书制度。通过严格的考核与认定程序，向那些具备教师资格条件者发放教师资格证书，使教师能达到较高水平的专业化，提高教师队伍的整体素质。它包含两个方面的含义：一方面教师资格证书是法律所保障的，要求很高，必须依法实施，表明了其严肃性；另一方面说明了一种职业的许可，即从事教师职业，必须具有社会认可的教师资格。

（一）教师资格制度的发展历程

国外保障教师职业专业化的教师资格认证制度已有 200 多年的历史，建立教师资格制度已成为世界性的发展趋势。美国是世界上较早建立教师资格证书制度的国家，1825 年美国俄亥俄州就颁布了第一个由州教育主管部门制定的教师证书法令。日本也是教师资格制度发展得比较完善的国家，1949 年就颁布了《教育职员许可法》。随着教师职业专业化的发展，许多国家开始实施教师资格证书制度，教师资格证书和学历证书并行，互不替代，并制定高标准的教师职业要求，以加快教师专业化的进程。

与国外相比，我国的教师资格制度才刚刚起步。

1986 年 4 月颁布的《中华人民共和国义务教育法》明确提出："要建立我国教师资格制度，向合格教师颁发资格证书。"

1994 年 1 月正式实施的《中华人民共和国教师法》在第三章的"资格和任用"中的第十条对取得教师资格的条件作了规定：国家实行教师资格制度。中国公民凡遵守宪法和法律，热爱教育事业，具有良好的思想品德，具备本法规定的学历或者经国家教师资格考试合格，有教育教学能力，经认定合格的，可以取得教师资格。

1995年3月18日第八届全国人民代表大会第三次会议通过《中华人民共和国教育法》。《教育法》第三十四条规定："国家实行教师资格、职务、聘任制度，通过考核、奖励、培养和培训，提高教师素质，加强教师队伍建设。"

1995年国务院颁布《教师资格条例》，对教师资格的分类与适用、申报教师资格的条件、教师资格考试、教师资格认定等作了详细的规定。

2000年9月，教育部颁发《教师资格条例实施办法》，教师资格制度开始在全国全面实施。2001年4月1日起国家首次开展全面实施教师资格认定工作，进入实际操作阶段。1994年1月1日以后进入教师队伍的人员和符合教师资格认定条件的中国公民将可以根据法定的教师资格认定程序获得教师资格。

2011年，教育部出台中小学和幼儿园教师资格考试标准及大纲，并在河北、上海、浙江、湖北、广西、海南等地进行试点教师资格考试全国统考2012年11月，试点的6个省（市、自治区）举行教师资格考试全国统考（笔试），小学幼儿园教师资格考试为机考，中学教师资格考试仍为传统的纸笔考试。2015年开始，全国所有师范生（2012级及以后）都应参加全国统考，才能获取教师资格。

（二）教师资格制度的具体规定

教师资格是国家对专门从事教育教学工作人员的最基本要求。它规定着从事教师工作必须具备的条件。我国的《教师法》《教师资格条例》对教师资格的分类、取得条件、认定程序等一系列问题作了具体规定，以法律的形式确立了我国的教师资格制度。

1. 教师资格分类

《教师资格条例》明确规定，教师资格分为幼儿园教师资格；小学教师资格；初级中学教师和初级职业学校文化课、专业课教师资格；高级中学教师资格；中等专业学校、技工学校、职业高级中学文化课、专业课教师资格；中等专业学校、技工学校、职业高级中学实习指导教师资格；高等学校教师资格。成人教育的教师资格，按照成人教育的层次，依照上述规定确定类别。

对于取得教师资格的公民而言，可以在本级及其以下等级的各类学校和其他教育机构担任教师；但取得中等职业学校实习指导教师资格的公民只能在中等专业学校、技工学校、职业高级中学或者初级职业学校担任实习指导教师；高级中学教师资格可与中等职业学校教师资格相互通用。

2. 教师资格条件

我国《教师法》第十条规定："中国公民凡遵守宪法和法律，热爱教育事业，具有良好的思想品德，具备本法规定的学历或者经国家教师资格考试合格，有教育教学能力，经认定合格的可以取得教师资格。"它包括以下四个条件。

（1）必须是中国公民

这是成为教师的先决条件。凡是符合规定条件的中国公民均可取得教师资格。需要指出的是，虽然外国公民符合规定的条件，也可以进入中国学校及其他教育机构任教，但并不等于他们取得了中国教师的资格，他们在中国学校任教须经过一定的审批手续。

（2）必须具有良好的思想道德品格

这是取得教师资格的一个重要条件。这一要求主要表现在全面贯彻执行党和国家的教育方针、热爱教育事业、忠于职守、爱护学生、作风正派、团结协作等方面，教书育人，为人师表。

（3）必须具有规定的学历或者经国家教师资格考试合格

从某种意义上讲学历是一个人受教育程度和文化素质的一个标志，是人们从事一定层次工作所应当具备的基本条件。国外许多国家都对教师资格的取得规定了相应的学历要求。比如美国各州规定，小学教师必须具有学士学位；日本政府规定小学或初中教师必须具备学士学位；朝鲜政府规定，中小学教师必须是师范大学和教员大学毕业生；英国、法国等国要求中小学教师必须由受过高等师范教育的人来担任。

结合我国实际，我国《教师法》对各类教师应具备的相应学历作了明确规定。①取得幼儿园教师资格，应当具备幼儿师范学校毕业及其以上学历。②取得小学教师资格，应当具备中等师范学校毕业及其以上学历。③取得初级中学教师资格和初级职业学校文化、专业课教师资格，应当具备高等师范专科学校或其他大学专科毕业及其以上学历。④取得高级中学教师资格和中等专业学校、技工学校、职业高中文化课、专业课教师资格，应当具备高等师范本科或其他大学本科毕业及其以上学历；取得中等专业学校、技工学校和职业高中学生实习指导教师资格应当具备的学历，由国务院教育行政部门规定。⑤取得高等学校教师资格，应当具备研究生或大学本科毕业学历。⑥取得成人教育教师资格，应当按照成人教育的层次、类别，分别具备高等、中等学校毕业及其以上学历。

不具备《教师法》规定的教师资格学历的公民，申请取得教师资格，必须通过国家教师资格考试。国家教师资格考试制度由国务院规定。已经在学校或者其他教育机构任教的教师，未具备规定学历的，由国务院教育行政部门规定教师资格过渡办法。

教师资格考试科目、标准和考试大纲由国务院教育行政部门审定。属于幼儿园、小学、初级中学、中等职业学校教师资格考试和中等职业学校实习指导教师资格考试的，由县级以上人民政府教育行政部门组织实施；属于高等学校教师资格考试的，由国务院教育行政部门或者省、自治区、直辖市人民政府教育行政部门委托的高等学校组织实施。幼儿园、小学、初级中学、高级中学、中等职业学校的教师资格考试和中等职业学校实习指导教师资格考试，每年进行一次。

对于学历尚未达标的中小学教师，主要采取中小学教师考核合格证书的过渡办法来解决。根据原国家教委发布的《中、小学教师考核合格证书试行办法》的规定，对于不具备国家规定合格学历的中小学（含农业职业中学文化课）教师，可申请参加国家考试，取得考核合格证书。考核合格证书设《教材教法考试合格证书》和《专业合格证书》两种。其中《教材教法考试合格证书》分为《高中教材教法考试合格证书》《初中教材教法考试合格证书》和《小学教材教法考试合格证书》三种。考试的内容、要求和办法，由省、自治区、直辖市教育行政部门规定。《专业合格证书》分《高中教师专业合格证书》《初中教师专业合格证书》和《小学教师专业合格证书》三种。凡不具备国家规定合格学历的中小学教师，工作满一年以上者，可申请参加《教材教法考试合格证书》的考试；工作满两年以上并取得《教材教法考试合格证书》者，可申请参加《专业合格证书》的文化专业知识考试。文化专业知识考试，一般每年一次，由省、自治区、直辖市教育行政部门领导和组织。中学教师除考试所教学科的有关课程外，均需考试教育学和心理学基本原理。小学教师考试三门课程：教育学和心理学基本原理，语文和数学任选一门。教师在文化专业知识考试及格后，可向所在学校或学区申请颁发《专业合格证书》。

申请教师资格过渡的，必须是《教师法》施行之日前已经在各级各类学校及其他教育机构中从事教育教学工作的教师及承担教学任务的其他专业技术人员和教育职员，且符合《教师法》和《教师资格认定的过渡办法》中的有关规定，由其本人按其所在学校的层次和类别申请认定相应的教师资格。经认定合格者，由认定机关颁发《教师资格证书》。

（4）必须具有教育教学能力

教育教学是教师的本职工作。教育教学能力是完成教育教学任务的必备条件。其主要包括语言表达能力，科学地选择、运用教育教学方法的能力，课堂管理能力，组织能力，提高教学水平能力等。此外，教师的身体状况也应当符合有关规定。

3. 教师资格认定

(1)教师资格认定机构

教师资格的认定机构，是指依法负责认定教师资格的行政机构或依法委托的教育机构。依照《教师法》《教师资格条例》有关规定，幼儿园、小学和初级中学教师资格，由申请人户籍所在地或者申请人任教学校所在地的县级人民政府教育行政部门认定。高级中学教师资格，由申请人户籍所在地或者申请人任教学校所在地的县级人民政府教育行政部门审查后，报上一级教育行政部门认定。中等职业学校教师资格和中等职业学校实习指导教师资格，由申请人户籍所在地或者申请人任教学校所在地的县级人民政府教育行政部门审查后，报上一级教育行政部门认定或者组织有关部门认定。受国务院教育行政部门或者省、自治区、直辖市人民政府教育行政部门委托的高等学校，负责认定在本校任职的人员和拟聘人员的高等学校教师资格。在未受国务院教育行政部门或者省、自治区、直辖市人民政府教育行政部门委托的高等学校任职的人员和拟聘人员的高等学校教师资格，按照学校行政隶属关系，由国务院教育行政部门认定或者由学校所在地的省、自治区、直辖市人民政府教育行政部门认定。

(2)教师资格认定程序

提出申请认定教师资格，应当由本人提出申请。申请人应当在受理期限内提出申请，并提交教师资格认定申请表和有关证明材料：①身份证明；②学历证书或者教师资格考试合格证明；③教育行政部门或者受委托的高等学校指定的医院出具的体格检查证明；④户籍所在地的街道办事处、乡人民政府或者工作单位、所毕业的学校对其思想品德、有无犯罪记录等方面情况的鉴定及证明材料。

受理教育行政部门或者受委托的高等学校在接到公民的教师资格认定申请后，应当对申请人的条件进行审查。对符合认定条件的，应当在受理期限终止之日起 30 日内将认定结论通知本人。对于非师范院校毕业或者教师资格考试合格的公民申请认定幼儿园、小学或者其他教师资格的，应当进行面试和试讲，考查其教育教学能力；根据实际情况和需要，教育行政部门或者受委托的高等学校可以要求申请人补修教育学、心理学等课程。

颁发证书申请人提出的教师资格认定申请经认定合格后，由教育行政部门或者受委托的高等学校颁发国务院教育行政部门统一印发的教师资格证书。教师资格证书终身有效，且全国通用。

4. 教师资格丧失

教师教书育人、为人师表的职业特性，对教师的思想品德、道德修养是出了严格的要求。我国《教师法》第十四条明确规定："受到剥夺政治权利或者故意犯罪受到有期徒刑以上刑事处罚的，不能取得教师资格；已经得教师资格的，丧失教师资格。"《教师资格条例》进一步规定，依照《教师法》第十四条丧失教师资格的，不能重新取得教师资格，其教师资格证书由县级以上人民政府教育行政部门收缴。对于弄虚作假、骗取教师资格、品行不良、侮辱学生、影响恶劣的，由县级以上人民政府教育行政部门撤销其教师资格。被撤销教师资格的，自撤销之日起 5 年内不得重新申请认定教师资格，其教师资格证书由县级以上人民政府教育行政部门收缴。

我国的教师资格制度发展的历史不长，还有许多问题需要改善和修正。比如，教师资格证书的有效期问题（是否终身有效）、资格认定的权限问题、教师资格的考试问题（仍然没有全国范围的、统一的教师资格考试）、教师资格的学历问题等。所以，我国的教师资格制度还需借鉴国外教师资格制度的经验，不断完善，最终建立起适合我国国情的教师资格制度。

二、教师任用制度

1. 教师职务制度

教师职务是根据学校教学、科研等实际工作需要设置的有明确职责、任职条件和任期，并需要具备专门业务知识和相应的学术技术水平才能担负的专业技术工作岗位。教师职务制度是国家对教师岗位设置及各级岗位任职条件和取得该岗位职务的程序等方面规定的总称。我国《教育法》《教师法》规定了国家实行教师职务制度。

（1）职务设置

根据国家有关规定，教师职务设高等学校教师职务、中等专业学校教师职务、中学教师职务、小学教师职务、技工学校教师职务五个系列。其中高等学校教师职务设助教、讲师、副教授、教授；中等专业学校设教员、助教、讲师、高级讲师；普通中小学及幼儿园教师职务设有三级教师、二级教师、一级教师、高级教师，其中中学三级教师、二级教师、小学一级教师为初级职务，中学一级教师和小学高级教师为中级职务，中学高级教师为高级职务；技工学校文化、技术理论课教师职务设教员、助理讲师、讲师、高级讲师，生产实习课教师职务设三级教师、二级教师、一级教师、高级实习指导教师。各级成人学校，结合成人教育的特点和层次，分别执行普通高等学校、中专、中小学、技工学校教师职务试行条例。

在教师职务设置上，不同类型、不同任务学校的职务结构不尽相同。各级职务数额应视各校定编、定员的基础，按照教学、科研工作需要来合理设置。

（2）任职条件

从我国教师职务系列各试行条例的规定来看，担任教师职务的任职条件一般包括：①具备各级各类相应教师的资格；②遵纪守法，具有良好的思想政治素质和职业道德；③具有相应的教育教学水平、学术水平，能全面、熟练地履行现职务职责；④回符合学历、学位以及工作年限的要求；⑤身体健康，能坚持正常工作。除符合上述条件外，各级各类教师任职条件要求视岗位而有所差异。

（3）职务评审

一般而言，各级教师职务由同行专家组成的教师职务评审小组依据现行各教师职务试行条例的有关规定予以评审。关于教师职务评审的程序、权限以及评审组织的组成办法等，在教师职务系列各试行条例中，都有明确的规定。

2. 教师聘任制度

教师聘任制度，就是聘任双方在平等自愿的前提下，由学校或者教育行政部门根据教育教学岗位设置，聘请有资格的公民担任相应教师职务的一项教师任用制度。我国实行教师聘任制度，《教师法》第十七条规定："学校和其他教育机构应当逐步实行教师聘任制。教师的聘任应当遵循双方地位平等的原则，由学校和教师签订聘任合同，明确规定双方的权利、义务和责任。"这使得我国教师任用进一步制度化和规范化

（1）教师聘任制度的特征

教师聘任作为教师任用的一种基本制度，具有以下三个特征。

①教师聘任时教师与学校或教育行政部门之间的法律行为。通过聘任确定了聘任人和受聘人双方的法律关系。聘任双方关系基于独立而结合，基于意见一致或相互同意而成立，并在平等地位上签订聘任合同。

②以平等自愿、"双向选择"为依据。作为聘任人，学校或教育行政部门可根据国家有关规定和学校教学、科研需要，自主确定教师结构比例；作为受聘人，教师有权利根据本人的知识水平、业务能力选择适合于自己的工作岗位。

③聘任双方依法签订的聘任合同具有法律效力。学校与教师之间在平等地位上签订的聘任合同，对于双方均有约束力。它以聘书的形式明确规定了双方的权利、义务和责任，对于学校而言，有权对受聘教师的

政治思想、业务水平、工作态度、工作成绩进行考核，并作为提职、实施奖罚的重要依据。同时，学校有义务按合同为教师提供教育教学、科研、进修等工作条件并支付报酬。教师在聘任期间，无特殊理由，一般不能辞退或解聘。确需变动，应提前与当事人协商，意见达到一致后方可变更或解除。对于教师来讲，按照合同，享有权利，承担义务，要遵守学校规章制度，执行学校的教学计划，履行教师聘约，完成教育教学任务。聘任期满后，校方可根据教师的实际表现及岗位需要等决定是否续聘；教师可根据单位工作情况、专业要求等决定去留。

（2）教师聘任制的形式

教师聘任制依其聘任主体实施行为的不同分为以下几种形式。

①招聘。即用人单位面向社会公开、择优选择具有教师资格的应聘人员。招聘、受聘双方签订聘任合同，明确双方的权利、义务和责任。聘任合同一经成立，即具有法律效力。

②续聘。即聘任期满后，聘任单位与教师继续签订聘任合同。续聘合同的内容可以与上次聘任相同。也可以根据实际需要进行一定的变更。

③解聘。即用人单位因某种原因不适宜继续聘任教师，双方解除合同关系。聘任合同具有法律效力，用人单位在解聘教师时，必须有正当理由，否则应承担相应的法律责任。

④辞聘。即受聘教师主动请求用人单位解除聘任合同的行为。对辞聘原因要正确区分。教师因某种原因，不能继续履行聘任合同，给用人单位成损失的，应依合同规定承担相应的法律责任。

第三节　教师的培训与评价

为了保证师资培养的质量，许多国家也陆续颁布了教师教育的法规，规范了教师培养机构的设置、教师的选定、教师资格证书以及教师的地位、工资福利待遇等，使教师教育走向系统化和制度化。

一、教师培训

教师发展主要经历两个阶段：从建立零星的教师培训机构到确立系统的教师教育体系，从关注教师职前培养到重视教师的在职继续教育。

教师的职前培养和教师的职后培训是构成整个教师教育的两个基本组成部分。在早期，教师发展的任务主要由师范院校来承担，人们普遍关注的是教师的职前培养，而教师的职后培训并未受到足够的重视。

1972年，英国的詹姆斯发表《詹姆斯报告》，提出教师教育三段论：培养、任用、进修，认为需要重构教师教育计划，并把重点放在第三阶段——在职培训；以及国际终身教育理念的兴起，教师的职后培训受到各国政府的真正重视，要求全面整合教师职前培养和职后培训的资源，关注教师的在职教育，实现教师的职前培养与职后培训的一体化。

据统计，一名大学生在校期间所学的知识，只相当于其一生中所需知识的 10% 左右，而其余的 90% 则需要通过职后的学习来补充。对于担负着培养下一代重任的教师来说，他所需要的知识更不可能通过职前培养一次性获得解决。因此，教师职后培训的重要性和必要性便显得越来越突出了。

(一)教师培训的价值取向

自 20 世纪 70 年代各国普遍开展教师培训以来，各国的教师培训机构纷纷对教师培训的形式、内容、途径进行了广泛的探索，在实践中创立了丰富多彩的教师培训模式。这些培训模式虽多种多样，但如果从其培训的价值取向来看，基本可以分为知识本位培训（Knowledge-based Training）和能力本位培训（Competence-based Training）两大类。其中，前者着眼于教师知识的更新，而后者则指向教师能力的改善。知识本位培训主要通过课堂教学、专题报告等课程化途径来进行；能力本位培训则往往要通过一些非课程化的途径来实施。人们对于教师培训究竟应采取何种取向，常常会产生争议。

关于教师培训的两种不同见解

某天下午，D 市教育学院师训部召开了一个校长座谈会，听取校长们关于如何改进教师培训工作的意见。早已憋了一肚子话的王校长首先发言："现在的教师培训实在难以令人满意。突出的问题便是培训内容脱离学校的实际。我校是一所薄弱学校，教师的基本功比较差。本来学校送教师出去培训是希望这些教师在教育教学业务上有所提高，然而教师到教育学院后学的尽是些理论知识，与教师的实际工作距离太大。教师只是为拿学分而学。考试一通过，便万事大吉。回到学校，工作还是照旧。我们迫切希望教师培训能给教师一些实质性的东西，比如课堂教学的导入技能、提问技能、引发学生兴趣的技能等等。否则，教师培训只会给学校带来大量的工学矛盾，而不能给学校带来任何实惠。"王校长的发言，赢得了部分校长的共鸣，他们频频点头，表示赞同。

然而来自一所重点中学的李校长却提出了与王校长相左的见解："我认为理论知识十分重要。要论学科教学技能，我校的教师都有较好的基础。要说把握课程的重点难点、控制课堂局面他们都显得驾轻就熟。要讲现代化教学技能，他们也掌握得不错。不少教师还能自行制作学科教学软件。然而他们非常缺乏正确的教学观和正确的学生观。他们在课堂教学中缺乏民主意识和平等精神，在他们运用现代化手段制作的教学软件中，都充满了教师中心主义的色彩。我感到他们太需要更新教育观念，他们太需要新的理论来武装。因此，我以为教师培训就是要多讲理论。"李校长的意见又得到了另一部分校长的赞许。……

资料出处　吴志宏，冯大鸣，周嘉方：《新编教育管理学》，上海，华东师范大学出版社，2000年，第209页。

案例中两位校长分歧的焦点，正是教师培训的取向问题。王校长显然是主张能力本位培训的，而李校长则是知识本位培训的支持者。实际上，两种培训取向本身无所谓好坏。究竟选择何种培训取向，要根据不同的培训对象和不同的培训目的来确定。

(二)教师培训的主要模式

从教师教育发展趋势来看，教师培训的重心正逐渐下移，从政府中心、高校中心逐步向教师中心和学校中心转移。由于教师知识水平及期望目标不同，产生了多种在职培训培训模式，主要包括日本的教师研修培训模式和英美的校本培训模式，这些模式在各国的教师培训中发挥着重要的作用。

1. 研修培训模式

教师研修一般指教师的研究与进修。日本的教师研修体系，由校内研修和校外研修两部分组成。校内研修主要是结合学校实际的教学工作进行，以提高教师的教育教学能力为目标；校外研修包括文部省举办的研修，各级地方教育委员会举办的研修，在大学等高等教育机构所进行的研修，各教育团体举办的研修。

1993年，日本文部省在新任教师研修制度实施5年后发表的一份报告中，对校内研修与校外研修相结合的研修模式给予了充分的肯定，认为新任教师通过自主地、积极地参与研修，其素质能力获得了显著的提高。指导教师通过以老带新的活动，回顾了自己的教育经验，也获得了提高自己教学能力的机会。学校通过把对新任教师的指导纳入学校工作，重构了学校管理制度和研修制度，促进了学校的可持续发展。日本的教师研修比传统意义上的培训更能体现教师的主体性和主动性。

我国大规模、正规化的教师职后非学历培训工作始于20世纪80年代后期。由于政府的重视、培训机构的努力和广大教师的积极投入，使我国的教师培训事业获得了很大的发展。教师培训的目标已从初期的传授基本的教育学、心理学知识或基本的教育教学技能发展到了融知识更新和能力提高为一体的综合要求。90 年代中期推出了符合我国教师培训特点的研修培训模式。

研修培训是一种知识、能力两种取向并重，课程化培训与非课程化培训相结合的综合培训模式。从目前我国各地尝试的研修培训来看，比较成熟的研修培训一般应具备三个基本特点。一是教师培训以一个研究专题为纽带，围绕专题组织培训内容(包括主干课程、专题讲座、读书指导、专题研讨、专项技能讲解与培训、现场实践与研究、论文或研究报告撰写等)，一般均以"素质教育下的课堂教学模式"之类教改热点为研究主题。二是强调培训过程中的四个要素：信息、思路、观念、能力，也即通过提供大量新的、有效信息，介绍从不同角度、层面分析问题的思路，促使教师的观念得到更新。与此同时，通过一系列的研究、研讨活动和专项技能训练，增强教师的能力。三是将专题研究的性质定位于行动研究。这种行动研究既有别于理论研究，也有别于一般的实证研究。它是一种学员自己对自己、自己对自己工作的研究；它是一种以学员现有教改成果为起点的研究，它是一种以改善学员教育教学行动能力和行动质量为主要目的的研究；它是一种吸收学员所教的学生共同参与的研究；它是一种来自于学员工作实际又即时反馈于学员工作实际的研究。

虽然我国的教师研修培训模式仍有待进一步改善，但它毕竟为探索知识本位和能力本位两种教师培训取向的有机结合作出了一定的贡献。

2. 校本培训模式

校本培训源于美国中小学的学校本位培训模式，主张教师培训应由学校自主组织，依靠校内优秀骨干教师去带动其他教师，共同提高。

校本培训是一种由学校自行策划、自行组织、自行实施、自行考核的教师培训模式，其核心是培训的自主化和培训的个性化，即培训完全服务于本校的实际需要，培训内容和形式完全根据本校及本校教师的特点来编制设定，培训者基本由本校的教师来担任。

我国的校本教师培训是 20 世纪 90 年代末才开始出现的，目前尚处于初步探索的阶段。尽管我国的校本培训才刚刚起步，但它已经显示出了自身独特的优势，包括：培训目标非常明确具体，直接服务于本校个性化的教改工作；培训活动与日常工作密切结合，培训成果及时体现在教师的作之中；本校教师主持培训，培训双方沟通便捷顺畅，培训过程民主气氛较为浓厚；校长统筹培训时间，工学矛盾不再突出；培训场所设在校内，培训成本大大降低，等等。当然，校本培训在我国还处在初试阶段，试点的范围还比较小，校本培训是否真正符合我国教师培训的要求，还有待于进一步的探索和实践。

3. 教师专业发展学校模式

20 世纪 80 年代中期以来，美国教师教育中出现了一种新的培养模式——教师专业发展学校（Professional Development Schools，PDS），它由大学尤其是大学中的教育学院与一所或多所中小学合作，以教师职前教育、在职培训和学校改革为一体的学校形式，其目标是为职前教师提供师范教育，为在职教师提供专业发展教育，并为中小学校和大学提供合作研究的机会。目前，美国的教师专业发展学校正向制度化方向发展，在实践中已取得了显著的成效。

教师专业发展学校培训模式的基本理念如下。

（1）强调大学和中小学的密切合作，大学生和中小学形成共生理念，并结为平等的伙伴关系，只有这样教师培训才能获得成功，让大学和中小学取得双赢和互惠，使中小学真正成为教师专业发展的理想场所。

（2）提倡反思型实践，不仅增加科学知识的储存，也有利于实际存在问题的改进；不仅对教学有更多的认识、理解与体验，而且获得了一些与具体情境相关联的知识和智慧；教师不仅是学习者，也是研究者，研究气氛弥漫于整个教学活动中。

（3）教师是专门职业，是终身学习者。教师专业发展强调，教师作为教育教学专业人员必须经历一个由不成熟到成熟的专业人员的发展历程，在职教师虽然经历了职前培训并获得了合格的教师资格证，但并不意味着他就是一个成熟的教学人员了，教师的专业发展空间是无限的；同时它还强调教师作为专业人员，其专业内容的发展是多方面、多领域的。教师专业发展学校恰恰是为在职教师提供终身学习和专业发展机会的。

我国教师职后培训的历史虽然不长，但已取得了较大的成绩。研修培训模式的创立与开发、校本培训的探索与尝试均表明，我国的教师培训事业已走上了良性发展的轨道。从总体上说，我国的教师培训还属于一种粗放型的培训。因此，我国的教师培训事业还需要更上一个台阶，努力实现由粗放型的教师培训向教师专业发展学校的教师培训模式转变。

2010 年，由我国教育部、财政部开始全面实施"中小学教师国家级培训计划"，简称"国培计划"，就是一种教师专业发展学校培训模式，即大学和中小学合作培训"种子"教师，从而提高中小学教师特别是农村教师队伍的整体素质。

"国培计划"包括"中小学教师示范性培训项目"和"中西部农村骨干教师培训项目"两项内容。2010—2012 年中央财政每年投入 5.5 亿元支持"国培计划"的实施。

"中小学教师示范性培训培训项目"是由中央本级财政每年划拨5000万元专项经费支持，教育部直接组织实施面向各省（区、市）的中小学教师示范性培训，主要包括中小学骨干教师研修、培训团队研修、中小学教师远程培训、班主任教师培训、中小学紧缺薄弱学科教师培训等示范性项目。项目将为全国中小学教师培训培养骨干，作出示范，并开发和提供一批优质培训课程教学资源，为"中西部农村骨干教师培训项目"和中小学教师专业发展提供有力支持。

　　"中西部农村骨干教师培训项目"主要包括农村中小学教师置换脱产研修、农村中小学教师短期集中培训、农村中小学教师远程培训。该项目是在教育部、财政部统筹规划和指导下，2010年由中央财政安排专项资金5亿元，采取转移支付的方式支持中西部省份按照"国培计划"总体要求实施的。在对中西部农村义务教育教师进行有针对性培训的同时，引导地方完善教师培训体系，加大农村教师培训力度，提高农村教师的教学能力和专业水平。

　　实施"国培计划"旨在发挥示范引领、"雪中送炭"和促进改革的作用。通过该计划培训一批"种子"教师，使他们在推进素质教育和教师培训方面发挥骨干示范作用；开发教师培训优质资源，创新教师培训模式和方法，推动全国大规模中小学教师培训的开展；重点支持中西部农村教师培训，引导和鼓励地方完善教师培训体系，加大农村教师培训力度，显著提高农村教师队伍素质；促进教师教育改革，推动高等师范院校面向基础教育，服务基础教育。

（三）教师培训的主要内容

　　研修培训、校本培训以及教师专业发展学校培训模式在促进教师专业发展各有优势，因而在内容选择方面也各具特色。

　　1. 教师培训的一般内容

　　（1）知识和技能的扩充。更新知识，学习新技能，适应有效教学需要。

　　（2）教育理论的学习。掌握教育学、心理学等与教师专业发展有价值的原理。

　　（3）学校管理知识的培训。了解学校运作，参与学校管理，构建学习型组织。

　　（4）教育研究能力的训练。行动研究为中小学教师培养科学能力提供了科学方法。

　　2. 教师培训主要项目的内容分析

　　（1）新教师培训。对新教师进行教育政策法规、学校规章制度、教育实践能力、教师形象塑造、校园文化等方面的培训。

（2）骨干教师培训。对骨干教师的教学、科研、创新、反思能力等方面的培训。如 2010 年实施的"国培计划"就包括"中小学教师示范性培训项目"和"中西部农村骨干教师培训项目"两项内容。

（3）新课程专题培训。针对新课程改革进行的培训，包括国家课程理念、课程标准及校本课程开发等方面的培训。

（4）办学特色培训。借鉴和学习山东杜郎口中学、江苏泰兴洋思中学的办学模式及办学特色，创建本校的办学特色。

（四）教师培训的主要方法

学校办学的特色及多样化催生了丰富多彩的教师培训方法，这里重点介绍微格教学、自我导向学习、案例研究和行动研究方法。

1. 微格教学

微格教学是一种利用现代化教学技术手段来培训教师的实践性较强的教学方法。微格教学将复杂的教学过程分解成若干个单一技能，然后对每一种技能提出训练目标，通过教师短时间内的训练，实现熟练掌握这种教学技能的方法。在微格教学中，通常利用录像等方式记录训练过程，从而使教师训练教学技能的情况可以被自己和他人反复地进行观察、分析和评价。

微格教学实施的基本步骤是：理论研究和组织——技能分析和示范——微格教案设计——微格实习记录——小组观摩评议、再循环和总结。

微格教学以训练教师掌握课堂教学技能为基本目标，课堂教学的技能又是多种多样的，归纳起来，课堂教学的基本技能主要有：教学语言技能、板书技能、讲解技能、变化技能、演示技能和提问技能，以及用于调控教学过程的导入技能、强化技能、组织教学技能、试误技能和结束技能等。

2. 自我导向学习

自我导向学习，也就是自学，是学校建立学习型组织的基础。

中小学教师自学的方式主要有以下几种。

（1）向身边优秀教师学习，包括向本校和兄弟学校的教师学习，多听课，多与他们探讨问题。

（2）向社会学习，不断吸收社会各个领域的新成果，并不断与自己的教学活动相联系。

（3）向学生学习，多和学生交流，不但可以修正自己的教育教学方式，还可以教学相长，充实自己。

(4)向书本杂志学习，通过各级机构出版的书籍和教育杂志，学习全国优秀教师经验，提高自己的综合素养，改善自己的知识结构。

3. 案例研究

在教师培训中，案例研究的开展是围绕一定的培训目的，对实际中的真实情境进行典型化处理，形成供学习者思考分析和判断的案例，并通过对这些案例的独立研究和相互讨论，来提高学习者分析问题和解决问题的能力。

案例研究可以调动教师参与培训和学习的积极性，并且使之学到自己所需的知识和技能。教师对案例的分析、推理、综合的过程，正是对实践进行反思、进而提高实践反思能力和问题解决能力的逐步走向专业化的过程。

案例教学的实施主要包括如下环节。

(1)案例材料的选择和案例的编写。这项工作需要在指导教师或专家的指导下进行。

(2)学员和小组准备有关知识、信息，提炼个人和小组观点。学员阅读材料，搜集信息，积极思考，初步形成对案例的原因分析和解决方案。小组准备阶段，专家将教师按照年龄、学历职位等因素分成 3~7 人的讨论小组，小组学习的目的是为每个学员提供表达和听取意见的机会，各小组讨论时，场地彼此分开，专家不干涉各小组的具体讨论。

(3)讨论和总结：首先把各小组集中起来，进行大组讨论，做主体发言的是各位学员，以使大家扩展和深化对案例的理解，专家的主持或参与可以把大家讨论的内容引向几个主要备选方案，以使讨论更加集中。之后，学员进行总结，总结最好是书面形式，总结的内容可以是规律和经验，也可以是获得这种规律和经验的方式。

4. 行动研究

在教师培训活动中，行动研究是由学员应用科学方法研究学校领域实际问题的方法，它是理论与实践结合的一种研究方法，谋求实际工作中问题的研究，注重在行动中解决问题。行动研究的目的是解决学校情境中遇到的具体问题，把研究功能与在职教师工作紧密结合起来，既能改进教师研究技巧，又能提高教师专业素质与能力。行动研究最初是作为提高组织效率的一种集体性解决问题的方法而提出的，现在依然被用来作为提高实践效果和组织健康运行的强有力的工具。在教师培训中，行动研究的基本特征主要有以下几点："参与"，即教师参与行动研究；"合作"，指教师与外部群体或机构合作，强调教师由个人化的、孤岛式的研究走向群体合作性研究；"改进"，指改进学校实践，改进教师的理解以及实践者所处的社会情境；"系统"，指行动研究要使用某种科学方法，避免使教师成为随意的问题解决者。

二、教师评价

教师评价就是根据学校的教育目标和教师的工作任务，运用恰当的评价理论和方法手段对教师个体的工作进行价值判断。科学的教师管理制度和方法，是调动教师积极性、促进自身发展、改进教育教学、提高教育质量的重要机制。而科学地评价教师的工作，则是这种机制的重要基础。

(一)教师评价与考核

长期以来，我们使用人事管理的术语考核来评价教师。教师考核与教师评价都是指教育行政部门或学校依据一定的标准对教师的工作状态和工作成就作出判断和评定的过程。这两个概念似乎是可以互换的。然而，教师评价和教师考核的目标指向略有区别。

教师评价的目标一般指向教师工作的改进与提高，而教师考核的目标则往往指向教师的去留升降。例如，我国的《小学教师职务试行条例》第十四条规定："学校要对被聘任或任命的教师的政治表现、文化专业知识水平、教育教学能力、工作成绩和履行职责的情况进行定期或不定期的考核，建立考绩档案。为教师职务的评审、聘任或任命提供依据。"在这段文字中，教师考核"去留升降"的目标指向是十分明显的。由于"去留升降"的目标指向在一定程度上束缚了教师考核的视野，因此与教师评价相比，教师考核更容易走入过于强调约束、限制的误区。一位校长曾对当前我国中小学教师考核中片面强调"约束""限制"的情况作了如下的描述："在一部分学校的考核标准(奖惩条例)中，连篇累牍地充满了'违反什么罚多少''迟到几分钟扣多少钱''什么事情没做好扣多少钱'等内容，无意中形成一种'提心吊胆过日子'的工作环境，教师极易产生抵制考核的心理，压抑了教师的积极性。在全员劳动合同制的改革过程中，不少学校片面地把考核结果作为'下岗''待岗'的依据，经常以'紧迫感'和'危机感'来增强教师的心理'承受力'，有时甚至在大会上也明确提出本单位要安排多少人'下岗''待岗'。这种改革口号及改革实践，初听起来，改革力度似乎很大，但从调动人的积极性的管理实质来说，却是事与愿违的。"由此看来，在全面评定教师的表现时，应以视野较为开阔的"教师评价"取代视野相对狭窄的"教师考核"。

(二)教师评价的目的、意义

教师评价能否发挥积极作用，受很多因素影响。但就教师评价本身而言，它至少应能实现下面的目的和要求：(1)能客观、公正、可靠地鉴别和评价教师各方面工作质量水平，否则，教师和有关人员就会对评价持否定和怀疑态度，对在评价基础上的各种决策和处理产生抵触情绪；(2)能诊断和发现教师工作中的较为具体的优点和弱点，为教师自身的发展和改进教育教学工作提供具体的反馈信息，而不能是笼统的结论或简单的总评等级。

(三)教师评价的基本内容

应当从哪些方面评价教师，确定什么样的评价指标体系，是教师评价研究的重要课题。教师评价的项目和指标，对教师向何处发展有着重要的导向功能。

1. 教师工作综合评价的基本内容

现代教师评价的视野是开阔的，评价的指标也应当是多维的。教师工作综合评价是对教师各个方面工作的质量、水平和价值进行的综合评定。从目前的研究和实践来看，教师工作综合评价的项目主要是根据国家、社会以及教育活动本身的规律对教师职业提出的各项要求来确定的。参照前述教师的职业性质和专业化要求，在建立教师评价的指标体系时，至少应当从三个维度来考察评价教师的表现。

第一是教育维度，即从教育者的角度考察教师的素质、表现和成就。如教师的政治思想素质和师德修养；专业知识；教育教学能力；专业品质；教学工作量和教育教学效果。教师的教育教学是否实现了教育教学的目标，是否真正促进了学生的学习和身心等方面的发展，是评价教师教育教学质量的根本标准。一个教师是不是好教师，关键是看他的教育教学效果。因而，教育教学效果已成为教师评价的基本内容。

第二是学习维度，即从学习者的角度考察教师的终身学习意识、终身学习能力、不断自我完善的表现和成绩。

第三是创造维度，即从创造者的角度考察教师的创新精神、创造才能和革新成就。一个不善于进行教育研究的教师，容易因循守旧、缺乏改革创新，个人经验不能及时上升到理论进一步发展，同时先进的教育教学思想也难以接受，把自己局限为一个教书匠。教师重视教育科研，具有较高的教育科研素养，可以使教育教学工作上升到较高的艺术境界。现在，许多教师评价方案都把教育科研作为一项评价内容。

这种三维教师评价与以往仅从教育者的角度对教师作单维评价相比，不仅要求评价具有较为广阔的视野，而且要求在关注教师当前表现的同时，还要关注教师未来发展的问题。

2. 教师教学评价的主要内容

教学评价是教师工作评价的一个重要方面。国外有很多研究对学生评价教师教学进行了因素分析。这些研究发现的公共评价项目主要包括：(1)教学的组织、结构和清晰度；(2)教师和学生间的交流和关系；(3)教学技巧、表达和讲课能力。其他的评价项目还有课程的负担或难度、评分和考试、对学生的影响(学生自我评定学习收获)和总体效果等。这些评价项目常包括很多具体的因素。

此外，从现代教育和教学思想看，指导学生的学习方法，提高学生的学习能力，使学生学会学习应作为一项重要的教学能力。这种能力的表现也是教学评价的重要项目。

(四)教师评价的主要方法

教师评价方法很多，在我国，目前主要是通过学生评价、同行评价、领导评价、自我评价和学生成绩分析五种方法和途径，来收集评价信息的。

1.学生评价

学生是教育的对象，是教师产生的各种教育影响的直接体验者。他们的体验和感受最能有效地反映出教师的某些方面的水平，如师德修养、教学态度、教学能力、教学过程和效果等。

让学生评价教师，是教师评价的一个重要的、较为可靠的信息渠道。在美国的许多大学，系统的学生教学评价结果在教师的总评价中占相当大的分量，而且也对学生评价有关问题和方法进行了许多研究。

通过学生来系统地评价教师的教育教学，关键是要研究和设计出适当的方法和工具。选择和设计方法、工具时，必须考虑和研究有关问题，如确定哪些方面或项目最适合于学生评价，哪些项目学生评价最能提供有价值的参考信息；对于不同年龄特点的学生，哪些方法更为有效、更为可行；每个项目以什么样的问题方式评定最有效；设计多少个评价项目和问题既能获得可靠的总评结果，又能诊断出一些问题，为教师提供更为具体、更有价值的反馈信息；让学生评价时，如何调整和控制他们的心理状态。

在我国的教师评价中，虽然学生评价也得到重视，但有明显欠缺。存在的主要问题是评价工具和方法设计较为简单，评价项目少，得到的多是概括性评定信息，反映具体问题的信息不够。

2.同行评价

同行包括本校的教师、校外的教师或专家等。他们对教师的专业知识和能力水平、教师教育教学指导思想合理性、教学方法与教育教学目的的适合性、教育科研水平等方面，常能做出恰当的评价。但评价者必须是对被评教师的有关方面情况有所了解的教师同行。否则，所做的评价就不可靠。目前，我国教师同行评价出现的主要问题，就是未能控制那些对教师教育教学工作不了解的同行的评价。

3. 领导评价

教师所在学校、系、组（室）的领导有责任对教师作出公正的评价。特别是有丰富教学经验的领导，更有能力对教师工作作出恰当评价。但这要求他们必须多去接触教师，多去听课，多去了解学生、教师同行对教师的反映，多去了解有关教师工作及成就的分析和记录，掌握丰富的信息。否则，他很难作出全面的、恰当的评价，即便作出了评价，也常会遭到教师的合理非议。

4. 自我评价

为教师列出各方面的标准，让他们进行自我评价，不仅是教师工作总评的重要依据，而且也可实现帮助教师改进工作的评价目的。虽然自我评价常会有夸大自己的价值、评定等级较高的嫌疑，但这并不妨碍教师会在内心里客观地评价和分析自己的工作和业绩，作出如何改进和完善的决策。学生评价、同行评价、课堂记录或录像带都能向教师提供自我评价和自我改进的依据。因而，学校应将这些方面的评价结果信息及时反馈给教师，以便他们正确地评价自己。

5. 学生成绩分析

根据学生的成绩分析来评价教学，也是一种重要的方法。学生学完规定的教学内容之后，知识和能力的提高是评价教学是否实现规定的教学目标的重要标准。如果某教师所教学生的成绩经常低于或高于全年级同类学生的统考平均成绩时，就有理由做出某些关于教学能力高低的评价。另外，根据学生成绩的分布状态，可对教师的教学重点及其价值作出评判。

>>> 本章参考文献

[1]郑杭生. 社会学概论新修（第三版）[M]. 北京：中国人民大学出版社，2003.

[2]丁洪涛. 教师的职业内涵与专业发展引论[M]. 北京：中国轻工业出版社，2011.

[3]陈理宣. 教育学原理——理论与实践[M]. 北京：北京师范大学出版社，2010.

[4]吴志宏，冯大鸣，周嘉方. 新编教育管理学[M]. 上海：华东师范大学出版社，2000.

[5]中公教育教师资格考试研究院. 国家教师资格考试专用教材·综合素质(中学)[M]. 北京：世界图书出版社，2012.

[6]程红艳，董英. 新教师的专业发展[M]. 武汉：华中师范大学出版社，2011.

[7]袁振国. 当代教育学[M]. 北京：教育科学出版社，2010.

[8]代蕊华. 教师专业发展与校本培训[M]. 北京：教育科学出版社，2011.

参 考 文 献

[1]国家职业分类大典和职业资格工作委员会．中华人民共和国职业分类
大典[Z]．北京：中国劳动社会保障出版社，1999．

[2]台湾师范教育学会．教育专业[M]．台北：师大书苑有限公司，1992．

[3]余文森，连榕，等．教师专业发展[M]．福州：福建教育出版社，
2012．

[4]陈伟．西方大学教师专业[M]．北京：北京大学出版社，2008．

[5]卢梭著，李平沤译．爱弥儿[M]．北京：人民教育出版社，1985．

[5]瞿菊农．康德论教[M]．上海：商务印书馆，1930．

[6]张瑞璠，王承绪．中外教育比较史纲（近代卷）[M]．济南：山东教育
出版社，1997．

[7]祝怀新．封闭与开放：教师教育政策研究[M]．杭州：浙江教育出版
社，2007．

[8]王承绪．英国教育史[M]．长春：吉林教育出版社，2000．

[9]王天一，夏之莲，朱美玉．外国教育史[M]．北京：北京师范大学出
版社，1993．

[9]陈景磐．中国近代教育史[M]．北京：人民教育出版社，1979．

[10]陈元辉．中国现代教育史[M]．北京：人民教育出版社，1979．

[11]杨之岭，林冰，苏渭昌．中国师范教育[M]．北京：北京师范大学出
版社，1989．

[12]叶澜，白益民，等．教师角色与教师发展新探[M]．北京：教育科学
出版社，2001．

[13]苏真．比较师范教育[M]．北京：北京师范大学出版社，1991．

[14]苟顺明，陈时见．法国教师教育改革的主要措施与基本经验[J]．教
育研究，2013(2)．

[15]李振玉，李志永．日本构建具有国际魅力研究生院的改革探索[J]．中国高教研究，2013(1)．

[16]李春秋，王引兰．中小学教师专业品德修养[M]．北京：北京师范大学出版社，2012．

[17]檀传宝．教师伦理学专题——教育伦理学范畴研究[M]．北京：北京师范大学出版社，2010．

[18]丁洪涛．教师的职业内涵与专业发展引论[M]．北京：中国轻工业出版社，2011．

[19]中公教育教师资格考试研究院．国家教师资格考试专用教材·综合素质(中学)[M]．北京：世界图书出版社，2012．

[20]李学农．综合素质[M]．北京：高等教育出版社，2011．

[21]钟祖荣．现代教师学导论——教师专业发展之道[M]．北京：中央广播电视大学出版社，2006．

[22]王道俊，郭文安．教育学[M]．北京：人民教育出版社，2009．

[23]林华民．世界经典教育案例启示录[M]．北京：农村读物出版社，2003．

[24]魏薇，王红艳，路书红，等，编．中外教育经典案例评析[M]．济南：山东人民出版社，2005．

[25]周丽妲．综合素质(小学)[M]．武汉：华中师范大学出版社，2012．

[26]唐玉光．教师专业发展与教师教育[M]．合肥：安徽教育出版社，2008．

[27]程红艳，董英．新教师的专业发展[M]．武汉：华中师范大学出版社，2011．

[28]于漪．现代教师学概论[M]．上海：上海教育出版社，2001．

[29]冯亮．磨砺思维之剑[M]．广州：中山大学出版社，2006．

[30]柳夕浪．课堂教学临床指导[M]．北京：人民教育出版社，1998．

[31]傅道春．教师行为优化教程[M]．哈尔滨：黑龙江教育出版社，1997．

[32]申继亮，王凯荣．论教师的教学能力[J]．北京师范大学学报(人文社会科学版)，2000(1)．

[33]高魏．教师行为与学生行为的关系解析[J]．教育研究，2012(3)．

[34]方方．教师心理健康研究[M]．北京：人民教育出版社，2003．

[35]陈家麟．学校心理健康教育：原理与操作[M]．北京：教育科学出版社，2002．

[36]张大均．教育心理学[M]．北京：人民教育出版社，1999．

［37］金忠明、林炊利．走出教师职业倦怠的误区［M］．上海：华东师范大学出版，2006．

［38］程振响．教师专业发展规划与发展设计［M］．南京：南京师范大学出版社，2009．

［39］石柠，陈文龙，王玮．生涯规划与自我实现［M］．广州：世界图书出版公司，2010．

［40］李颖．高校教师专业发展及其管理激励创新研究［D］．苏州：苏州大学，2004．

［41］卢荣远，等．职业心理与职业指导［M］．北京：人民教育出版社，2000．

［42］田甜．高校教师职业生涯管理研究［D］．汕头：汕头大学，2006．

［43］郑杭生．社会学概论新修（第三版）［M］．北京：中国人民大学出版社，2003．

［44］陈理宣．教育学原理——理论与实践［M］．北京：北京师范大学出版社，2010．

［45］吴志宏，冯大鸣，周嘉方．新编教育管理学［M］．上海：华东师范大学出版社，2000．

［46］袁振国．当代教育学［M］．北京：教育科学出版社，2010．

［47］代蕊华．教师专业发展与校本培训［M］．北京：教育科学出版社，2011．